인문콘텐츠의 사회적 공헌

인문콘텐츠의 사회적 공헌

인문콘텐츠의 사회적 공헌

2013년 5월 8일 초판 인쇄
2013년 5월 15일 초판 발행

엮은이 │ 인문콘텐츠학회 · 경제인문사회연구회
펴낸이 │ 이찬규
펴낸곳 │ 북코리아
등록번호 │ 제03-01240호
주소 │ 462-807 경기도 성남시 중원구 상대원동 146-8
　　　우림2차 A동 1007호
전화 │ 02) 704-7840
팩스 │ 02) 704-7848
이메일 │ sunhaksa@korea.com
홈페이지 │ www.bookorea.co.kr
ISBN │ 978-89-6324-315-3 (93000)

값 25,000원

인문콘텐츠의 사회적 공헌

인문콘텐츠학회 · 경제인문사회연구회

북코리아

인문학 진흥의 역할을 다짐하며

본 단행본을 인문콘텐츠학회와 경제인문사회연구회가 함께 출간하는 데에는 특별한 의미가 있습니다. 학회의 명칭인 '인문콘텐츠'라는 용어를 처음으로 작명하여 사용한 계기가 된 것이 바로 경제인문사회연구회이기 때문입니다.

1997년 이후 금융위기와 신자유주의의 물결 속에서 온 사회에 구조조정을 강요받는 상황에서 '인문학의 위기' 현상이 다른 분야에서보다도 더욱 강하였습니다. 그래서 정부에서는 총리실 산하 당시 인문사회연구회에 인문학 진흥을 위한 정책 개발을 맡겼습니다. 연구회는 '인문진흥정책연구위원회'를 설치하여 2002년 인문진흥정책 방안들을 공모할 시, 〈사이버 공간 인문학콘텐츠 실태조사 및 수준 향상 방안〉이라는 지정과제를 고시하면서 처음 '인문학콘텐츠'라는 신조어가 나오게 되었습니다.

바로 이 연구회의 인문진흥정책을 위한 용역과제에 참여한 연구진의 일부가 주된 창립 주체가 되어, 2002년 10월에 인문학의 새로운 확장을 모색하기 위해 '인문콘텐츠'를 창립하였습니다. 이후 학회는 10년이 지난 오늘 회원이 700여 명으로 성장하였습니다.

학회의 창립과 함께, 한국외대, 호서대, 가톨릭대, 인하대, 한신대, 한양대 등에서 학부 혹은 대학원에 인문학 기반의 문화콘텐츠학과가 신설되었고, 이어서 건국대 아주대 등에 학과가 설립되었습니다. 이러한 서울 및 수도권의 변화와 함께 전국적으로도 인문학 기반의 문화콘텐츠학과가 많이 설립되게 되었습니다. 또한 독립학과가 여의치 않은 대학에서는 학부에서 문화콘텐츠연계전공을 신설하여 운영하는 대학도 중앙대를 비롯하여 여러 대학에서 시도되고 있습니다. 이러한 움직임은 지속되어, 서경대에서는 문화콘텐츠학부를 신설하여 2013년 신입생을 받았습니다.

인문학 기반의 문화콘텐츠학과의 신설은 전부 인문콘텐츠학회에 참여한 분들의 의지와 열의가 바탕이 되었기에 가능한 것이었습니다. 그 결과 2005년에는 전국 각 대학에 신설되어 있는 문화콘텐츠관련 학과의 운영과 교육의 방향성을 공유하고자 '전국문화콘텐츠학과협의회'가 창립되었습니다. 이론 및 학문연구를 중심으로 하는 '인문콘텐츠학회'와 학과의 발전과 후속양성의 방법론을 주목적으로 '전국문화콘텐츠학과협의회'라는 양 날개를 갖추게 된 것입니다. 이러한 움직임은 21세기의 새로운 화두인 '문화의 힘'으로 인간의 삶의 질을 향상시키려는 시대적 요구에 부응하는 활동이면서, 인문학이 시대의 변화에 적응하며 그 가치를 확장시키려는 노력이라고 할 수 있습니다.

우리나라에서 '문화콘텐츠'와 '인문콘텐츠'라는 용어가 본격적으로 등장하고, 인문콘텐츠학회가 창립된 지도 10년이 되었습니다. 따라서 10년에 대한 결산으로서 본 단행본을 출간하는 것이며, 지난 10년간의 인문콘텐츠학회의 활동을 요약하여 '인문콘텐츠의 사회적 공헌'으로 이름 붙여 보았습니다. 지금까지의 축적을 바탕으로 새로운 10년은 급변하는 세계사의 흐름 속에서 진정 의미 있는 역할을 수행할 수 있기를 기약합니다.

본 단행본의 출간과 관련하여, 학회 출범 시에서도 인연이 되었던 경제인문사회연구회와 또다시 협력관계를 맺을 수 있게 된 것을 감사하게 생각합니다. 인문학의 역할과 중요성을 인식하고 있는 경제인문사회연구회의 도움으로 학회 10주년 행사 및 단행본 출간이 가능하게 되었습니다. 정말 중요했던 21세기 초반 10년을 숨 가쁘게 보내왔지만, 저희 모두는 그래도

이 정도의 역할을 할 수 있었음에 보람을 느낍니다. 본 단행본의 출간을 계기로 더욱 중요한 앞으로의 10년이 시대에 부끄럽지 않도록 지속적으로 노력할 것을 다시 다짐해 봅니다. 끝으로 본 단행본 출간의 기획 및 편집 전 과정을 책임지고 진행하신 건국대 김기덕 교수의 노고에도 감사드립니다.

2013년 4월 22일

인문콘텐츠학회장 중앙대 교수 박경하
경제인문사회연구회 이사장 박진근

토론 녹취

제2부　인문콘텐츠학회 10주년 학술대회 기념논문

제3부　인문콘텐츠학회 10년, 새로운 10년을 준비하다

제1부

인문콘텐츠의 사회적 공헌

문화콘텐츠의 등장과 인문학의 역할

김기덕*

1. 서 론

2002년 10월에 창립된 '인문콘텐츠학회'는 2012년 12월에 '인문콘텐츠 학회 10주년 학술대회'를 개최한 바 있다. 그 자리에서는 스토리텔링, 비즈 니스, 기술. 인력양성, 문화원형의 다섯 가지 분야에서 그동안의 연구성과 가 검토되었다.[1] 10년이 긴 세월만은 아니지만, 새로운 밀레니엄이 시작된 2000년대의 10년은 다른 때의 10년과는 다를 것이다. 더욱이 인문콘텐츠학 회는 새로운 인문학의 방향성을 모색하고자 시도한 학회로서, 10년의 성과 에 대한 검토와 앞으로의 방향 모색은 그 의미가 결코 적지 않을 것이다. 그 결과 10주년 학술대회와는 별도로, 과연 인문콘텐츠의 실험이 어떠한 사회 적 변화에 대응한 것이며 그것은 어떠한 사회적 공헌을 하였는가라는 점을 정리해보는 심포지엄이 기획되었다.[2] 본 책에 수록된 '인문콘텐츠의 사회 적 공헌'이라는 기획논문은 그 심포지엄의 발표문이 정리된 것이다.

---

* 건국대학교 문화콘텐츠학과 교수

1 이것은 바로 『인문콘텐츠』 제27호(2012. 12)에 수록된 바 있으며, 본 책 제2부에 실려 있다.

2 인문콘텐츠 심포지엄, "인문콘텐츠의 사회적 공헌", 2013. 2. 19, 건국대학교.

이 중 본 글은 제목에서 말해주듯이, 인문콘텐츠학회의 역할과 의미를 문화콘텐츠라는 용어의 등장과 인문학과의 관련성 속에서 검토한 것이다. 먼저 디지털 혁명과 문화콘텐츠의 등장의 의미를 필자 나름대로 해석해 보았다. 다음으로는 그러한 시대배경 속에서 인문콘텐츠학회의 성립과 역할을 정리해 보았다. 여기에서는 10주년의 기록이라는 측면도 고려하여, 학회 창립시의 일화 등도 다소 세세하게 기록해 두었음을 밝혀둔다. 다음으로는 인문콘텐츠에 입각하여 새롭게 개설된 문화콘텐츠학과에 대해 검토하여 보았다. 결국 인문콘텐츠의 실험은 대학의 학과 설립과 운영, 그리고 그것의 결과로 판명날 것이다. 그런 점에서 문화콘텐츠학과의 현황과 방향성에 대한 문제를 핵심과제를 중심으로 논의해 보았다. 끝으로 인문콘텐츠의 덕목을 덧붙여 보았다. 이 또한 학회 10주년을 기념하고 또 다른 10년을 시작하면서, 학회의 '성과'만이 아니라 '정신'의 문제를 다시 한 번 생각해보자는 의도를 갖고 있다고 할 수 있다. 아무쪼록 본 글, 더 나아가 본 기획논문들에서 제시된 문제의식들이 앞으로의 인문콘텐츠학회의 또 다른 10년 동안 성공적으로 정착될 것을 기대한다.

2. 디지털 혁명과 문화콘텐츠

『장자』의 〈소요유〉(逍遙遊)에는 다음과 같은 우화가 나온다.[3]

북명(北冥)에 물고기가 있으니, 그 이름을 곤(鯤)이라 한다.
곤의 크기는 몇 천리가 되는지 알지 못한다.
변하여 새가 되면 그 이름을 붕(鵬)이라 하는데
붕의 등은 몇 천리나 되는지 알 수가 없다.

---

3   『莊子』, 內篇 逍遙遊.

14

붕새가 힘차게 날면 그 날개가 마치 하늘에 드리운 구름과 같다.

이 새는 바다 기운이 움직이면 남명 끝을 향해 날았다.

남명(南冥)은 하늘의 연못이다.

재해(齊諧)란 책은 기이한 일들을 기록한 책이다.

이 책이 말하기를, 붕새가 남명 바다로 날아갈 적에 물을 치면 삼천리에 물결을 일으키고, 회오리바람을 타면 구만리까지 날아오르고, 한번 날면 육 개월을 날고서야 쉰다고 하였다.

北冥有魚 其名爲鯤. 鯤之大 不知其幾千里也.
化而爲鳥 其名爲鵬. 鵬之背 不知其幾千里也.
怒而飛 其翼若垂天之雲. 是鳥也 海運則將徙於南冥. 南冥者 天池也.
齊諧者 志怪者也. 諧之言曰 鵬之徙於南冥也 水擊三千里.
搏扶搖而上者九萬里 去以六月息者也.

곤이라는 물고기가 얼마나 크기에 몇 천리나 되며, 그 물고기가 어떻게 새가 될 수 있고, 그 새는 얼마나 크기에 날갯짓 한 번에 물살이 3천 리나 뛴단 말인가? 더구나 붕새가 회오리바람을 타고 곧장 위로 9만 리를 올라간 다음 6개월을 쉬지 않고 날아간 뒤에야 숨 한 번 내 쉰다는 이야기는 무엇일까? 이 편의 이름인 소요유(逍遙遊)는 한가롭게 거닐며 자유롭게 논다는 뜻이다. 장자의 이 우화는 크기의 구분, 물고기와 새의 구분, 넓이와 거리와 시간과 공간의 구분을 모두 없애버린 참 자유의 상징을 보여주는 발상의 전환을 얘기한다. 아무 것도 거리낄 것 없는 자유로운 사고는 얽매이지 않는 눈과 고정되지 않은 생각을 줄 수 있다.[4]

필자는 고전(古典)은 때가 되면 항상 현재성을 갖는다고 믿는다. 필자가 생각하기에, 『장자』의 과장되고 구라 같고 뻥 같은 이 우화는 한가롭게 거닐며 자유롭게 노니는 '소요유'를 위한 단순한 비유만이 아니라, 21세기에

4　김교빈, 「발상법의 이론과 실제」, 『문화콘텐츠입문』, 북코리아, 2006, 188-189쪽.

는 하나하나가 전부 현실이 되었다고 본다. 우리가 인터넷을 하며 엔터키를 치면 내가 쓴 글은 순식간에 지구 저편을 날아간다. 마치 붕새의 날갯짓이 아니고 무엇이겠는가. 모바일 무선인터넷은 더욱 기가 막히다. 나의 좁은 손 안에서 수도 없는 붕새의 날갯짓이 가능하다. 그런 점에서 흡사 스티브 잡스는 현대판 장자이기도 하다.

21세기 디지털 혁명은 어린아이까지도 붕새의 날갯짓이 가능하게 만들었다. 제1차 신석기 혁명, 제2차 산업 혁명에 이어, 정보통신에 바탕을 둔 디지털 혁명은 인류사의 제3차 혁명으로 기록될 것이다. 기술이 사회를 바꾸었는지, 사회가 기술을 바꾸었는지는 논쟁거리이다. 일반적으로 기술이 사회를 바꾸었다고 본다. 가까운 거리에서 보면 당연히 그렇게 인식될 것이다. 그러나 좀 더 먼 거리에서 본다면 달리 생각할 수도 있다.

먼저 활판인쇄를 생각해 보자. 1455년 구텐베르크에 의해 대량으로 인쇄된 성서의 출간은 단순한 기술사적 사건이 아니었다. 당시 15세기의 유럽은 생활수준이 높아지면서 지식인층이 늘어났고, 교회의 허가 없이 자유롭게 지식을 얻고 싶어 하는 중산계급의 지식욕이 왕성했다. 이처럼 지식정보에 대한 교회의 독점에서 일반인도 정보를 갖고 싶다는 사회변화에 조응하여 인쇄기술이 출현하였다고 해석할 수도 있을 것이다.[5] 인터넷도 마찬가지다. 인터넷은 전기통신 세계의 우발적인 사건이 아니다. 그 배경에는 자유로운 표현을 요구하는 개인의 욕구와 그것을 가능하게 하는 지적 수준의 향상이 있었다.[6] 필자는 이와 관련하여 일찍이 디지털 기술과 인터넷의 출현의 사회사적 의미를 다음과 같이 의미부여한 바 있다. 지난 한 세기 동안 '낡은 형식'(독점 자본주의)과 치열하게 투쟁해온 '새로운 내용'(다수 · 공유 ·

---

5   필자는 지난 시기 인쇄기술과 과학혁명, 오늘날의 정보통신기술 등 모든 것에는 직간접적인 사회적 요청이라는 커다란 흐름이 있었기에, 기술과 과학이 그에 부응하여 출현했다는 시각을 가지고 있다. 따라서 필자는 '原因'이라는 표현보다는 '動因'이라는 표현을 사용한다.

6   이케다 노부오, 이규원 옮김, 『인터넷자본주의 혁명』, 거름, 2000, 100-101쪽.

쌍방향)이 마침내 자신의 뜻을 구현할 수 있는 '새로운 형식'(디지털 기술과 인터넷)을 창출하였다. 그것은 크게 보아 대중민주주의의 구체적 실현과정이라고 해석할 수 있을 것이다.[7]

재미있는 것은 이러한 새로운 변화에 2000년이 자리 잡고 있다는 점이다. 흔히 숫자에도 본질과 원형이 있다고 하는데,[8] 2000년을 전후하여 세계사적으로 디지털 혁명이 확실히 도래하였다. 그리고 이 시기에 '인문학의 위기'라는 담론도 전 세계적으로 회자되었다. 물론 서구와 한국은 인문학의 지평이 다르므로, 실제 같은 선상에서 논의되기 어려운 점이 많다. 예를 들어 네덜란드의 경우, 초등학교를 마치고 중학교를 갈 때에 이미 대학교로 갈 학생들은 10%만이 선택된다. 2년 유치원 의무교육을 포함하여 초등학교 6년까지 총 8년 동안의 성적 중, 국어 · 산수 · 수리 이해력 등 4과목을 평균하여 전부 A인 학생은 6년제 대학을 갈 수 있는 중학교로 진학할 수 있으며, 이 중 하나라도 B면 5년제 전문대를 갈 수 있는 중학교, 2개 이상이 B가 나오면 4년제 직업학교를 갈 수 있는 중학교로 진학한다. 물론 IQ 120이 넘으면 6년제 대학을 갈 수 있는 학교를 보내주는 보완 장치가 있다. 그러나 중고등학교 6년 동안에 한 과목이라도 낙제하여 만회하지 못하면 6년제에서 5년제, 다시 5년제에서 4년제 대학으로 진학할 수 있는 학교로 계속 강등된다. 중고등학교 6년 동안에는 영어, 독일어, 불어, 라틴어를 다 배워야 하고, 이것들이 전부 평균 60점이 넘어야 한다. 그 결과 6년제 대학(대학원 포함임)을 갈 수 있는 학생은 전체의 10%이며, 5년제 전문대는 20%, 4년제

---

7   김기덕, 「정보화시대의 역사학: '영상역사학'을 제창한다」, 역사교육연구회, 『역사교육』 75, 2000; 『영상역사학』, 생각의나무, 2005, 20-34쪽 재수록.

8   숫자에 대한 원형은 동서양이 마찬가지인데, 특히 동양의 경우에는 근원, 혼돈, 無極의 0, 시작이자 陽의 1, 陽의 상대로서의 陰의 2, 三元의 3, 四象의 4, 六氣의 6, 七星의 7, 八卦의 8, 九星의 9 등의 원형 숫자가 도출되어 있다. 새로운 2,000년에는 시작 이전의 혼돈인 0이 3개가 있다. 따라서 항상 세기가 교체되어 0이 많이 들어가는 시기가 되면 '세기말'이라는 현상이 세계사적으로 회자된다고 할 수 있다. 숫자상으로 혼돈의 0은 새로움을 도태하기 위한 준비기, 과도기이기도 하다.

직업학교가 70%이다.[9]

물론 너무 일찍 인생의 진로가 결정되는 이 방식이 반드시 교육적으로 좋다고만 할 수는 없을 것이다. 그러나 유럽의 선진국들은 기본적으로 이러한 방식으로 운영하며, 그러하기 때문에 대학교육이 전부 무료이고 국가에서 생활비도 지급하는 것이다. 이 자리가 '인문학의 위기'를 본격적으로 논의하는 장은 아니므로 더 이상의 언급은 생략하고자 한다. 그러나 분명한 것은 한국은 지난 몇 십 년 동안 대학정원 확충과 관련하여 국문학과, 사학과, 철학과 등의 인문계 학과들이 거의 전국적으로 모든 대학에 개설되었다. 그것은 기본적으로 교수와 칠판만 있으면 되는 것으로, 학과 개설 원가가 가장 적게 드는 분야였기 때문이다. 물론 모든 제도에는 그 나라의 역사적 조건과 국민 정서가 담겨 있으므로 일률적으로 다른 나라와 비교할 수는 없을 것이다. 2000년대를 전후하여 극에 달했던 '인문학의 위기'라는 담론 속에서, 외람되지만 필자는 인문학에게 '고기 잡는 법'을 제시해야겠다고 판단하였다. 즉 한국적 상황에 입각한 인문학에 대한 여러 지원책도 의미가 있는 것이지만, 기본적으로는 인문학이 확장된 사고로 변화될 필요가 있다고 보았다. 먼저 필자는 2000년 전후의 사회변화 속에서 '영상'에 주목하였다. 당시 영상 민주주의라고도 할 수 있는 질 좋은 디지털 비디오카메라의 대중적 보급과 그에 맞추어 DVJ 교육과정이 등장하였다.[10] 이때의 영상은 과거의 영상과는 차원이 달랐다. 누구라도 혼자서 영상 기획, 촬영, 편집이 가능한 시대가 열렸으며, 필자는 그 또한 단순한 기술적 사건만이 아니라 모든 대중의 염원이 반영된 시대적 변화로 이해하였다. 그 결과 2000년 5월 서울대학교에서 개최된 전국역사학대회에서 새롭게 '영상역사학'을 제창하

---

9 필자가 네덜란드 방문 시(2012. 1) 취재한 것으로, 약간의 오차가 있을지는 몰라도 거의 맞을 것으로 생각한다.

10 중앙대학교 박경하 교수는 한겨레신문 DVJ 과정 1기생이며, 필자는 민언연에서 시행한 VJ 과정 1기생이다.

였다. 그리고 관련 역사 연구자들과 영상역사 연구모임을 만들었다. 영상역사 연구모임에 직간접적으로 참여한 사람 중 현재 인문콘텐츠학과와 관련된 분은 박경하(중앙대)[11], 김기봉(경기대)[12], 주진오(상명대)[13], 조관연(부산대)[14], 임영상(한국외대)[15] 그리고 필자[16] 등을 들 수 있다. 영상역사 연구모임이 2년째 되는 2001년 말, 참여자들은 영상역사 연구모임을 학회로 정식 출범하자는 논의가 나왔다. 그러나 필자의 생각은 달랐다. 역사를 전공하면서 영상에 관심이 있는 사람이 얼마나 되는가? 그 정도로는 세상을 변화시키기 어렵다고 판단했다. 바로 그 시기에 한국문화콘텐츠진흥원이 출범하였고,[17] 처음으로 '문화콘텐츠'라는 말이 등장했다. 필자는 '문화콘텐츠'라는 말을 접한 후 이 분야야말로 인문학자들이 수행해야 할 대안 중의 하나가 될 수 있을 것이라고 판단했다. 그것은 몇 가지 이유에서이다. 하나는 많이 회자되고 있는 "21세기는 문화산업에서 각국의 성패가 결정될 것이고 최후 승부처는 바로 문화산업이 될 것이다"라는 피터 드러커(1909-2005)의 경구처럼, 21세기는 무엇보다 문화의 시대이기 때문이다. 앞서 언급한바 대중민주주의의 시대에서 최고의 화두는 '문화'가 될 수밖에 없다. 대중과 가장 어울리

---

11 민속학 분야에 영상을 접목하는 연구결과를 산출하였다.

12 팩션 관련 논문 및 단행본을 다수 출간하였다.

13 역사학과 영상을 결합하여 상명대 사학과를 '역사콘텐츠학과'로 바꾸었다.

14 대학원에서부터 영상을 본격적으로 연구하였으며, 지속적으로 영상관련 논문을 산출하고 있다.

15 중앙아시아 한인을 대상으로 영상아카이브 구축 및 관련 연구를 지속적으로 수행하였다.

16 영상역사 관련 연구를 모아 『영상역사학』을 출간하였다(김기덕, 『영상역사학』, 생각의나무, 2005). 이후 다음의 글에서 필자의 영상역사연구의 일단의 정리가 담겨 있는데, '역사학의 확장과 책무'라는 표현에서 필자가 생각하는 영상역사학의 본질이 담겨 있다고 할 수 있다. 김기덕, 「영상역사학: 역사학의 확장과 책무」, 역사학회, 『역사학보』 제200집, 2008. 한편 인문학과 영상의 다섯 가지 만남(영상인류학, 영상민속학, 영상사회학, 영상인류학, 영상고고학)을 시도한 바도 있다. 김기덕 외, 『우리 인문학과 영상』, 푸른역사, 2002. 필자는 이러한 경험을 통해 영상역사도 의미가 있으나 관련 연구자가 너무 적다는 점에서, 세상의 변화를 적극적으로 유도하기에는 일정한 한계가 있다고 생각하게 되었다.

17 2001년 8월에 설립되었다. 2009년 5월에는 한국방송영상산업진흥원, 한국게임산업진흥원과 통합하여 한국콘텐츠진흥원으로 개편되었다.

는 말은 '대중문화'가 아니던가? 당연히 고급문화도 상존하는 것이지만, 진정한 대중민주주의가 되려면 문화가 대중화되어야 한다. 콘텐츠는 내용물이란 뜻이다. 이 중 대중민주주의시대의 대표성은 당연히 문화적 내용물이 차지해야 한다. 문화콘텐츠란 그에 딱 맞는 표현이라고 생각했다.

다른 하나는 필자도 전통문화를 연구하고 있지만, 항상 문화는 '보편성'과 '특수성'의 문제가 제기된다. 문화를 알리거나 이해한다는 것이 정말 쉬운 일이 아니어서, 그것은 20세기까지는 넘기 어려운 벽이었다. 그러나 디지털시대 문화콘텐츠라면 가능하지 않을까 생각했다. 즉 디지털 기술에 입각한 문화콘텐츠가 만약 특수성에 입각한 보편성을 구현·획득한다면, 지금까지 하지 못한 인류 문화의 공유를 획득할 수 있을 것이라 생각했다. 그 점은 오늘날 한류나 싸이의 '강남스타일'이 잘 보여주고 있다.

마지막으로 필자는 '문화콘텐츠'가 인문학의 확장을 도모할 수 있을 것이라 판단했다. 디지털 기술이 현실화되었을 때에, 인문학은 첫째 정보화, 둘째 이미지화라는 문제에 봉착하였고, 그것이 인문학 고유의 영역과 노하우를 무력화시키지 않을까 위축되는 분위기였다. 그러나 다시 생각하면, 아직 익숙하지 않아서 그렇지 정보화나 이미지화가 되어 봐야 결국 그것은 인문학 자료의 가공이 아니겠는가? 그렇다면 그것은 인문학의 확장이지 위축이 아닐 것이다. 필자는 그러한 관점에서 문사철(文史哲)의 인문학자 가운데 새로운 디지털 기술의 변화에서 인문학의 확장을 도모하는 데에 관심이 있는 분들을 '문화콘텐츠'라는 것으로 접촉하기 시작하였다. 이것이 현 시점에서 '인문학의 위기'를 보다 적극적으로 해결하는 것이며, 그러한 모색은 인문학 학생들에게 '고기 잡는 법'을 가르쳐줌으로써 인문학의 새로운 도약과 확장을 가져다 줄 것으로 판단하였다.

3. 인문콘텐츠학회의 성립과 역할

『인문콘텐츠』창간호의 '휘보'에도 부분적으로 제시되어 있지만, 그래도 창립 10주년을 생각하며 몇 가지를 기록해 두고자 한다. 필자는 문화콘텐츠학회를 설립하고자 먼저 박경하 교수와 상의하였다. 이미 영상역사학에서부터 의견을 공유해온 박 교수는 인문학의 확장으로서의 문화콘텐츠학회 설립에 적극 찬동하였다. 필자와 박 교수는 다시 본래 동양철학을 전공했지만 정보통신기술에 해박하여 당시『조선왕조실록』CD-ROM을 개발한 김현 교수를 찾아갔다. 그는 '인문정보학'에 관심을 갖고 그 방면의 학회를 만들 생각을 하고 있었는데, 우리의 구상을 듣고 인문정보학은 문화콘텐츠학회의 하나의 분과로 들어가도 좋겠다며 흔쾌하게 학회 창립준비에 동의해 주었다. 다음으로 당시 지자체의 군지(郡誌) 작업을 주도하고 있던 강진갑 교수를 만나, 차후에는 디지털 기술이 가미될 것이므로 군지 작업도 새로운 차원의 작업이 필요할 것이라는 공감대를 형성하였다. 또한 조선시대를 전공하면서 역사정보화 문제에 관심이 많았던 이남희 교수와도 접촉하여, 역사학 자료에 기반한 문화콘텐츠의 확장이 필요하다는 데에 의견을 같이 하였다. 그리고 마지막으로 동양철학을 전공하고 호서대 철학과에 재직하였지만, 과감하게 철학과를 폐지하고 '문화기획학과'를 새로 만든 김교빈 교수를 만나 새로운 인문학의 대안으로 문화콘텐츠학회의 설립에 의기투합하였다.[18]

위의 노력을 통해 2002년 1월 18일에 학회 창립 준비모임이 결성되고,

---

18 필자를 포함하여 학회 창립에 직접 관여된 몇 분들 외에도 실제로는 새로운 문화콘텐츠 분야에 관심이 컸던 많은 인문학자들이 있었다. 다만 필자의 인맥과 노력에 한계가 있어 창립 준비가 이렇게 시작된 것뿐이다. 그것은 이후 학회에 동참하고 많은 연구성과와 활동을 전개한 여러 다양한 인문학연구자들의 면면을 보면 잘 알 수 있다. 또한 코리아콘텐츠 전충헌 대표처럼 인문학자가 아닌 분야에서 문화콘텐츠 분야를 일찍부터 주목해온 많은 분들이 있을 것이다. 본 글의 관점은 인문학 베이스에서 문화콘텐츠를 고민한 측면을 서술한 것이다.

준비위원장에 박경하 교수, 학회 창립선언문 작성 및 조직에 김기덕 교수가 책임지기로 하였다. 몇 차례의 준비모임을 거쳐 학회 명칭은 '인문콘텐츠학회'로 결정되었다. 여기에는 약간의 우여곡절이 있었다. 본래 학회 명칭은 문화콘텐츠학회로 하고자 했으나, 이미 발 빠르게 서강대 최창섭 교수가 신문방송학과를 중심으로 '한국문화콘텐츠학회'를 먼저 결성하였다. 따라서 문화콘텐츠라는 이름을 학회 명칭에 사용하기 어렵게 되었다. 이에 마침 준비모임에 참석한 학자들이 주로 전통문화에 관심이 많은 자들이었기 때문에 한때는 '한국전통문화콘텐츠연구회'로 정할까 하는 구상도 한 바 있었다.[19]

바로 이 시기에 인문사회연구회에서 연구 프로젝트가 발주되었다. 당시만 해도 인문사회연구회와 경제사회연구회가 각각 존재하고 있었고 그것이 2005년에 통합되어 경제·인문사회연구회가 되었다. 당시 인문사회연구회 상임운영위원으로 있던 박경하 교수의 적극 홍보로, 2002년 프로젝트에 다수 응모하여 학회를 결성하고자 하는 연구자 중에 4명이 용역을 받게 되었다.[20] 이 4명이 먼저 종신회비 50만 원씩을 내어 200만 원으로 학회 기본 준비재원이 시작되었다. 학회의 시작도 인문사회연구회의 도움을 받았고, 지금 다시 10주년에 즈음하여 학술심포지엄의 후원도 경제·인문사회연구회가 해주었으니, 아마도 우리 학회와 이 단체는 깊은 인연이 있다고 생각한다.

그런데 2002년 인문사회연구회 연구 프로젝트의 지원 분야가 바로 '인

---

19 실제 준비모임에서는 '한국전통문화콘텐츠연구회'와 '인문콘텐츠학회'를 놓고 투표를 하기도 했는데, 결국 '인문콘텐츠학회'로 결정되었다. 지금 생각하면 '한국전통문화콘텐츠연구회'는 너무 왜소한 명칭이라고 판단되나, 그 시기에는 '인문콘텐츠'라는 표현도 대단히 생소했었다는 것을 고려한다면 당시의 분위기를 이해할 수 있을 것이다.

20 다른 분은 기억이 나지 않고, 필자의 연구주제는 다음과 같다. 김기덕·이상훈, 『인문학 관련 영상자료 실태조사 및 인문학영상아카이브 구축방안』, 인문사회연구회 인문정책연구총서, 2002. 이 보고서의 내용을 정리하여 다음의 글로 발표한 바 있다. 김기덕·이상훈, 「인문학 영상아카이브센터'의 필요성과 설립 방안」, 『역사민속학』 17, 2003; 『영상역사학』, 2005 재수록.

문학콘텐츠'였다. 이 용어에서 힌트를 얻어 '인문콘텐츠학회'라는 이름이 나올 수 있었다. 즉 지나치게 학문적 구분을 보여주는 '인문학콘텐츠'라는 표현에서, 보다 폭넓게 인문적 사고와 지식, 정서 등을 보여주어야 한다고 판단하여 '학'을 빼고 '인문콘텐츠'로 해서 '인문콘텐츠학회'라는 학회 이름을 만든 것이다. 인문콘텐츠학회 창립발기문에 보면 「… 지난 시기 항상 모든 형식에 실질적인 내용을 채워주는 주된 분야가 인문학이었듯이, 정보혁명시대에 핵심적 기반이 되는 디지털 기술과 관련된 제반 형식에 올바른 내용물을 채워주는 것 역시 인문학이 중심이 될 수밖에 없다. 이제 우리 인문학자들은 지금까지 축적된 인문학의 성과를 바탕으로 새로운 디지털 내용물을 창출시켜 나감에 있어, 올바른 방향성의 제시와 실제적인 참여를 요구받는 실천적 과제를 안게 되었다. 지금까지 디지털 내용물은 흔히 '문화콘텐츠'라고 표현되었고, 그 구체적인 모습은 영화·애니메이션·게임·음반·캐릭터산업 등으로 이해되어 왔다. 그러나 디지털 내용물은 사실상 우리 사회 전 분야의 다양한 측면을 전부 포괄하는 것이며, 그러한 내용물 창출의 주된 원천이 되는 것은 인문학적 사고와 축적물이다. 따라서 디지털 내용물과 인문학의 구체적인 결합을 새롭게 '인문콘텐츠'라고 이름 붙이고자 한다. 인문콘텐츠라는 과제는 전통적인 인문학에 대한 실험이자 새로운 기회이다. … 」라고 밝혔으며,[21] 94명의 창립발기인이 동참하였다.[22]

그런데 이러한 콘텐츠, 문화콘텐츠, 문화기술(Culture Technology) 등과 관련하여 용어의 개념 문제가 제기된 바 있다. 이 점은 특히 박상천 교수가 치밀하게 전개하였다. 문화콘텐츠 개념정립 시도,[23] CT와 문화콘텐츠의 개념

---

21 창립발기문은 『인문콘텐츠』 창간호, 2003, 297쪽에 수록되어 있다.

22 역시 발기인 명단은 『인문콘텐츠』 창간호, 2003, 302쪽에 수록되어 있다. 참고로 학회지 창간호와 2호는 당시 동방미디어 상무이사였던 한문희선생의 도움으로 동방미디어에서 발간하였음을 밝혀 둔다. 3호부터 지금까지는 계속 북코리아 출판사에서 맡아 주고 있다. 북코리아 이찬규 사장은 학회가 정상궤도에 오르기 전 초기에는 학회지를 무상으로 발간해 주었다. 이 자리를 빌어 감사를 드린다.

검토[24] 등의 일련의 글들이 그러하다. 박상천 교수의 글들은 우리 모두 일독할 가치가 있는 것이지만, 필자는 의견을 조금 달리하고 있다. 특히 다음에 수록된 박흥식 감독도 문화콘텐츠 개념 문제를 제기하고 있으므로, 여기에 대해 필자의 생각을 간략하게 밝히고자 한다.

박상천 교수 주장의 요지는 첫째는 콘텐츠란 데이터나 정보의 차원을 넘어서는 매체의 '프로그램'적 성격을 지니고 있는 완성된 독립적 가공물이어야 하며, 둘째는 문화콘텐츠는 매체를 통해 구현되는 것이며, 셋째는 문화콘텐츠는 창작과 향유 과정에서 문화적 특성(지적, 정서적 만족을 주는 창의적 가공물)을 지니고 있어야 한다는 점이다. 특히 이 정의를 통해 '문화콘텐츠'는 '문화'를 '콘텐츠화'한 것이라는 일반적 인식의 오류를 지적하고, 그 내용물이 문화이기 때문에 문화콘텐츠가 아니라 제작과 향유의 과정이 문화적 특성을 가지고 있기 때문에 '문화콘텐츠'라는 용어가 성립됨을 주장하였다. 따라서 '역사콘텐츠', '전통문화콘텐츠', '관광콘텐츠' 등의 용어들은 담겨 있는 내용물을 중심으로 만들어진 용어이지만, '문화콘텐츠'는 이들과는 달리 제작, 향유의 과정이 지닌 문화적 속성에서 비롯된 용어라고 할 수 있다는 것이다.[25]

필자의 논지를 펼치기 전에 먼저 하고 싶은 말은 용어란 본질이 아니라 현상으로 이름 붙인다는 점이다. 어느 꽃이 꼬부랑 할머니처럼 생겼으면 '할미꽃'이라고 이름 붙인다. 비록 양(陽, 남자)이지만 노는 짓이 여자같이 하면 소음(少陰)이라고 이름 붙인다. 소음이지만 그것의 본질은 양이다. 그러나 현상을 보고 소음이라고 한다. 소양(少陽)도 마찬가지이다. 본래는 음이지만 현상으로 이름 붙여 소양이라고 한다. 왜 용어를 현상으로 붙이는가? 본질로 붙이면 본질을 이해하지 않는 한 서로 소통이 되지 않기 때문이다.

23   박상천, 「'문화콘텐츠' 개념 정립을 위한 시론」, 한국언어문화학회, 『한국언어문화』 제33집, 2007.
24   박상천, 「Culture Technology와 문화콘텐츠」, 한국언어문화학회, 『한국언어문화』 제22집, 2002.
25   박상천, 앞의 글, 179-209쪽.

먼저 가장 문제를 삼고 있는 콘텐츠를 생각해 보자. 그것은 용어 본 뜻 그대로 '내용물'이다. 그런데 디지털 기술과 함께 대두되었으니 '디지털 내용물'인 것이다. 그 정의가 문제될 리가 없다. 이때 디지털 내용물은 가장 기초 차원인 문화콘텐츠 가공에 필요한 원천자료에서부터 가장 상위의 차원인 완성된 가공물까지를 모두 의미한다. 필자는 그것을 5단계로 나눈 바 있다.[26]

물론 필자가 제시한 단계에서 첫 단계인 원자료 자체까지를 콘텐츠라고 할 수 있을까는 문제가 될 수 있다. 이에 대해 김현 교수의 재치 있는 비유가 있다.

> "플랫폼에 실리지 않는 콘텐츠는 맹목적이며,
> 콘텐츠에 담지 않은 플랫폼은 공허하다."

위의 표현은 김현 교수가 콘텐츠와 플랫폼[미디어]의 관계를 강조하기 위해 패러디한 것이다.[27] 따라서 기본 원천소스 자체까지를 콘텐츠로 표현하는 것은 문제일 수도 있다. 원칙적으로 최소한 플랫폼에 담겨야 콘텐츠라고 할 수 있을 것이다. 정확하게 표현하면 원천소재는 콘텐츠의 기초 재료이다. 그러나 우리는 얼마든지 미래에 플랫폼에 담길 것을 예상하고 원천소스를 콘텐츠라고 표현하기도 한다. 더욱이 정보화단계에서는 그 속에 담긴 것과 본래의 원천소스가 변형 없이 거의 동일한 경우도 많다. 따라서 실

26　A: 원자료 혹은 기존 형식의 성과물
　　A1: 단순 디지털화
　　A2: 정보화(제대로 된 데이터베이스)
　　A3: 정보화의 활용수준(콘텐츠의 단순활용)
　　A4: 콘텐츠의 산업적 활용(문화산업)
　　김기덕, 「콘텐츠의 개념과 인문콘텐츠」, 인문콘텐츠학회, 『인문콘텐츠』 창간호, 2003, 10쪽.
27　김현, 「기술, 문화콘텐츠, 문화철학」, 『문화콘텐츠 시대의 철학과 인문학의 힘』, 철학연구회 춘계학술대회 발표논문집, 2010.

제 플랫폼에 담기는 순간부터 콘텐츠로 기능하겠지만, 그것을 예상하고 원천소스 자체를 콘텐츠라고 하더라도 사실은 전혀 이상할 것이 없는 것이다. 실제 그렇게 많이 표현하고 있기도 하다. 그런데 여기에서 더 나아가 가장 마지막 단계인 완성된 가공물만 콘텐츠라고 표현되어야 할 이유가 없는 것이다.

박상천 교수는 만약 콘텐츠의 의미를 필자처럼 한다면 용어 자체가 지시하는 대상이 너무 포괄적이 되어 언어로서의 가치를 상실할 수도 있기 때문에 문제라고 말한다. 그러나 문화라는 용어, 문학이라는 용어, 철학이라는 용어, 역사라는 용어, 예술이라는 용어, 오늘날 디자인이라는 용어 등 그것이 의미가 있으면 있을수록 포괄하는 대상이 많아지는 것이다. 조금 거칠게 표현하면 지금은 개나 소나 콘텐츠라고 한다. 그것이 잘못된 것이 아니라 문화콘텐츠의 일상화, 보편화로서 문화콘텐츠라는 학문으로 정립되어 가는 과정에서 오히려 거쳐야 하는 바람직한 과정이라고 생각한다. 다시 강조하자면 콘텐츠는 말 그대로 (디지털) 내용물로 이해하면 되며, 그것은 원천자료에서부터 완성된 가공물까지를 모두 포괄하는 것으로 이해해서 전혀 문제될 것이 없다고 생각한다. 물론 앞에서 언급한 것처럼 원천소재 자체를 콘텐츠라고 할 때에는 미디어에 담길 것을 예상한 것으로, 어떤 단계의 콘텐츠이든 실제 대화와 표현에서는 서로 전부 이해된다.[28]

다음으로 문화콘텐츠이다. 이 또한 크게 보아 일단 문화적 내용물을 갖는 콘텐츠로 이해해서 문제될 것이 없다. 실제로 그러한 개념으로 이해할 때에 가장 포괄되는 것이 많다. 흔히 문화콘텐츠 장르로 이해되는 것들은 전부 문화적 내용물이다. 그러므로 축제콘텐츠는 문화콘텐츠이며, 영화콘

---

28 앞에서 현상과 본질을 언급한 바 있는데, 콘텐츠에 대한 이해도 사람들이 서로 쉽게 이해하는 방식대로 '내용물'이라는 현상적 차원에서 이해해서 전혀 문제될 것이 없다고 생각한다. 그것이 가장 자연스러운 것이며, 실제 대화에서 문제가 되어 본 적이 없다. 단 콘텐츠의 단계는 있을 수 있다.

텐츠도 문화콘텐츠이다. 다만 이러한 문화콘텐츠의 개념을 좀 더 세분하여 이해하면 된다. 즉 문화적 내용물을 기본적으로 문화콘텐츠라고 하는데, 그러한 문화적 내용물도 콘텐츠의 층위만큼 여러 층위가 있는 것이다. 그리고 어떤 경우에는 반드시 문화적 내용물이 아니라, 박상천 교수의 표현처럼 창작과 향유 과정에서 문화적 특성을 지니고 있는 경우에도 문화콘텐츠라고 할 수 있다. 실제 문화적 내용물 혹은 문화적 특성으로 폭넓게 이해해도 서로 전부 알아듣고 구분한다. 이것을 굳이 문화적 내용물은 아니라고 할 이유가 없다고 생각한다. 오히려 문제를 복잡하게 하는 것은 인문학에서 시작한 학과가 전부 문화콘텐츠학과라고 명명된 점에 있다. 여기에 대해서는 다음 장에서 다시 언급하도록 한다.

개념의 문제를 마무리하기 전에 문화산업과 문화콘텐츠산업의 문제를 덧붙이고자 한다. 한마디로 오늘날은 두 개념이 거의 동의어로 사용되고 있으며, 또한 그것이 문제될 것이 없다. 본래는 문화산업이 보다 큰 범주이며, 문화콘텐츠산업은 새롭게 디지털 기술을 전제로 출현한 문화산업이라고 할 수 있다. 따라서 처음에는 구분이 되었다. 그러나 콘텐츠라는 말 자체가 디지털 내용물에서 이제는 모든 내용물로 확산되어 사용되고 있다. '음식콘텐츠'라고 했을 때에 음식이 어떻게 디지털에 기초하고 있는가? 물론 음식과 관련된 것이 인터넷에 올려진다면 그것은 디지털과 관련되기도 한다. 그러나 지금의 콘텐츠라는 용어는 아날로그, 디지털 관계없이 전방위적으로 사용되고 있다. 그러므로 문화산업과 문화콘텐츠산업의 구분도 모호해진 것이다. 또한 이것은 오늘날 대부분 모든 것이 아날로그와 디지털을 넘나들기 때문에 나타난 현상이기도 하다. 따라서 협의로는 문화산업과 문화콘텐츠산업을 구분할 수 있겠지만 실제로는 거의 동의어로도 사용되는 것이다.

이처럼 현 상황에서 둘을 구분하는 것은 어렵지만, 필자가 생각하기에 무엇보다 문화콘텐츠산업이 일반적인 문화산업과 가장 크게 다른 점은 현재의 문화콘텐츠산업은 기본적으로 디지털 기술로 구현되는 지식정보화를 직간접적인 밑바탕으로 하고 있다는 점에 있다고 본다.[29] 즉 오늘날 디지털 기술에 의한 인문학 자료의 DB 구축 및 검색의 용이함으로 인해, 이제 어떠한 문화산업이라도 원천소재에 대한 접근이 너무 용이하게 되었다. 상상력도 사실에서 발아되는 것이다. 그러므로 본래 디지털 기술에 바탕을 문화콘텐츠산업이 기존의 문화산업에 가장 크게 기여한 것은 원천소재에 대한 접근이라고 생각한다.

CT(Culture Technology)에 대한 이해도 용어 자체에 대한 이해는 보다 간명하게 생각할 필요가 있다. CT란 한마디로 문화콘텐츠를 최적화하는 기술이다. 그런데 때로는 그 자체가 문화콘텐츠로 표현될 수도 있는 것이다. 이처럼 용어 자체는 다의적으로 이해할 필요가 있다. 그것은 실제로 그렇게 쓰이고 있기 때문이며, 그렇게 쓰인다는 것은 그러한 본질과 속성을 갖고 있기 때문인 것이다. 다음과 같이 정리해볼 수 있을 것이다.

CT산업 ≦ 문화콘텐츠산업 ≦ 문화산업

인문콘텐츠학회의 출범을 언급하면서 문화콘텐츠 관련 개념을 검토해 보았다. 2002년 10월 출범한 인문콘텐츠학회는 지난 10년 동안 많은 성과를 이루었다고 할 수 있다. 이 점에 대해서는 앞서 언급한 2012년 말 인문콘텐츠학회 10주년 학술대회 성과가 참조된다. 이 자리에서 이러한 성과를 언급할 여유는 없지만, 반드시 한 가지 덧붙일 것은 어떤 분야든 인문학의 원형 이야기 활용방식이라는 것을 가장 중심에 놓고 논의하여야 하지 않을까 하는 점이다.[30] 그것이 가장 중요한 인문콘텐츠의 실질적 활용이며 성과

---

29 김기덕 · 신광철, 「문화 · 콘텐츠 · 인문학」, 『문화콘텐츠입문』, 북코리아, 2006, 18쪽.

30 여기서 사용한 원형(原型), 문화원형이라는 표현은 일단 '전통문화의 소재' 정도의 의미로 사용하였음을 밝혀둔다. 이 주제와 직결되는 것이 본 기획에 실린 유동환 교수의 글이다. 이 주제는

가 되어야 하기 때문이다. 인문학의 원형 이야기 활용방식에 대한 치밀한 분석과 방법론이 결여된 수많은 논의들은 실질적으로 인문콘텐츠학회의 정체성에 도움이 되지 않기 때문이다.

이 점은 연구논문이나 교육의 경우에도 마찬가지이다. 지금까지 인문학의 여러 원형 소재를 대상으로 '활용방안'이라고 이름 붙인 논문들이 500여 편 축적되었다. 2000년대 초반에는 그러한 제목만으로도 신선하였으나, 지금의 상황은 『인문콘텐츠』 게재논문 심사에서도 대부분 게재불가가 될 정도로 구태의연한 수준에 머물러 있다. 이러한 상황은 아마도 실제 교육현장에서도 많은 문제를 야기할 것으로 생각한다. 그것은 인문콘텐츠 차원에서의 '기획'의 노하우가 관철되기 어렵기 때문이다. 따라서 이 주제는 '인문콘텐츠학회'의 핵심과제라고 할 수 있는 것으로, 학회에서 심도 있는 논의들이 지속적으로 전개되어야 할 것으로 판단된다.

끝으로 이 주제와 관련된 것으로 한국문화콘텐츠진흥원의 '문화원형사업'이 있었다. 이것은 원형 이야기를 사업화한다는 점에서 연구논문이나 교육과는 다소 차이가 있는 것이지만, 역시 인문콘텐츠학회의 진로와 대단히 밀접한 관련이 있다. 이미 이 사업에 대해서는 많은 검토가 있었지만, 최근 필자는 그 후속사업을 제안하면서 비판적 반성을 통해 몇 가지 제안을 한 바 있다. 간단히 그 점을 소개해 보고자 한다.[31] 이것은 필자가 제안한 사업을 소개한다는 차원이 아니라, 인문학적 원형 이야기의 활용방식을 고민하는 차원에서 하나의 방안을 제기해 보는 것이다. 첫째, 지금까지 문화원형사업과 같은 것은 기본적으로 어떤 주제를 갖고 원천자료를 모으고 가공하는 수준이었다면, 이제 2차 재가공 사업이 필요하다고 본다. 즉 음식 및 요리로 예를 든다면, 기존 사업이 무엇이 좋은 음식인지 모르고 장보기만을

필요하다면 2013년 인문콘텐츠학회의 연속 콜로키엄의 주제로 삼아도 좋을 것으로 생각한다.

31 김기덕 · 박경하 · 정헌일, 『한국 세계유산을 활용한 인문학 융복합 문화콘텐츠 정책사업 제언』, 경제 · 인문사회연구회 인문정책연구총서, 2012.

열심히 한 것이라면,[32] 이제 조리사와 음식전문가가 어떤 재료와 어떤 요소를 결합시키면 어떤 흥행성 있는 음식이 도출되는지를 제시하는 단계가 되어야 한다는 것이다. 둘째, 2차 재가공 사업은 무엇보다 인문학자가 중심이 되어야 한다. 그리고 첫째 목표를 달성하기 위하여 인문학자와 전문기획자가 짝을 이루어 작품기획안을 제시해야 한다. 필자는 우선 그 대상을 수많은 전통 소재 중 현재 가장 각광을 받고 있는 세계유산을 대상으로 하여 제시하여 보았다. 즉 세계유산을 대상으로 그 분야 인문학자와 그것을 각 문화콘텐츠 장르에 접목하고자 하는 전문기획자가 짝을 이루어 작품기획안을 작성하는 것이다. 셋째, 반드시 모든 사업의 결과물은 실명제(實名制)가 관철되어야 한다. 그러기 위해서는 완성된 작품기획안은 정식 단행본으로 출간되어야 한다. 여기에는 두 가지 이유가 있다. 하나는 많은 연구자들은 자신에게 저작권이 있는 실명의 출판물이 되어야 최선을 다한다는 점이다. 다른 하나는 실명의 출판물은 이 시대 새로운 콘텐츠북으로 자리매김될 수 있어, 진정한 인문콘텐츠의 성과로 자리 잡을 수 있을 것이라는 점이다.

4. 인문학과 문화콘텐츠학과

'학회'와 '학과'는 서로 밀접한 관련을 갖는 것이지만, 그 역할은 차이가 있다. 특히 연륜이 얼마 되지 않고 다양한 융합교육이 요청되는 문화콘텐츠학과의 경우에는 더욱 그러하다. 인문콘텐츠학회 외에 전국대학문화콘텐츠학과협의회가 필요한 이유가 그것이다. 학회는 방법론의 개발과 연구논문의 생산이 주된 목적이라면, 관련 학과에서는 방법론의 교육적 적용,

---

32 문화원형사업의 성과를 산업체들이 가져다가 활용하라는 것이었는데, 실제로는 수요자의 입장
    이 반영된 것은 아니었다.

수업론 개발, 산학협력 등을 목적으로 한다.

이제 모두 학과가 개설된 지 10년이 되지 않는 문화콘텐츠학과에 대해 생각해 보고자 한다. 한국콘텐츠진흥원에서 조사한 문화콘텐츠 관련 학과는 전국적으로 1,325개로 조사된 바 있다.[33] 크게 장르별로는 애니메이션, 만화, 캐릭터, 음악, 게임, 영화, 방송 등이 포괄되었으며, 2년제와 3년제 대학을 포함하고, 대학원까지 포함한 숫자이다. 이 중 4년제 대학교만은 598개로 조사되었다. 이 중 학과 이름으로 '문화콘텐츠학과'를 내세우는 것은 기본적으로 전부 인문학 베이스의 학과이다. 수도권을 사례로 든다면, 가장 일찍부터 시작한 학교로는 한양대학교, 한신대학교, 인하대학교 등이 있으며, 그 뒤로 가톨릭대학교, 건국대학교, 아주대학교 등이 있다. 주지하듯이 수도권은 대학 정원을 거의 증원해주지 않고 있다. 따라서 대부분 많은 우여곡절 끝에 기존 학과에서 독립하여 개설한 경우가 대부분이며, 이 때문에 독립학과 개설이 여의치 않은 대학들은 연계전공의 형태로 운영하고 있다. 한국외국어대학교, 중앙대학교 등이 그러하다. 다만 학부보다 대학원은 설립에 다소 융통성이 있는 편이어서 일찍부터 한국외국어대학교를 필두로 하여, 한양대학교, 인하대학교, 중앙대학교, 건국대학교, 고려대학교, 중앙대학교 등에서 문화콘텐츠학과 혹은 문화콘텐츠전공이 있다.[34]

물론 각 학교마다 약간씩 강조점은 차이가 있다. 예를 들어 한양대학교는 스토리텔링을 중점적으로 표방하고 있다거나, 가톨릭대학교는 기술에 보다 중점을 두고 있다. 그러나 실상 모든 문화콘텐츠학과들은 스토리텔링

---

33 한국문화콘텐츠진흥원,『2008 문화콘텐츠 교육기관 현황조사』, 2009.

34 문화콘텐츠학과에 대한 검토로는 다음의 글들이 있어 참고된다. 신광철,「학부 수준에서의 문화콘텐츠학과 교과과정의 분석과 전망」, 인문콘텐츠학회,『인문콘텐츠』제2호, 2003; 김교빈,「콘텐츠 관련 고급인력 양성을 위한 대학원교육의 현황과 문제점」, 인문콘텐츠학회,『인문콘텐츠』제2호, 2003; 박기수,「문화콘텐츠 교육의 현황과 전망」, 국제어문학회,『국제어문』제37집, 2006. 그런데 본 글에서는 인문학과 문화콘텐츠학과와의 관련성을 중심으로, 문화콘텐츠학과의 방향성의 문제 위주로 논의를 전개해 보고자 했다.

에 중점이 있다. 기획과 관련된 것들은 기본적으로 스토리텔링으로 구현되기 때문에, 기획과목 역시 크게 보면 스토리텔링 과목이기도 하다. 또한 융합을 표방하는 교과목 구성상 어느 학교나 기술적 요소와 마케팅적 요소가 함께 결합되어 있어, 크게 보면 변별력이 크지는 않은 편이다. 흔히 문화콘텐츠 프로세스는 기획-제작-마케팅으로 구분한다. 문화콘텐츠학과는 전체 프로세스를 포괄하는 교육을 표방하지만, 어느 학교나 기본적으로 스토리텔링에 입각한 기획인력 양성을 주된 목표로 하고 있다.

앞에서 언급했듯이 크게 보면 문화콘텐츠학과의 설립에는 2002년 출범한 인문콘텐츠학회의 영향이 크다. 일반적으로 한국문화콘텐츠진흥원에서 시행한 문화원형사업이 학과 개설을 촉진했다고 하는데, 사실상 이보다는 인문콘텐츠학회의 설립이 보다 큰 영향을 미쳤다고 할 수 있으며, 문화원형사업은 그 기반을 넓혀 주었다고 할 수 있다. 문화콘텐츠학과는 대부분 본래 인문학을 전공하던 학자들이 새롭게 대두된 문화콘텐츠 영역을 일종의 응용인문학, 즉 인문학의 확장이 될 수 있다고 보고, 지속적으로 관심을 갖다가 드디어 새로운 학과 개설까지 가게 된 것이다. 여기에는 암묵적으로 인문적 사고와 축적물이 문화콘텐츠산업에 기여할 수 있다는 인문콘텐츠적 관점이 작용한 것이다.

그런데 이러한 인문학자들이 새로운 학과를 만들고자 할 때 학과 이름을 작명해야 했다. 여기에서 당시 새롭게 등장한 문화콘텐츠를 그대로 가져와 문화콘텐츠학과라고 했던 것이다. 문화콘텐츠 개념이 등장했을 때에 그 범주에 속한다고 할 수 있는 영화, 게임, 영상, 애니메이션, 디자인, 문화경영 등과 같은 학과들은 새롭게 개설되든 아니면 기존 학과 그대로이든 특별히 학과 이름을 바꿀 이유가 없었다. 그 이름이 그대로 문화콘텐츠의 범주에 속하기 때문이었다. 그러나 인문학을 하는 사람들이 새롭게 학과를 만들고자 했을 때에 사용할 수 있는 이름은 문화콘텐츠학과였던 것이다. 물론 그 뒤에 일부 학과들이 만들어지면서 기존 이름에 문화콘텐츠를 덧붙이는 경향도 나타나게 되었다. 예를 들어 경희대의 관광문화콘텐츠학과, 상명대에 역사콘텐츠학과, 경희대에 디지털콘텐츠학과 등과 같은 것이 그 것이다. 그러나 기본적으로 문화콘텐츠학과라는 이름은 인문학 베이스에 서 변신한 학과들이 차지하게 되었고, 그 때문에 한때는 갑자기 인문학을 한 사람들이 문화콘텐츠학과라는 명칭을 사용하면서, 마치 문화콘텐츠학 과의 중심인 듯한다는 우스갯소리가 있기도 했다.

우리는 바로 이러한 상황을 직시해야 한다. 즉 현재 문화콘텐츠 분야는 학문의 정립과 그와 관련된 방법론 및 교육론의 모색, 그리고 관련 용어의 검토 등 학문을 정립하기 위한 제반 노력이 필요한 시점임은 충분히 인정되 나, 이처럼 문화콘텐츠와 관련된 논의들이 인문콘텐츠 관련자들의 시각으 로만 정리되지는 않는다는 점을 고려하여야 한다. 기본적으로 문화콘텐츠 학과는 전부 인문콘텐츠학과이다. 따라서 지금은 전체 문화콘텐츠 분야를 망라하는 고민도 필요한 시점이지만, 우리의 노력으로만 모든 것이 이루어 진다는 판단을 해서는 안 된다. 그것은 문화콘텐츠 분야를 학문 위치상 어 느 곳에 넣는 것이 좋은가 하는 점에 있어서도 마찬가지이다.[35] 지금 우리 에게 가장 필요한 것은 인문콘텐츠의 관점에서 우리의 학과는 무엇을 해야 하며, 어떠한 방식의 연구가 가장 인문콘텐츠적이며, 그것이 전체 문화콘텐 츠 분야에 어떠한 도움을 줄 수 있는가 하는 점이다. 이렇게 보았을 때에 핵 심은 두 가지이다. 하나는 인문콘텐츠란 원천자료에 대한 이해에서 출발한 다는 것이며, 다른 하나는 문화콘텐츠의 방향성까지를 치열하게 고민해야 한다는 점이다. 후자에 대해서는 다음 장에서 언급하기로 하고, 지금부터 는 전자의 문제를 추적해보고자 한다.

모든 문화콘텐츠학과는 '인문학'과의 관련성을 밝히고 있다. 그것은 무

35　이 점에 대해서는 다음의 글이 참고된다. 박상천, 「문화콘텐츠학의 학문 영역과 연구 분야 설정
　　에 관한 연구」, 인문콘텐츠학회, 『인문콘텐츠』 제10호, 2007.

엇을 의미하는가? 이는 인문학적 원천소재에 대한 중요성과 그것의 제대로 된 가공(그것이 정보화이든 상상적 드라마이든)을 중요시한다는 것이다. 그런데 이러한 목표는 반드시 문화콘텐츠학과가 아니라도, 인문학 전체 학과들이 필요한 콘텐츠 교과목들을 보완함으로써 일정부분 성과를 낼 수 있다고 본다. 예를 들어 국문학과의 경우 방송 스토리텔링, 영화 스토리텔링, 광고 스토리텔링 등을 보완함으로써 기존 국문학과의 확장을 가져올 수 있다. 사학과의 경우 기존의 문자 사료만이 아니라 이제는 새롭게 생성되는 영상사초(映像史草)들이 생산되고 있다. 그것들을 관리하고 생산하는 일, 그리고 하루가 멀다 하고 방영되는 TV역사극의 의미와 참여, 역사영화에 대한 리뷰 등 영상역사로도 사학과의 관심이 확장되어야 한다. 철학과의 경우 게임중독이나 인터넷 윤리, 디지털 기술에 의한 인간 소외 및 매트릭스 등 철학의 확장을 가져올 것이 한두 가지가 아니다. 영문학과를 위시하여 불문학과, 독문학과와 종교학과 등도 마찬가지이다. 전부 스토리텔링 및 영상과 관련되어 있다. 세계문화유산의 대부분은 종교유산이며, 항상 당대 당대마다 종교사원에서 해 오던 이벤트는 일종의 문화콘텐츠적인 행위였다고 할 수 있다. 종교의 창시자들은 최대의 스토리텔러였으며, 각 경전은 스토리텔링의 원형을 담고 있는 보고이다. 이처럼 인문학 제 학과들이 자체 교과목을 보완하든지 혹은 가능한 학교에서는 문화콘텐츠 연계전공의 도움을 통하여 전부 문화콘텐츠적, 즉 인문콘텐츠적으로 변신할 수 있다.[36]

그렇다면 순수한 문화콘텐츠학과는 어떻게 되는가? 그 학과들은 기획－제작－마케팅을 총괄할 수 있는 전사(戰士) 교육이 되어야 한다고 본다.

---

[36] 물론 누가 변신하라고 해서 되는 것도 아니며, 모든 인문학과가 전부 그렇게 콘텐츠 교과목을 보완하여 변화될 필요도 없다. 단지 기존 인문학 계통 학과들이 필요에 의해 그렇게 간다면, 결국 그러한 인문학 계통 학과들은 이미 범(凡)문화콘텐츠학과화(化)되었다는 것을 강조하는 것이다. 참고로 사학과를 중심으로 콘텐츠교과목을 보완한 사례를 검토한 글은 다음이 있다. 김기덕, 「전통적인 인문학관련 학과에 있어서 '콘텐츠 교과목'의 보완: 역사학 관련학과의 사례를 중심으로」, 인문콘텐츠학회, 『인문콘텐츠』 제2호, 2003.

즉 지금은 기획 위주로 되어 있지만, 앞으로 기술의 대중화와 문화콘텐츠 프로세스의 일상화를 통해 전체를 융합하고 총괄하는 것은 더욱 용이해질 것이다. 따라서 지금의 기획 위주에서 더 나아가 그야말로 제작과 마케팅을 융합하는 전사 교육이 되어야 한다.

그리고 이러한 문화콘텐츠학과는 서울 지역은 3~4개, 광역시나 각 도에서는 하나 정도씩만 있으면 된다고 본다. 오해의 소지가 있지만 철학과로 예를 들고자 한다. 본래 최고의 천재가 가야 하는 곳이 철학과이듯이, 문화콘텐츠학과는 멀티형 수재들이 가야 하며, 그러한 학과를 무한히 늘릴 필요도 없다. 오히려 학교의 지원, 담당교수의 능력, 학생의 수준이 따라가지 못하는 문화콘텐츠학과는 도태될 것이다. 현재의 상황은 서울 지역이 절대 부족하다. 인구 구성상 서울 지역에서 2~3개 학과가 더 개설될 필요가 있다. 수도권은 한양대학교와 한신대학교, 가톨릭대학교, 아주대학교가 있으므로 어느 정도 충족되었다. 인천권은 인하대학교가 있다. 기타 지방은 각 도별로 1~2개 정도가 있으면 된다고 본다.[37]

필자가 위와 같이 표현하면 혹시 문화콘텐츠학과를 엘리트학과로 보고, 기존 인문학과들을 문화콘텐츠의 종속적 차원으로 본 것이 아닌가 오해할 수도 있으나 절대 그렇지 않다. 스토리텔링을 예로 들어보자. 국문학과 출신이 자신이 수학한 국문학과의 제반수업에 스토리텔링을 가미했을 때에, 오히려 전반적인 것을 다루는 문화콘텐츠학과 학생보다 더 뛰어난 스토리텔링 분야의 인재가 나올 수 있다. 크게 생각해야 한다. 인문콘텐츠학회의 정신처럼, 모든 인문학을 전제한 후에 문화콘텐츠학과가 해야 하는 역할을 상정할 필요가 있다고 본다.

이제 마지막으로 문화콘텐츠학과의 교육 방향과 관련하여 네 가지를 제

37　물론 교통, 특히 전철망의 확대로 한양대학교(안산), 아주대학교(수원), 가톨릭대학교(부천), 한신대학교(오산), 인하대학교(인천) 등은 어떻게 보면 이미 서울에 개설된 것이나 마찬가지로 파악해도 될 것이다.

시해보고자 한다. 첫째는 김현 교수가 강조하는 '인문정보학'에 대한 심도 있는 재검토가 필요하다. 인문정보학은 인문학 분야의 다양한 지식을 개방적인 정보시스템에 효과적으로 담아낼 수 있는 방법을 찾는 연구 분야라고 정의할 수 있다. 그런데 이것이 가능하려면 플랫폼을 올바르게 이해하고, 인문지식을 플랫폼이 요구하는 스펙에 맞도록 가공하여, 인문지식이 플랫폼 상에서 최대의 가치를 드러낼 수 있도록 해야 한다. 이러한 방법론이 문화콘텐츠학과 학생들 모두에게 교육시킬 필요가 있는 것인지? 그렇지 않다면 최소한 이용방법을 숙지하여 콘텐츠 창출에 어떻게 기여할 것인지에 대한 검토가 필요한 시점이다.

둘째는, 수업방식에 있어서는 '역(逆)추적의 인문학'을 시도할 필요가 있다. 문화콘텐츠의 창출에 있어 동서양의 고전(古典)과 전통문화가 반드시 필요하다는 데에 대해서는 누구도 이의를 달지 않을 것이다. 그러나 실제 교육현장에서는 그러한 문제의식이 있다고 하더라도, 바로 고전이나 전통문화를 강의하면 설득력이 떨어진다. 먼저 잘 알려진 문화콘텐츠 작품 중에서 고전이나 전통문화의 요소를 적절히 끄집어내어 설명한 후, 그러하기 때문에 고전이나 전통문화에 대한 이해가 필요하다는 식으로 교육이 이루어질 필요가 있다. 필자는 그것을 '역추적의 인문학'이라고 표현하여 보았다. 문화콘텐츠 관련 교재의 편찬과 구체적인 교육은 기본적으로 이렇게 구성되어야 할 것이다.

셋째로는 현 단계에서는 원천소재에 정통한 인문학자라 하더라도 그 원천소재를 활용하기에 적합한 문화콘텐츠 분야의 각 장르별 기획전문가와 공동으로 함께, 연구 및 교육, 프로젝트를 수행할 필요가 있다고 생각한다. 이 점에 대해서는 보다 솔직한 자기 고백이 필요하다고 본다. 필자를 포함하여 현재의 문화콘텐츠학과 교육에 있어서는 기본적으로 교수들이 학생들을 따라가지 못한다. 이 점은 학생이 더 뛰어나다는 것이 아니라, 문화콘텐츠 프로세스를 현재의 교수들이 정확히 구현해주지 못한다는 것이다. 즉

기획-제작-마케팅이라는 전체 분야, 그리고 기획이라는 부분에만 한정
한다고 하더라도 원천자료에 대한 이해에서부터 그것의 가공과 문화콘텐
츠 작품을 창출할 수 있는 정확한 프로세스까지를 명확하게 제시해 줄 수
있는 교수들의 능력이 절대적으로 부족한 실정이다. 그것은 새로운 분야이
므로, 대부분 인문학 전공에서 시작한 현 단계 교수진의 시대적 한계이기도
하다. 물론 부분적으로는 뛰어난 인문학자는 자신이 기획 개발까지 스스로
해결할 수 있을 것이다. 그러나 솔직히 그러한 인원은 소수이다. 따라서 현
단계에서는 보다 적극적으로 해당 기획전문가와의 소통이 필요하다고 생
각한다. 예를 들어 이자람이라는 뛰어난 국악예술인은 남인우라는 콘텐츠
기획자를 만나 〈사천가〉라는 창의적인 작품을 생산하여 성공할 수 있었다.
이 점을 잘 보여주는 것으로 '브레히트의 작품으로 만든 〈사천가〉는 어떻
게 시작하게 되었나? 라는 질문에 대해 이자람은 다음과 같이 말한다.

"정동극장에서 '아트프런티어 프로그램'의 수혜를 받아 원하는 공연을 할 기회
가 생겼다. 처음에는 창작을 하려고 했다. 그래서 국악뮤지컬집단 '타루'에서 만난
인연인 연출가 남인우에게 연출을 부탁하고 쓴 것을 보여주었다. 그런데 이거 가
지곤 안 되겠다 싶은 거다. 그때 '희곡 세미나', '극작론' 등의 한예종 수업들을 청강
하고 있었는데, '희곡 세미나' 수업에서 브레히트의 〈사천의 선인〉 발표를 들으면
서 '어, 저 센테는 날 닮았는데?' 하는 생각이 들었다. 쉬는 시간에 그걸 남인우 연
출에게 얘기했더니 바로 '그거 좋다!' 라고 하더라. 처음엔 뭐가 나올지 두렵기만
했다. 작창도 혼자 다 했는데 무섭고 자신이 없었다. 스태프들 앞에서 연습을 하는
데 반응도 신통치 않은 것 같고, 그래서 오히려 반대로 연출에게 말했다. 앞부분은
판소리로만 가겠다. 다른 악기나 다른 효과 같은 것에 기대지 않겠다. 그 선택이
옳았다. 작은 승리라고나 할까. 그리고는 두산아트센터에서 그 작품을 업그레이드
하자는 제안이 들어왔다."[38]

---

38 인터넷에서 이자람이나 남인우를 검색하면 여기서 인용한 것 외에 두 사람의 협업 사례가 많이
    소개되어 있다.

이자람과 남인우의 결합은 전문가와 콘텐츠 기획자와의 적절한 만남을 잘 보여주는 사례라고 할 수 있다. 현재의 교수진들은 프로젝트, 교육, 연구 등에 있어, 관련 기획전문가와의 협업방안을 보다 적극적으로 모색할 필요가 있다고 생각한다.

그렇다면 문화콘텐츠학과 학생들은 추후 어떻게 되어야 할 것인가? 그들은 현재의 선생들과는 달리 앞으로는 스스로 모든 것을 해결할 수 있는 수준이 되어야 한다고 본다. 그러기 위해서는 관련 기술 및 프로세스에 대한 기본 이해와 원천소스에 대한 가공능력을 겸비하여야 할 것이다. 즉 현재의 상황은 오히려 가르치는 선생들은 전문기획자와 직간접적으로 협업해야 하며, 그것을 통하여 학생들은 차후 스스로 모든 것을 독립적으로 수행할 수 있는 인재로 양성해야 할 것이다. 그리고 이러한 인문콘텐츠 관련 학자와 전문기획자와의 협업은 현 단계 원형 이야기를 소재로 한 문화콘텐츠 관련 연구논문의 생산 및 문화콘텐츠 프로젝트 수행에 있어서도 관철되어야 할 것으로 생각한다. 앞서 '문화원형사업'의 검토에서 제시한 것은 바로 이와 같은 맥락에서 도출된 것이다.

넷째로는 융합과 관련된 것이다. 현재 융합이 대세가 되어 있으며, 문화콘텐츠 분야는 태생적으로 융합적 요소를 가지고 있다는 것을 부인할 사람은 없을 것이다. 그러나 실제 논문생산이나 교육, 그리고 프로젝트 제안 및 수행에 있어 인문콘텐츠 연구자들은 거의 역할을 수행하지 못하고 있다. 현재 한국연구재단의 연구 프로젝트 분류를 보면, 전체 학문분야에서 '융복합 분야'가 있으며, 다시 인문학 분야 안에서 '융복합'이 있다. 최소한 인문학 분야 안에서의 '융복합'에서 인문콘텐츠연구자들이 기여해 주어야 한다. 이제 인문콘텐츠 연구자들은 이 점을 심각하게 고민해야 할 것으로 생각하며, 희망하건대 이 주제 또한 2013년 인문콘텐츠학회 콜로키엄에서 지속적으로 문제를 제기하고 모색하는 자리가 마련되었으면 한다.

5. 인문콘텐츠의 덕목(德目)

　하나의 에세이처럼 제기되어야 할 것이지만, 인문콘텐츠학회 새로운 10년의 시작이라는 점에서 인문콘텐츠의 덕목이라는 점을 언급해 보고자 한다. 필자는 인문콘텐츠의 의미부여에서, 인문콘텐츠는 인류의 공동선(共同善), 인간화·인간해방을 지향한다고 밝힌 바 있다.[39] 인문콘텐츠라면 최소한 그것을 담당하는 자들에게도 인문학적 품격과 자세가 요청되어야 하지 않을까 한다. 그래야 교육받은 학생들도 그러한 인문적 품격과 자세를 갖출 수 있을 것이다. 인문학의 금기는 "書自書 我自我"이다. 인문학자는 끊임없이 고전과 先賢의 말씀이 단지 책에서 끝나는 것이 아니라, 나에게도 체득되어 실천될 수 있도록 노력해야 한다. 주옥같은 인문학적 원천자료를 다룬다면, 최소한 다른 분야의 문화콘텐츠 전문가들과도 차이가 난다고 사람들에게 인식될 필요가 있지 않을까? 그러기 위해서는 무엇보다 인문콘텐츠 연구자 자신들이 열린 사고(open)와 쌍방향적 인식(interactive)이 체득되어 있어야 할 것이다. 그리고 그러한 사고가 최소한 인문콘텐츠학회의 공론(公論)으로 자리 잡아야 한다. 조선시대는 바로 이러한 공론이 살아 있었기에 많은 문제점 속에서도 500년을 지속할 수 있었다. 젊은 관리가 고위 관리가 대차게 몰아붙일 수 있었던 기개도 바로 공론에 있었다.[40]

　조금 죄송한 비유이지만, 마하트마 간디는 예수는 존경하지만 기독교인은 미워한다고 말하였다. 우리는 이 시대 문화콘텐츠산업이 중요하며, 문화콘텐츠학과가 중요하다고 피를 토한다. 그러나 문화콘텐츠에 종사하는 우리에 대한 주위의 평가는 어떠한가? 혹시 문화콘텐츠산업은 중요하

39　김기덕, 앞의 글, 23쪽.

40　公의 문제와 관련하여 최근 나온 다음의 글이 참고된다. 백민정, 「유교 지식인의 공 관념과 공공의식」, 연세대학교 국학연구원, 『동방학지』 160권, 2012; 박영도, 「다산의 실학적 공공성의 구조와 성격」, 연세대학교 국학연구원, 『동방학지』 160권, 2012.

고 의미가 있지만, 문화콘텐츠를 전공하는 사람들은 싫어한다고 얘기되는 것은 아닌지? 문화콘텐츠 분야는 다른 인문학보다 산업적으로 많이 연계되고 지원금도 뒤따르기 때문에 자칫 오해될 요소가 더욱 많이 있다. 그러므로 인문콘텐츠 관련 학자들은 끊임없이 이 시대 문화콘텐츠의 전제인 열린 사고와 쌍방향적 인식을 지속적으로 체득하여 '인문콘텐츠적(的)' '인문콘텐츠화(化)'되어야 하며, 항상 이 시대 공론(公論)에 의해 자기반성 되어야 하지 않을까?

이 점은 그대로 교육에도 반영될 것이다. 누구라도 학생들에게 문화콘텐츠는 앞으로 어떤 분야보다도 돈이 되는 분야이니 열심히 하라고 가르치지는 않을 것이다. 문화콘텐츠가 각광을 받는 것은 이 시대 다양한 문제를 문화적으로 해결해 달라는 요청이지, 그것이 돈이 되기 때문인 것이 우선적인 이유는 아니다. 필자는 학생들에게 항상 강조한다. "문화콘텐츠를 전공하는 자들은 이 시대 문제의 해결사라는 생각을 가져야 한다. 오늘의 문제를 가장 잘 해결할 수 있는 분야가 문화콘텐츠이기 때문에, 문화콘텐츠가 각광을 받는 것이다. 시대를 고민하고 해결한다는 원대한 생각으로 문화콘텐츠를 만들어내라. 그리고 그렇게 하면 돈은 따라올 것이다. 반대로 먼저 돈을 따라가면 지속적이고 올바른 해결방안이 도출되지 않을 것이다". 물론 이러한 발상이 대단히 도덕적이라는 것을 잘 알고 있다. 그러나 인문콘텐츠의 정신에는 이러한 의식도 지속적으로 견지되어야 할 덕목이 아닐까 생각한다.

솔직히 이 시대 모든 학과의 교수들은 다들 여러 가지 이유로 힘들지만, 특히 산학협력을 수행하면서 새로운 전형을 만들어나가야 하는 문화콘텐츠학과 교수들의 어려움이 가장 클 것으로 예상된다. 그러나 그렇다고 자신의 학과에 매몰되어서는 안 될 것이다. 문화콘텐츠학과야 말로 함께 모색할 것이 너무나 많다. 각각의 학과가 혼자 한다고 되는 것이 아니다. 따라서 인문콘텐츠학회와 전국대학문화콘텐츠학과협의회를 통하여 지혜를 모아야 한다. 그래야 인문학 바탕의 문화콘텐츠학과의 설립이 '선생'을 위한 학과 설립이 아니었으며 새 시대의 '학생'을 위한 고뇌의 산물이었음을 증명할 수 있을 것이며, 진정으로 지속적인 사회적 공헌을 이룩할 수 있을 것이다.

6. 결 론

지금까지 학회 10년을 맞이하여 몇 가지 쟁점을 시대변화와 결부하여 제시하여 보았다. 본 글에서 얘기하고자 한 것들을 요약하면 다음과 같다.

첫째, 디지털 혁명이라는 시대변화와 문화콘텐츠의 등장을 필자 나름대로 해석해 보았다. 그리고 인문학의 위기라는 담론에서 문화콘텐츠에 주목한 과정을 제시하였다.

둘째, 인문콘텐츠학회의 성립과정을 기술해 보았다. 이것은 학회 10주년의 기록이라는 의미도 갖고 있으므로, 실명과 함께 당시 사정을 서술하였다.

셋째, 콘텐츠, 문화콘텐츠, CT, 인문콘텐츠의 개념을 검토해 보았다. 용어는 현상으로 붙인다는 관점에서 콘텐츠를 내용물, 문화콘텐츠를 문화적 내용물로 일단 이해한 후에 좀 더 의미를 부여하여 이해한다고 해도 전혀 문제될 것이 없음을 밝혔다. 아울러 문화산업과 문화콘텐츠산업, 문화원형 사업과 관련된 필자의 의견을 첨가하였다.

넷째, 인문학 전반과 문화콘텐츠학과의 관련성을 제시해 보았다. 아마도 이 부분은 가장 논란이 있을 것으로 판단된다. 필자의 주요지는 기존 인문학 계열의 학과들은 필요한 경우 콘텐츠 교과목을 보완하든가 문화콘텐츠 연계전공을 병행한다면 전부 범(凡)문화콘텐츠학과화(化)된다는 점을 지적하였다. 반면 기존의 문화콘텐츠학과는 전부 인문콘텐츠학과로 시작하였지만, 원칙적으로 융합과 종합을 목표로 하는 학과를 지향해야 한다는 점을 밝혔다.

다섯째, 문화콘텐츠학과의 교육방향을 네 가지를 제시해 보았다. 인문 정보학에 대한 재검토, 역(逆)추적의 인문학 시도, 전문기획자와의 협업, 융합 시도의 강조 등이 그것이다.

끝으로 문화콘텐츠의 덕목을 공론(公論)에 입각한 열린 사고와 쌍방향적 인식을 체득할 필요가 있다는 점을 지적하였다. 그리고 이 점은 교육에도 적용되어야 함을 강조하였다.

희망하건대 인문콘텐츠학회의 새로운 10년은 학회원 모두가 '인문콘텐츠적(的)이고 인문콘텐츠화(化)'되어, 세상을 보다 풍요롭고 아름답게 바꿀 수 있는 원대한 '붕새의 날갯짓'을 힘차게 펼칠 수 있기를 바란다.

참고문헌

김교빈, 「콘텐츠 관련 고급인력 양성을 위한 대학원교육의 현황과 문제점」, 인문콘텐츠학회, 『인문콘텐츠』 제2호, 2003.

_____, 「발상법의 이론과 실제」, 『문화콘텐츠입문』, 북코리아, 2006.

김기덕, 「정보화시대의 역사학: '영상역사학'을 제창한다」, 역사교육연구회, 『역사교육』 75, 2000.

_____, 「콘텐츠의 개념과 인문콘텐츠」, 인문콘텐츠학회, 『인문콘텐츠』 창간호, 2003.

_____, 「영상역사학: 역사학의 확장과 책무」, 역사학회, 『역사학보』 제200집, 2008.

_____, 「전통적인 인문학관련 학과에 있어서 '콘텐츠 교과목'의 보완: 역사학 관련학과의 사례를 중심으로」, 인문콘텐츠학회, 『인문콘텐츠』 제2호, 2003.

김기덕 외, 『우리 인문학과 영상』, 푸른역사, 2002.

김현, 「기술, 문화콘텐츠, 문화철학」, 『문화콘텐츠 시대의 철학과 인문학의 힘』, 철학연구회 춘계학술대회 발표논문집, 2010.

박기수, 「문화콘텐츠 교육의 현황과 전망」, 국제어문학회, 『국제어문』 제37집, 2006.

박상천, 「Culture Technology와 문화콘텐츠」, 한국언어문화학회, 『한국언어문화』 제22집, 2002.

_____, 「문화콘텐츠학의 학문 영역과 연구 분야 설정에 관한 연구」, 인문콘텐츠학회, 『인문콘텐츠』 제10호, 2007.

_____, 「'문화콘텐츠' 개념 정립을 위한 시론」, 한국언어문화학회, 『한국언어문화』 제33집, 2007.

박영도, 「다산의 실학적 공공성의 구조와 성격」, 연세대학교 국학연구원, 『동방학지』 160권, 2012.

백민정, 「유교 지식인의 공 관념과 공공 의식」, 연세대학교 국학연구원, 『동방학지』 160권, 2012.

신광철, 「학부 수준에서의 문화콘텐츠학과 교과과정의 분석과 전망」, 인문콘텐츠학회, 『인문콘텐츠』 제2호, 2003.

이케다 노부오, 이규원 옮김, 『인터넷자본주의 혁명』, 거름, 2000.

한국문화콘텐츠진흥원, 『2008 문화콘텐츠 교육기관 현황조사』, 2009.

논문

이야기학의 정립을 위하여:
서양의 이야기 역사 그리고 문화콘텐츠학의 역사적 맥락

박흥식*

1. 머리말

저는 이야기 생산자입니다. 이야기를 만들어 필름에 옮겨 전하는 일을 합니다. 막연히 이야기는 좀 안다고 생각을 했었는데, 2005년 첫 장편영화를 개봉하고 나서 새삼스럽게 이야기가 무엇인가? 이야기는 어떻게 공부해야 하는가? 하는 의문이 들었습니다. 첫 번째 의문에 대한 답을 찾으면서 서사학이라는 신생학문을 접하게 되었고, 그 학문의 구상에 제 생각을 좀 보태 이야기를 연구하는 보편적인 학문에 대한 상상을 펼친 적이 있습니다. 두 번째 의문에 대한 답은 주로 서양 고전을 읽어 내려오면서 어느 정도 얻을 수 있었습니다. 두 번째 의문에 대한 답을 먼저 이야기하고, 첫 번째 의문에 대한 답은 문화콘텐츠학에서 그 전망을 보았기 때문에 나중에 이야기하도록 하겠습니다.

---

*　영화감독

2. 서양의 이야기 역사

　　우선 서양 고전을 접하면서 이야기에도 역사가 있다는 사실을 깨달았는데, 그것을 대표적인 작품 몇 개를 예로 들어 말씀드리겠습니다. 서양 이야기의 기원이 되는 작품은 호메로스의 『일리아스』입니다. 아킬레우스가 주인공이고 트로이아 전쟁이 배경입니다. 트로이아 전쟁은 기원전 1200년 정도에 있었고, 호메로스가 기원전 800년 정도에 구술서사시로 만들었고 기원전 600년 정도에 문자로 기록된 것으로 추정을 하고 있습니다. 영화에는 목마도 나옵니다만 사실 『일리아스』에는 나오지 않습니다. 호메로스의 또 다른 서사시 『오뒷세이아』는 오뒷세우스의 이야기라는 뜻인데 이 『오뒷세이아』 속에 오뒷세우스가 나우시카아 공주의 섬에 당도했을 때 들려주는 이야기 속에 등장합니다. 호메로스의 『일리아스』를 바탕으로 만든 영화, 〈트로이〉의 한 장면(그림 1)을 보도록 하겠습니다.

　　영화의 후반부 트로이아 사람들이 성을 탈출하는 장면입니다. 여기 영어로 '이네스'라는 이름을 가진 젊은이가 노인을 부축하면서 성을 떠나고 있고, 파리스가 이 젊은이에게 트로이아의 칼을 건네고 있습니다. 이것으로 트로이아는 '멸망하지만 이어진다.'라는 것을 상징하고 있습니다. 이 짧은 장면을 우리는 의미를 두지 않고 지나치지만 서양 사람들은 다 압니다.

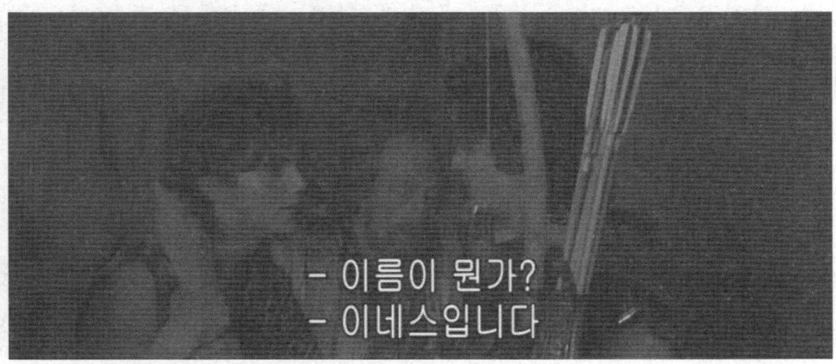

그림 1: 영화 〈트로이〉(2004)

그림 2: 조각 '아이네아스, 안키세스, 아스카니우스'

베르니니의 조각을 통해 같은 장면을 다시 보시지요(그림 2).

영화와 달리 노인을 어깨에 둘러맨 채 성을 떠나고 있는 이 젊은이가 영어로 이네스, 라틴어로는 아이네아스라고 불리는 사람이고 로마의 시인 베르길리우스가 기원 전후가 바뀌는 무렵에 쓴 서사시, 『아이네이스』의 주인공입니다. 『아이네이스』는 아이네아스의 이야기라는 뜻입니다. 『일리아스』는 10년에 걸친 트로이아 전쟁을 다루고 있고『오뒷세이아』는 이긴 쪽 장수인 오뒷세우스가 포세이돈의 저주를 받아 집에 돌아가는 데 10년이 걸리는 이야기를 다루고 있습니다. 아이네아스는 영화에서는 그냥 지나가는 젊은이로 나오지만 트로이아의 장수였습니다. 진 쪽의 장수가 유민을 데리고 10년에 걸쳐 새로운 살 곳을 찾아 떠나 결국 오늘날의 로마에 정착하는 이야기가 바로『아이네이스』입니다. 여기 이 노인이 아이네아스의 아버지 안키세스인데 미의 여신 아프로디테와 결혼했던 사람입니다. 로마 사람들은 이렇게 해서 자신들의 뿌리가 올림포스의 신들에게 있다고 생각을 하는 것입니다. 이렇게 신화, 서사시를 통해서 그리고 아이스퀼로스, 소포클레스, 에우리피데스 같은 3대 비극 작가의 비극 작품 등을 통해서 신, 영웅, 인간의 이야기가 차례로 이어져오는 것입니다.

1300년대 초로 건너뛰겠습니다. 단테의『신곡』입니다. 보통 서양의 정신의 뿌리를 헬레니즘과 헤브라이즘으로 설명합니다. 달리 말하면 헬라스(Greece)의 신화와 히브리의 성서가 그 바탕입니다. 이 두 물줄기가 정확히 하나로 합쳐지는 작품이 바로『신곡』입니다. 단테가 지옥, 연옥, 천국을 차

그림 3: 단테『신곡』삽화

레로 여행하는 것이 내용입니다. 서양에서 고대로부터 지금까지 주요 작품을 관통하는 모티브가 하나 있습니다. 카타바시스(katabasis)라고 저승여행을 의미합니다. 영웅 헤라클레스와 테세우스도 거쳤고 오뒷세우스도 하데스가 다스리는 지하세계에 가서 어머니를 만나서 그 사이 어머니가 돌아가신 것도 알게 되고 아킬레우스도 만나고 예언자 테이레시아스도 만나서 도움을 얻기도 합니다. 아이네아스도 신녀 시뷜라의 도움으로 지하세계에 가서 도중에 돌아가신 아버지 안키세스를 만나기도 합니다. 『신곡』은 이 저승여행이 아예 작품 전부가 되어버렸습니다. 『신곡』의 삽화를 하나 보시겠습니다(그림 3).

위손을 들고 지옥문 입구를 가리키는 사람이 단테고, 단테 옆에 머리에 월계관을 쓴 채 단테를 지옥과 연옥으로 안내하고 있는 사람이 바로 『아이네이스』를 쓴 베르길리우스입니다. 영어로는 버질이라고 합니다. 베르길리우스는 기독교를 몰랐던 사람이니까 천국에는 갈 수 없어서 천국은 베아트리체가 안내합니다. 지금 언급한 서사시 3편과 『신곡』만 보더라도 앞 작품을 읽지 않았다면 다음 작품을 이해할 수 없게 되어 있습니다. 『일리아스』는 10년의 전쟁을 다 보여주지 않습니다. 시작부터 이야기의 한복판으로 우리를 곧장 끌고 들어가서 전투가 가장 치열했던 며칠만을 보여 줍니다. 전쟁이 일어난 이유는 나중에 보여줍니다. 플롯이 놀랍습니다. 대표적인 헬라스, 로마의 서사시 7개만 보더라도 앞의 작품을 내용과 형식 면에서 계승하면서 달리 하려고 애쓴 흔적이 그대로 보입니다. 다음은 더 간단하게 언급만하고 넘어가겠습니다.

셰익스피어와 첫 근대소설이라고 하는 『돈키호테』를 쓴 세르반테스입니다. 이 두 사람이 1616년 4월 23일 같은 날 죽었습니다. 2년 전, 〈공주의 남자〉라는 우리 TV드라마가 인기를 끈 적이 있습니다. 적대적인 가문의 아들과 딸의 사랑이라는 이 작품의 모티브는 셰익스피어의 『로미오와 줄리엣』에서 온 것입니다. 그러나 셰익스피어도 베르길리우스와 거의 동시대의 로마의 시인인 오비디우스의 서사시 『변신 이야기』 가운데 퓌라모스와 티스베 이야기에서 그 모티브를 그대로 가지고 왔습니다. 이것도 사실은 바빌로니아의 신화라고 합니다. 이렇게 셰익스피어와 세르반테스도 고전, 고전어 공부 다 했고요, 당연히 이 두 사람의 작품도 위에서 언급한 작품들을 모르면 온전히 이해할 수 없습니다. 『돈키호테』가 에스파냐어에서 우리말로 번역된 게 불과 8년 전입니다. 이 번역도 각주에 오류가 많이 있습니다. 저는 서양문예 전공자들이 해당 국가의 문예만 공부했지 더 위로는 공부를 하지 않아서 생긴 문제라고 생각합니다.

20세기 초로 건너뛰지요. 제임스 조이스의 『율리시스』입니다. 영미소설 가운데 많은 사람들이 첫손가락에 꼽는 작품입니다. '의식의 흐름'이니 '내적 독백'이니 하는 기법을 써서 어렵다고 알려져 있고 책 좀 읽는 사람들

48

그림 4: 영화 〈해리포터와 마법사의 돌〉(2001)

도 많이 포기하는 작품입니다. 번역이 두 종류뿐이고 썩 좋지 않은 탓도 있지만 저는 역시 호메로스며 성서, 셰익스피어, 세르반테스 등 19세기까지 축적된 고전을 읽지 않은 상태에서 읽으면 이해할 수가 없어서 생기는 문제라고 생각합니다. 제목부터 오뒷세우스의 영어식 이름인 율리시스입니다. 18개의 장으로 구성되어 있는데 각 장의 이름이 『오뒷세이아』의 등장인물과 그 에피소드로 되어 있습니다. 레오폴드 블룸과 스티븐 디댈러스라는 사람이 아침부터 그날 밤까지, 정확히는 다음날 새벽까지 더블린 시내를 따로따로 배회하다가 나중에는 같이 배회하게 되는 이야기입니다. 21세기 초 나온 영화 〈해리포터와 마법사의 돌〉 한 장면을 보시겠습니다(그림 4).

주인공 아이들이 지하방에 내려가려고 하는데 머리 셋 달린 개가 지키고 있습니다. 요즘은 우리 아이들도 책이나 만화로 공부를 많이 해서 다 압니다. 헬라스신화에서 지하세계 하데스의 입구를 지키는 개, 케르베로스입니다. 여주인공 아이의 이름이 헤르미오네인데 트로이아 전쟁의 원인이 되었던 헬레네의 딸 이름이 헤르미오네입니다. 제임스 조이스의 소설 『율리시스』16장에도 두 주인공 블룸과 디댈러스가 사창가 골목에 들어서는 장면이 있는데 차례로 개를 세 마리 만납니다. 예를 들면 이 장면을 읽으면서 케르베로스를 떠올릴 수 있어야 대강이나마 이 작품이 이해가 되는 것입니다.

    서양의 주요 이야기에서 반복해서 등장하는 저승여행 모티프와 케르베로스라는 캐릭터를 통해 이야기가 역사를 지니고 축적되고 있음을 살펴보았습니다만 사실은 수메르의 『길가메시 서사시』까지 더 거슬러 올라가야 합니다. 서양 정신의 두 축인 헬레니즘, 헤브라이즘도 메소포타미아의 수메르로 거슬러 올라가야 하므로 뿌리는 동양입니다. 수메르의 『길가메시 서사시』는 기원전 2800년 전 이야기가 기원전 2000년 전부터 기록된 것 같습니다. 여기에 등장하는 여신 인안나가 아시리아, 바빌로니아의 이쉬타르가 되고 천주교성서의 아스타르테, 개신교성서의 아스다롯이 되고 헬라스의 미의 여신 아프로디테가 됩니다. 구약성서도 서사시라고 할 수 있습니다. 아브라함이 수메르의 우르 출신입니다. 노아의 홍수와 사실상 같은 이야기가 훨씬 앞선 시기의 『길가메시 서사시』에 등장합니다. 인간이 저승여행을 하는 모티브도 사실상 여기에서 처음 등장합니다. 길가메시가 저승에 들어가지는 않고 입구에서 죽은 친구 엔키두를 만나는 것으로 되어있습니다.

    인도에는 『일리아스』, 『오뒷세이아』를 합친 것의 8배, 성서의 4배 분량의 『마하바르타』라는 서사시가 있다고 합니다. 저는 우리 민족이 그런 서사시들에 버금가는 상고시대 서사시를 갖고 있지 않다는 것이 너무나 안타깝습니다. 동북아 중심의 동양정신이 서양정신과는 철학적 기반이 달라서 체계적인 신화가 발달하지 않았을 수는 있지만, 저는 우리처럼 이야기를 좋아하는 민족이 영웅서사시를 가지고 있지 않았을 것 같지는 않고 어느 순간 맥이 끊긴 게 아닌가 하는 생각도 해봅니다. 우리나라에도 조선 초와 일제 때에 사실상 분서갱유가 있었다고 합니다.

    이야기를 공부하다보면 자꾸 위로 가게 되어있습니다. 수메르의 신화도 인도의 신화도 또 결국은 북쪽, 중앙아시아에서 내려온 세력을 통해 그 기원을 거슬러 올라가야 합니다. 그렇게 올라가다 보면 더불어 우리 민족의 기원이나 잃어버린 서사시를 상상하는 것도 가능해집니다. 『일리아스』도 단순한 이야기만은 아닐 것이라는 믿음이 독일의 고고학자 슐레이만으로

50

하여금 트로이아를 발굴하게 했다는 것은 다 알려진 사실입니다. 신화가 역사가 되었습니다. 트로이아 전쟁을 역사적으로 설명하면 발칸반도 세력과 소아시아 세력이 에게 해의 무역권을 놓고 쟁투를 벌인 것이라고 설명할 수밖에 없을 것입니다. 문자가 없던 시절, 역사는 신화가 되고 그 신화는 다시 역사가 됩니다. 저는 구라파의 여러 나라가 연합을 이룬 것이 그들이 공통으로 갖고 있는 신화가 정서적으로 큰 역할을 했다고 믿습니다. 극동의 한, 중, 일도 위로 올라가다 보면 갈라지는 지점이 나올 것이고 또 공통의 유산으로 함께 지녀야 할 것이 나타날 것입니다. 극동의 평화를 위해서도 서사와 역사가 할 일이 많다고 생각합니다. 저는 오래 전부터 『환단고기』에 나오는 치우천황을 소재로 영화를 만들 생각을 해왔습니다. 역사학계는 실증주의에 갇혀 『환단고기』를 받아들이지 않는 것 같지만 이야기 생산자들은 그것으로부터 자유로우니까 좀 더 적극적으로 다가가도 되지 않을까 합니다. 우리의 서사시는 『환단고기』로부터 시작해야 할지도 모릅니다. 그리고 그것은 트로이아 전쟁의 경우처럼 언젠가 역사가 될 수도 있습니다.

일본의 서양고전의 수용을 우리의 경우와 비교해서 간단히 살펴보고 서양 이야기의 역사에 대해서는 마무리를 짓도록 하겠습니다. 2년 전 '부산디지털콘텐츠유니버시아드'라는 국제대학생영상제에서 특강을 한 적이 있는데 애니메이션 전공하는 학생이 왜 우리 애니메이션이 일본 애니메이션 비해 수준이 떨어지느냐는 질문을 하더군요. 기술은 우리가 더 뛰어납니다. 심지어 3D 기술조차도 우리가 할리우드에 밀리지 않습니다. 그 답을 저는 우리의 이야기 수준이 일본보다 낮고, 그 까닭을 일본의 이야기 생산자들은 고전을 다 공부했고 우리는 그렇지 않아서라고 생각합니다. 〈천공의 섬 라퓨타〉라는 일본 애니메이션에서 라퓨타가 어디서 왔냐고 물으면 간혹 답을 하는 학생들이 있습니다. 『걸리버 여행기』에 나옵니다. 걸리버가 거인 나라, 소인 나라에 이어 세 번째로 가는 '하늘을 나는 섬나라'가 바로 라퓨타입니다. 여기에서 저승여행 모티브가 또 반복이 됩니다. 저승까지 내려가는 것은 아니지만 특정한 곳에 가서 이미 죽은 사람들을 만나 그들의 도움을 받는 것으로 변형되어 나옵니다. 〈바람계곡의 나우시카〉라는 일본 애니메이션에서 나우시카는 바로 『오뒷세이아』에 나오는 나우시카아 공주에게서 이름과 성격을 그대로 가지고온 것입니다. 일본 만화나 애니메이션, TV 드라마 등을 보면서 일본 이야기 생산자들이 고전을 제대로 공부하는 것 같다는 느낌을 받았는데, 지폐에도 그 초상이 올라 있는 나쓰메 소세키의 『나는 고양이로소이다』라는 소설을 읽으면서 그런 생각을 굳히게 되었습니다. 1905년에 쓰기 시작한 건데 이 작품을 보면서 일본의 경우에는 메이지 유신 무렵에 주요 서양고전이 다 번역되어 있었던 것은 아닌가 하는 생각이 들었습니다. 단테 연구만 하더라도 일본은 서양과 동일한 대접을 받고 있는 것 같습니다.

중간에 우리나라의 번역 문제도 주제넘게 이야기를 했습니다만 우리의 경우는 서양고전의 연구가 본격화된 것이 서울대 인문대 대학원에 서양고전학 협동과정이 생긴 것으로부터 따지면 이제 고작 20년 남짓 되었다고 보면 될 것 같습니다. 다행히 요즘은 젊은 연구자들이 좋은 번역을 많이 내놓고 있는 것 같습니다.

요즘 나오는 서양의 SF영화나 심지어 단순한 오락영화조차도 신화며 역사 속의 장면들과 겹쳐지는 것들이 무수히 많습니다. 서양은 신화의 모든 장면들이 그리고 실재 역사의 중요한 모든 장면들이, 고대부터 현대에 이르기까지 예술가들에 의해 지속적으로 그리고 반복적으로, 도기 같은 생활용품이며 그림, 조각, 음악 등 온갖 예술작품으로 옮겨져서 서양 사람들은 태어나면서부터 자연스럽게 몸에 익히게 됩니다. 그래서 서양의 이야기 생산자들은 전통적인 것을 무의식적으로 작품에 담기도 하고 또 고전 공부를 당연히 하니까 의식적으로 담기도 합니다.

만유인력을 발견한 뉴턴이 이런 내용의 말을 했다고 들었습니다. "내가 남들보다 멀리 보았다면 거인의 어깨 위에 올라서서 보았기 때문이다." '거인의 어깨'는 그때까지 축적된 과학적 지식일 것입니다. 뉴턴은 그때까지 축적된 과학적 지식을 공부했음에도 불구하고 풀리지 않는 것에 대한 연구를 하다가 어느 날 사과 떨어지는 것을 본 것이 자극이 되어 그 답을 찾은 것이라고 할 수 있습니다. 위에서 살펴보았듯이 저 같은 이야기 생산자에게 '거인의 어깨'는 역사를 통해 지금까지 축적된 모든 이야기들이고 또 실재 역사에서 벌어진 무수한 사건들일 것입니다. 그것들을 다 살피는 것은 불가능하지만 재미와 의미가 있어서 역사에서 살아남은 이야기 고전과 역사서들은 이야기 생산자나 이야기를 연구하는 학자들이 반드시 읽어야 하는 교과서인 것이 분명해 보입니다.

3. 문화콘텐츠학의 역사적 맥락

앞에서 다룬 주제는 작년 11월 한국국학진흥원과 한국콘텐츠진흥원이 주관한 컨퍼런스에서 제가 〈서양의 이야기 역사, 우리의 역사 이야기〉라는 제목으로 발표한 것의 상당 부분을 맥락만 바꾼 것이고, 저를 오늘 이 소중한 자리에 불러주신 것도 그 때문일 것입니다. 저로서는 비슷한 이야기를 반복하는 것도 부담이었고 혹시나 엉뚱한 소리를 하게 되지나 않을까 걱정이 되어 문화콘텐츠 학계의 현황을 좀 살펴보았습니다. 학계에서 나온 논문 5편, 산업계에서 나온 논문 1편을 추천받아 읽고, 관련 법률과 건국대와 한양대 문화콘텐츠학과의 홈페이지도 살펴보았습니다. 그리고 건국대 문화콘텐츠학과 대학원생 1명과 세 차례 만나 이야기를 들었습니다. 이 자리를 빌려 많은 도움을 주신 그 학생에게 감사를 표하고 싶습니다. 그러나 현황을 살피면서 거꾸로 작정을 하고 엉뚱한 소리를 해야겠다는 결심을 했습니다. 이 정도 안 것만으로 감히 문화콘텐츠학에 대해 뭐라고 떠든다는 것은 주제를 넘어도 한참 넘어서는 일이라는 것을 잘 압니다. 저는 학부에서는 독일문예를, 대학원에서는 영화제작을 공부했습니다. 『매체로서의 영화』라는 독일의 영화이론서를 번역한 적도 있는데, 그러니까 이야기에 대한 관심은 문예에서, 매체에 대한 관심은 영화에서 얻었습니다. 또 문예창작학과와 영화학과에서 강의를 한 적도 있습니다. 학자가 아니고 현장에 있는 사람이어서 이론적 깊이도, 적확성도 없고 사태를 직관적으로 보는 편입니다만 제 경험을 통해 얻은 생각이 혹시나 문화콘텐츠학의 정립에 어떤 조그마한 자극이라도 되었으면 하는 바람으로 말씀을 드리겠습니다. 사실 내가 이런 말을 해도 되나? 하는 고민으로 며칠 동안 잠을 못 이루기도 했습니다. 그러다가 설사 욕을 먹더라도 꼭 하고 싶어졌습니다. 무엇보다 현재의 문화콘텐츠학에서 문제도 보았지만 미래의 문화콘텐츠학이 제 기대를 실현시켜줄 수 있을 것이라는 전망을 보았기 때문입니다.

우선 제가 읽은 논문들을 통해 문화콘텐츠학에 대해 제가 어설프게나마 이해한 것을 정리해보겠습니다. 문화콘텐츠라는 것은 문화로서의 자격과 기능을 지닌 콘텐츠이고, 다양한 매체를 통해 구현되며 자료나 정보가 아니라 완성된 독립적 가공물이다. 문화콘텐츠학은 스토리텔링이 그 근간을 이루고 있으며, 문화콘텐츠학에서 다루고 있는 대표적인 문화콘텐츠는 영화, 만화, 애니메이션, 게임 등이다. 문화콘텐츠학의 등장배경은 인문학의 위기를 타개하기 위한 것으로 학생들을 문화산업계로 진출시키기 위한 목적도 있었으며 한국문화콘텐츠진흥원의 등장과 그것이 펼친 사업이 일정한 영향을 미쳤다. 문화콘텐츠학은 아직 학문으로서 정립되지 않고 있는데 역사가 일천하여 학문적 토대를 갖출 시간적 여유가 없었고, 개척학문이라 선행연구의 도움을 받을 수 없었으며, 다루는 범주가 지나치게 넓은 탓도 있다. 지나치게 개략적이고 일부러 문제점만 찾은 것 같습니다만 요약하면 이 정도가 될 것입니다.

저는 문화콘텐츠학에 대한 규정을 어떻게 하느냐에 따라 많은 것이 달라질 수 있다고 생각합니다. 우선 논의의 편의를 위해 문화콘텐츠학을 넓은 의미의 이야기학(學)에 속한다고 보고 시작을 할까 합니다. 이야기학에 속한다고 보면 문화콘텐츠학은 인류 역사상 가장 오래된 학문이자 가장 최근의 변화를 수용한 가장 새로운 학문이 될 수 있습니다. 도움을 받을 수 있는 선행연구도 있다고 생각합니다. 서사학과 매체철학, 매체미학 같은 신생학문이 큰 도움이 될 수 있을 것 같습니다.

우선 문화콘텐츠학의 역사적 맥락을 살펴보겠습니다. 사실 앞에서 다룬 '서양의 이야기 역사'라는 첫 번째 주제는 과감하게 버릴 생각도 했으나 문화콘텐츠학의 역사적 맥락을 살피는 데도 필요한 것 같다는 생각이 들어서 그대로 두었습니다. 서양의 이야기 역사를 호메로스에서, 더 거슬러 올라가 수메르에서 시작한 것처럼, 똑같이 문화콘텐츠학의 역사도 호메로스에서, 더 거슬러 올라가 수메르에서 시작할 수 있습니다. 연대기 방식으로 맥락을 살펴야겠지만 서사학에 대해 조금 더 이야기 한 후, 위로 올라갔다가 다시 내려오는 것이 좋을 것 같습니다.

서사학이라는 학문은 이야기학으로서 모든 서사물을 포괄하겠다는 구상은 가지고 있으나 서사학자들 스스로도 서사학을 문예이론, 소설의 이론 정도로 생각하고 있고 지금까지 연구를 보면 기껏해야 영역을 영화로까지 넓힌 정도입니다. 영화가 소설을 각색해서 만들어지는 경우가 많으니까 이를테면 소설의 서사구조를 매체가 다른 영화의 서사구조와 비교해서 같이 적용할 수 있는 것들을 찾아가는 정도입니다. 저는 서사학을 조금 단순하게, '이야기는 여러 매체에 다양하게 담길 수 있으므로 이야기가 매체를 떠나 자체의 어떤 속성을 지니고 있다고 보고, 이야기를 보편적으로 연구하는 학문' 정도로 이해합니다만 아무튼 이 서사학의 구상 때문에 넓은 의미의 이야기학이라 할 수 있는 학문들을 나름대로 역사적 계통을 세워 살필 수 있게 되었습니다.

1) 이야기학의 계보

(1) 시학(poetics)

아리스토텔레스의 『시학』이라는 책이 있습니다. 시학을 단순히 시를 연구하는 학문으로 생각하기 쉽지만, 이것이 곧 고대 헬라스·로마 시대의 이야기학이었습니다. 호메로스는 글이 없어서 말로 이야기를 만들었고 외우기 위해서, 그리고 들려주기 위해서 당연하게도 운율을 집어넣었습니다. 그래서 당대의 이야기는 모두 운율이 있는 시가 되었습니다. 그래서 호메로스는 시인이었지만 오늘날의 의미로 보면 이야기꾼이었던 것이고 아리스토텔레스의 『시학』도 호라티우스의 『시학』도 곧 당대의 이야기학이었던 것입니다.

(2) 문예학(science of literature)

19세기까지 이야기는 주로 글 속에 있었습니다. 글로 된 이야기를 우리는 문학이라고 합니다. 저는 문예라는 말이 더 좋다고 생각합니다. 문예를 연구하는 학문이 문예학입니다. 이 문예학이 곧 19세기까지는 이야기학이었던 셈입니다.

(3) 서사학(narratology)

저는 20세기에 들어와 서사학이 등장하게 된 것은 순전히 영화 때문이라고 생각합니다. 19세기까지는 이야기가 주로 말과 글에만 있었습니다. 그런데 20세기가 되니까 이야기가 말과 글만이 아니라 움직이는 그림, 곧 영화 속에도 있더라는 것입니다. 19세기까지는 문예학이 이야기학의 기능을 맡아도 되었지만 이제 그럴 수 없는 사태가 발생한 것입니다. 20세기에 들어와 갑자기 많은 서사매체들이 쏟아졌습니다. 영화를 비롯해 라디오드라마, TV드라마, 만화, 게임 등등. 이제 이야기라는 것은 매체를 떠나 자체의 속성을 지니고 있다고 보고 분리해서 연구를 해야 하는 상황이 펼쳐진 것입니다.

(4) 문화콘텐츠학

문화콘텐츠학과가 생긴 것을 인문학의 위기타개책으로, 한국문화콘텐츠진흥원의 등장이 영향을 미친 것으로 보는 것은 솔직한 진단입니다만 그것은 계기이지 배경이 될 수 없습니다. 모든 의미 있는 변화에는 사회경제사적 배경이 있습니다. 19세기 후반 등장한 영화가 20세기 초에 대중화되면서 서사학의 등장을 촉발한 것과 비슷한 사태가 또 벌어진 것입니다. 20세기 후반 인류는 디지털라이징에 의해 촉발된 유례없는 변화를 목도하게 되고 21세기에 들어와 그 변화는 우리 삶의 모든 분야에서 전면적인 것이 되었습니다. 인류의 존재방식과 사유방식까지 바뀌게 된 것입니다. 21세기 벽두에 세계에서 유일하게 한국에서 문화콘텐츠학과가 등장하게 된 것은 시대가 요구했기 때문입니다. 그것은 우리나라의 IT가 세계 최강이기 때문에 맨 먼저 맞이하게 된 당연한 결과입니다. 문화콘텐츠학은 가장 오래된 학문인 이야기학이, 디지털라이징이 몰고 온 변화를 수용해서 생성시킨 21세기의 새로운 이야기학인 것입니다.

2) 문화콘텐츠학은 학문이 될 수 있는가?

학(學)으로서 정립이 된 후에 학과가 생기는 것이 일반적입니다. 문화콘텐츠학과는 문화콘텐츠학이 학으로서 정립되지도 않았는데 학과가 먼저 생긴 경우입니다. 이런 경우가 또 있는지 모르겠습니다. 우선 문화콘텐츠라는 용어의 개념 자체가 확정이 안 되어 있는 것 같습니다. 저도 박상천 교수님의 논문을 읽은 후에야 개념이 잡혔습니다만, 여전히 콘텐츠를 사전적 의미인 내용물로 보는 입장이 학계 내에 그대로 있는 것 같습니다. 문화콘텐츠 스토리텔링이라는 용어가 자주 쓰이는 것을 보면 그렇습니다. 문화콘텐츠는 이미 스토리텔링이 끝난 것이 담겨 있는 것인데 또 스토리텔링을 한다는 것은 여전히 콘텐츠를 자료나 정보로 보고 있다는 것입니다. 문화콘텐츠라는 용어가 확정되었다고 하더라도 여전히 문제는 심각합니다. 콘텐츠라는 용어를 학계 밖에서는 다르게 쓰고 있고 그것은 학계가 어떻게 할 수 없습니다. 영어학자인 친구에게 물어보았더니 영어권에서도 우리가 쓰는 의미로는 쓰고 있지 않다고 하더군요. 시대가 요구해서 등장한 학문이고 IT가 가장 앞선 탓에 우리나라에서 가장 먼저 생겼다면 곧 다른 나라에서도 생길 테고 국제적인 학회도 결성하고 교류도 해야 할 것입니다. 영어권 국가와 일본에 이미 그 역할의 일부를 담당하는 학과들이 있고, 점차 그 역할을 전담하는 새로운 학과가 생길 테지만 제가 보기에 그다지 이 용어로 생길 것 같지는 않습니다. 외국인들에게 우리는 문화콘텐츠라는 용어를 이러이러한 의미로 선구적으로 쓰고 있으니까 너희들도 그렇게 쓰라고 할 수는 없지 않겠습니까? 저처럼 학계 바깥에 있는 사람에게 문화콘텐츠라는 용어를 설명하기 위해 논문 하나의 분량이 동원되어야 한다면 그 용어가 맞는 용어일까요? 문화콘텐츠라는 말은 자기규정성이 없는 용어이고 그래서 그 대상도 적시할 수 없는 용어인 것 같습니다. 저는 이 문화콘텐츠라는 용어가 결국에는 문화콘텐츠학이 학문으로 자리를 잡는 데 스스로 발목을 잡게 될 것 같은 불길한 예감이 듭니다.

문화콘텐츠학의 대상 설정도 또 다른 큰 문제인 것 같습니다. 문화콘텐츠 학계는 문화콘텐츠의 근간을 스토리텔링으로 보고 있고 또 대표적인 문화콘텐츠로 영화, 만화, 애니메이션, 게임 등을 들고 있습니다. 산업적으로는 다루고 있는 것도 같지만 음악이나 미술도 분명히 문화콘텐츠인데 이것까지 포함시킬 의사는 없어 보입니다. 이 두 매체는 스토리텔링을 근간으로 하지 않는, 그러니까 이야기로서의 성격이 상대적으로 낮은 매체여서 그런 것으로 짐작이 됩니다. 그러나 문예는 이야기로서의 성격도 강력하고,

58

서사매체 가운데 역사도 가장 오래 되었는데 대상으로 삼지 않는 이유는 무엇인가요? 이미 다른 학과에서 다루고 있어서 그런가요? 그렇게 따지자면 영화학과, 만화학과, 게임학과 등도 이미 다 있습니다. '그냥 문화콘텐츠에 속하는 것들이니까 우리가 다루겠다.'라고 할 수는 없지 않겠습니까? 문화콘텐츠라는 용어가 자기규정도 분명하지 않고 대상도 적시할 수 없으니까 하위범주를 나누는 기준도 없어서 생길 수밖에 없는 문제라고 생각합니다.

건국대와 한양대 문화콘텐츠학과의 교과과정을 살펴보니 헬라스 · 로마 신화 같은 것도 들어 있어서 반갑기도 했지만 영화학과의 과목인 시나리오와 영화기획도 영화학과와 전혀 다르지 않게 들어 있더군요. 그래서 여러 학과의 교과과정을 조금씩 섞어놓은 것 같은 느낌도 좀 들었습니다. 다루더라도 다른 방식으로 다루어야 하지 않을까요? 영화, 만화, 애니메이션, 게임 심지어 테마파크, 도시에 이르기까지 문화콘텐츠학과에서 다루고 있는 것들의 공통점은 매체는 다르지만 모두 이야기를 담고 있다는 것입니다. 공통점은 따로 떼어서 연구하고 각각의 매체의 속성은 속성대로 연구하고 그러면 되지 않을까요?

콘텐츠와 미디어를 포괄하는 것이 아니라 범주를 조금 좁게 잡아서 스토리와 미디어를 포괄하면 되지 않을까요? 스토리와 미디어는 짝을 이룰 수 있지만 콘텐츠와 미디어는 짝을 이룰 수 없다고 생각합니다. 박상천 교수님의 정의에 따르면 콘텐츠는 완성된 가공물입니다. 교수님은 미디어와 콘텐츠가 짝을 이루는 개념으로 보시고 계신 것 같지만 그렇게 정의하면 짝을 이룰 수 없을 것 같습니다. 예를 들어 미디어가 밥그릇이라면 콘텐츠는 이미 밥그릇에 밥이 담겨 있는 상태입니다. 콘텐츠가 밥그릇과 밥을 함께 말하는 것이 되기 때문에 짝을 이룰 수 없습니다. 미디어가 밥그릇이고 스토리가 밥이라고 가정하면 이것은 짝을 이루고 있음을 바로 알아차릴 수 있습니다. 이런 식으로 가정해야 이 학문에 의해 포획된 대상들을 다시 나눌 수 있는 기준이 생기지 않을까요? 충격적으로 들리실지 모르겠지만 문화콘텐츠학은 문화콘텐츠라는 이름을 버리지 않는 한 학문이 될 수 없다고 생각합니다. 그리고 이미 눈치를 채셨겠지만 다른 용어를 씀으로써 문화콘텐츠학이 가장 오래된 학문이자 가장 새로운 학문이 될 수 있는 대안을 제시하려고 합니다.

3) 서사학에 기대야 합니다

백두산이 저 혼자 높지 않습니다. 한라산보다는 높지만 후지산보다도 낮습니다. 자리매김은 가까운 것들과의 비교를 통해 가능합니다. 문화콘텐츠학에 가장 가까운 것이 서사학인 것 같습니다. 어쩌면 문화콘텐츠학의 정립을 위해, 용어의 개념은 정립되어 있지만 학문으로서 정립되어가는 중에 있는 서사학으로부터 많은 것을 가져와야 할지도 모르겠습니다. 다시 서사학으로 돌아가겠습니다. 서사학은 언어학, 기호학, 구조주의 철학 등 여러 학문에 젖줄을 대고 있는 무척 어려운 학문입니다. 저는 소위 예술가이다 보니 깊이 있게 파고들 생각은 애초부터 없고 직관적으로 핵심을 파악하여 단순하게 재구성하는 버릇이 있습니다. 서사학을 제가 이해하는 방식으로 설명을 조금 드리겠습니다.

이 부분은 제가 2007년에 영화감독조합에서 만든 '디렉터스 컷'이라는 웹진에 실은 글이 바탕이 되었음을 밝힙니다. 「영화감독을 위한 서사학 소개 및 서사물의 분류」라는 제목의 글인데 동료 영화감독들에게 이야기가 학문이니 공부 좀 하자는 의미로 썼던 것입니다. 그 웹진은 곧 없어졌으므로 사실상 공식적인 발표를 한 적이 없는 글입니다.

서사(narrative)라는 것은 흔히 이야기(story)와 같은 의미로 쓰이기도 합니다만 조금 더 엄밀하게 말하자면 서사는 '잘 짜인 이야기'라고 할 수 있습니다. 그리고 내러티브는 서사라는 뜻도 있지만 서사를 담고 있는 서사물, 서사체라는 뜻도 있습니다.

서사는 크게 스토리(story)와 담화(discourse)로 나눕니다. 학파나 학자마다 다른 용어를 써서 두 가지 혹은 세 가지로 나누고 있지만 스토리와 담화혹은 스토리와 플롯(plot), 두 가지로 나누는 것이 가장 일반적인 것 같습니다. 우리 속담 가운데 그것을 설명하는 데 아주 유용한 속담이 하나 있습니다. '구슬이 서 말이라도 꿰어야 보배다.' 흩어져 있는 구슬은 스토리(story)입니다. 그 구슬들을 추려서 일정한 모양새를 갖추도록 꿰는 행위(narrating)가 바로 '담화' 혹은 '플롯'입니다. 팔기 위해 꿰어놓은 보배가 바로 '서사'(narrative)인 것입니다. 세 가지로 나누는 학자들도 두 가지로 나누는 학자들과 다를 바가 없습니다. 스토리가 서술행위에 의해 내러티브로 만들어진다고 보는 것이 아니라, 대체로 내러티브를 강조하는 입장으로, 내러티브를 통해 스토리와 서술행위가 유추될 수 있다고 보는 입장이라고 보시면 될 것같습니다.

청주대학교 서정남 교수님의 『영화 서사학』이라는 책을 보면 이야기를 담고 있는 서사물을 다음의 세 가지로 분류하고 있습니다. 이것은 서정남교수님만의 분류가 아니고 세계적인 서사학자들도 마찬가지로 분류하고있습니다. 사실은 문예중심적인 사고 때문에 분류의 필요성도 안 느끼고있는 것으로 보입니다. 아무튼 서사학의 구상은 모든 서사를 포괄하겠다는것이지만 기본적으로 소설의 이론이 영화로 확장된 정도라는 것이 이 분류에서도 그대로 드러납니다.

- 구술(口述) 서사물: 말로 전달되는 이야기
- 기술(記述) 서사물: 글로 전달되는 이야기
- 음영(音映) 서사물: 소리와 그림으로 전달되는 이야기

영화는 음영 서사물에 들어가겠지요. 결국 이야기를 문예와 영화, 두 종류로 분류하고 만 것입니다. 문화콘텐츠학의 대표적인 대상인 만화, 게임

같은 서사물은 들어설 자리가 없어 보입니다. 저는 서사학을 단순한 이야기의 학으로 보고 또 많은 서사매체들 사이에 어떠한 위계도 없다고 생각합니다. 그러자면 20세기 이후 등장한 여러 서사물들을 포괄하여 모든 서사물들의 관계를 한 눈에 파악할 수 있는 지형도를 그리는 것이 필요합니다. 그래야 서사물들 각각의 자리가 매겨집니다. 그래서 제가 나름대로 분류를 한 번 해본 적이 있습니다. 이야기는 끊임없이 생산되고 수용됩니다. 생산자와 수용자의 입장에서 일단 크게 양분한 다음 다시 각각에서 세분하는 방식을 취했습니다.

(1) 생산자(producer, sender) 입장에서

생산자가 이야기를 어떤 매체로 전달하느냐에 따라 다음과 같이 분류할 수 있습니다.

① Story teller

일반적으로 스토리텔러라고 하면 소설 속에서 이야기를 중개하는 화자를 생각하기 쉽습니다만 여기서는 글자 그대로 이야기를 음성언어인 '말'로 전달하는 사람을 지칭합니다. 예를 들면 노래로 신과 영웅의 이야기를 전하던 헬라스의 호메로스 같은 가인일 수도 있고, 문자가 없던 시절 부족의 역사를 외워 후대에게 구술로 전하는 아프리카의 역사가일 수도 있고, 어린 시절 우리의 할머니일 수도 있겠지요.

② Story writer

글자 그대로 이야기를 문자언어인 '글'로 써서 전달하는 사람입니다. 대표적으로는 소설가를 들 수 있겠지요.

③ Story shower

'이미지'로 이야기를 보여주는 사람입니다. 동시에 말과 글을 동반하는 경우가 많지만 이미지에 비하면 부차적인 것이 되겠지요. 저 같은 영화감독이 여기에 들어가고 만화, 애니메이션, 게임 생산자도 여기에 들어가겠지요. 저 같은 사람을 'Story shower'라고 하면 제가 할 일이 두 가지로 명확하게 정해지는 것 같습니다. 바로 스토리를 만드는 일과 그것을 이미지로 옮겨 보여주는 일입니다.

(2) 수용자(consumer, receiver) 입장에서

수용자가 어떤 지각 형식을 통해 이야기를 받아들이는가에 따라 다음과 같이 분류할 수 있습니다.

① Listening narrative (듣는 이야기)

대표적으로는 고대의 서사시, 현대의 라디오드라마를 들 수 있겠지요.

② Reading narrative (읽는 이야기)

대표적으로는 소설을 들 수 있겠지요.

③ Seeing and reading narrative (보고 읽는 이야기)

대표적으로는 만화를 들 수 있을 것입니다. 그림은 보고 대사는 읽어야 하니까요.

④ Seeing and Listening narrative (보고 듣는 이야기)

대표적으로는 영화, TV드라마, 애니메이션, 연극, 뮤지컬 같은 것이 여기에 속하겠지요.

⑤ Seeing, Listening and Touching narrative (보고 듣고 만지는 이야기)
대표적으로는 온라인 게임을 들 수 있습니다.

　이런 식으로 분류하면 대부분의 서사매체를 아우를 수 있을 것 같습니다. 다섯 번째 온라인 게임에 대해서는 더 이야기를 해야 할 것 같습니다. '리니지 2' 같은 MMORPG(Massively Multiplayer Online Role Playing Game), 즉 '다중 사용자 온라인 롤플레잉 게임'을 예로 들어 말씀드리겠습니다. 이화여대 이인화 교수님은 이러한 게임에서 나타나는 서사를 한국에서 처음 만들어진 혁명적인 내러티브라고 합니다. 지금까지 서사라는 것은 생산자에 의해 다 만들어진 완제품의 형태로 수용자에게 전달이 되었는데 이런 게임의 경우는 생산자는 틀(database)만 만들어 놓았을 뿐 수용자(user)가 게임에 참여하면서 수용자 스스로 직접 내러티브를 만들어가기 때문이라는 것입니다. 이런 게임의 성격을 학자들은 '상호작용'(interaction)이라는 개념을 써서 주로 설명하는 것 같고, 요즘에는 게임을 연구하는 '게임학'(ludology)이라는 학문도 생겨서 깊이 있는 연구가 진행되고 있는 것 같습니다. 전체 게임을 서사물의 분류에 넣는 것은 문제가 될 수 있지만 MMORPG 같은 경우는 마땅히 서사물에 편입될 수 있을 것입니다. 위에서 제가 게임을 편의상 '보고 듣고 만지는 이야기'로 분류를 했습니다. 게임의 서사는 보고 듣는 행위에 더해 키보드, 마우스, 게임 콘트롤러 같은 것들을 손으로 만지는 행위를 통해 만들어지기 때문에 그렇게 붙인 것입니다. 이렇게 저처럼 무모하게라도 서사체들을 어떤 체계를 세워 분류해 보는 것은 전체 서사학 내에서 각각의 서사매체들의 위치를 가늠하고 상호연관성을 파악하는 데 꼭 필요하다고 생각합니다. 이 분류는 앞으로 문화콘텐츠학에서 다루는 대상들을 분류하는 데도 참고가 될 수 있을 것이라고 생각합니다.

　저는 첫 번째 장편영화를 아날로그로 찍었고 두 번째 장편영화는 디지털로 찍었습니다. 이제 스마트폰만으로도 누구나 영화를 찍을 수 있게 되면서 영화의 수용만이 아니라, 생산도 모든 사람의 것이 되었습니다. 하지만 제 입장에서만 보면 이야기만 더욱 중요해진 결과를 가져왔습니다. 영화가 처음 시작되었을 때 이야기와 기술이 반반씩의 비중을 차지했다면 이제는 이야기가 9할이라고 할 수 있습니다. 저와 영화를 직업으로 하지 않는 사람을 나눌 수 있는 기준은 오직 이야기의 수준뿐입니다. 그래서 매체에 대해서는 잊고 지내다가 이 발표 때문에 매체 자체를 연구한 매체철학서를 한 권 추천받아 읽고 다시 생각을 좀 가다듬을 기회가 있었습니다. 이 책을 읽고 나니 제가 별 생각 없이 서사매체를 분류한 것이 디지털라이징에 의한 매체의 복합·융합을 반영할 수 없는, 벌써 20세기적인 낡은 것이 된 것 같다는 생각이 들었습니다. 하지만 한편으로는 제 분류가 매체 연구에도 잘 들어맞는 역사적 맥락을 지니고 있다는 생각이 들어 반갑기도 했습니다.

제가 생산자를 세 가지로 분류했는데 지배적인 매체가 소리, 문자, 이미지로 변해왔음을 읽어낼 수 있습니다. 수용에 있어서 듣기, 읽기, 보기 같은 지각형식을 복합적으로 사용해야만 하게 된 사태도 수용의 지각형식에 따라 다섯 가지로 분류한 것에서 읽어낼 수 있습니다. ①, ②까지는 한 가지 지각형식이, ③, ④까지는 두 가지 지각형식이, ⑤의 게임의 경우에는 세 가지 지각형식이 이야기의 수용에 동원되고 있음을 알 수 있습니다. 전에는 '만지는 이야기'라는 표현이 참 학문적이지 않다고 생각했었는데, 매체를 수용할 때 청각, 시각, 촉각 순으로 감각의 중심이 바뀌어오고 있다는 것을 잘 반영한 괜찮은 용어라는 생각이 들었습니다. 영화의 경우에는 3D를 넘어 촉각과 후각까지 느낄 수 있는 4D영화가 실험되고 있습니다. 이제 곧 오감으로 느끼는, '온몸으로 받아들이는 이야기'가 등장할 수도 있을 것 같습니다. 그러나 매체는 변하지만 이야기는 축적되어갈 뿐이라는 사실을 잊어서는 안 됩니다.

4. 학문으로 서기 위하여

우리가 문화콘텐츠라고 해서 다루는 것을 미국은 'Entertainment in-dustry', 영국은 'Creative industry', 일본은 'Contents industry', 중국은 '문화창의(文化創意)산업'이라고 해서 산업적으로 접근하는 것 같고, 학문적으로 접근하더라도 아직까지는 대학의 기존 학과에서 연구소를 만들거나 프로그램을 개설해서 다루는 것 같습니다. 우리는 이것을 대상으로 새로운 학문으로 세우려는 데에서 문제가 생기는 것 같습니다. 문화콘텐츠학과는 결단을 내려야 할 때가 온 것 같습니다.

문화산업학과로 명칭을 바꾸어 문화상품이라는 특수한 상품의 유통 부문을 전담하는 경영학의 분과가 되거나, 그렇지 않고 독립적인 학문이 되고자 한다면 자기규정성이 분명한 명칭을 택한 후 포기할 것은 포기하고 학문으로서의 정체성을 가다듬어야 할 것입니다. 후자를 택한 다음, 산업적인 접근은 교과과정 안으로 끌어들이는 것이 가장 바람직하겠지요. 영화는 학문이고, 동시에 투자, 제작, 배급으로 이루어지는 산업이기도 합니다. 그러나 영화산업이라는 것도 좋은 이야기를 담고 있는 영화대본이 먼저 나온 다음의 일입니다. 영화학이라는 이름으로 이론을 연구하고 실기를 가르치고, 영화산업은 교과과정 속에서 가르칩니다. 문화콘텐츠학과도 비슷한 길을 걸어야 할 것 같습니다.

문화콘텐츠학이 생긴 지 10년이 지났습니다. 하지만 여전히 학문으로 서기 위해서는 앞으로도 많은 논문이 나와야 할 것으로 보이는데 안타까운 일입니다. 이것은 작은 문제입니다만 문화콘텐츠 학계에서 많이 사용하는 몇몇 용어들도 같은 맥락 속에 놓여 있다고 생각합니다. 예를 들어 'story-telling'이라는 용어의 쓰임새를 보면 마치 이것이 무슨 대단한 장치여서 갖다 들이대면 그냥 이야기가 나오는 것으로 생각하고 있다는 느낌을 지울 수가 없습니다. 저한테는 이 용어가 오히려 이야기의 중요성을 가리는 역할을 하고 있는 것으로 보입니다. 가능한 한 우리말로 바꾸어 썼으면 합니다. 'OSMU 전략'이라는 용어도 별 지시내용이 없는 용어라고 생각합니다. 'one source multi use'라는 것은 하나의 이야기가 다른 매체에도 다양하게 담기는 양상을 경제적인 측면에서만 포착한 것에 지나지 않는다고 생각합니다. 문화산업 쪽으로 방향을 잡았다면 모르지만 독립적인 학문이 되고자 한다면 신중하게 사용해야 하는 용어라고 생각합니다. 예를 들어 좋은 이야기를 담고 있는 만화를 생산했다고 칩시다. 다른 매체의 제작자들이, 그러니까 영화사나 방송사에서 판권을 사기 위해 줄을 설 것입니다. 전략 같은 거 필요 없습니다. 강조해야 할 것은 이야기 그 자체입니다. 이것들 외에도 학계에서 많이 사용하는 몇몇 용어들이 이 학문의 세부로 들어가는 데 도움보다는 걸림돌이 되고 있다는 느낌을 받았습니다.

저는 문화콘텐츠학의 명칭을 서사매체학으로 바꿀 것을 제안합니다. 개인적으로는 서사학을 택했으면 합니다만 영어의 'narrative'는 서사와 서사체를 모두 의미하니까 매체를 포괄할 수 있지만 우리말 '서사'는 매체를 포괄하기 어렵습니다. 서사매체학을 쓰면 서사체에서 매체를 좀 강조한 것으로 볼 수도 있고, 서사와 매체가 융합된 것으로 볼 수도 있을 것입니다. 디지털라이징이 몰고 온 매체 자체의 복합·융합 같은 변화, 또 서사체의 생산과 수용에 있어서의 혁명적 변화를 반영했다는 의미도 담을 수 있을 것입니다. 서사와 매체가 만나는 순간, 바로 가장 오랜 학문이자 새로운 학문이 될 수 있습니다. 영어로는 서사학이든 서사매체학이든 'narratology'라고 하면 될 것입니다. 이미 문화콘텐츠학과는 스토링텔링을 근간으로 삼고 있다는 자기규정을 보더라도, 이미 개설되어 있는 교과과정을 보더라도 사실상 서사학과입니다. 저는 처음에 문화콘텐츠학이 테마파크와 도시도 대상으로 삼고 있는 것이 낯설게 느껴졌지만, 테마파크는 이야기를 담고 있는 공원으로 풀이될 수 있으므로 공원이 매체인 서사매체라고 규정할 수 있고 당연히 서사매체학의 대상으로 포섭될 수 있습니다. 도시도 마찬가지입니다. 음악에서 뮤지컬의 경우는 서사성이 뚜렷하니까 대상으로 삼아야 합니다. 문예에서도 소설의 경우, 다른 매체로 전환이 용이한 서사성이 높은 소설은 대상으로 들어와야 합니다. 이렇게 이야기라는 공통적인 속성을 기준으로 여러 매체를 포섭하게 되면 학문의 정의도 한 눈에 보이고, 대상도 한 눈 들어옵니다. 이제 하위범주도 매체의 속성에 따라 쉽게 분류할 수 있습니다. 이 학문은 국제적인 학문이 되는 데 아무런 문제가 없고 이미 그렇게 되어가고 있습니다.

저는 문예창작학과에서 강의할 때 학생들에게 서사학과로 명칭을 바꾸면 좋겠다는 말을 가끔 했었습니다. 서사학과는 이야기의 역사를 살펴보면 흐름상 반드시 생기게 되어 있습니다. 이미 우리나라에도 서사창작과가 한국예술종합학교에 생겼습니다. 문예창작학과에서는 서사라는 이름을 단 과목들이 점차 많아지고 있습니다. 고려대 문예창작학과 대학원에서 강의를 한 적이 있습니다. 학부의 명칭은 미디어문예창작학과이더군요. 전통적으로 시, 소설, 희곡, 평론을 가르치다가 영화대본, 방송극대본까지 아우르기 위해서 '미디어'라는 수식어를 붙인 것 같습니다. 예를 들어 어느 날 문예창작학과가 모든 서사매체를 다 다루겠다고 서사학과로 명칭을 바꾸었다고 칩시다. 그때가 어쩌면 문화콘텐츠학과가 타의에 의해 변신해야 할 때가 될 수도 있습니다.

서사매체학과로 바꾸면 무슨 일이 벌어지게 될지 조금 생각해보겠습니다. 우선 자기규정이 될 뿐 아니라 인접 학과까지 규정해서 학과 간의 자리매김이 분명해집니다. 우선 국문학과는 우리말과 글로 된 서사를 연구하는 학과가 됩니다. 문예창작학과는 우리말과 글로 서사를 창작하는 학과가 됩니다. 영화학과, 만화학과, 애니메이션학과, 게임학과 등도 자동적으로 서사매체학과의 분과가 됩니다. 요즘은 좀 달라졌지만 영화학과 제작과정은 주로 기술을 가르칩니다. 이야기는 시나리오작법을 가르치는 것으로 끝냅니다. 이야기가 아니라 '잔재주'(skill)를 가르치는 것입니다. 그래서 저는 영화학과 강의할 때 학생들에게 영화학과에 들어온 것은 실수한 것이며 진짜 영화를 하고자 한다면 동아리를 만들어 이야기를 따로 공부하라는 말을 해왔습니다. 이제 서사매체학과에서 이야기 자체를 제대로 가르친다면 여기서 여러 매체의 이야기 생산자를 배출하는 것은 당연한 일이 될 것입니다. 이야기는 모든 것입니다. 이야기를 제대로 공부한 학생은 어디에 내어놓아도 제 몫을 하게 되어 있습니다. 거기에 여러 매체의 속성까지 공부해서 이야기를 매체에 맞게 바로 전환하는 능력까지 갖춘다면 더 말할 나위가 없을 것입니다.

문화콘텐츠학은 역사가 10년인데 서사매체학으로 바꾸면 그 역사가『길가메시 서사시』,『일리아스』,『구약성서』,『마하바르타』,『시경』,『환단고기』 등으로부터 시작하게 됩니다. 문화콘텐츠학이 인문학에 기대야 한다는 내용의 주장을 논문에서 많이 접했는데 이제 서사매체학은 인문학 그 자체이자 이야기산업연구가 되어 스스로 역사가 가장 오랜, 축적된 것이 너무 많아 추스를 수 없을 지경의 학문이 되는데 기댈 데가 어디 있겠습니까? 인간은 생각도 이야기로 하고 말도 이야기로 합니다. 서사매체학의 시작은 최초의 인간이 이야기로 생각하고 말을 했던 순간으로 거슬러 올라갈 수밖에 없습니다. 저절로 가장 오래된 역사를 지닌 학문이 될 수밖에 없습니다.

호메로스가 글이 없어서 노래로 이야기를 만들었던 때로부터도 약 2200년 전 수메르에는 이미 '서사'학교가 있었습니다. 고골의 소설『외투』에 나오는 아카키예비치나, 허먼 멜빌의 소설『필경사 바틀비』에 나오는 바틀비 같은 필경사를 지금부터 5,000년 전에 이 서사학교에서 길러내어 점토판에 설형문자로 온갖 것을 기록하게 했던 것입니다. 필경사의 서명이 들어 있는 점토판도 남아 있습니다. 놀랍지 않습니까? 역사에 처음 등장하는 학교도 바로 서사학교였던 것입니다. 저는 여러 해 전부터 이 서사학교가 근대에 들어와 언어의 차이에 의해서든 매체의 차이에 의해서든 대학에서 여러 학과로 분화했다가, 20세기를 지나면서 이야기를 다루는 매체가

너무 많아지는 바람에 매체를 뛰어넘어 이야기를 통일적으로 연구할 필요
성이 제기되는 날이 올 것이고, 결국 서사라는 이름을 단 학과가 다시 등장
하게 될 것이라고 믿어왔습니다. 문화콘텐츠학이 무슨 학문인지 몰랐을 때
는 문예창작학과가 그렇게 바뀌리라고 기대했었습니다. 위에서 말씀드린
대로 문화콘텐츠학과는 이미 사실상 서사학과입니다. 저는 문화콘텐츠학
과가 명칭을 바꾸지 않더라도 서사학과는 반드시 생길 것이며 문과대학 내
에서 법학과를 젖히고 가장 인기 있는 학과가 될 때가 곧 올 것이라고 믿고
있습니다.

역사콘텐츠학과가 있다는 것도 얼마 전에 알았습니다. 역사콘텐츠학과
도 역사서사학과로 명칭을 바꾸는 게 좋겠다고 생각합니다. 역사 자체가
이미 서사여서 동어반복이 될 수도 있지만, 역사서사학은 역사를 연구한 다
음 그것을 디지털라이징을 통해 이야기로 가공할 수 있게 만들어서, 역사를
역사학자만의 것이 아니라 모든 사람의 것으로 돌려놓는 학문이라고 하면
좋을 것 같습니다.

매체는 변하지만 이야기는 인류가 멸망할 때까지 축적되어갈 것입니
다. 거칠게 말하면 저 같은 사람에게 문학은 이야기 자체이고, 사학은 이야
기의 소재이자 배경이고, 철학은 이야기의 주제입니다. 이야기는 문사철과
동의어입니다. 이야기 공부하는 사람이 사학과 철학을 비켜갈 수 없습니
다. 신자유주의가 발악을 하던 때 인문학은 설 자리가 없어 보였습니다. 그
러나 인간이 인간인 한 인문학은 위기였던 적이 없습니다. 언제나 배고픈
학문이었을 뿐입니다. 대학의 섣부른 대응이 인문학을 대학 밖으로 내모는
결과로 나타났습니다. 기업조차도 인문학의 바탕 위에 서지 않는다면 지속
가능하지 않다는 것을 깨닫고 있습니다. 대기업의 CEO들도 다른 부문은
고용하면 되지만 인문학은 스스로 공부하지 않으면 안 된다는 것 때문에 골
머리를 앓고 있습니다. 그래서 이제 수준 높은 인문학 강의는 경영대학원
과 대기업의 강당에서 이루어지고 있습니다. 저도 대학 밖의 '철학아카데

미'에서, '아트 앤 스터디' 같은 인터넷 사이트에서 갈증을 해소하고 있습니다. 이제 대학이 인문학의 중심으로 다시 서야 합니다. 문사철이 다시 서야합니다. 소위 부가가치 높은 인문학이자 이야기산업연구인 서사매체학이 그 구심점 역할을 할 것이고 이것이 제가 서사매체학과가 문과대 최고의 학과가 곧 될 거라고 전망하는 이유입니다.

문외한인 제가 뭘 모르는 상태에서 너무 큰 엉뚱한 소리를 했습니다. 제가 욕을 먹을 각오를 하면서까지 감히 이런 이야기를 한 이유를 여러분도 짐작하시리라고 믿습니다. 저는 학계 바깥에 있는 사람인 것은 맞지만 저는 이 학문 분과의 생산 현장에 있는 사람이고 영화를 포함해 모든 서사매체를 아우를 수 있는 제대로 된 이야기 학문이 정립되기를 고대하고 있는 사람이기도 합니다. 결례를 범한 부분은 용서해 주시기 바랍니다.

〈첨언〉
제가 논문식 글쓰기에 익숙하지 않습니다. 각주를 달 줄도 몰라서 각주를 안 달아도 되게끔 썼습니다만, '서양의 이야기 역사' 부분에서 카타바시스 개념과 그 적용은 친구이자 우리나라의 대표적인 서양고전학자인 강대진 선생님한테서 들은 강의와 선생님의 저서에서 배운 바가 큼을 밝힙니다.

참고문헌

강대진, 『고전은 서사시다』, 안티쿠스, 2007.

김기덕, 「콘텐츠의 개념과 인문콘텐츠」, 인문콘텐츠학회, 『인문콘텐츠』, 창간호, 2003.

김산해, 『최초의 신화 길가메쉬 서사시』, 휴머니스트, 2005.

김성곤 편저, 『21세기문예이론』, 문학사상, 2005.

박기수, 「한국문화콘텐츠학의 현황과 전망: 스토리텔링을 중심으로」, 대중서사학회, 『대중서사
　　연구』 제16호, 2006.

박상천, 「'문화콘텐츠' 개념 정립을 위한 시론」, 한국언어문화학회, 『한국언어문화』 제33집, 2007.

박진, 『서사학과 텍스트이론』, 랜덤하우스중앙, 2005.

서정남, 『영화 서사학』, 생각의 나무, 2004.

신광철, 「인문학과 문화콘텐츠」, 국어국문학회, 『국어국문학』 제143호, 2006.

심혜련, 『20세기의 매체철학』, 그린비, 2012.

이인화, 『한국형 디지털스토리텔링』, 살림, 2005.

임명환 · 기술경제2팀, 「문화콘텐츠산업의 동향과 전망 및 기술혁신 전략」, 한국전자통신연구원,
　　『전자통신동향분석』 제24권(제2호) 통권116호, 2009.

임영상, 「'문화콘텐츠 개발'과 인문학」, 인문콘텐츠학회, 『인문콘텐츠』 제6호, 2005.

Aristotle, poetics, 천병희 옮김, 『시학』, 문예출판사, 2002.

David Bordwell, Kristin Thompson, *Film Art*, 이용관 · 주진숙 옮김, 『영화예술』, 이론과실
　　천, 1993.

Gerald Prince, *Narratology: the form and function of narrative*, 최상규 옮김, 『서사학이
　　란 무엇인가』, 예림기획, 1999.

Karsten witte, *Theorie des Kinos*, 박흥식 · 이준서 옮김, 『매체로서의 영화』, 이론과 실천,
　　1996.

Mieke bal, *Narratology: introduction to the theory of narrative*, 한용환 · 강덕화 옮김,
　　『서사란 무엇인가』, 문예출판사, 1999.

Seymour Chatman, *Story and Discourse: Narrative Structure in Fiction and Film*, 김
　　경수 옮김, 『영화와 소설의 서사구조』, 민음사, 1990.

문화콘텐츠 기획과정에서
인문학 가공의 문제

유동환*

1. 콘텐츠와 인문학의 만남

콘텐츠와 인문학의 관계에 대한 논의는 그동안 '인문콘텐츠', '인문정보학', '디지털 인문학' 등의 개념을 중심으로 많은 논의가 있어 왔다. 그동안의 논의는 디지털 혁명이라는 시대환경의 충격 아래 인문학과 콘텐츠의 공통성과 차이성을 총괄적으로 비교하여 그 소통을 논의하는 방향이 대부분이다.[1]

---

*   안동대학교 한국문화산업전문대학원 융합콘텐츠학과 교수

1   인문학과 문화콘텐츠, 또는 디지털인문학에 대한 연구들은 다음과 같다.
- 이승종, 「문자, 영상, 인문학의 위기」, 한국철학회, 『철학』 제101호, 2009.
- 전승관, 「적과의 동침?: 인문학의 디지털미디어 흡수융합 전략과 "진화인문학"의 모색」, 『세계문학비교학회 2009 봄철 정기학술대회』, 2009.
- 김종혁, 「디지털시대 인문학의 새 방법론으로서의 전자문화지도」, 한국국학진흥원, 『국학연구』 제12집, 2008.
- 김기덕, 「영상역사학: 역사학의 확장과 책무」, 역사학회, 『역사학보』 제200집, 2008.
- 김기덕, 「콘텐츠의 개념과 인문콘텐츠」, 인문콘텐츠학회, 『인문콘텐츠』, 창간호, 2003.
- 김호, 「문화콘텐츠와 인문학」, 인문콘텐츠학회, 『인문콘텐츠』, 창간호, 2003.
- 정현선, 「'언어 · 문화 · 소통 기술'의 관점에서 본 미디어 리터러시의 고찰」, 고려대학교 한국학연구소, 『한국학연구』 제25집, 2006.
- 신광철, 「인문학과 문화콘텐츠」, 국어국문학회, 『국어국문학』 제143호, 2006.

널리 알려진 바와 같이 인문학은 인간의 삶에 대한 이해를 목표로 하는 학문이다. 인문학은 인간의 생물학적인 삶과 그 환경을 다루는 자연과학과 구별되고, 인간의 사회적인 삶과 그 조건을 다루는 사회과학과도 구별이 된다.[2] 근대 이래 20세기 중반까지는 인간에게 유용한 물질과 기계에 대한 관심을 강조하던 '물질 기계' 중심 시대였다고 할 수 있다. 20세기 중반 이후에 시작된 제 2단계는 이에 더하여 정보와 생명이 강조되는 '물질 기계 + 정보 + 생명' 중심의 과학기술 단계라고 할 수 있다. 그런데 지금 21세기에 이르러 과학기술은 '물질 기계 + 생명 + 정보 + 인간 마음' 중심의 인문학, 사회과학, 예술학 영역을 포함하는 통섭적 융합문화시대로 변하고 있다.

그리고 이러한 배경 아래 디지털 혁명의 폭풍이 불었고, 디지털콘텐츠가 다양한 플랫폼과 매체를 기반으로 탄생하였다. 눈부신 디지털콘텐츠의 발전에도 불구하고, 콘텐츠 개발과정(기획, 개발, 서비스)의 매 단계별 방법론의 정립과 논리화는 아직 초보단계에 머물고 있다. 19세기 경제학에서 독립하며 100여 년 만에 당당히 학문적 지위를 획득한 경영학이 법학, 사회학, 심리학, 행정학, 인문학 등 제 학문의 방법론을 흡수하며 산업현장에서의 효용성을 증대하고, 학문연구 영역에서도 학적 지위를 획득한 선례를 잘 관찰해 볼 필요가 있다.

본 연구는 인문학과 문화콘텐츠의 당위적 융합을 논하고자 하지 않는

- 최혜실, 「디지털 매체와 소통의 변화」, 서강대학교인문과학연구소, 『서강인문논총』 제19집, 2003.
- 이효걸, 「국학자료와 문화산업」, 한국국학진흥원, 『국학연구』 제2호, 2003.
- 이영임, 「인문학, 문화, 멀티미디어」, 한국혜세학회, 『혜세연구』 제8집, 2002.
- 김현, 「디지털 정보시대의 인문학」, 예문동양사상연구원, 『오늘의동양사상』 통권7호, 2002.
- 권영민, 「디지털 시대 인문학의 방향」, 국어국문학회, 『국어국문학』 제129호, 2001.
- 최희수, 「디지털인문학의 현황과 과제」, 한성대학교 인문과학연구원, 『소통과 인문학』 제13집, 2011.
- 최혜실 외 지음, 『인문학과 문화콘텐츠』, 다할미디어, 2006.
- 이재신, 「사이버 공간 인문콘텐츠 실태조사 및 수준향상 방안」, 경제·인문사회연구회, 『인문정책포럼』 Vol. 8, 2011.

2   권영민, 「디지털 시대 인문학의 방향」, 국어국문학회, 『국어국문학』 제129호, 2001, 6쪽.

다. 융합문화가 21세기를 이끌 혁신적 패러다임이라고 하지만, 자칫 무의미한 결과로 끝날 수도 있다. 우리가 현 단계에서 가장 경계해야 할 것은 융합문화의 무분별한 유행이다. 신중치 못한 융합은 오히려 개별 분야의 전문성을 떨어뜨리고, 급조된 융합 학문의 난립이라는 부작용을 야기할 수 있다.

　　연구의 출발점은 문화콘텐츠 개발과정 전체 가운데 인문학과의 연계성이 높은 기획과정을 정교하게 분석하여 장르별 단계의 공통성을 도출하면서 시작한다. 그리고 그 기획과정에서 현재 체계화를 이루지 못한 부분을 검토하여 이에 대한 발전적 계기를 기존 학문방법론을 가지고 발전한 인문학 분야에서 탐구하고자 한다.

2. 문화콘텐츠 기획과정의 분석

1) 인간 체험상품인 문화콘텐츠

　　문화콘텐츠의 전체 개발과정에 대해서 분석하기 이전에 콘텐츠의 정의에 대해서 살펴 볼 필요성이 있다. 우리나라 문화콘텐츠산업의 기본 법률인 '문화산업진흥기본법'에서 정의하고 있는 콘텐츠의 개념은 "콘텐츠란 부호·문자·도형·색채·음성·음향·이미지 및 영상 등(이들의 복합체를 포함한다)의 자료 또는 정보를 말한다."[3] 이는 콘텐츠의 사전적 정의라고 할 수 있는 '알맹이'나 '내용'과 크게 다르지 않은 모든 '기호로 이루어진 자료나 정보'라는 광의적 범위로 해석된다.

　　다른 관점에서 문화콘텐츠의 인간 문화와의 연관성과 이의 개발과정에서 매체와의 결합과정을 중시한 정의를 찾아볼 수 있다.

3　「문화산업진흥기본법」, 2조 3항. 「콘텐츠산업진흥법」 역시 위의 법의 정의를 그대로 따르고 있다.(「콘텐츠산업 진흥법」 2조 1항).

"문화콘텐츠란 곧 문화의 원형(original form+archetype) 또는 문화적 요소를 발굴하고 그 속에 담긴 의미와 가치(원형성, 잠재성, 활용성)를 찾아내어 매체(on-off line)에 결합하는 새로운 문화의 창조과정이다. 현재 문화콘텐츠 분야가 새로운 응용학문 분야로 주목받을 수 있는 배경이자 특성은 '다학문의 통합성과 다양한 문화가치의 창출, 그리고 시공을 초월한 활용성'이라고 정의할 수 있다."[4]

이 정의는 문화콘텐츠 개발 과정이 인간이 창조한 문화원형 등 문화요소의 발굴(1단계), 그 속에 담긴 의미와 가치를 도출(2단계), 매체와의 결합(3단계)로 파악한다는 점에서 콘텐츠 개발과정을 정확히 이해할 수 있다는 점에서 의미 있다. 또한 '다학문 통합성, 다양한 문화가치 창출, 시공 초월 활용성'이라는 세 가지 의미 목표를 제시하고 있어 문화콘텐츠학이 타학문과의 융합 과정을 통해서 응용학문으로서의 지위를 갖출 수 있음을 지적하고 있다.

이상 콘텐츠의 원천이라고 할 수 있는 '문화의 원형성'을 인간의 경험 구조로 해석해 볼 수 있다. 미국의 정보디자인연구자인 브렌다 로렐은 일찍이 인간의 콘텐츠 체험과정을 연극이론에 근거하여 체험과정을 6대 경험요소를 바탕으로 구성한다.[5] 그녀의 입장에서 해석하자면, 콘텐츠란 경험으로 만들어진 체험상품(Experience Product)이고 콘텐츠 개발이나 기획은 6대 경험 요소를 구조화하는 것이라 정의할 수 있다.[6]

---

4 심승구, 「한국 술문화의 원형과 콘텐츠화」, 『인문콘텐츠학회 학술 심포지엄 발표자료집』, 2005.

5 브렌다 로렐, *Computers As Theatre*, Laurel, Brenda, Addison-Wesley, 유민호·차경애 옮김, 『컴퓨터는 극장이다』, 커뮤니케이션북스, 2008. 프로그래밍 중심의 데이터베이스 개발이 게임 개발의 핵심이라고 주장하던 90년대 초반, 연극이론에 기초로 디지털콘텐츠의 경험요소의 구조화를 통한 콘텐츠 기획을 설명하고 있다.

6 김진우, 『DIGITAL CONTENTS @ HCL Lab』, 영진닷컴, 2002. 65-74쪽. 6대 경험 요소 가운데 감각(Sense)은 시각, 촉각, 청각, 후각, 미각 5감을 가리키며, 인간 경험의 가장 기초적인 요소이다. 패턴(Pattern)은 반복적인 감각을 통해서 형성된 일종의 일관된 느낌을 뜻한다. 감각에 의한 경험이 양식화 혹은 상징화를 통해 느낌의 체계를 이루는 것이다. 언어(Language)는 글이나 말처럼 직접 언어를 통한 경험과 함께 비언어적인 표현들이지만 의미를 포함하고 있는 아이콘과 이미지가 포함된다. 의사소통을 통한 경험이 시작된 것이다. 지성(Thought)은 사용자에게 문제 해결 과정을 경험하는 것이다. 좋은 인지를 경험하도록 이끌기 위해서는 처음에는 긍정적인 놀람(positive serprise)을 주도록 하고, 다음에는 사용자의 궁금증을 유발(intrigue)하며, 마지막으로

브렌다 로렐의 6대 경험요소 이론은 문화콘텐츠의 원천자원(소재)이 인간경험 자체라는 점이고, 이러한 인간경험을 구조화 하는 것이 기획의 본질이라는 점이다. 이를 확대해석해 보면 인간경험을 직접 다루는 인문학이 자원으로서 갖는 의미와 인간경험을 구조화 하는 방법론의 중요성을 이끌어 낼 수 있다. 이제 인간경험을 구조화 하는 문화콘텐츠 기획과정에 인문학이 도입될 수 있는 부분이 있는지 살펴보자.

2) 문화콘텐츠 장르별 기획과정의 공통성

문화콘텐츠는 인류가 만들어낸 상품 가운데 가장 복잡하고 유연한 개발과정을 가지고 있다. 일반적으로 현대 영상개발과정을 근거로 3단계 구분법(개발 이전=기획=pre-production, 개발=production, 개발 이후=post-production)으로 문화콘텐츠 개발단계를 구분한다.[7] 하지만 이는 콘텐츠장르나 미디어에 따라서 더욱 세분화되고 나날이 변화하고 있다.

먼저 '개발 이전'의 기획(pre-production) 과정을 콘텐츠 매체별로 비교 분석하여 인문학 요소의 개입 부분을 찾아보고자 한다.

첫째, 전통적인 콘텐츠 분야인 '라이브'(Live) 장르(연극, 뮤지컬 등)와 '영상'(filmmaking) 장르(영화, 애니메이션, 드라마)의 기획과정의 공통요소는 〈표 1〉과 같다.

는 도발적인 자극(provocation)을 주도록 추천하고 있다. 정보교환을 체계화 한 것으로, 정보가 목차를 만들고 해당 내용을 찾아보는 것에 익숙한 훈련이며, 정보의 위계를 말한다. 행동(Act)은 사용자에게 신체적인 경험을 제공해주는 것으로써 주로 다른 사람들과 어울리는 것을 통해서 경험을 하도록 만드는 것을 말한다. 관계(Relate)는 개인에게 다른 사람들이나 다른 문화와 상호관계를 맺을 수 있는 경험을 제공하는 것이다. 이때 같은 마니아나 오타쿠와 같은 동호회, 사회 구성원 또는 같은 국가, 같은 문화 등을 공유하는 것이 기반이 되어야 한다.

7   Steiff, Josef . *The Complete Idiot's Guide to Independent Filmmaking*. Alpha Books, 2005, pp. 26-28.

표 1: 뮤지컬 및 영화 스토리 발상 과정

단계 구분	단계별 과정	세부 과정
발상 발전 (Development)	아이템(Item) 발굴	시나리오의 재료인 아이템(Item) 선정
	줄거리(Synopsis)	줄거리 작성, 기획회의, 시놉시스(Synopsis) 완성
	상황 구성(Treatment)	캐릭터 설정, 플롯 설정, 에피소드 설정, 시퀀스 구성, 장면 작성
	대사 시나리오(Script)	시나리오(Scenario) 각색

이 기획과정의 특징은 아이템 발굴이라는 '원형 소재'에 대한 충분한 연구와 분석이 중요하고, 이렇게 발굴된 원형 소재를 이야기로 가공하는 것이 콘텐츠 생명력의 가장 중요한 점이다. 다시 말해 이야기의 구상을 중심으로 진행되는 기획과정은 영상매체나 라이브매체 특성에 따라 인문학적 소재의 발굴과 단방향 스토리텔링(non-interactive story-telling)이 핵심 요소이다.

둘째, 쌍방향 미디어에 근거한 게임과 웹콘텐츠의 기획과정은 다음과 같다. 먼저 게임 기획은 〈표 2〉와 같은 과정을 보여준다.

표 2: 게임 기획과정

단계 구분	단계별 과정	세부 과정
게임 개념 Game Concepts	Getting an Idea	Brainstorming, Market Research, Getting ideas from other media/other games
	Understanding Audience	Core Audience 인지 Casual Audience 인지 결정
	Setting the elements of game	Challenges, Gameplay, Victory Condition, Interaction Model, Player's role, Modes, Structure, Genre, Stages of Game
	Choosing a Platform	Home Game Consoles, PC, Portable Machines, Mobile Phone

단계 구분	단계별 과정	세부 과정
Game Settings and Worlds Settings	World Design	World Concept 정하기, World 원화 그리기, World Structuring, World Zoning
Storytelling and Narrative	Writing Background Story	World Concept에 맞춰 Background Story 작성
	Plot Pace Design	Creating a plot pace considering a Hero's Journey
		Series / Serials / Episodic Delivery Plot Structure

그리고 웹콘텐츠의 기획과정은 〈표 3〉과 같다.[8]

표 3: 웹콘텐츠 개발과정

단계 구분	단계별 과정	세부 과정
Planning the Story (Pre-Production)	요구분석 Requirement Analysis	Client, User / RFP - Object, Client, User, Market
	창의발상 Ideation	Idea(Brain Storming 등)
	사례분석 Bench Marking	매력물(Killer C)과 방법론 찾기! 소재(What)와 방법(How)과 누구(who)
	소재조사 discovery & audience	고수!, 책, 녹음기, 디카, 디캠
	스토리텔링 storylines	말하기, 이야기하기, 이미지텔링(context)
	스토리보드 structure	포토샵, 파워포인트(Architecture Planning)
	프로토타이핑 prototyping	멀티미디어 story flow

---

8 www.secondstory.com, 2013. 2. 1.

전통적인 단방향 콘텐츠와 달리 쌍방향 콘텐츠는 HCI(Human Computer Interface) 등 디지털컴퓨팅 기술의 개입을 전제로 보다 복잡하고 세분화된 과정을 거쳐 개발된다. 특히 시장과 고객의 요구를 정확히 분석하고 아이디어를 발상하는 과정이 매우 중요하다. 또한 게임적인 논리를 개발하는 쌍방향 스토리텔링(Interactive story-telling)의 모델 개발이 중요하다. 이러한 기획과정 가운데 요구분석(클라이언트와 사용자 등 시장요구), 창의발상, 소재조사, 스토리텔링(디지털 스토리텔링) 등의 단계는 인문학과 밀접한 관련성을 가지고 있다.

셋째, 공간의 기억을 콘텐츠화하는 '장소콘텐츠'(박물관, 테마파크, 관광 등)의 기획과정은 〈표 4〉와 같다.

표 4: 전시 기획과정

단계 구분	단계별 과정	세부 과정
Strategy	요구분석 Requirement Analysis	투자자 요구, 미션, 타깃 욕망 Client, Target-user, Market 3 Key-factor Plan-Strategy, Proposal Schedule
	환경분석 Environment Analysis	입지 조건분석-법규분석 Environment / Nature, Social, Humanity
	조직구성 Crew Casting	기획-건축조경-마스터플랜-매체콘텐츠-서비스운영-디자인편집
Pre Production	소재조사 Object Research	유형 무형 유물정보 수집, 답사 Object, Key-word, Key-men, discovery & audience
	창의발상 Ideation	Basic Ideation, Visual Thinking / object, media, contents, platform, marketing
	벤치마킹 Bench-marking	국내외최고사례 What(object & product), How(produce & process), Who(user)
	개념설계 Concept Design	가치-주제-개념-카피 Value Chain, Concept, Theme, Copy
	기본계획 Master-plan	비전-목표-계획 Vision, Goal, Plan, Methodology

(계속)

단계 구분	단계별 과정	세부 과정
Pre Production	이야기라인 Story-telling	스토리라인, 공간연출 프로그램
		Set(time & space), Character, Plot(event), Item, Program
	세부연출 Detail Production	전시연출 총괄표 Contents, Miniature, Interior, Graphic, Media, Platform, System
	공간연출 Space-telling	조닝, Zoning, 동선 Lineofflow,
	그림설계 Story-drawing	제안도면 설계 plan drawing 평면도(plane drawing), 입면도, 배치도, 투시도(perspective drawing)
	예산산출 Compilation of the Budget	Resource(Product)-Function(People)-Time (Process) List, man-per-time, Organization, Budget(개략견적-상세견적-최종견적)
	도서작성 Book Edit	Page Lay-out, Copy, Illustration, Diagram(개념도), 3D Modeling, 2D Graphic, Design, Edit Proposal
	발표평가 Presentation	PT Lay-out, PT Scenario, PT Design, PT Rehearsal

　장소 콘텐츠는 가장 긴 개발과정과 다학문 융합적 성격이 매우 강하다. 장소콘텐츠 가운데 박물관이나 관광콘텐츠는 소재의존도가 매우 높고 소요되는 소재 정보량도 매우 많이 요구된다는 점이 중요하다. 그리고 그 속성상 공간 환경에 대한 분석 요구가 크고, 아날로그－디지털콘텐츠를 장소 위에서 모두 융합하는 속성을 가지고 있다. 특히 아이디어를 이미지로 표현하는 과정(Master Plan, Drawing, 도서편집 등)이 필수적이고, 매체디자인(Media Design)을 공간 인테리어 설계와 연결하는 작업 또한 요구된다. 과정 가운데 요구분석, 환경분석(인문환경), 소재조사, 창의발상, 개념설계, 스토리텔링 등의 단계에서는 인문학과의 연계 요구가 매우 크다고 볼 수 있다.

　이상의 분석을 통해서 콘텐츠 매체별 기획과정의 공통요소 9단계 가운데 인문학 연계 요소를 정리하면 〈표 5〉와 같다.

번호	단계별 과정	인문학 연계 부분
1	요구분석 Requirement Analysis	목표사용자 심리 이해
2	창의발상 Ideation	인문 발상 및 사유
3	사례분석 Bench Marking	
4	소재조사 Object Research	인문소재 제공 및 원천자료 조사방법론
5	개념도출 Concept Design	개념 통일성
6	스토리텔링 Storytelling	매체 및 장소 스토리텔링
7	스토리보딩 Storyboarding	이미지 스토리텔링
8	프로토타이핑 Prototyping	
9	개발계획 Budget Breakdown & 발표 Presentation	

위의 표에서 살펴본 바와 같이 문화콘텐츠 기획과정에서 인문학 연계부분은 '경험상품'(Experience Product)인 콘텐츠의 영혼이라고 할 수 있는 사용자(user), 아이디어(idea), 소재(object), 개념(concept), 스토리(story) 5대 요소와 직접 관련이 있음을 알 수 있다.

이 다섯 가지는 먼저 문화콘텐츠 개발을 위한 자원이자 재료로서 '인문학 정보 소재(object)', 다음으로 문화콘텐츠 기획의 핵심인 사용자 이해(user requirement analysis), 아이디어 발상(ideation), 개념도출(concept design)에 연계되는 '인문학 방법론(methodology)', 마지막으로 문화콘텐츠 체험내용의 구조화를 다루는 '스토리텔링'(story-telling)의 문제이다. '소재', '방법', '스토리텔링' 세 가지 요소에서 인문학적 요소가 어떻게 기능하는지 논구하고자 한다.

3. 콘텐츠 자원(소재, object)으로서의 인문학

문화콘텐츠 기획과정에서 인문학은 콘텐츠 자원, 즉 소재(object)로서의 측면을 먼저 검토해 볼 수 있다. 콘텐츠는 인간의 상상과 감동의 원천이 되는 체험요소를 증강시키는 자원으로 인간 문화활동의 결과물인 인문정보를 자원 재료로 만들어진 체험상품이라고 볼 수 있다.

최근 2000년대 이후 다양한 플랫폼과 미디어 발전으로 콘텐츠 소재 고갈이 심각한 현상으로 보편화되었다. 세계 최대의 할리우드와 유럽의 제작자들이 공간적으로 아시아 문화로, 시간적으로 문화유산에 눈을 돌리는 상황이다. 이러한 상황에서 콘텐츠 상품의 재료이자 자원으로서 인문학에 대한 관심이 매우 크게 고조되었다.[9]

내용적으로 '반지의 제왕' 이후 환상 이야기(fantasy story)에 대한 세계적인 붐은 신화, 민담, 전설 등에 대한 관심을 더욱 고조시키고 있다. 또한 소재 가운데 거시적 소재에서 미시적 소재로 옮겨가고 있다. 그리고 각색설화(Faction)의 발전에 따라서 인문 정보의 드라마적 각색이 중시되는 경향을 보이고 있다.

하지만 이러한 다방면으로 소재 발굴이 진행되고 다량의 정보를 투입하는 콘텐츠 기획현상이 보편화되면서 또 다른 문제가 발생하였다. 콘텐츠 기획론의 입장에서 보면 자원으로서 인문정보를 다량으로 아카이브하고 서비스하기 위해서는 '분류'(category)가 무엇보다 중요하다. 예를 들어 전자문화지도와 같은 '시간－공간－주제축'에 따른 분류[10]는 정보를 입체적으로 정리하고 정보 상호 간의 충돌을 검증하는 데 매우 용이하지만, 콘텐츠 체험 구조에 맞는 매력적인 소재 발굴을 위해서 인문정보 분류체계 연구가 필요하다.[11]

가장 일반적인 원형소재의 분류체계로는 문화재 분류표를 들 수 있다(표 6).[12]

9　디즈니 작품의 90% 이상은 유럽과 아시아의 다양한 전통 문화원형을 차용해서 창작한다.

10　ECAI 표준 조선시대 전자문화지도 시스템, http://www.atlaskorea.org/historymap/, 2013. 2. 13.

11　스토리텔링 구조를 활용한 Dramatica Pro는 「The theory of story」에서 6면 구조의 스토리 논리 모델을 제시하고 있음도 참고해볼 수 있다.

표 6: 문화재 분류표

분류	유형문화재	무형문화재	민속문화재	기념물
내용	사적 건조물 기록자료 회화 공예품 고고자료	연극음악무용 놀이 무예 공예	의식주 생업 생활사 신앙종교	식물 동물 지질 광물 천연보호구역 명승

문화재를 보존가치, 존재형식 등을 기준으로 구분한 체계이다. 문화재를 지정, 관리, 보존하기에는 유용한 학술 정책체계이지만 이를 근거로 문화콘텐츠의 소재 매력을 도출하기 위한 체계로 또는 사용자가 체험을 위한 가이드 체계로서 한계가 있다.

시론적으로 문화콘텐츠 기획 개발을 위해서 이야기 4대 구성요소와 주제를 기준으로 원형자원을 분류해 보면 〈표 7〉과 같다.

표 7: 이야기 요소와 원형 자원과의 관계

스토리 구성요소	원형 자원 내용	
무대 SET	자연지리	전경 Landscape
	생물생명	생물 biology
	건조물	건축 Architecture
소품 ITEM	소품	소도구 props
	의식주	생활 Lifestyle
배역 CHARACTER	인물	인물 Human
	직업	직업 Job
사건 EVENT	예술	예술 Art
	제도	의례 Rite
	사건	이야기 story
주제 theme	사상	관념 Idea

12　문화재의 종류, 시도지정문화재 구분, http://www.cha.go.kr/html/HtmlPage.do?pg=/heritage/
　　knowledge/ kind_01.jsp&mn=NS_04_02_02, 2013. 3. 1.

이야기를 무대·소품·배역·사건·주제의 순서로 선정 배열하는 사고유형을 적용하고, 유형적인 요소에서 무형적인 요소로 발전하면서 이해하도록 하는 데에 분류 목적이 있다. 이는 콘텐츠 재료로서 인문학 정보는 공간, 건축, 소품 등 유형요소보다 사건, 제조, 과정 등 무형요소가 가변성, 구술성, 상호작용성 등의 특성으로 인하여 정보의 채취, 가공, 서비스 과정 또한 복잡하게 만든다. 최근 유네스코 아태무형유산전당의 설립, 인문정보학이나 디지털인문학 분야에서 무형문화정보의 디지털화 사업의 증가 등은 이러한 상황을 반영한다.

문화콘텐츠 자원으로서 인문학 정보를 평가할 때 또 하나의 핵심 요소는 콘텐츠 기획자가 어느 정도 원형자원을 이해해야 하는가도 핵심요소이다. 원형자원인 인문학 연구를 수십 년간 이어온 전문연구자보다 인문정보를 깊이 이해할 수 없는 현실이 한편에 있다. 그러나 콘텐츠 기획에 있어서 원형소재의 매력을 얼마나 깊이 있게 이해하느냐가 콘텐츠체험의 깊이를 결정하는 측면 또한 한편에 있다. 콘텐츠 기획자는 인문학과 콘텐츠학의 경계에 서 있는 경계인(marginal man)이자, 문지기(gatekeeper)이다. 문화콘텐츠 기획자 교육에서 원형자원에 대한 이해를 위한 언어력, 독서력에 대한 훈련이 강화되는 게 강력히 요구되는 상황도 이러한 배경 때문이다.

그러므로 문화콘텐츠 기획에서 '소재조사'(object research) 단계가 인문학 정보의 이해단계라고 할 수 있다. 이 단계의 핵심은 원형자원의 핵심 매력을 이끌어 줄 핵심전문가(keyman)의 연구에 대한 사전조사, 인터뷰, 자문협력 등의 과정에 대한 훈련이 필요하다. 이는 방법으로서의 인문학에서 다시 논의하고자 한다.

4. 콘텐츠 방법(methode)으로서의 인문학

　앞에서 인문학 원형정보를 자원으로 투입하여 콘텐츠를 기획 개발하는 단계를 검토하였다. 이제는 문화콘텐츠 기획과정에서 인문학의 방법론을 도입하여 문화콘텐츠 기획개발 방법론을 풍부하게 발전시키며 근본적인 융합을 지향하는 단계로 발전할 필요가 있다.

　이를 위해서 앞서 콘텐츠 기획과정의 공통요소 가운데 인문학의 고유한 연구방법론 가운데 콘텐츠 기획과정에 도입 가능한 부분에 대해서 세부적인 연구가 필요하다.

　기획의 출발점이라고 할 수 있는 요구분석(Requirement Analysis) 단계는 사용자(User) 수요분석에서 심리학 분석방법의 도입이 필요하고, 장소콘텐츠의 환경분석에서 인류학 · 민속학 · 인문지리학의 분석방법에서 그 방법론의 도입을 검토해 볼 수 있다.[13]

　콘텐츠의 핵심요소인 자료조사(Object Research) 단계에서도 소재의 비전문가인 콘텐츠 기획자들이 전문가를 인터뷰하거나 전문정보를 조사분석하는 방법론의 정립이 필요하다. 역사학 · 민속학 · 인류학의 현장조사방법,[14] 원천자료 채취방법, 영상역사학,[15] 영상인류학[16] 등의 조사방법론 가운데 도입 가능한 방법을 연구하는 것은 시급한 과제이다.

　본고에서는 인문학 가운데 철학이 가지고 있는 사고방법을 중심으로 콘텐츠 기획의 '창의발상'과 '개념도출'에 적용할 수 있는 방법론의 문제를 연

13　'요구분석' 방법론은 컴퓨터공학 분야(류성열 지음,『시스템분석과 요구공학』, 한티미디어, 2013 참고)에서 장점을 보이고 있고, 산업공학 분야에서 제품 요구분석에서 장점을 보이고 있고, 마케팅 분야의 시장 분석 이론도 참고해볼 수 있다. 본 논고에서는 인문학 방법론 연계 분야만 참고하고 있다.

14　줄리아 크레인, 한경구 · 김성례 옮김,『문화인류학현지조사방법론』, 일조각, 1997 참고.

15　김기덕,『영상역사학』, 생각의나무, 2005 참고.

16　메릴 윈 데이비스, 정해영 옮김,『인류학』, 김영사, 2005, 138쪽 참고.

구하고자 한다.

1) 철학적 사고와 창의발상

콘텐츠가 다른 상품과 다른 근본적 이유는 다른 상품보다 창의발상 (Ideation)에 대한 의존성이 높다는 것이다. 콘텐츠 기획의 중요한 특성 가운데 하나가 "세상에 하나뿐인 아이디어"를 추구하는 것과 "이 아이디어를 기반으로 체험상품을 만드는 것"이다. 전자의 경우 그 특성이 '기발함'에 있고, 후자의 경우 그 특성은 '쓸모 있음'에 있다.

현재까지 개발된 발상기법은 약 80여 가지가 된다. 이들 기법의 기본 논리를 보면, 아이디어의 수량을 늘리는 쪽에 초점을 맞춘 '확산기법', 발상을 통해 얻어진 아이디어를 정리 선택하는 '수렴기법', 양자를 겸하여 확산과 수렴을 반복하는 '통합기법', 마지막으로 이들 기법들의 원형이라고 할 수 있는 생각하기 자체를 다룬 '태도기법'으로 나뉜다.[17]

총괄해 보면 커뮤니케이션 과정을 통하여 아이디어를 확대 재생산하는 집단발상법이 주류를 이루고 있는 실정이다. 명상과 연극 등 태도기법에서 일부 언급하고 있는 개인의 창조적 사고를 확장 발전시키는 기법은 매우 소략하게 다루어졌다. 인문학분야에서 철학은 오랫동안 인간 개인의 문제에 대한 근원적 질문과 발상의 전환을 문제 삼으면 발전해 왔으므로 이 콘텐츠 발상에 필요한 방법론을 탐구하기 위한 시사점을 얻을 수 있다.

학문의 발전사를 보면, 모든 학문은 배움의 대상이 있다. 연구자와 대상의 상호작용이 학문발전의 원동력이고, 대상에 대해서 해답을 추구하는 학문이다. 그러나 철학은 '대상' 없이 그저 '철학한다'.

---

17 다카하시 마코토, 조경덕 옮김, 『창조력 사전』, 매일경제신문사, 2003. 총 88종의 창의발상법이 소개되고 있음.

"철학이 물리학이나 경영학과 왜 다르다는 걸까? 무엇보다도 철학은 '해답, 대답을 주기 위한 학문'이 아니라, 질문을 던지는 방법을 가르치는 '영원한 물음의 학문'이기 때문이다. '우리는 어떤 존재이며(존재론), 무엇을 해야 하는가(윤리학)?' '무엇을 알 수 있으며, 어떻게 알 수 있는가(인식론)?' '우리가 아는 것은 신뢰할 만한 확실한 것인가(논리학)?' 등등 철학공부는 우리를 끝없는 질문에로 인도한다."[18]

그런 의미에서 자연과학이 대상이론이라면, 철학은 메타이론으로서의 성격을 가지고 있다. 다시 말해 철학은 인간의 사유 자체에 끊임없는 의문을 던지는 학문이다.

이러한 철학적 사고방식에서 창의성이란 "익숙한 기계적인 행동과 사고 그리고 지각 속에서 인지할 수 없는 새로운 무엇을 볼 수 있게 하는 능력"을 말한다. 칸트는 이렇게 말하였다.

"사람들은 (철학은 배우지 못하고) 철학함을 배울 뿐이다. 그것은 이성의 보편적 원리에 복종하는 가운데 현존하는 일정한 시도를 연마하는 이성의 재능이다. 그러나 보편적 원리 자체를 그 근본에서 탐구하고 확증하고, 거부하는 이성의 권한은 언제나 제한되어 있다."[19]

모든 '익숙한 것을 낯선 것으로 만드는' 질문의 방법, 즉 '철학함'을 통해서 매일 매일 체력을 훈련하듯이 창의성도 매일 매일 훈련시켜야 하는 것이다.

---

18 구승회, 「철학함의 세 가지 방식」, 한국사상문화학회, 『한국사상과 문화』 28권, 2005, 337쪽.

19 Immanuel Kant, Kritik der reinen Vernunft, 3장 「순수이성의 건축술」, A 838/B 866. 앞의 글. 재인용.

2) 철학적 사고와 개념도출

'창의발상'이 최초의 출발점이라면, '개념도출'(Concept Design)은 콘텐츠의 상품다움을 결정하는 분수령이라고 할 수 있다. 콘텐츠 기획에서 '개념'(concept)은 스토리텔링이나 디자인에 새로운 목적과 방향을 일관성 있게 이끌어가는 언어나 이미지이다. 기획자가 가지고 있는 무형의 생각과 의도를 유형의 체험과 감성으로 표현하게 해주는데, 창의발상과 동일하게 '구조, 기능, 쓸모 있음, 플롯' 등의 기능적인 부분과 '느낌, 개성, 톤, 감성' 등의 심미적인 부분을 동시에 담고 있다. 일반적인 콘텐츠의 개념도출 과정을 보면 소재라는 씨앗을 주제와 방향을 잡아서 체험의 열매로 현실화시키는 과정을 겪는다.

이러한 개념도출의 과정은 철학의 논리 생산과정과 매우 유사하다.

"비트겐슈타인은 철학의 목적을 '사고를 논리적으로 설명하기 위함'이라고 정의내린 바 있다. 생각을 논리적으로 설명하는 과정에서 철학은 부단히 새로운 '개념'을 만들어 낸다. 철학은 철학자가 기왕 말한 것을 반복하는 게 아니라, 말하지 않은 것일지라도 그 속에 암시되어 있는 문제를 새로운 언어로 풀어낸다. 그것이 곧 개념이다."[20]

개념들을 분류하고, 구성하고, 때로는 재구성하여 새로운 개념으로 다시 묶는 작업을 한다. 결국 경험되는 대상을 개념으로 제시하는 '개념화'를 거쳐서 그 개념을 기반으로 '현실화'한다. 결국 "현실을 개념적으로 파악하고, 파악한 현실을 다시 풀어낸다". 비트겐슈타인의 논리대로라면 21세기 '현실의 개념적 파악'이란 '현실의 언어적 파악'이고 이는 대중화를 의미한다. 진리란 결국 발견하는 것이 아니라, 구성하는 것이라는 진리 구성주의

---

20 구승회, 앞의 책, 352쪽.

이다.

　이러한 사고방식은 새로운 현실로서 문화콘텐츠를 창조하려는 대중, 즉 콘텐츠사용자의 욕구와 맞물려 호응이 확대되었다. 바로 이 논리에서 '현실'을 '소재'로 바꾸면, '소재의 개념적 파악'을 통한 콘텐츠 기획의 개념 도출이 가능할 수 있다. 문화콘텐츠 개념 설계 과정은 〈그림 1〉과 같다. 인문학 원형자원에 발상과정을 거쳐서 무형적인 매력이 점차 유형화하기 위해서 콘셉트를 제시하여 기획 통일성과 일관성을 부여하여 구체화의 과정을 겪게 된다.

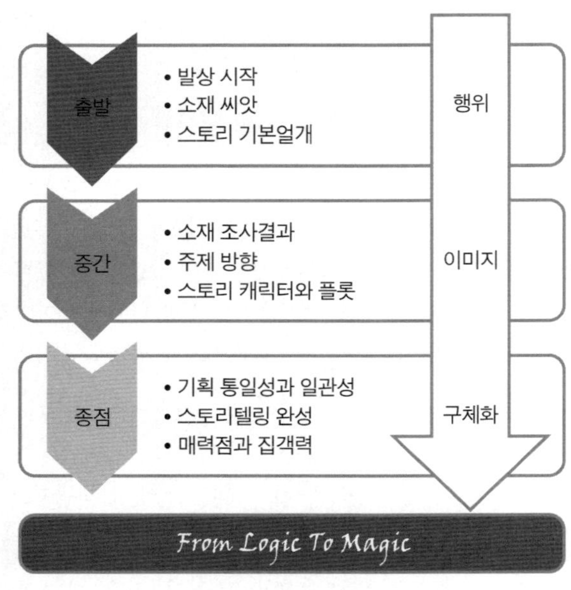

그림 1: 개념도출 과정

5. 구조(frame)로서의 인문학: 문학 스토리텔링

최근 콘텐츠 기획에서 스토리텔링 단계는 발상, 소재, 개념 등 전 단계를 기반으로 체험의 구조를 직접적으로 구성하는 매우 중요한 단계로 이미 콘텐츠 기획단계와 일체화 되었다.

앞에서 살펴본 바와 같이 웹콘텐츠 기획과정(pre-production)을 '이야기 기획'(planning the story)으로 정의한 것은 사용자 체험구조를 스토리텔링으로 구성한다는 점에서 매우 의미가 깊다. 기존 디지털콘텐츠 기획과정을 스토리텔링 과정으로 연계하여 정리하면 〈표 8〉과 같다.

표 8: 콘텐츠 기획과정과 스토리텔링 과정 연계구조

번호	단계별 Process	스토리텔링 process
1	요구분석 Requirement Analysis	
2	창의발상 Ideation	단계별 반복
3	사례분석 Bench Marking	단계별 반복
4	소재조사 Object Research	1. 이야기 아이템 발굴
5	개념도출 Concept Design	2. 이야기 소재(주제) 선정 3. 주제 확장
6	스토리텔링 Storytelling	4. 캐릭터 간 관계 설정(캐릭터-소품) 5. 에피소드 리스트 작성(사건-무대) 6. 이야기 전체 구조 결정 7. 구조에 에피소드 삽입 8. 에피소드 취사선택 9. 이야기 전체 플롯 구성(시놉시스) 10. 시퀀스 작성 11. 씬 구성(트리트먼트) 12. 씬 세부내용 작성 13. 스크립트 완성(시나리오)
7	스토리보딩 Storyboarding	14. 스토리보드 콘티 Structure Preview
8	프로토타이핑 Prototyping	
9	개발계획 Budget Breakdown & 발표 Presentation	

문학은 인류가 초기 설화를 영위하던 단계에서 벗어나 문자매체를 매개로 고급문화로 자리 잡으면서 독자적인 내러티브 원리를 확립해가며 발전해 왔다. 20세기에 들어서면서 영상매체나 쌍방향매체 등 다양한 플랫폼과 매체가 발생하면서 대중문화로 자리 잡으면서 스토리텔링에 대한 수요는 급속히 증가하였다. 미학적 차원에서의 문학 이해와 산업적 차원에서 스토리텔링 기법 활용 사이의 괴리 현상을 극복하는 것은 일차적으로 요구되는 상황이다. 최근 관광, 장소, 마케팅 등 다양한 분야와 스토리텔링의 접목현상은 문학 스토리텔링의 편식 현상을 잘 보여주고 있다.

무엇보다 먼저 문학 분야에서 전통적으로 발전해온 서사학의 연구성과를 현대 스토리텔링 전략과 연계하는 방안을 연구해야 한다. 이것은 문학적 자원이라고 할 수 있는 설화(신화, 전설, 민담 등)와 기존 문학작품(출판 소설, 만화 등) 등 원형 이야기를 활용하는 사례는 매우 많이 발견되지만 어떤 작품을 어떻게 활용하는가에 대한 연구는 부족한 상황이다. 무엇보다 문학적 상상력을 훈련하는 과정 또한 창의발상단계에 그 방법론을 도입할 필요가 있다.

6. 콘텐츠 기획과정의 체계화 전망

문화콘텐츠의 유일한 매력을 만들어 사용자 체험도를 증강시키는 핵심과정이라고 할 수 있는 기획과정은 그동안 현장전문가들의 '끼'와 '감'으로 수행되어 왔다. 이는 산업 측면에서 콘텐츠상품 생산의 질과 량의 일관성을 해치는 원인이고, 학문 측면에서는 근본적으로 문화콘텐츠학의 성립 논리와 방법이 무엇인가라는 질문에 직면하게 하는 원인이다.

본 연구는 문화콘텐츠 기획과정에서 인문학의 학문결과물, 연구방법론, 정보구조를 콘텐츠의 자원(소재), 방법(모델), 구조(스토리텔링) 세 가지와 연결하여 단계별로 검토하였다.

먼저 콘텐츠자원으로서 인문학의 특성을 분석해 보았다.

인간 체험의 6대 요소를 구조화 하는 과정, 즉 체험 스토리를 만드는 과정을 기획이라고 할 때 인간 경험의 산출물이 새로운 콘텐츠의 자원이 되는 것은 매우 자연스러운 것이다. 중요한 점은 최근 사용자의 자원(소재) 선호도가 유형물에서 무형물로, 거시적인 소재에서 미시적인 소재로 변화하고 있고, 이를 체계적으로 관리하고 서비스하는 분류체계에 대한 연구가 필요한 상황을 검토하였다.

다음으로 콘텐츠방법으로서 인문학의 연계 지점을 분석해 보았다.

콘텐츠 기획에 있어서 인문학의 자원 공급보다 더 중요한 지점은 콘텐츠 체험 구성을 위한 인문학 분야별 논리와 방법의 도입이 필요하다. 특히 기획과정 가운데 요구분석, 창의발상, 소재조사, 개념도출 4단계는 심리학, 철학, 역사, 인류학, 민속학 분야가 오랜 기간 발전시켜온 사용자심리, 창의 발상과 개념도출, 자료조사방법론 등의 도입의 원천이 될 수 있다. 본 연구에서는 창의발상과 개념도출 분야를 중심으로 검토하였다.

마지막으로 콘텐츠 체험구조로서 인문학에 대해서 분석해 보았다.

설화 이후 문자시대를 거치면서 고급문화로 자리한 문학의 내러티브 전통은 외형적으로는 문화콘텐츠 체험구조의 직접적인 틀이라고 할 수 있는 스토리텔링과 성공적으로 결합한 것으로 보인다. 그러나 아직 원형 이야기의 활용과정과 기존 문학작품의 콘텐츠화 메커니즘에 대한 연구가 부족한 상황이다. 플랫폼과 매체의 변화에 따른 다양한 스토리텔링 모델의 발전에 대한 산업계와 학계의 공동 연구가 필요한 점을 검토하였다.

참고문헌

구승회, 「철학함의 세 가지 방식」, 한국사상문화학회, 『한국사상과 문화』 제28집, 2005.

권영민, 「디지털 시대 인문학의 방향」, 국어국문학회, 『국어국문학』 제129호, 2001.

김기덕, 『영상역사학』, 생각의 나무, 2005.

김진우, 『DIGITAL CONTENTS @ HCL Lab』, 영진닷컴, 2002.

다카하시 마코토, 조경덕 옮김, 『창조력 사전』, 매일경제신문사, 2003.

메릴 윈 데이비스, 정해영 옮김, 『인류학』, 김영사, 2005.

브렌다 로렐, 유민호·차경애 옮김, 『컴퓨터는 극장이다』, 커뮤니케이션북스, 2008.

심승구, 「한국 술문화의 원형과 콘텐츠화」, 『인문콘텐츠학회 학술 심포지엄 발표자료집』, 2005.

줄리아 크레인, 한경구·김성례 옮김, 『문화인류학현지조사방법론』, 일조각, 1997.

Steiff, Josef, *The Complete Idiot's Guide to Independent Filmmaking*, Alpha Books, 2005.

국제 간 경제협력·통합에서 문화의 역할

고정민*

1. 연구배경 및 목적

우리나라는 과거 50년 동안 비약적인 경제성장을 했다. 1977년 한국의 1인당 국내총생산(GDP)은 겨우 1천 달러였으나 2012년 1인당 GDP 2만 달러와 인구 5천만 명을 동시에 충족하는 이른바 '20-50' 클럽에 가입한 세계에서 일곱 번째 국가가 됐다. 자원은 부족했지만 높은 교육열에 따른 풍부하고 우수한 인력을 바탕으로 세계에서 가장 빠른 경제성장을 하는 국가로 성장하였다. 한국정부는 중공업 중심의 산업을 육성하여 내수시장의 한계를 돌파하기 위해 수출 드라이브 정책을 추진하였다. 따라서 해외진출은 국내기업이 세계적인 기업으로 성장하는 데 가장 중요한 전략으로 자리 잡았고, 정부도 해외수출을 위한 지원을 아끼지 않았다. 그 결과 환율, 글로벌 경제위기 등 수출환경 변화에 따른 변동성이 매우 큰 나라가 되었지만, 우리나라는 단기간 내에 높은 경제성장을 달성하였다. 수출 드라이브는 자원과 내수시장이 부족한 우리나라로서 선택할 수 있는 최적의 대안이었을 것

* 　홍익대학교 문화경영 MBA교수

이다.

　이와 같이 해외진출을 중심으로 경제가 성장하다보니 해외와의 협력이 무엇보다 중요한 과제가 되었다. 초기에는 폐쇄적인 시장보호정책을 추진하다가 경제규모가 커지고 해외와의 경제협력[1]이 중요해지면서 어떠한 방식으로든 해외와의 경제협력체계를 구축하지 않으면 안 되었고, 외국의 개방 압력과 세계적인 자유무역주의의 확산, 경제의 글로벌화로의 진전 등으로 경제통합은 필수조건이 되었다. 과거에는 외국의 압력에 의한 수동적인 추진패턴에서 지금은 우리나라가 먼저 제안하는 적극적 추진패턴으로 바뀐 것은 경제협력·통합이 해외의존도가 높은 우리에게 실익이 높을 것이라 판단하고 있기 때문이다.

　그러나 국가 차원의 경제협력이 모두 원활하게 진행되는 것은 아니다. 경제통합이 추진되는 이유는 일반적으로 경제적인 이해관계 때문이지만, 사회적, 역사적, 문화적인 갈등으로 인해 협력이 무산되는 경우도 많다. 즉, 해당 국가 간에 경제적인 이해관계가 없거나 경제적 이해관계가 있지만 역사적, 이념적 갈등으로 처음부터 경제적인 협력이 지연되거나 거론되지 않는 경우도 있다. 한중일 간의 자유무역협정이 체결되지 못하는 이유도 바로 여기에 있다. 또한 경제협력이 진행되고 있지만 협상 과정에서 당사국 간에 이견이 생겨 중도에 포기하는 경우도 있다. 이와 같이 경제협력·통합에는 많은 갈등요인이나 장애요인이 있어서 성사가 용이하지 않은 것이 사실이다. 특히 문화적으로 거리감이 있는 국가 사이에는 경제협력·통합이 용이하지 않고 반대로 문화적 거리감이 가까운 나라일수록 경제협력·

---

[1]　경제협력은 선진국의 개발도상국에 대한 경제협력을 가리키는 경우가 많으나 본 논문에서는 경제통합을 포함한 경제적인 측면에서 국가와 국가 간의 협력 체계를 의미한다. 좀 더 넓은 의미로 경제협력을 해석한 것이다. 국가 차원의 경제협력에는 여러 가지가 있다. EU와 같은 경제통합, 자유무역협정 등 여러 나라가 동시에 가입되어 있는 협정에서부터 두 나라 간의 특정 현안에 대해 협력을 하는 개별협정에 이르기까지 다양하다.

통합이 성사될 가능성이 높다. 사실, EU, ASEAN, AEC 등은 모두 같은 문화권을 중심으로 경제협력체가 가동되고 있는 경우이다. 뿐만 아니라 경제협력·통합을 위한 실무적인 협상과정에서도 문화적으로 유대감이 높은 나라일수록 커뮤니케이션의 수단이 용이하고 합의에 이르기 쉽기 때문에 문화를 협상의 수단으로 활용되기도 한다. 나아가서는 경제적인 목적으로 경제협력·통합이 체결되었지만 이후에 오히려 문화적으로 가까운 나라가 되는 경우도 있다. 이와 같이 문화는 국가 간 경제협력에서 갈등의 해소, 경제협력의 분위기 조성, 협상 수단 등 다양하게 밀접한 연관성을 가지고 활용되고 있다.

문화가 경제통합 등 경제협력 체결에 중요한 역할을 하고 있음에도 불구하고 지금까지 이를 연구한 논문은 거의 없다. 문화와 경제사이의 상관관계 규명, 문화적 거리와 기업활동 영향 등의 논문은 다수 존재하지만, 경제협력·통합과 문화와의 관계와 역할을 연구한 논문은 없다. 이는 이러한 관련성을 규명하기 어려울 뿐 아니라 통계적인 방법론을 동원하기 어려운 측면이 있기 때문일 것이다.

따라서 본 논문은 문헌조사를 기본으로 하여 경제협력과 문화와의 관계를 분석하고자 한다. 본 논문은 경제통합과 같은 국가 간의 경제협력에서 문화가 어떠한 역할을 하는지 유형별로 알아보고 시사점을 도출하고자 하는 것이다. 이러한 연구를 통해 최근 활발하게 추진되고 있는 한중일 자유무역협정과 같은 경제협력에서 문화의 역할을 조명함으로써 문화를 통한 경제협력의 활성화를 도모하는 데 기여할 수 있으리라 본다.

2. 이론적 배경

1) 문화

(1) 의미

문화라는 용어는 라틴어의 'cultura'에서 파생한 'culture'를 번역한 말로 본래의 뜻은 경작(耕作)이나 재배(栽培)라는 의미였다. 현대에 들어와 사회구조가 복잡해지고 다양한 조직이 탄생하면서 문화는 더욱 다양한 의미로 사용되고 있다. 심지어는 기업문화도 하나의 학문영역으로 발전하고 있다.

일반적으로 문화는 '예술과 예술적 활동', '삶의 방식', '과정과 발전' 등 크게 세 가지 의미로 사용된다. 먼저, '예술과 예술적 활동'으로서의 문화는 음악, 미술, 공연과 같이 주로 예술의 영역을 의미한다. 윌리엄이 문화는 '음악, 문학, 회화, 조각, 연극, 영화'를 묘사하는 단어로 예술과 예술적 활동에 대한 의미라고 말한 것도 이와 맥을 같이 한다.[2] '삶의 방식'으로서의 문화는 영국의 인류학자 타일러가 그의 저서 '원시문화'(Primitive Culture)에서 정의한 것처럼 "지식 · 신앙 · 예술 · 도덕 · 법률 · 관습 등 인간이 사회의 구성원으로서 획득한 능력 또는 습관의 총체"라고 할 수 있다.[3] 즉, 문화는 사람들의 삶의 흔적과 산물이며 동시에 학습의 대상이 되는 것이다. 마지막으로는 '과정과 발전'으로서의 문화는 라틴어 'cultura'가 일차적으로 "땅을 경작하다, 돌보다, 지배하다, 가꾸다" 등의 의미를 가지는 것처럼 자연 전체를 가꾸고 개간하여 사람이 사용할 수 있도록 만드는 것, 그러한 행위전체를 뜻한다. 이러한 의미의 문화는 개인의 능력계발 범주를 포함하며 사회

2　Williams, *A vocabulary of culture and society*, Revised edition, Oxford University Press, New York, 1983.

3　Tyler, *Primitive culture: researches into the development of mythology, philosophy, religion, art, and custom*, London: John Murray, 1871.

적·역사적 과정 전반을 포함하는 확장된 개념으로 보고 있다. 이와 같이 문화는 끊임없이 변화와 적응의 과정을 거치며 새로운 형태의 문화가 창출되면서 새로운 사회적인 의미를 만들어가고 있다.

본 논문에서는 문화를 '예술과 예술적 활동'으로서의 문화와 '삶의 방식'으로서의 문화 등 두 가지를 포함하는 개념으로 보았다. 경제협력·통합에서의 문화의 역할은 문화예술로서의 역할 만이 아니라 동일한 문화권의 삶의 방식과 사고방식까지를 포함하는 개념으로 접근할 수 있지만 '과정과 발전'으로서의 문화의 개념은 교육적 영역이므로 본 논문에서는 배제하였다.

(2) 국가 간 문화교류

문화활동은 국내에서만 일어나는 것은 아니다. 과거에서부터 문화는 국가 간의 교류의 대상이 되었고, 국간 영향을 주어 글로벌 문화조류가 생성하기도 하였다. 현대에 들어서면서 인터넷이 발전하고 국가 간 교류가 확대되면서 문화교류나 문화외교가 폭과 깊이에서 더욱 확대, 심화되고 있다. 국제문화교류와 문화외교는 약간의 차이가 있는데, 국제문화교류는 '국가를 홍보하고 자국문화를 이해시키는 노력'이라고 할 수 있고, 문화외교는 '특정국가의 정부기구 또는 그 정부기구의 지원을 받는 특정단체가 자국의 문화적 국가이익을 대외적으로 실현하기 위해 벌이는 일련의 활동'이라 정의된다.[4] 또한 문화외교정책(Auswärtige Kulturpolitik)이란 '원칙적으로는 국가의 국제적 이익을 위해 국민문화가 효과적으로 사용되는, 이해관계에 입각한 정책'[5]으로 표현되기도 한다. 따라서 국제문화교류는 순수하게 문화예술의 교류에 목적이 있다면 문화외교는 외교적인 목적과 국가이익을 위한

---

4   김명섭, 「프랑스의 문화외교: 미테랑 집권기를 중심으로」, 한국정치학회, 『한국정치학회보』, 제37집(2호), 2003.

5   Arnold, *Auswätige Kulturpoitik: Ein Üerblick aus deutscher Sicht*, Müchen · cWien, Carl Hanser Verlag, 1980; 김문환, 『문화외교론』, 서울: 소학사, 2004에서 재인용.

국가 간 문화활동이고, 방식상에서도 국제문화교류는 비공식적, 문화외교는 공식적인 것이 많다. 그러나 실제로 진행되는 문화활동에 있어서는 큰 차이를 보이지 않는다.

국제문화교류와 문화외교는 동원할 수 있는 수단과 방법의 범위가 달라지면서 국가의 형태와 시대에 따라 크게 변화되어 왔다. 루이스돌로는 국민국가(pre-nation state) 이전의 시기에는 문화교류가 국가적 차원에서 아무런 주목도 받지 못하는 단순히 개인이나 집단 수준의 활동이었다고 설명하고 있다.[6] 더욱이 정치에 참여할 수 있는 수단과 방법에 있어서 엘리트와 대중의 차이가 확연했기 때문에 국가 차원의 문화교류에 직접 관여할 수 있는 개인이나 집단은 엘리트층이 주를 이루었다고 설명한다. 국민국가의 시대에서야 비로소 국가가 문화교류의 '외교적' 중요성을 깨달았지만 교류의 수단이나 방법이 엘리트 계층에게 집중되어 있음에 따라 그러한 계층이 향유하는 문화와 예술이 내용을 구성하지 않을 수 없었다. 그러나 국민국가 이후 시대(post-nation state)에 들어서면서 대중매체의 영향으로 소통방식이 다양해지면서 문화의 교류는 어느 하나의 고착된 통로만을 활용하는 모습을 보이지는 않게 되었다. 이제 현재와 같이 기술매체의 발전과 대중문화의 위력이 결합된 시대에 있어서는 문화교류가 민간 차원으로 확대되면서 더욱 활발하게 진행되고 있다.

과거에는 자국의 대외적인 이미지가 안 좋을 때 국제문화교류나 문화외교를 강조하였다. 예를 들어 세계대전 이후 독일연방공화국이 나빠진 자신의 이미지를 회복하기 위해 독일문화원을 통한 국제문화교류를 적극적으로 전개한 바 있고, 우리나라는 우리문화의 존재를 알리기 위한 노력의 차원에서 국제문화교류가 시작되었다. 이때에는 외국의 언론을 대상으로 우

---

6 Dollot, *La France dans le monde actuel*, Paris: Presses universitaires de Franc, 1960; 홍기원 외, 『국제문화교류진흥을 위한 제도수립 방안 연구』, 문화관광부, 2007에서 재인용.

리를 알리는 수준이었고, 해외공보의 차원에서 철저히 정부 주도로 이루어져왔던 것이 사실이다. 그러나 국제사회에서 우리나라의 역할 증대와 활발해지는 민간 차원의 교류 확산과 인터넷을 통해 문화교류의 신속하고 광범위한 전개 등 국제문화교류를 둘러싼 환경변화로 국제문화교류는 새로운 방향과 전략을 모색할 필요성이 대두되었다. 이러한 국제문화교류의 환경변화는 경제통합을 추진하는 데 활용할 수 있는 문화의 역할 변화 가능성을 시사한다. 즉, 과거보다 인터넷이나 모바일을 통한 문화교류, 민간 차원에서의 문화교류가 강조되는 것이 사실이다.

(3) 국가 간 문화의 차이

국가 간 문화의 차이는 경제활동이나 기업활동에 영향을 준다. 마찬가지로 문화의 차이는 경제통합에도 영향을 준다. 이러한 영향을 분석하기 이전에 문화가 무역에 미치는 영향을 연구한 논문을 살펴보면, 문화적 편견이 있는 유럽국가 두 나라 간에 문화적인 요소, 신뢰가 경제교류에 어떻게 영향을 미치는지 연구한 논문,[7] 국가 간 문화적 친밀도가 수입에 긍정적인 영향을 준다는 논문,[8] 냉전 이후에는 더욱 그러한 경향이 강하다는 논문 (Gokmeny, 2012) 등이 있다. 이러한 논문의 근간이 되는 이론, 즉 국가 간 문화의 차이에 대해 설명한 이론은 문화적 거리이론과 문화적 근접성 이론이다.

첫째, 문화적 거리이론은 홉스테드(Hofstede, 1994)로부터 시작되었다. 국제경영환경에서 문화적 차이를 발견하려는 노력은 인류학자와 국제경영학자들에 의해서 이루어졌으나, 홉스테드의 연구는 특히 경영환경에서 각국의 문화적 차이를 실증적으로 보였다는 점에서 선구적 연구결과로 평가받고 있다. 홉스테드는 IBM 사의 40개국의 10만 명에 달하는 직원들의 성향

---

7   Guiso 외, *Cultural Biases in Economic Exchanges?*, Chicago Booth Graduate School Working Paper, 2008, pp. 8-16.

8   Gabriel 외, *Cultural Proximity and Trade*, 2007.

을 분석한 결과 문화적인 차이에 따라 크게 권력거리(power distance), 개인주의와 집단주의적 성향(individualism vs collectivism), 불확실성 회피(uncertainty avoidance), 남성다움과 여성다움(masculinity vs femininity) 등 네 가지 차원이 있다는 것을 발견하였다.[9] 홉스테드의 연구는 각국의 문화차이를 계량적으로 측정하고 국가 간 비교에 편리하다는 장점을 갖고 있으나 계량적인 문화의 차이가 과연 얼마나 정확한 것인가에 대해 많은 이견이 있을 수가 있다. 그럼에도 불구하고 이 연구는 어떤 사회의 문화적인 요소가 국제 비즈니스 활동의 성공에 중요한 역할을 한다는 사실을 보여주었다.

둘째, 문화적 근접성 이론이다. 문화적 근접성이란 영상물 등 문화콘텐츠산업의 수입국의 수용자는 다른 조건이 같다면 언어나 사회적 공감대가 같고 문화적 장벽에서 자유로운 지역 영상물을 선택한다[10]는 이론에서 출발하여 한 가지 문화권에서 발원한 영상물은 그 문화권 시청자들을 끌어들이는 반면, 문화권 밖의 수용자들에게는 효과가 감소된다는 것을 문화적 할인율을 가지고 설명하고 있다. 남미의 텔레노벨라, 중국ㆍ홍콩 등의 화교 문화권, 이집트를 중심으로 한 아랍문화권, 그리고 인도를 중심으로 한 동남아시아 문화권 등은 모두 주변부 국가들 간의 커뮤니케이션 흐름의 사례라 할 수 있으며, 한류가 동북아시아와 동남아시아에서 붐을 형성하는 요인도 이러한 문화적 근접성으로 해석될 수 있다.[11]

---

9   1984년 홉스테드는 유교주의(Confucian dynamism)를 추가하여 다섯 가지로 나누고 있다.

10 Straubhaar, *Cultural Diversity; Beyond media imperialism: Assymetrical interdependence and cultural proximity*, Critical Studies in Mass Communication, Vol. 8, Issue 1, 1991, pp. 39-59.

11 고정민, 「한국 문화콘텐츠산업의 국제화에 관한 연구」, 인문콘텐츠학회, 『인문콘텐츠』 제27호, 2012.

2) 경제통합

(1) 경제통합의 현황

경제통합이란 사전적으로는 경제적으로 밀접한 관계에 있는 여러 나라가 서로 협력하여 경제적인 통합을 꾀하는 것을 말한다. 경제통합이 교역이 많이 일어나는 인접한 지역을 중심으로 진행되기 때문에 지역경제 통합이나 경제권이라는 말과 함께 쓰이는 경우가 많다. 경제통합이란 부분적인 경제관계를 통일하여 하나의 경제권을 형성하는 것을 말한다고 볼 수 있다. 구체적으로 보면, 시장 확대에 의한 대규모 생산의 이익과 생산성의 제고를 도모하기 위한 특정 산업부문의 통합, 역내(域內)관세의 철폐, 역외(域外)공통관세의 설정 등의 조치뿐만 아니라 나아가서는 자본이나 노동의 이동자유화 등이 이루어지는 지역을 말한다.

지역적 경제통합의 예는 1958년 유럽경제공동체(EEC: European Economic Community)로 발족하여 1994년 이후 더욱 넓은 의미로의 유럽연합(EU: European Union), 유럽자유무역지역(ETA), 동구상호경제원조회의(COERCION), 동남아국가연합(ASEAN), 서아프리카공동시장(ECHOERS), 라틴아메리카 통합연합(LAIA), 아랍경제공동체(AEC) 등과 미국, 캐나다 및 멕시코 등 3개국에 의하여 1992년 8월에 체결된 북미자유무역협정(NAFTA) 및 1989년에 창설된 아시아·태평양 경제협력(APEC) 등의 예를 들 수 있다. 이러한 지역 간의 경제통합의 형태와 특성은 지역에 따라 다르게 나타나므로 경제통합을 하나의 개념으로 명확하게 정의하기는 힘들다.

경제통합에는 5단계가 있다.[12] 우선, ① 회원국 간 무역자유화를 위해 관세를 포함하여 각종 무역제한조치를 철폐하는 역내의 관세나 수량제한을 철폐하는 「자유무역협정」(FTA: Free Trade Agreement, 예: NAFTA), ② 회원국

---

12 FTA 포털(http://fta.customs.go.kr/kor_portal.html).

간 역내무역 자유화 외에도 역외국에 대해 공동관세율을 적용하여 관세까지도 역내국들이 공동보조를 취하는 「관세동맹」[Customs Union, 예: 남미공동시장(MERCOSUR)], ③ 관세동맹 수준의 무역정책 외에도 회원국 간 노동, 자본 등 생산요소의 자유로운 이동이 가능한 「공동시장」[Common Market, 예: 구주공동체(EC), 중앙아메리카 공동시장(CACM)], ④ 회원국 간 금융, 재정정책, 사회복지 등 모든 경제정책을 상호 조정하여 공동의 정책을 수행하는 「경제동맹」(Economic Union, 예: 유럽연합(EU)], ⑤ 회원국들이 독립된 경제정책을 철회하고 단일경제체제제하에서 모든 경제정책을 통합하여 운영하고 회원국 간에 단일의회 설치와 같은 초국가적 기구를 설치하는 「완전경제통합」(Complete Economic Union)의 단계가 있다.

이러한 유형분류는 EU의 통합 과정을 비교적 잘 설명될 수 있지만, 그 후 진행된 실제 경제통합에는 적용되기 어려운 측면도 있다. 예를 들어 전통적인 FTA는 물품의 무역 자유화가 대상이었지만, 최근의 FTA는 서비스무역, 투자, 인적자본의 이동, 지적재산권 등의 폭넓은 내용을 포함하고 있어, 신세대 FTA라고도 불린다. 따라서 ①, ②, ③의 순으로 통합이 진행될수록, 통합의 정도가 강해진다고 말할 수 없다. ASEAN은 FTA인 ASEAN 자유무역지대(AFTA: ASEAN Free Trade Area)를 형성하고 발전시켜왔고, 이외에도 각종의 공동행동계획을 추진하고 있어, 총체적인 통합도를 기준으로 볼 때 관세동맹인 남미 남부공동시장(MERCOSUR)보다 낮은 수준의 통합이라고 말할 수 없다. 실제로 세계 각지의 경제통합을 보면, EU와 같은 결합도가 높은 통합은 예외적인 경우이고, 대부분은 FTA 체결 단계에 머물고 있다.[13]

우리나라는 비교우위의 강점을 최대화하고 수출확대를 위해 FTA를 중심으로 경제협력 · 경제통합을 적극적으로 추진하고 있는데, 2004년 칠레

---

13 민경식, 「동아시아 경제통합의 현황과 논점에 관한 연구」, 경희대학교 국제지역연구원, 『아태연구』 제15권(제2호), 2008, 31-51쪽.

를 시작으로 FTA 발효 45개국, 타결 2개국, 협상중 12개국으로 되어 있다. 최근 들어 가장 높은 관심사는 한중일 FTA 체결인데, 3국은 역사적, 경제적, 문화적으로 많은 현안들이 걸려있어 그동안 많은 시간이 소요되었고, 앞으로도 여의치는 않을 것이다. 당초 한국과 중국, 일본의 FTA(자유무역협정) 협상 개시가 2012년 안에 진행될 계획이었으나 영토분쟁 여파로 계획에 차질을 빗고 있다. 중국과 일본이 센카쿠 열도(중국명 댜오위다오) 영토분쟁 갈등이 심화되면서 3국 정상회의 개최에 소극적인 모습을 보이고 있기 때문이다.

(2) 경제통합에서의 문화적 요소

2개국 또는 그 이상의 국가들이 어떠한 형태로든 경제통합을 형성하여 가맹국 간의 경제적 통합관계가 플러스의 관계를 실현하기 위해서는 경제적, 사회적, 정치적, 문화적 제 조건들이 충족되어야 한다. 그 가운데 무엇보다도 기본적인 대전제조건으로 효율성의 추구와 공평성의 확보를 들 수 있다. 지역전체로서의 효율적인 경제운용이 가능하여 이른바 파이를 크게 할 수 있는 여지가 있어야 하며, 이렇게 커진 파이를 역내 각국 간에 분배하는 과정에서 공평성이 확보되어야 한다는 것이다. 이러한 두 가지 대전제 조건 가운데 어느 하나라도 충족되지 못하면 지역경제 통합의 성립이 어려워지고, 또한 성립이 되었다고 해도 성공적으로 지역경제 통합의 발전을 기대하기 어려운 것이다.[14]

경제발전 수준이 비슷하면서 경제의 성격과 잠재력에 이질적인 특성이 있는 국가들이 통합을 이루는 경우, 이른바 수평적 통합의 이익이 크게 발생할 것으로 기대된다. 이와는 달리 경제발전 수준이 다른 국가들의 경우에도 상호 보완적인 경제관계를 적극 활용할 수 있다면, 이른바 수직적 통

---

14 FTA 포털(http://fta.customs.go.kr/kor_portal.html).

합의 이익이 구성국들의 다이내믹한 잠재력으로부터 창출되어 나올 것으로 기대된다. 따라서 경제발전 단계가 반드시 유사할 필요는 없으며, 더욱 중요한 조건은 오히려 통합체의 규모가 어느 정도로 이루어지는가에 있다 하겠다. 즉 통합체의 규모가 적정해야 구성국들 사이에 조정, 조화, 타협의 여지가 크게 존재할 수 있는 것이며, 이에 따라 지역경제 통합의 성립 및 진전이 가능할 수 있는 것이다. 통합체 구성국 상호 간 정책을 조정, 조화시켜 효율성과 공평성을 극대화할 수 있는 통합영역을 최적 정책권(영역)이라 할 수 있는 바, 최적정책권을 형성하는 조건이 곧 경제통합의 조건으로 간주될 수 있다.

토르베커(Thorbecke, 1968)는 경제통합의 조건으로 경제발전단계가 서로 유사하고 소득수준도 같으며 또한 산업구조가 동질적이어야 된다는 점을 지적하고 있다. 그럼에도 불구하고 그는 경제통합의 전제조건은 정치적 · 경제적인 공통 목표하에서 지리적인 인접관계, 생활태도와 생활수준의 유사, 경제발전 수준의 동일성 등이 구비되어야 할 뿐 아니라, 문화수준의 유사와 문화적 유대관계의 강화, 대내외정책의 공통성, 유사한 혈통 등의 조건이 구비된다면 통합의 가능성은 더욱 높아진다고 하면서 문화의 중요성을 강조하고 있다.

이와 같이 경제통합의 일차적인 조건은 효율성과 형평성 등의 경제적인 조건이지만 경제외의 변수들이 크게 작용하는 경우가 많다. 최근 경제통합의 추진과정에서 정치, 경제, 안보문제에 관심이 집중된 나머지 문화적인 공통분모는 소홀하게 취급되어 왔다. 특히 한중일 FTA의 효과에 대한 논의에서도 계량화하기 어려운 문화적인 요소는 과소평가되거나 간과하고 있는 것이 사실이고 이러한 논의의 결과도 대부분 효과는 기대하나 실현이 어려운 것으로 결론짓는 경우가 많다. 한중일은 비록 정치적, 경제적으로는 아직도 상당한 이질성이 있으나 문화적으로는 유교문화라는 공통분모를 가지고 있고, 이것은 동아시아 경제통합의 중요한 전제조건이 될 수 있다.[15] 왜냐하면 문화적 공통성은 회원국 상호 간의 사회, 경제적 이질성을 완화시키는 완충제 역할을 할 수 있고, 경제통합의 비용은 줄이고 혜택은 극대화시킬 수 있는 촉매기능을 제공하며, 나아가 경제통합체 운영의 효율성과 내구성을 제고할 수 있기 때문이다.

3. 경제통합에서의 문화의 역할

경제통합은 국가 간 경제적인 목적을 달성하기 위한 통합이지만 문화적인 요소 때문에 협상이 중단되거나 처음부터 경제통합을 거론조차 하지 못하는 경우가 있다. 이와 같이 경제통합에서 상관관계가 없다고 생각되는 문화적 요소가 실제로는 다양한 면에서 경제통합의 촉진제 역할을 한다. 경제통합에 있어서 문화의 역할을 세 가지 면에서 나누어 보면, 첫째 경제통합을 위한 사전적인 환경 조성이다. 둘째, 경제통합의 협상과정에서 갈등해소를 위한 문화의 역할이다. 셋째, 경제통합 이후에 문화교류를 통해 경제통합을 더욱 견고하게 하는 역할이다.

1) 경제통합을 위한 환경 조성

경제통합이 성사되기 위해서 먼저 양국, 혹은 다자간 통합을 위한 분위기 조성이 선행되어야 한다. 앞에서 언급한 바와 같이 문화적 거리, 유사성과 친밀도는 경제적인 교류나 수출에 영향을 준다. 이러한 점에서 문화교류가 지속적으로 이루어져 문화적 유사성이 있다면 상대국에서의 우리문화에 대한 이해가 높아지고 이에 따라 경제적인 무역도 증가될 가능성이 높

---

15 이호영, 「동아시아 경제통합과 유교문화의 역할」, 한국산업경제학회, 『산업경제연구』 제22권 (제6호), 2009, 3147-3169쪽.

아진다. 문화적인 이해가 높아져 경제적 교역이 증가한다면 상대국과의 경제통합에 대한 수요가 많아질 것이고, 이러한 요구증가는 경제통합의 여론을 부추겨 경제통합을 앞당기게 될 것이다. 즉, 유사한 문화적 환경에 있는 국가는 경제적 통합의 요구가 높아져 통합이 용이해질 것이다.

실제로 EU, ASEAN, LAIA, AEC 등 많은 경제협력과 통합은 동일한 문화권역에서 나타나고 있다. 지역적 근접성은 문화적 근접성과 일치하는 경우가 많아 지역을 중심으로 하는 지역경제 통합은 사실 문화적 경제통합이라고도 볼 수 있다. 이러한 점에서 볼 때 문화적인 근접성은 바로 경제통합의 실마리가 될 수 있다. 경제통합을 위한 정부 간 협정이 경제통합의 필요조건이라면 문화적 공통성[16]은 경제통합을 원활히 하기 위한 충분조건이라 할 수 있다.

문화적 공통성이 경제통합에 미치는 효과는[17] 첫째, 국가 상호 간에 협력을 촉진하고 내부결속력을 유지시켜줄 수 있는 공통의 사회문화적 인식의 기반이 될 수 있을 것이다. 둘째, 역내 국가들 상호 간의 사회경제적 이질성을 완화할 수 있는 완충제 역할을 할 수 있으며, 경제통합의 비용은 줄이고 혜택은 극대화할 수 있는 촉매기능을 할 수 있을 것이다. 셋째, 문화적 공통성이 클수록 국제 간 통신 및 의사소통의 장벽이 줄어들게 되므로 거래비용도 절감되고, 회원국 간에는 통신문자 및 통신수단의 공동개발이 용이해지며 소비패턴의 유사성에 기초한 제품의 표준화가 쉬워질 수 있다.

따라서 경제통합 이전에 국가 차원에서 문화적 교류와 협의체가 활발하게 가동되어야 경제통합이 촉진될 수 있다. 예로서 문화예술의 교류, 디지털 유통환경으로의 급격한 변화 속에서 각국 간 저작권 침해사례 조사 및 보호조치 등 초국가적인 공동 대응책 마련, 각국 해당부처의 담당자 간 정

---

16 여기에서 문화적 공통성은 문화적 근접성과 같은 의미로 사용하였다.
17 이호영, 앞의 글, 3147-3169쪽.

보교환 등의 정책공조 강화, 공동연구, 공동펀드 등 민간 차원에서 이루어지기 힘든 대규모 프로젝트 추진, 관련업계와 업체, 종사자에 국제적 교류 기회 제공으로 인적교류 및 기술교류 활성화 등 국가 차원에서의 국제문화교류는 다양할 것이다. 이와 같은 국가 간 문화교류는 정부 주도로 이루어져 개별기업이나 민간 차원에서 다루기 힘든 참여국 간 정책공조, 제도개선 등에 기여할 수 있다.

이보다 적극적인 문화교류 형태로는 문화공동체의 설립이다. 이는 문화적 동질성을 공통분모로 하여 보다 밀접한 상호 이해와 공동의 이익을 도모하는 공식적·비공식적 연대체제라 할 수 있다.[18] 다양한 범주의 사람들이 각각 다양한 문화적 배경과 전통 그리고 관행을 지니면서도 상호 존중과 의존의 필요성에 의하여 유대관계를 맺음으로써 전체로서 하나의 사회를 형성하는 것이 내적 이질성을 가진 공동체라 할 수 있다. 말하자면 정치 경제적으로 지배적인 집단의 문화로 동화(assimilation)시키는 것이 아니라 다양성이 하나의 전체적인 체계를 위하여 공존하면서 통합(integration)되는 것이 공동체의 진정한 원리이다. 특히 한중일이 거대한 지역적인 문화공동체를 수립해야 한다는 명제는 바로 이 지역의 나라와 민족 집단이 각각의 고유한 전통을 가지면서도 상호 존중의 철학을 바탕으로 하나의 거대한 상호관계로 얽혀지는 생활세계를 이룩한다는 의미를 가지고 있다.[19]

한중일 문화공동체 형성을 통해 기대할 수 있는 긍정적인 효과는 첫째, 지역통합화가 진행되고 있는 시대적 상황에서 아무런 지역공동체가 형성되어 있지 못한 동북아지역의 문화 공동체 추진 노력이 결실을 맺을 경우 경제통합을 위한 정신적 초석이 구축될 수 있다. 둘째, 문화공동체 형성 노

---

18   전영평·박경하, 「동북아 상호이익과 갈등극복을 위한 방안」, 최송화·권영설, 『21세기 동북아 문화공동체의 구상』, 법문사, 2004.

19   김광억, 「동북아 문화공동체 구상의 의의와 추진방향」, 통일연구원, 『인문사회연구회 협동연구 총서 04-25』, 2004, 1-34쪽.

력은 문화적 동질성을 바탕으로 민간 중심의 실질적 교류 협력을 가능하게 함으로써 한중일 국가 간 화해, 협력, 평화조성에 기여할 것이다. 셋째, 치열한 경제적 이득을 앞세우는 발전주의 선언보다는 한중일이 문화적으로 함께 발전하고, 각국에 고품질의 문화적 혁신이 일어나 그 혜택이 골고루 돌아가는 문화혁신을 위한 국가적 전략 구상에 이바지 할 수 있다는 점이다. 또한 3국 간 문화유산의 보존과 지역별 특유문화의 개발을 위한 공동노력은 동북아 정체성을 확립하는 데 기여할 것이다.[20]

경제적으로 선진국의 모임인 유럽연합(EU)도 현재와 같은 정치, 경제, 문화 등 종합적인 블록이 형성되기 이전에 문화면에서 기본적인 동질성이 형성되어 있었고, 문화적 유대감이 강했었다는 사실은 한중일 문화공동체의 추진에 시사점을 주는 것이다. 유럽의 경우와 마찬가지로 동북아지역에 있어서도 지역적 인접 및 긴밀한 역사관계와 함께 문화공동체와 같은 문화적 공감대는 경제통합의 선행조건이 될 수 있다.

2) 경제통합 협상과정에서의 갈등해소

경제통합 협상과정에서 정치적, 외교적인 이유뿐만 아니라 다양한 형태로 갈등을 일으킨다. 갈등이란 심리학 용어로 인간의 정신생활을 혼란하게 하고 내적 조화를 파괴한다는 의미이고, 갈등상태란 2개 이상의 상반되는 경향이 거의 동시에 존재하여 어떤 행동을 할지 결정을 못하는 것을 말한다(두산백과).

집단적 협상과정에서 갈등이 일어나는 것은 일반적으로 공동 의사결정의 필요성이 있고 행동주체 간에 목표의 차이가 있거나 현실에 대한 인지의

---

20 전영평, 「동북아 문화공동체 추진의 비전, 전략, 전망」, 통일연구원, 『인문사회연구회 협동연구 총서 04-25』, 2004, 35-65쪽.

차이가 있을 때 발생한다. 이러한 복수 의사주체 간의 갈등 해결방법으로
는 사실에 관한 정보수집을 통해 해결책을 모색하는 문제해결(problem solving)과 설득(persuasion), 흥정(bargaining) 그리고 연립형성(coalition building)을 통
해 해결책을 모색하는 책략(politics) 등이 있다. 여기에서 설득과 흥정, 책략
등 문제해결의 방법들은 사실 각국의 문화적 속성과 밀접한 연관을 가지고
있다. 즉, 국제협상에서 협상자들은 자신이 속한 문화권의 규범에 따라 행
동하며, 상대의 행동을 해석하고 평가하는 데에도 이 규범을 사용한다.[21]
문화적 가치, 규범, 이데올로기는 협상자의 관심사와 우선순위에 영향을 주
고, 협상전략의 적절성과 부적절성에 대한 판단에 영향을 주며, 협상 상황
에 대한 해석과 상대의 행동에 대한 해석에 영향을 미친다.[22]

코헨(Cohen, 1999)은 협상과정에서 갈등당사자들 사이에서 문화적 격차
에 초점을 두고 협상과정을 분석한 바 있다. 그는 문화를 개개인의 특성이
아닌 그 개인이 속한 사회의 특성으로 간주하여 개개인이 그것을 습득하여
사회화함으로써 그 속성들이 집합체를 이루는 것이 사회화된 문화적 요소
라고 보았고, 협상에서도 이러한 사회화된 문화적 요소가 개입되는 것으로
보았다. 협상은 내용과 성격에 따라 다양하게 전개되는 과정이며 문화적으
로 잘못된 의사소통은 오해를 초래함으로로써 성공적인 협상을 가로막을 수
있다고 주장하고 있다. 따라서 협상 주체자들은 협상과정에서 국간 문화적
차이를 인식해야 하고 협상 참가자들과의 조화와 윈윈적 협상을 위해 협상
의 스타일을 전환할 필요가 있다.[23]

그러나 문화는 중재와 조정과정 속에 어떻게 접목시키느냐는 현실적으

---

21 Adler, Greham & Gerhke, Business negotiations in Canada, Mexico, and the United States, *Journal of Business Research*, 15, 1987, pp. 411-429.

22 Brett, Inter-and intracultrual negotiation: U. S. and Japanese negotiators, *Academy of Management Journal*, 41, 2007, pp. 495-510.

23 김영욱 외, 「문화변수가 협상윤리에 미치는 영향: '체면'과 홉스테드 변수의 비교」, 한국언론정보학회, 『언론정보학보』46, 2009, 212-244쪽.

로 매우 어려운 과제가 아닐 수 없다. 협상에서 조정자들은 당사자들의 상식에 따라 그들의 문화적 논리에 호소하는 절차를 사용함으로써 보다 나은 결과를 얻을 수 있다. 또한 협상과정이나 협상현장 밖에서 협상 당사자 간의 의사소통을 통한 문화적 거리 단축은 협상성과에 많은 도움을 줄 수 있다. 때로는 협상과정에서 작업과 일정보다는 사람을 우선시하고 참가자들의 보다 넓은 사회적 네트워크에 의존하는 경향이 있기 때문에 그들이 안전하다고 느끼는 공식적 역할을 유지하면서도 문화적인 조언과 상담을 제공함으로써 당사자들과의 신뢰를 구축할 수 있다. 결국 이러한 개인 간 문화적 활동과 교류는 보다 성과 있는 협상을 하는 데 기여할 것이다.[24]

3) 경제통합 이후의 국간 결속 강화

경제통합 이후에도 문화적 유대감이 강하면 그만큼 통합도 견고해지고 영향력도 강해질 수 있을 것이다. 지역경제 통합에서 문화적 공통성이 결여되어 있다면 그 통합은 단순한 경제적 이해관계에만 의존하게 되므로 공동체로서의 동질성과 지속성은 보장될 수 없다. 따라서 경제통합 이후에 당해국간 결속이 좀 더 견고하게 유지될 수 있는 여건을 조성하기 위해서는 문화적인 결합이 중요하다. 문화적인 친밀도가 높으면 경제통합을 시작으로 다양한 문화적인 교류가 확대되고 이에 따라 경제통합도 더욱 견고해질 수 있기 때문이다.

한국과 칠레의 FTA 예를 들면, 2004년 양국 간 FTA 발효 이후 2011년까지 교역이 4.6배 신장되고 교류·협력이 증진되고 있어, 경제적으로 성공적임을 알 수 있지만 문화적으로도 FTA 이후 훨씬 가까운 나라가 되었

---

24 조윤영, 「문화적 접근을 통한 국제관계 연구: 갈등해소와 협상에 있어서의 문화의 역할 분석」, 한국국제정치학회, 『국제정치논총』 제44집(1호), 2004, 51-70쪽.

다. 칠레를 방문하는 우리나라의 관광객과 문화교류 행사도 FTA 이전에 비해서 크게 증가하였고, 칠레에 한류열풍도 매우 뜨겁다. 2012년 기준으로 칠레 지상파에서 〈꽃보다 남자〉에 이어 〈시크릿 가든〉이 방영되면서 한국 드라마가 인기를 끌고 있고, 한국 팝송인 K팝에 대한 관심이 커지고 있다. 2012년 8월에 열린 'K팝 경연대회'에는 1,500여 명의 현지 청소년들이 참가해 한류 열풍을 재확인하기도 했다. 뿐만 아니라 한-칠레 간 청소년들의 문화캠프에서도 가장 인기가 높은 것은 한글교육으로 한글을 배우고자 하는 열기가 매우 높다.

이와 같이 FTA 체결 이후 문화적 교류가 높아지면서 문화적인 측면에서도 유대관계가 향상될 뿐 아니라 이를 통해 다시 FTA가 공고해지는 효과가 있다. 2012년 한-칠레 정상회담에서도 공동기자회견에서 "양국 간 FTA 2단계를 통해 교육과 문화, 광산, 신재생에너지 분야 등으로 협력을 확대할 필요가 있다"[25]라고 말한 바 있어 경제통합 이후 문화교류의 중요성을 확인해주고 있다.

4. 결 론

본 논문은 경제협력이나 경제통합에서의 장애요인과 문화의 역할에 대해 분석한 논문이다. 연구의 방법론은 문헌연구를 중심으로 하였다. 연구 결과로서 문화는 경제통합이라는 일련의 과정에서 통합 이전, 통합과정, 통합 이후로 구분하여 다음과 같은 세 가지 역할을 보여주었다. 첫째, 문화는 경제통합을 위한 사전적 환경 조성을 한다. 즉, 활발한 문화교류와 문화적 공통점은 경제통합을 촉진하는 역할을 한다. 둘째, 문화는 경제통합 협상

---

25 「한-칠레, 양국 간 FTA 2단계로 심화·발전」, 『한국일보』, 2012년 6월 23일자.

과정에서의 갈등해소 역할을 한다. 문화적인 차이로 인해 협상이 결렬되거나 상대방의 협상 내용을 이해하지 못하는 경우, 상대국 문화에 이해는 협상력을 증진시키고 설득의 유효한 수단으로 활용될 수 있다. 셋째, 문화는 경제통합 이후에 국간 결속을 강화하는 역할을 한다. 경제교류의 확대로 양국 간 접촉과 관심의 증가로 문화적 이해가 높아지고 이를 통해 경제교류가 더욱 공고히 되는 선순환적인 효과가 있다.

이러한 결과를 기반으로 경제통합의 성공적인 추진을 위해 다음과 같은 과제를 제시하고자 한다. 첫째, 경제통합 이전에 문화적 교류가 선행되어야 한다. 경제적 통합은 문화적 유대감이 높아졌을 때 용이해질 수 있기 때문에 경제적 통합 이전에 문화교류를 확대함으로써 문화적인 접근성을 높여 경제통합을 측면 지원할 필요가 있다. 특히 문화교류에서 쌍방적 교류가 필수적인데 이는 우리 문화를 소개하되 상대국의 문화적 자존심을 살려주는 상호호혜적인 교류여야만 상대국이 우리 문화를 받아들일 수 있기 때문이다. 즉, 상대국의 문화를 이해하면서 우리의 문화도 상대국에게 전파시켜야만 윈윈의 구조하에서 문화교류가 더욱 활성화될 수 있다는 것이다. 최근에는 인터넷과 모바일의 발달로 인해 민간 차원에서의 문화적 교류가 활성화될 수 있는 인프라가 구축되어 있어, 이러한 신기술을 활용하면 국제문화교류는 더욱 빨리, 대규모로 촉진될 수 있을 것이다.

또한 경제통합 당사국 모두가 관심을 갖는 문화부문들을 개발해서 정부 간 협력을 통해서 장기적인 안목아래 체계적으로 그리고 단계별로 발전시켜 나가야 할 것이다. 특히 국간 상호 문화예술을 이해하고 전파하려면 상대국 언어를 터득하기 위한 교육시설의 설치는 필수적이다. 27개국으로 구성된 EU에서도 모든 나라에서 영어가 통용될 수 있지만 23개 언어를 공식 공용어로 채택하고 있다. 상대국 문화를 깊이 있게 이해하기 위해서는 그 국가의 언어를 익히는 것이 필수적이다. 또 사람 간의 교류, 특히 젊은 세대와 전문가들의 교류를 통해서 문화대화(cultural dialogue)의 기회를 높여야 할

것이다.[26]

둘째, 경제통합 이전에 문화공동체를 구상할 수 있다. 문화공동체는 문화적 동질성을 근간으로 하여 공식적·비공식적인 문화협력체를 구상하는 것으로 경제협력 이전에 문화공동체를 구성하여 문화적 유대감을 높이는 정책이다. 문화적 공동체를 통해 문화적 공유와 차이를 이해하고 존중하는 능력과 자세를 배양해야 하며, 상대국의 문화를 이해할 수 있도록 다양한 교육 프로그램이 개발되어야 한다. 그러나 문화공동체는 상대방에 대한 부정적인 인식을 가졌을 때에는 성립되기가 어렵기 때문에 긍정적인 인식을 가지기 위해 민간 차원에서의 광범위한 문화협력도 중요하다. 문화시민으로서의 자세와 능력을 배양함으로써 정부 주도의 문화공동체를 벗어나 시민운동으로서 동북아 문화공동체를 추진할 수 있을 것이다. 뿐만 아니라 문화공동체를 위한 약속과 다짐은 모두 법으로 뒷받침되고 제도적인 장치에 의하여 실천되어야 한다.[27] 이를 위하여 각국의 법 조항과 개념을 공통적인 것으로 수정 보완하고 인적교류나 문화교류뿐만 아니라 지식과 기술 그리고 대중문화의 교류와 유통에 관계된 공통적인 법적 장치도 마련되어야 한다.

셋째, 협상에 있어서 문화적 요소를 고려해야 한다. 경제통합과정에서 수많은 협상이 이루어진다. 그동안 우리나라에는 유능한 협상자가 없어서 불리한 협상결과를 가져온 경우가 많았고, 언어적인 요소로 인해 협상에서 항상 손해를 감수해야 하는 경우도 있었다. 최소한 상대국의 문화를 이해하지 못함으로써 협상에 실패하는 경우는 방지해야 할 것이다. 따라서 협상자들에게 상대국의 문화를 협상 전에 충분히 교육받을 수 있는 기회가 제공되어야 하겠다. 특히 공공외교의 중요성이 증대됨에 따라 정부에서는 외

---

26 김세원, 「경제통합과 문화협력: EU의 공동문화정책이 동북아 문화협력에 주는 교훈」, 한반도와 동북아 사회문화협력 심포지엄, 2007.
27 김광억, 앞의 글, 1-34쪽.

교전문가, 협상전문가들을 대상으로 세계 각국의 문화를 교육하는 아카데미의 설립이나 협상 상대국만의 문화를 이해할 수 있는 교육 시스템을 갖추어야 할 것이다. 아울러 협상과정에서 문화적인 기법들을 활용하여 협상을 유리하게 이끌도록 해야 할 것이다. 상대방의 문화 이해와 문화적인 접근성 유무에 따라 협상의 성과가 달라질 수 있으므로 협상에 있어서의 문화의 역할에 대한 연구와 교육이 필요하리라 본다.

넷째, 경제통합 이후에 문화협력을 제도화한다. 경제통합 이후에도 문화적 유대감이 강하면 그만큼 통합도 견고해지고 영향력도 강해질 수 있을 것이다. 따라서 문화적 교류나 행사 등 당사국 간의 문화적 접근성을 높일 수 있는 협력을 경제통합 이후에도 계속될 수 있도록 이를 협상문에 삽입하여 제도화하는 방안을 생각할 수 있다. 그래야만 경제만이 아니라 진정한 국가 간 통합으로 발전시킬 수 있을 것이다. 문화적인 상호방문, 여행, 인력 교류 등에서의 장애요인을 제거할 수 있도록 경제통합과 동시에 제도적인 체계의 구축이 요구된다고 하겠다.

참고문헌

고정민, 「한국 문화콘텐츠산업의 국제화에 관한 연구」, 인문콘텐츠학회, 『인문콘텐츠』 제27호, 2012.

김광억, 「동북아 문화공동체 구상의 의미와 추진방향」, 통일연구원, 『인문사회연구회 협동연구 총서 04-25』, 2004.

김명섭, 「프랑스의 문화외교: 미테랑 집권기를 중심으로」, 한국정치학회, 『한국정치학회보』 제37집(2호), 2003.

김세원, 「경제통합과 문화협력: EU의 공동문화정책이 동북아 문화협력에 주는 교훈」, 한반도와 동북아 사회문화협력 심포지엄, 2007.

김영욱·양정은, 「문화변수가 협상윤리에 미치는 영향: '체면'과 홉스테드 변수의 비교」, 한국언론정보학회, 『언론정보학보』 46, 2009.

민경식, 「동아시아 경제통합의 현황과 논점에 관한 연구」, 『아태연구』 제15권(제2호), 2008.

이호영, 「동아시아 경제통합과 유교문화의 역할」, 한국산업경제학회, 『산업경제연구』 제22권(제6호), 2009.

전영평, 「동북아 문화공동체 추진의 비전, 전략, 전망」, 통일연구원, 『인문사회연구회 협동연구 총서 04-25』, 2004.

전영평·박경하, 「동북아 상호이익과 갈등극복을 위한 방안」, 최송화·권영설 편, 『21세기 동북아 문화공동체의 구상』, 서울: 법문사, 2004.

조윤영, 「문화적 접근을 통한 국제관계 연구: 갈등해소와 협상에 있어서의 문화의 역할 분석」, 한국국제정치학회, 『국제정치논총』 제44집(1호), 2004.

홍기원·이준형·양현미·정보원, 「국제문화교류진흥을 위한 제도수립 방안 연구」, 문화관광부, 2007.

Adler, N. J. Graham, J. L. & Gehrke, T. S., Business negotiations in Canada, Mexico, and the United States, *Journal of Business Research*, 15, 1987, pp. 411-429.

Arnold, H., Auswätige Kulturpoitik: Ein Üerblick aus deutscher Sicht, Müchen·cWien, Carl Hanser Verlag, 1980; Hans Arnold, Kulturexport als Politik?: Aspekte auswätiger Kulturpolitik, Tüingen·iBasel, Horst Erdmann Verlag, 1976, 김문환, 『문화외교론』, 서울: 소학사, 2004에서 재인용.

Brett, J. M. & Okumura, T., Inter-and intracultrual negotiation: U. S. and Japanese negotiators, *Academy of Management Journal*, 41, 1998.

Cohen, R., *Negotiating Across Cultures*, Washington, DC: U.S. Institute of Peace Press, 1999.

Dollot, L., *La France dans le monde actuel*, Paris: Presses universitaires de France. 1960, 홍기원 외, 『국제문화교류진흥을 위한 제도수립 방안 연구』, 문화관광부, 2007에서 재인용.

Gabriel, J. Felbermayr, Toubal S. F., *Cultural Proximity and Trade*, 2007.

Gokmeny, G., *Economic Clash? The Role of Cultural Cleavages in Bilateral Trade Relations*, 2012.

Guiso. L., Sapienza, P., Zingales, L., Cultural Biases in Economic Exchanges?, Chicago Booth Graduate School Working Paper, No. 08-16, 2008.

Hofstede, G., Cultures and Organizations: Software of mind. Intercultural cooperation and its importance for survival, London: HarperCollins, 1994.

Straubhaara, J. D., Cultural Diversity: Beyond media imperialism: Assymetrical interdependence and cultural proximity, *Critical Studies in Mass Communication*, Vol. 8, Issue 1, 1991.

Thorbecke, E., European Economic Integration and the Pattern of World Trade, *The American Economic Review*, Vol. 53, No. 2, 1963.

Tylor, E.B., Primitive culture: researches into the development of mythology, *philosophy, religion, art, and custom*, London: John Murray, 1871.

Williams, R., *A vocabulary of culture and society*, Revised edition, Oxford University Press, New York, 1983.

인문학과 문화콘텐츠,
문화콘텐츠학은 어디로?

임영상(한국외대)

2012년 12월 22일 인문콘텐츠학회 창립 10주년 기념학술회의가 개최되었다. 지난 10년을 되돌아보고 새로운 10년을 준비하는 의미에서 "문화콘텐츠 인력 양성", "문화원형", "문화콘텐츠 기술", "문화콘텐츠 스토리텔링", "문화콘텐츠 비즈니스" 분야에 대한 연구자들의 발표를 들으면서, 이제 노병은 사라질 때가 되었다고 생각했다. 그런데 같은 노병(?)인 2002년 학회 창립멤버인 박경하 교수가 제6대 학회장이 되고 제2대 회장을 역임하면서 초창기 학회의 토대를 일구어온 한 김기덕 교수가 학회 편집위원장으로 특유의 왕성한 학문활동을 펼칠 계획인 가운데, 인문콘텐츠 심포지엄, 인문콘텐츠의 사회적 공헌을 개최하는 데 토론자로 참여하라는 제의가 들어왔다. 잠시 망설였지만, 길게는 1996년부터 짧게는 2002년부터 문화콘텐츠(학) 생각을 끊임없이 생각하고 언급해온 사람으로 할 말이 있을 것이라는 생각에 수락했다.

국내 대학원 처음으로 2002년 3월에 한국외국어대학교 일반대학원에 문화콘텐츠학과가 창립되었다. 인문콘텐츠학회 창립(2002. 10) 이전이다. 21세기 문화의 시대를 넘어 문화콘텐츠 개발의 시대의 도래와 함께 멋진 신세계를 그리면서, 2002년 3월 1기 신입생(11명)을 선발, 한 학기 강의를 마친

후 인디애나 대학교 역사기억연구소(구명 구술사연구소)로 연구년을 떠났다. 인터넷시대 덕택으로 대학원 학생들과 자주 대화를 나누었는데, 신생학과의 앞날이 걱정이 되지 않을 수 없었다. 다양한 전공 교수들로 구성, 커미티로 운영되는 협동과정의 약점도 작용했을 것이지만, 2003년 8월 필자가 다시 학교로 돌아왔을 때, 외대 대학원 문화콘텐츠학과는 지극히 어려운 상황이었다. 2002년 3월 1기 11명, 2002년 9월 2기 10명, 2003년 3기 10명이 입학했으나, 이이 많은 학생들이 학교를 떠난 상태였다. 게다가 2003년 9월 4기 입학생은 단 2명에 불과했다. (2004년 3월에 입학할 5기는 끝내 단 1명으로 그쳤다.) 새 학과를 만들었는데, 채 2년도 되지 않아, 아직 석사를 배출하지도 못한 상태에서 학과[문]의 존폐를 걱정해야 할 상황이었다. 2012년 2월, 한국외대 대학원 글로벌문화콘텐츠학과(2009년 9월 학과명 개칭)는 박사 20명, 석사 120명 이상을 배출했고, 매년 외국인 학생도 5~6명 입학하고 있다. 그렇다고 학과 구성원인 나 자신부터 외대 글로벌문화콘텐츠학과는 이제 국내에서, 나아가 세계적으로도 유능한 인재를 양성하고 있는 경쟁력을 갖춘 대학원 전공이 되었나? 2012년 3월 학과창립 10주년 행사로 학과에서 만든 기념영상물에서도 학과에 대한 생각을 말한 졸업생과 재학생들의 언급은, "아직 아니다"였다. 교수인 나의 생각 또한 마찬가지임을 고백하지 않을 수 없다.

김기덕 교수의 「문화콘텐츠의 등장과 인문학의 역할」을 읽고

필자가 김기덕 교수를 처음 만난 것은 2001년 5월 건국대에서 개최된 전국역사학대회 행사장이다. 예년과 다름없이 '서양사분과' 발표회장으로 가는 길이었다. 그런데 그날 필자는 마법에 이끌린 듯이 '정보화 시대의 영상역사학'을 공동 주제로 내건 자유 패널 행사장으로 향했다. 하루 종일 참석했다. 새로운 세계에 대한 배움의 기쁨을 만끽한 하루였으며, '영상역사학'에 대한 신선한 충격을 이어가기 위해 초면인 연구자들과 뒤풀이까지 함께했다. 김기덕 교수가 발제문에서 언급한 한국역사연구회 산하의 영상역사반 연구모임도 2001년 가을부터 열심히 참여했다. 서양사학도인 필자의 이런 '일탈'은 사실 결코 우연이 아니었다. 이미 필자는 1996년 가을부터 역사학이 변해야 한다는 생각을 갖고 학내실험을 시작했고, 학내 어문학, 철학 교수 등과 함께 2000년 가을 대학원에 신설 학과(처음에는 영상문화학과를 생각)인 문화콘텐츠학과 설립 제안서를 대학원 위원회에 제출, 일단 승인을 받은 상태였던 것이다.[1]

김기덕 교수의 발제 글, 「문화콘텐츠의 등장과 인문학의 역할」은 기본적으로 10년 전 그의 주장과 큰 차이가 없는 것처럼 보인다. 필자는 2002년 봄학기 사학과 강좌로 개발한 영상역사학입문 강좌에서 김기덕 교수가 편집한 2001년 역사학대회 '정보화 시대의 영상역사학' 발표집을 교재로 학생들과 같이 읽은 바 있다.[2] 또한 그의 주장이 잘 드러나는 『문화콘텐츠입문』[3]의 총론 글(「문화·콘텐츠·인문학」)의 내용과 같은 맥락이기 때문이다.

'인문학과 문화콘텐츠학과' 부분은 최근까지의 우리 학계의 변화를 언급하면서 그 동안 자신이 수행한 과제 및 경험을 통해 얻은 바를 제시하고 있다. 먼저 문화콘텐츠학과는 기본적으로 인문콘텐츠학과이며, 우리의 문화콘텐츠학과가 나아가야 할 방향에 대한 제시이다.

---

1   한국외대 대학원 위원회는 격론 끝에 문화콘텐츠학과 신설을 승인했다. 그러나 1년 동안 교과과정 개발 등 사전 준비기간이 필요하다는 대학원장의 의견에 따라 학과 창립은 2002년 3월로 미루어졌다. 필자는 2004년 12월 17일 한신대에서 개최된 인문학과 문화콘텐츠 학술회에서 역사학과 문화콘텐츠를 발표했는데, 1996년 가을부터 필자가 역사학도에서 문화콘텐츠학도로의 변화 과정을 에세이 식으로 기술했다. 이에 대해서는 다음 글을 참조. 임영상, 「역사학과 문화콘텐츠」, 『한신대 인문학연구』 제5집(2004), 임영상, 『구술생애사와 문화콘텐츠를 통해 본 고려인』(신서원, 2012)에 재수록.

2   2005년 봄 학기에는 그의 글모음, 『영상역사학』(생각의나무, 2005)을 교재로 채택했다.

3   김기덕·신광철, 『문화콘텐츠입문』, 북코리아, 2006.

인문학을 하는 사람들이 새롭게 학과를 만들고자 했을 때에 사용할 수 있는 이름은 문화콘텐츠학과였던 것이다. 물론 그 뒤에 일부 학과들이 만들어지면서 기존 이름에 문화콘텐츠를 덧붙이는 경향도 나타나게 되었다. 예를 들어 경희대의 관광문화콘텐츠학과, 상명대에 역사콘텐츠학과, 경희대에 디지털문화콘텐츠학과 등과 같은 것이 그것이다. 그러나 기본적으로 문화콘텐츠학과라는 것을 인문학 베이스에서 변신한 학과들이 차지하게 되었고, 그 때문에 한때는 문화콘텐츠의 본류는 우리인데, 갑자기 인문학을 한 사람들이 문화콘텐츠학과라는 명칭을 사용하면서 중심인 듯한다는 우스갯소리가 있기도 했다.

우리는 바로 이러한 상황을 인지해야 한다. 즉 현재 문화콘텐츠 분야는 학문의 정립과 그와 관련된 방법론 및 교육론의 모색, 그리고 관련 용어의 검토 등 학문을 정립하기 위한 제반 노력이 필요한 시점임은 충분히 인정되나, 이러한 현재의 위상을 고려하여야 한다. 기본적으로 문화콘텐츠학과는 인문콘텐츠학과이다. 따라서 지금은 전체 문화콘텐츠 분야를 망라하는 고민도 필요한 시점이지만, 우리의 노력으로만 모든 것이 이루어진다는 판단을 해서는 안 된다. 그것은 문화콘텐츠 분야를 학문 위치상 어느 곳에 넣는 것이 좋은가 하는 점에 있어서도 마찬가지이다. 지금 우리에게 가장 필요한 것은 인문콘텐츠의 관점에서 우리의 학과는 무엇을 해야 하며, 어떠한 방식의 연구가 가장 인문콘텐츠적이며, 그것이 전체 문화콘텐츠 분야에 도움을 줄 수 있는가 하는 점이다. 이렇게 보았을 때에 핵심은 두 가지이다. 하나는 인문콘텐츠란 원천자료에 대한 이해에서 출발한다는 것이며, 다른 하나는 문화콘텐츠의 방향성까지를 치열하게 고민해야 한다는 점이다.

모든 문화콘텐츠학과는 인문학과의 관련성을 밝히고 있는데, 그가 생각하는 인문학은 문학, 사학, 철학 등 전통적인 인문학이다. 때문에 인문학적 원천소재에 대한 중요성과 그것의 가공이 중요한 상황에서, 기획－제작－마케팅이라는 문화콘텐츠 프로세스의 과정에서 대체로 기획과정 위주의 인문학 기반 문화콘텐츠학과는 필요한 콘텐츠 교과목들을 보완하여 인문학의 확장인 범문화콘텐츠학과화 되어야 한다고 주장한다. 아래는 그의 주장에 따른 인문학 전공의 교과목 방향이다.

예를 들어 국문과의 경우 방송 스토리텔링, 영화 스토리텔링, 광고 스토리텔링 등을 보완함으로써 기존 국문학과의 확장을 가져올 수 있으며, 그렇게 갈 것이고 가야 한다고 본다. 사학과의 경우 기존의 문자사료만이 아니라 이제는 수도 없는 영상사초들이 생산되고 있다. 그것들을 관리하고 생산하는 일, 그리고 하루가 멀다 하고 방영되는 TV역사극의 의미와 참여, 역사영화에 대한 리뷰 등 영상역사도 확장되어야 한다. 철학과의 경우 게임 중독이나 인터넷 윤리, 디지털 기술에 의한 인간 소외 및 매트릭스 등 철학의 확장을 가져올 것이 한두 가지 아니다. 영문학과를 위시하여 불문학과, 독문학과와 종교학과 등도 마찬가지이다. 전부 스토리텔링 및 영상과 관련되어 있다. 세계문화유산의 대부분은 종교유산이며, 항상 당대마다 종교사원에서 해 오던 이벤트는 일종의 문화콘텐츠적인 행위였다고 할 수 있다. 종교의 창시자들은 최대의 스토리텔러였으며, 각 경전은 스토리텔링의 원형을 담고 있는 보고이다. 이처럼 인문학 제 학과들이 자체 교과목을 보완하든지 혹은 가능한 학교에서는 문화콘텐츠 연계전공의 도움을 통하여 전부 문화콘텐츠적, 즉 인문콘텐츠적으로 변신하여야 한다.

김기덕 교수는 과거 문화콘텐츠학과가 전통 인문학 학과보다 우수한 문화콘텐츠 인력을 배출할 수 있다는 보장이 없다고 주장한 바 있다. 물론 그가 속한 건국대에 문화콘텐츠학과가 만들어지기 전의 상황이다. 김 교수와 우리 문화콘텐츠 전공이든 연계전공이든 문화콘텐츠학도들을 가르치는 우리 교수들은 모두 우스갯소리로 "강력한 반대자는 내부에 있다"라고 말해 왔다. 국문과, 사학과, 철학과 교수들이 위의 김 교수의 주장을 수용할 것인지? 최근 우리 대학 대학원 사학과에 학생들의 진학이 많아졌다. 재적생이 20여 명에 이른 것이다. 물론 120명 문화콘텐츠학과에 비하면 적은 수이지만, 과거 해마다 3~4명 입학하던 것에 비하면 큰 변화가 아닐 수 없다. 그만큼 순수 인문학(역사학)에 대한 관심이 다시 늘어나고 있다고 생각할 수 있다는 점이다.

한편, 그는 기존의 문화콘텐츠 전공으로 학생을 선발하는 고유의 문화콘텐츠학과의 방향도 제시했다. 기획 제작 마케팅을 총괄할 수 있는 전사(戰士)로 키워야 한다는 주장이다. 즉, 향후 기술의 대중화와 문화콘텐츠 프로세스의 일상화를 통해 전체를 융합하고 총괄하는 것은 더욱 용이해 질 것임으로 지금의 기획 위주에서 더 나아가 그야말로 제작과 마케팅을 융합하는 전사 교육이 되어야 한다는 것이다. 아울러 이러한 문화콘텐츠학과는 서울 지역은 3~4개, 광역시나 각 도에서는 하나 정도씩만 있으면 된다고 보았다.

　　오해의 소지가 있지만 철학과로 예를 들고자 한다. 본래 최고의 천재가 가야 하는 곳이 철학과이듯이, 문화콘텐츠학과는 멀티형 수재들이 가야 하며, 그러한 학과를 무한히 늘릴 필요도 없다. 오히려 학교의 지원, 담당교수의 능력, 학생의 수준이 따라가지 못하는 문화콘텐츠학과는 도태될 것이다. 현재의 상황은 서울 지역이 절대 부족하다. 인구 구성상 서울 지역에서 2~3개 학과가 더 개설될 필요가 있다. 수도권은 한양대학교와 한신대학교, 가톨릭대학교, 아주대학교가 있으므로 그 정도로 충분하다. 인천권은 인하대학교가 있으므로 되었다고 본다. 기타 지방은 각 도별로 하나 정도가 있으면 된다고 본다.

김 교수의 주장이 틀렸다고 할 수는 없다. 실제로 지방의 몇몇 문화콘텐츠학과는 학과가 폐지된 곳들도 있다. 앞서 서두에 언급했듯이, 외대 대학원 문화콘텐츠학과도 학과 창립 2년 만에 학과 간판을 내려야 할 상황에 처하기도 했다. 학부뿐만 아니라 대학원도 마찬가지라고 할 수 있다. 김 교수의 주장대로라면, 참으로 걱정이다. 이미 전국에 30여 개 이상의 문화콘텐츠학과가 운영 중이다. 대학진학자의 절대수가 줄어드는 상황에서 철학과와 사학과도 그러하지만, 영어와 중국어, 그리고 일본어를 제외한 제2외국어를 공부하는 외국문학 전공 학과 중에 문화콘텐츠학과(부)로 학과명을 바꾼 대학들이 늘어나고 있다. 서울 지역에서는 2~3개 학과가 더 개설될 필요가 있다고 했지만, 수도권이든 지방이든 현재 운영 중인 문화콘텐츠학과나 학과신설을 고려하고 있는 대학들은 어떻게 해야 할 것인가? 2002년에 대학원을 신설했으나, 학부는 2004년 9월에 연계전공을 개설한 상태에서 정식 학과를 개설하고자 노력해온 외대 글로벌캠퍼스(용인)는? 김 교수와 같은 생각에서 외대 학교당국이 학과 개설에 결단을 내리지 못해온 것일까?

필자는 과거 문화콘텐츠학은 '인문학, IT, 예술(디자인), 사회과학'이 융합된 21세기의 실학이라는 생각에 동의한 바 있다. 2004년 3월 유동환 교수의 외대 특강에 학생들은 감동은 충격과 다름 아니었다.[4] 늘 필자가 우리 학계의 대표선수(고수)라고 존경하는 유동환 교수는 오늘도 발군의 내공을 보여주고 있는데, 당시 특강은 주)여금이 2002년과 2003년 연속으로 우리 문화원형 사업의 과제로 수행한 '사이버 전통 한옥마을 세트 개발'[5]과 '사찰건축 디지털 세트 개발'[6] 내용이었다. 현장에서도 잘 볼 수 없는 우리 옛 건축물의 내부를 구석구석까지 자세히 살펴볼 수 있게 한 디지털 기술은, 디지털 역사가 무엇인지를 보여주는 '인문적 상상력이 빚어낸 콘텐츠의 세계'라고 할만 했다. 전문가들의 고증을 받은 고건축과 디지털의 만남이었고, 예술, 인문학, 디지털 기술의 협동의 결과였던 것이다.[7] 그런데 필자는 이제 문화콘텐츠학이 반드시 '인문학 + IT + 예술(디자인) + 사회과학'이라고 규정할 수는 없다고 생각하고 있다.

필자는, 2009년에 시작한 천안학의 사례를 참고하여, 2010년부터 관학협력사업으로 외대 용인 글로벌캠퍼스에서 (문화콘텐츠) 교양과목으로 용인학입문 강좌를 운영하면서 문화콘텐츠 연계전공 학생들과 함께 용인문화콘텐츠 개발을 시험하고 있다.

---

4 앞서 소개한 필자의 「역사학과 문화콘텐츠」 글에서 당시 학생들의 소감문을 그대로 옮긴 바 있다.
5 한국문화콘텐츠진흥원, 『2003 문화원형 콘텐츠총람』, 168-171쪽 참조.
6 한국문화콘텐츠진흥원, 『2004 문화원형 콘텐츠총람』, 116-119쪽 참조.
7 유동환, 「고건축, 디지털 세트로 거듭나다: 문화원형과 디지털콘텐츠의 소통을 담당할 기획자를 전망하며」, 『인문콘텐츠』, 창간호(인문콘텐츠학회, 2003), 91-93쪽.

이제 끝으로 김 교수가 제시한 문화콘텐츠학과의 교육 방향에 대한 주장을 생각해 본다. 그는 네 가지를 제시했다.

첫째는 김현 교수가 강조하는 '인문정보학'에 대한 심도 있는 재검토가 필요하다. 인문정보학은 인문학 분야의 다양한 지식을 개방적인 정보시스템에 효과적으로 담아낼 수 있는 방법을 찾는 연구분야라고 정의할 수 있다. 그런데 이것이 가능하려면 플랫폼을 올바르게 이해하고, 인문지식을 플랫폼이 요구하는 스펙에 맞도록 가공하여, 인문지식이 플랫폼 상에서 최대의 가치를 드러낼 수 있도록 해야 한다. 이러한 방법론이 문화콘텐츠학과 학생들 모두에게 교육시킬 필요가 있는 것인지? 그렇지 않다면 최소한 이용방법을 숙지하여 콘텐츠 창출에 어떻게 기여할 것인지에 대한 검토가 필요하다.

둘째는, 수업방식에 있어서는 '역(逆)추적의 인문학'을 시도할 필요가 있다. 문화콘텐츠의 창출에 있어 동서양의 고전(古典)과 전통문화가 반드시 필요하다는 데에 대해서는 누구도 이의를 달지 않을 것이다. 그러나 실제 교육현장에서는 그러한 문제의식에서 먼저 고전이나 전통문화를 강의하면 설득력이 떨어진다. 먼저 잘 알려진 문화콘텐츠 작품 중에서 고전이나 전통문화의 요소를 적절히 끄집어내어 설명한 후, 그러하기 때문에 고전이나 전통문화에 대한 이해가 필요하다는 식으로 교육이 이루어질 필요가 있다. 필자는 그것을 '역추적의 인문학'이라고 표현하여 보았다.

셋째로는 현 단계에서는 원천소재에 정통한 인문학자라 하더라도 그 원천소재를 활용하기에 적합한 문화콘텐츠 분야의 각 장르별 기획전문가와 함께, 연구 및 교육, 프로젝트를 수행할 필요가 있다고 생각한다. 물론 뛰어난 인문학자는 자신이 기획 개발까지 스스로 해결할 수 있을 것이다. 그러나 솔직히 그러한 인원은 소수이다. 보다 적극적으로 해당 기획전문가와의 소통이 필요하다. (중략)

넷째로는 융합과 관련된 것이다. 현재 융합이 대세가 되어 있으며, 문화콘텐츠 분야는 태생적으로 융합적 요소를 가지고 있다는 것을 부인할 사람은 없을 것이다. 그러나 실제 논문생산이나 교육, 그리고 프로젝트 제안 및 수행에 있어 인문콘텐츠 연구자들은 거의 역할을 수행하지 못하고 있다. 이제 인문콘텐츠 연구자들은 이 점을 심각하게 고민해야 할 것으로 생각한다. 이 또한 2013년 인문콘텐츠학회 콜로키엄에서 지속적으로 문제를 제기하고 모색하는 자리가 마련될 필요가 있을 것이다.

한국외대 대학원은 한국학중앙연구원과 대학원 교육에서 상호 협력문서를 교환했다. 문화콘텐츠학의 한 영역이라고 할 수 있는 인문정보학 교육에서의 협력이었다. 학부에 전공이 없고 또 예술대학도 없는, IT 전공인 공대는 글로벌(용인) 캠퍼스에 있고, 무엇보다도 인문학 중심인 외대 대학원은 특정 장르에 대한 접근이 아주 어려울 수밖에 없다. 때문에 대부분의 학생들이 커미티 구성 교수의 원 전공(문학, 철학)에 따라 논문 테마를 잡고 있다. 따라서 콘텐츠비평이나 콘텐츠이론 분야의 논문이 많이 나오고 있다. 그런데 문화콘텐츠물 자체가 아니라, 마치 문화원형사업이 완제품 옷이 아니라 원단인 것처럼, 인문정보 분야는 한국학중앙연구원의 대 국책사업인 향토문화전자대전 사업에 바로 적용할 수 있는, 그런 의미에서 21세기의 실학인 문화콘텐츠학이나 다름없기 때문에 필자가 한중연의 김현 교수와 협력했던 것이다.[8] 필자는 늘 학생들에게 인문정보학 강의를 듣도록 권해왔는데, 최근에는 학생들의 수강이 늘어나고 있다. 필자는 김 교수의 교육 방향에 동의한다. 그러나 넷째 방안인 융합 부분에서는 다소 유보적이다.

박흥식 감독의 「이야기학의 정립을 위하여: 서양의 이야기 역사 그리고 문화콘텐츠학의 역사적 맥락」은 서양사학도였던 필자에게 흥미를 넘어 큰 울림으로 다가왔다. 유동환 교수의 「문화콘텐츠 개발과정에서 인문학 가공의 문제」는 역시 선수(選手)의 면모를 드러냈으며, 고정민 교수의 「국제 간 경제협력·통합에서 문화의 역할」 글에서는 '문화공동체의 설립' 부분이 많은 시사점을 줄 수 있다고 생각했다.

박흥식 감독의 글에 대한 생각은 다른 토론자의 몫이다. 다만, 현재 "문화자원과 문화콘텐츠, 문화콘텐츠학"에 대해 숙고하고 있는 필자는 문화콘텐츠학을 서사매체학으로 학과 명칭을 바꾸기를 권하는 박 감독의 주장은 이야기가 문학(이야기 자체), 사학(이야기 소재이자 배경), 철학(이야기의 주제) 등 이

8　현재 외대 대학원 출신 두 사람이 한중연에서 일하고 있다.

른 바 전통 인문학의 범주로 국한하고 있다는 점에서 한계를 갖지 않는가 생각하고 있다. 김기덕 교수도 인문학을 결국 문사철(文史哲)의 범주로 묶고자 했다. 그러나 필자는 유무형(有無形)의 문화자원(文化資源)의 수집과 보전, 개발과 활용이 '인문학' 전공에서 주요하게 다루어져야 할 분야라고 한다면, '인문학'은 결국 인문사회학 전반으로 확장될 수 있고 확장되어야만 한다는 생각이다. 동경대학 인문사회계 대학원 전공인 문화자원학연구전공에 대한 검토가 필요할 것이다. 또한 필자는 문화콘텐츠학과 학생들의 논문지도를 통해서 사회학의 방법론(예: 사회통계) 등이 적극적으로 원용되어야 함을 느끼고 있다. 때문에 학부 문화콘텐츠학 연계전공 강좌에 "문화콘텐츠와 사회통계" 강좌를 신설한 바 있다. 아울러 문화콘텐츠 연구에서 공간연구는 중요하다 아니할 수 없는데, 이점에서도 문화콘텐츠는 문사철 외에 사회학, 인류학 등 사회과학까지도 아울러야 하지 않을까 하는 생각이다. 따라서 문화콘텐츠학을 서사매체학으로 한정짓는 것이 가능하다 할 것인가?

인문학 기반의 문화콘텐츠학은 가능한 것일까?

백승국(인하대 문화콘텐츠학과 & 대학원 문화경영학과 교수)

1. 응답하라, 2002 인문콘텐츠!

인문콘텐츠학회 10주년! 선배 교수님의 손에 이끌려 2003년 가입한 인문콘텐츠학회, 인문콘텐츠 혹은 문화콘텐츠의 개념을 규정하기 위해 열정적으로 토론하시던 선생님들의 얼굴이 새삼스레 그리워진다.

당시 필자는 한국문화콘텐츠진흥원의 〈문화원형사업〉을 배경으로 등장한 OSMU와 스토리텔링으로 인문학 기반의 문화콘텐츠학이 가능하다고 생각하였다. 그 배경은 한국외대 대학원에서 2004년 〈택견의 디지털콘텐츠화〉 사업에 총괄 PM을 수행하면서 문화원형의 역사적 고증과 스토리텔링의 중요성을 인식하였고, 2006년 인하대 문화경영심리연구소에서 〈인천개항문화의 디지털콘텐츠화〉, 2008년 〈제물포 구락부 스토리텔링 콘텐츠 개발〉 사업의 연구책임자로서 산학연 연구의 가능성을 체험했기 때문이다. 또한 문화원형 사업에 직간접적으로 참여한 선생님들의 왕성한 활동에서 그 가능성을 발견했지만, 지금까지 선생님들에게 감사의 마음을 표현하지 못했다.

그리고 한동안 문화콘텐츠학에 입문하는 학생들과 문화콘텐츠 현장에서 인문학 관점의 OSMU와 스토리텔링의 중요성을 강하게 주장하곤 했다. 하지만 어느 순간에 OSMU와 스토리텔링에 대한 소신이 사그라지는 것을 느꼈다. 특히 OSMU 전략은 정보검색과 콘텐츠 분석 능력이 탁월한 구글 세대에게 식상한 개념으로 자리매김하면서, 더 이상 강의실에서 강한 에너지를 발산하지 못했다. 또한 변화무쌍한 콘텐츠 시장의 트렌드를 중요하게 생각하는 현장 사람들에게 "문화콘텐츠의 OSMU 전략" 등은 이제 진부한 슬로건으로 전락해버렸다.

스토리텔링 역시 광고, 디자인, 관광, 교육 영역에서 적극적으로 활용하고 있는 개념으로 문화콘텐츠학에서 주장하는 스토리텔링의 차별성이 무엇인지 설득하기가 쉽지 않았다. 디지털 기술 기반의 콘텐츠 창작기획 단계에서 스토리가 중요하다고 어필하지만, 기존 시나리오 작가와의 창작활동에 대한 구분이 애매모호했다. 한국콘텐츠진흥원에서 규정한 8개의 콘텐츠 장르 중에서 무엇보다도 스토리가 중요한 영화, 드라마, 애니 등의 스토리 작업은 문화콘텐츠학의 고유 영역이라기보다는 문예창작, 연극영화, 광고홍보 등 스토리 창작능력을 가진 창조적 계급의 공동 영역으로 인식하고 있다.

필자는 2009~2010년 스토리텔링을 문화기술과 접목하는 〈콘텐츠 캐릭터 저작 툴 개발〉에 참여기관 연구책임자로 참여한 경험이 있다. 영화, 드라마, 애니메이션 등의 시나리오 작성 시 자동으로 등장인물을 설정할 수 있도록 도와주는 소프트웨어를 개발하는 사업이었다. 300편의 영화, 드라마, 애니 시나리오의 등장인물에 대한 치밀한 기호학적 분석을 통해 도출한 캐릭터를 DB화하고, 64개의 캐릭터를 개발하였다. 하지만 지금까지 캐릭터 자동생성 프로그램이 유통되어 수익을 창출했다는 소식을 듣지 못했다. 미국의 〈Dramatica-Pro〉와 같은 저작 툴은 작가 고유의 창작활동을 중요시하고, 저작권이 완벽하게 보호받지 않은 우리 실정에 대중화시킬 수 없음을 확인하는 계기가 되었고, 기호 서사학의 이론적 툴과 모델을 문화기술에 적용하였다는 것에 만족할 수밖에 없었다.

하지만 최근 한국콘텐츠진흥원의 〈CT R&D 성과평가 모델 구축〉 사업을 진행하면서, 인문학 기반의 문화콘텐츠학이 문화기술 영역에 어떻게 기여할 것인가에 대한 고민을 하기 시작했다. 문화기술은 문화콘텐츠산업의 가치사슬의 모든 단계에 적용되어, 문화산업의 가치를 제고하는 핵심적인 역할을 수행하는 거대한 사업이다. 특히 문화기술은 문화산업 분야 중 첨단 기술을 기반으로 하는 문화산업 그리고 문화에 첨단기술을 접목하여 새롭게 부가가치를 발생하는 문화산업 분야를 지칭한다. 문화에 접목되는 다섯 가지 문화기술의 유형은 다음과 같다. 문화콘텐츠 창작기술(Creative Technology), 예술표현기술(Expressive Technology), 생활문화기술(Cultural Experience Technology), 문화경영 및 정책기술(Cultural Management & Policy), 문화인문사회기술(Cultural Socio-Humanities) 등이 있다.[1] 문화기술이 적용되는 6대 분야는 게임, 영상, 뉴미디어, 가상현실, 융복합, 창작공연전시, 공공문화서비스 분야이다. CT R&D는 콘텐츠산업 발전의 핵심요소이자 콘텐츠의 성공을 좌우하는 중요 변수이며, 이러한 콘텐츠산업의 성패를 가름하는 것이 장르와 기술의 문제를 선도하는 창의성보다는 기술 중심의 결과물 도출에 집중하고 있다.

우리의 문화기술이 문화적 가치보다는 기술 중심으로 과도하게 경도되어 있는 반면에, 해외는 국내에 비해 기술 자체보다 예술 및 창작활동에 활용될 수 있는 가능성과 실생활에서의 활용성, 콘텐츠산업 내에서 발생할 수 있는 문제 해결 가능성 등과 같은 기준으로 문화기술사업의 방향을 설정하고 있다. 즉 해외의 CT R&D 사업은 기술에 앞서 인문학과 예술의 접목을 통한 콘텐츠 창출에 대한 실행이 이루어지고 있으며, 장기적 관점에서 국내 CT R&D 사업도 인문학과 기술과 인문학, 예술이 결합된 콘텐츠를 실제적

---

1   원광연 외, 「한국문화기술연구원(CUTI) 설립방안」, 『KAIST 문화기술대학원』, 2007, pp. 15-17.

으로 창출해야 함을 인문콘텐츠학회에서 주장해야 할 것이다.

최근 문화관광부 2020 문화비전 전략을 수립한 창조역량 분과에서는 〈장르별 콘텐츠 시나리오 작가 양성〉을 위한 아카데미 설치를 제안하고 있으며, 국내 최대 포털업체인 네이버는 콘텐츠 기획과 개발 인력을 양성하기 위해 콘텐츠 대학을 설립한다는 소식을 전하고 있다. 문화콘텐츠 기업과 기관에서 기존 대학의 문화콘텐츠학과와 유사한 관련학과 등의 인력양성에 대해 신뢰를 하지 않고 있다는 의미를 담고 있어 씁쓸한 기분을 지울 수가 없다.

2. 인문학적 스토리텔링 영역을 사수하라!

첫째, 스토리텔링의 응용분야는 디자인 영역이다. 스토리 중심의 제품 디자인 설계와 프레젠테이션 기법에 적용하는 것이다. 예를 들어, 글로벌 기업 IBM 사에는 독특한 기업문화가 있다. 바로 '똘레랑스(tolerance: 관용) 문화'이다. IBM 사의 다양한 프로젝트에 공학, 디자인, 인문학의 협업(collaboration)을 유도하는 캠페인이다. IBM 사는 제품의 콘셉트를 설계하기 위해 엔지니어, 디자이너로 구성된 프로젝트 팀에 스토리텔링 방법론을 활용하고 있다. 공학이나 디자인 차원에서 제품의 기능성과 품질을 높이는 데 그치지 않고 소비자의 감성을 움직일 수 있는 인문적 가치를 제품 설계에 투영하는 것이다. 그래서 한동안 디자인 영역에서 스토리텔링 방법을 활용하여 학생들에게 디자인의 콘셉트 설계를 교육시키는 프로그램이 유행했고, 공대생들에게 스토리 기반의 프레젠테이션 기법을 교육하는 대학이 등장하였다.

둘째, 스토리텔링의 응용분야는 광고홍보 영역이다. 스토리텔링 방법론을 기반으로 유럽의 기업을 컨설팅하는 더글라스 홀튼은, 그의 2004년

저서『문화브랜딩의 원칙: 어떻게 브랜드가 아이콘이 되는가?』에서 스토리 기반의 문화브랜딩 전략을 강조하고 있다. 그가 주장하는 문화브랜딩의 핵심은 스마트한 소비자에게 브랜드의 이야기를 경험하도록 유도하면서 브랜드 가치를 높이는 광고 스토리텔링 전략을 제시하고 있다.

셋째, 스토리텔링이 도시와 국가의 브랜드 가치를 높이는 도시브랜딩에도 적극적으로 도입되고 있다. 독일의 시사주간지 슈피겔이 유럽의 멋진 문화도시를 선정해 표지기사로 다루었다. 슈피겔이 뽑은 유럽의 멋진 문화도시들은 네덜란드의 암스테르담, 에스토니아의 탈린, 스페인의 바르셀로나 등을 포함한다. 이 도시들은 런던·파리·로마 등 유럽을 대표하는 도시들에 비해 상대적으로 규모도 작고 인지도도 떨어진다. 그럼에도 불구하고 유럽을 대표하는 도시들을 제치고 멋진 문화도시로 선정되었다. 이 도시들의 공통점은 최근 4~5년 사이에 개방과 혁신을 통해 문화도시로 이미지 변신을 하기 위한 도시의 스토리텔링 전략을 도입했다는 것이다. 문화도시로써의 변신이 유럽인들의 입소문을 통해 이들 도시의 강력한 인지도를 확보하게 했다. 예컨대 암스테르담은 박물관이란 테마로 도시의 스토리를 만들었고, 에스토니아의 탈린은 디지털 도시라는 스토리로 이미지 변신을 하였고, 스페인의 바르셀로나는 건축과 문화예술이라는 스토리로 유럽인들에게 어필하였다.

넷째, 관광콘텐츠 발굴에 스토리를 활용하고 있다. 기존의 일방적인 스토리 전달 방식이 아닌 각 지역의 유저가 선호하는 인터랙티브 스토리를 창작하는 것이 중요하다. 지역의 명소에서 일방적으로 체험시키는 관광콘텐츠 투어보다는 문화권이 다른 각 지역의 관광객이 선호하는 관광콘텐츠에 스토리를 입히는 맞춤형 코스 발굴이 무엇보다도 중요하다.

다섯째, 게임콘텐츠의 디지털 스토리텔링 영역이다. 덴마크 코펜하겐 대학교의 게임학 연구소의 골잘로 프라스카가 1999년 제안하고 규정한 디지털 스토리텔링 영역이다. 시뮬레이션 시스템이 제공하는 게임성이 스토리보다도 더 중요하다고 어필하는 게임학자(Ludologiste)들은 디지털 스토리텔링의 영역을 구축하고 있다.

마지막으로 인문학 기반의 스토리텔링 영역을 제안하고 싶다. 21세기 감성시대의 드림소사이어티를 강조한 미래학자 롤프 옌센은 한국이 국가경쟁력을 강화하기 위해서는 전 세계인에게 감성적 가치를 전달할 수 있는 이야기 개발(story mining), 즉 스토리텔링이 중요하다고 제안하고 있다. 그는 석유나 우라늄 같은 전략적 자원의 채굴만큼 한국의 정체성과 전통문화를 차별화할 수 있는 한국적 스토리를 발굴하는 것이 중요하다고 강조하였다. 특히 창의력이 뛰어난 우리 전통문화의 세계화를 위해서 스토리 분야의 창작 역량을 강화하는 시스템을 구축할 필요성이 있다. 즉 전통문화 기반의 글로벌화가 가능한 스토리 창작소재 발굴에 집중하면서, 우수한 한국문화의 DNA 발굴 및 확산을 위한 홍보 스토리 전략을 모색하는 분위기를 조성해야 할 것이다.

예컨대 스토리 창조 원천 발굴을 위해 문화관광부에서 실시하는 〈문화원형 발굴 사업〉과 〈스토리텔링 공모전〉 등을 적극적으로 활성화해야 한다. 지역에 숨겨진 문화원형별 신화, 설화, 소설, 수필, 편지, 역사사료, 비사, 야사, 신문기사 등을 현대적으로 재해석하여 다양한 킬러콘텐츠를 개발하고, 지역의 도시를 홍보하는 스토리 원형으로 활용해야 한다. 하지만 역사 속에 박제된 이야기의 원형이 아닌 세계인의 마음을 움직이고 감동을 줄 수 있는 스토리를 발굴하는 것이 중요하다. 또한 스토리가 산업이 되는 시대에, 스토리텔링은 게임, 영화, 방송, 애니메이션, 캐릭터, 만화, 음악, 출판 등의 콘텐츠 영역의 모티브로 적극적으로 활용해야 할 것이다.

이렇게 스토리텔링의 파워와 기법이 세상을 빠르게 움직이고 있다. 디지털 기반의 지식기반사회로 발전하는 과정에서 지식을 전달하고, 상상력을 표현하는 소통 도구로 스토리텔링이 부상하고 있다. 문화중심의 소프트웨어가 중요한 감성시대에 스토리텔링은 사회구성원들의 경험과 지식을 유통시키고, 새로운 지식을 창조하는 역할을 수행하고 있다. 스토리가 사람의 논리적인 이성보다는 감미로운 감성 장치에 어필하기 때문이다. 스토리텔링은 새롭고 생소한 아이디어를 쉽고 자연스럽게 전달하여 사람들에게 열정적인 행동을 취하도록 격려하는 힘을 발휘하고 있다. 글로벌 무한 경쟁시대에 창의력과 상상력 기반의 스토리가 풍성한 21세기 창조사회가 경쟁력의 핵심임을 기억해야 할 것이다.

3. 인문예술학과 문화기술!

한국콘텐츠진흥원에서 규정하고 있는 문화기술의 개념은 기술 차원에서 정리하고 있다. 즉 "CT는 문화(culture)와 기술(technology)의 접점을 찾아 융합하여 만들어낸 문화콘텐츠산업 관련 기술로 콘텐츠의 창작, 기획, 제작, 상품화, 유통과 관련된 서비스에 활용되는 기술이며 넓게는 디지털 첨단기술과 결합되어 활용하는 기술"로 규정하고 있다. 또한 2008년 국가과학기술 표준 분류체계에서 CT는 "문화 · 예술 · 체육에 포함되며 문화의 산업화 기술로 문화상품에 가치를 부여하고 정신적 · 영적 행복감을 만족시켜주는 기술"로 정의하고 있다. 구체적으로 CT의 범위는 문화 · 예술 · 체육 · 관광 영역과 미디어 · 커뮤니케이션 영역 그리고 문헌정보학 영역의 대분류 중 기술적인 부분에 해당하는 것으로 분류하고 있다.

표 1: 문화기술 관련 해외연구기관 현황

번호	국가	기관명	번호	국가	기관명
1	미국	MIT Media Lab	14	핀란드	Nokia Research
2	미국	USC ICT	15	오스트리아	Ars Electronica Futurelab
3	미국	Microsoft Research	16	스위스	MIRALab
4	일본	AIST	17	미국	ILM
5	일본	Keio DMC	18	미국	PIXAR
6	일본	NHK STRL	19	미국	Google
7	일본	NTT R&D	20	미국	Disney
8	영국	Futurelab	21	미국	ETC(CMU)
9	영국	IC-CAVE	22	미국	CCRMA(Stanford)
10	독일	Fraunhofer IIS	23	미국	Georgia Tech
11	독일	ZKM	24	한국	KAIST CT대학원
12	프랑스	INRIA	25	한국	ETRI 콘텐츠연구단
13	프랑스	IRCAM			

자료: 원광연 · 구본철 · 장성갑 · 권병웅 · 안정현 · 김지현(2007). 한국문화기술연구원(CUTI) 설립방안. KAIST 문화기술대학원. pp. 15-17.

표 2: 주요 국가별 연구기관 연구동향

국가	기관명	연구분야	연구동향
일본	ATRATR	• 뉴로사이언스 • 인조인간 로봇 • 인지과학	• 정부 대 민간 산업지분 비율이 7:3 • 평균 근무기간 짧고 외국인 연구원의 비율이 25% 동적 연구조직
독일	Fraunhofer-Gesells chaftFraunhofer-Gesellschaft	• 의료보안, 커뮤니케이션 • 모빌리티, 에너지, 환경	• 미래 삶의 질을 증진할 수 있는 거의 모든 분야의 과학기술에서 세계 최고 수준을 유지
프랑스	INRIAINRIA	• 정보통신분야 • 유비쿼터스 컴퓨팅 • Virtual Reality	• 국립 연구소, 프랑스 전역 8개의 연구소로 구성 • 프랑스 각 지역별 대학 및 연구소와 파트너십

(계속)

국가	기관명	연구분야	연구동향
오스 트리아	Ars Electronica Future LabArs Electronica Future Lab	• 미디어 퍼포컨스 • 미디어 아트 및 건축 • 인포메이션 디자인 • 전시, 인터랙티브 디자인	• 예술이 기술 개발의 원동력 • 가변적 연구공간 조직 구성 • 연구소 자체가 큰 전시장
프랑스	IRCAMIRCAM	• 음악, 댄스, 영상, 극장, 영화 등의 학제적 창작 • 음향, 인지, 사운드 디자인 • 음악표현, 실시간 인터랙션	• 음악이라는 과학기술 개발 목적 • 음악과 과학 연구의 접목/ 수학, 컴퓨터 등과 같은 과학 전공자
이탈리아	FABRICAFABRICA	• 디자인, 음악, 영화, 사진, 출판, 인터넷 등 창 조산업 분야	• 문화경영을 중시 베네통 기업의 상징적인 연구소 • 다양한 실험적인 연구를 진행
독일	ZKM	• 음악, 미디어아트	• 음악을 중심의 예술적 실험

자료: 구본철. (2009). CT연구원 설립의 방향. 국회정책토론회 자료집. pp. 40-43.

　　해외 문화기술 연구기관들이 중요하게 생각하는 것은 융복합 기술을 개발한다는 것이다. 인문학과 문화예술의 가치를 공학기술에 접목시키는 융복합 기술 개발에 집중하고 있는 것을 발견할 수 있다. 기술이 인문예술학을 선도하는 것이 아니라, 인문예술학이 기술의 발전을 주도하면서 콘텐츠 생태계를 조성한다는 것이다.

　　이러한 차원에서 인문학 기반의 문화기술 영역에 우리의 목소리를 주장해야 할 것이다. '콘텐츠 산업 국제 경쟁력 강화', '문화 향유 수준 향상', '콘텐츠 트렌드 변화 선도', 등의 영역에서 인문학 기반의 문화콘텐츠학이 중요한 역할을 수행할 수 있기 때문이다.

4. 나가는 말: 융합적 사고가 중요하다!

2005년 진화생물학자 에드워드 윌슨의『통섭, Consilience: The Unity of Knowledge』이 출간되면서 우리사회에 융합, 통섭, 퓨전, 컨버전스라는 키워드가 강하게 작동하고 있다. 각기 다른 이질적인 것들의 정체성을 유지하면서 공통분모를 만들어 내는 예술적 조화가 통섭이다. 단편적인 지식보다는 통합적인 지식을 요구하는 통섭의 영역은 기업의 M&A, 문화의 융합, 학문의 융합, 도시의 융합 등으로 구체적인 영역과 장르로 확장되고 있다.

디지털 문명으로 전개되는 미래의 삶을 소개하고 있는『미래』의 저자 수잔 그린필드에 따르면 세상에는 세 종류의 인간이 있다고 한다. 과학기술을 옹호하는 자, 과학기술의 힘을 깔보고 냉소하는 자, 과학기술을 두려워하는 자로 구분하고 있다. 하지만 우리의 삶의 질을 제고할 수 있는 인재는 융합차원에서 과학기술을 응용하는 사람이다. 인문지식과 기술(techne)의 융합을 통한 '테크네 인문학'을 시도하는 움직임도 일어나고 있다. 그리스어로 테크네는 기술·예술·지식을 통합하는 개념이다. '테크네 인문학'은 인문지식과 과학기술의 융합을 시도하는 것이다. 과학기술과 인문학의 조화로운 융합으로 인간이 기술과 상호작용하는 방안을 연구하는 실용적 도전이다.

특히 문화콘텐츠 분야는 학제적 융합 교육 프로그램의 개발과 기존 교육 프로그램의 혁신이 필요한 영역이고, 지능기반 사회에서 인문학적 창의력과 상상력이 지식사회와 문화산업에서 핵심적 부가가치 창출의 원동력이다. 더 나아가 문화콘텐츠학이 현실 문제에 직접 개입하여 구체적이며 창의적인 해결책과 고차원적인 인문학적 지식과 이론을 다양한 분야에 제공함으로써 새로운 인문적 가치를 창출해야 할 것이다. 최근 세계화의 방향은 스마트 테크놀로지 혁명으로 지능기반 사회로 전환하는 시점에 있으며, 다양한 영역에서 문화콘텐츠학의 역할 모델에 대한 근본적인 변화가 필요하다.

　새로운 관점에서 문화콘텐츠학의 학제적 연구방법론과 이론을 구축하기 위해서는 특정 연구방법론의 이론적 토대에 매몰되지 말아야 한다. 또한 새로운 연구방법론을 바라보는 유여한 태도를 가져야 한다. 이를 위해서 문화콘텐츠학은 철저하게 학제적 연구방법론을 추구하며, 새로운 주제와 문제를 창의적으로 바라보는 유연한 관점을 가져야 한다.

　결국 문화콘텐츠학은 지난 과거의 행로를 뒤돌아보고, 새로운 기능과 역할을 개척해야 한다. 특히 인문학의 새로운 패러다임을 모색하는 학자들은 창의적 인문학의 핵심영역이 문화콘텐츠산업 분야라는 데 공감하고 있다. 즉 인문학적 가치를 발휘할 영역이 문화적 가치를 상품에 코팅하여 명품화하고, 다양한 문화콘텐츠를 창작기획하고 개발할 수 있는 창의적 인력을 양성하는 것임을 기억해야 할 것이다.

기능의 시대에서 이야기 모으기:
박흥식 감독의 「이야기학의 정립을 위하여」를 읽고

고운기(한양대 문화콘텐츠학과)

거인의 어깨

박흥식 감독의 발표는 두 가지 방향에서 진행되었다. 첫째는 '거인의 어깨'로 집약되는 서양 이야기의 역사이다.

"서양은 신화의 모든 장면들이 그리고 실재 역사의 중요한 모든 장면들이, 고대부터 현대에 이르기까지 예술가들에 의해 지속적으로 그리고 반복적으로, 도기 같은 생활용품이며 그림, 조각, 음악 등 온갖 예술작품으로 옮겨져서, 서양 사람들은 태어나면서부터 자연스럽게 몸에 익히게 됩니다. 그래서 서양의 이야기 생산자들은 전통적인 것을 무의식적으로 작품에 담기도 하고, 또 고전 공부를 당연히 하니까 의식적으로 담기도 합니다."

이 같은 문화행위가 고전으로 축적된다. 그러므로 '축적된 고전을 읽지 않은 상태에서' 작품의 맥락을 잡아나가기란 어려운 것이다. 박 감독은 이에 대한 여러 가지 예를 들고 있지만, 도스토예프스키의 『카라마조프가의 형제들』 또한 『오이디푸스』와 『햄릿』의 전통을 모른다면 온전히 이해되지 못 할 것이다.

'거인의 어깨'가 반드시 '우리 것' 만이어야 할 필요가 없다는 것은 일본

140

의 사례로 충분히 방증되었다. 물론 "우리 민족이 (『마하바르타』 같은) 그런 서사시들에 버금가는 상고시대 서사시를 갖고 있지 않다는 것이 너무나 안타깝습니다."라고 박 감독은 속내를 드러냈지만 말이다. 그러기에 더욱 분발할 필요가 우리 '이야기 만드는 자'에게 주어져 있다는 충정으로 이해한다.

매체는 변하지만 이야기는 축적되어갈 뿐

이야기에 대한 깊은 천착은 문화콘텐츠로 집약되는 이즈음 우리 문화 풍토의 새로운 길을 모색하기 위한 전제로 보인다. 오늘 박 감독의 발표의 두 번째 방향은 '매체는 변하지만 이야기는 축적되어갈 뿐'이라는 말에서 드러난다.

무엇보다 신선하고 충격적으로 들리는 "문화콘텐츠학은 문화콘텐츠라는 이름을 버리지 않는 한 학문이 될 수 없다"는 대목을 진지하게 성찰할 필요가 있겠다. 박 감독은 '학(學)으로서 정립이 된 후에 학과가 생기는 것이 일반적'이라는 생각 아래, 문화콘텐츠학의 정립에 이 분야 일꾼들의 분발을 촉구하였다. 본인 자신은 문화콘텐츠학이 넓은 의미의 '이야기학(學)'에 속한다고 보면서, '이야기는 여러 매체에 다양하게 담길 수 있으므로 이야기가 매체를 떠나 자체의 어떤 속성을 지니고 있다고 보고, 이야기를 보편적으로 연구하는 학문'이라는 정의를 내렸다.

결론은 서사매체학이다. '디지털라이징이 몰고 온 변화를 수용해서 생성시킨 21세기의 새로운 이야기학'이라는 것이다. 학문적인 체계를 담기 어려운 문화콘텐츠학이라는 어정쩡한 이름을 대신한다.

대학과 학문과 기능

박흥식 감독의 주장은 과감하면서 명쾌하게 들렸다. 아직도 애매모호한 용어로 남아 있는 문화콘텐츠에 대해 재고할 기회도 되었다. 문화콘텐츠학과에서는 뭘 배우느냐는 질문을 나 또한 종종 받고, 상당히 멀리 우회하면서 긴 설명을 하지 않으면 안 되는 경험을 하게 된다. 한마디로 '쌈박하게' 설명할 길은 없을까.

그러나 오늘의 발표에 대해 기대와 우려가 섞인다. 먼저 박 감독이 발표한 두 번째 방향에 대해서이다.

다시 한 번 정리한다면, 문화콘텐츠학이 '독립적인 학문이 되고자 한다면 자기규정성이 분명한 명칭을 택한 후 포기할 것은 포기하고 학문으로서의 정체성을 가다듬어야 할 것'이며, '산업적인 접근은 교과과정 안으로 끌어들이는 것이 가장 바람직'하고, 결론적으로 명칭을 '서사매체학으로 바꿀 것을 제안'하였다. 정체성뿐만 아니라, 당장 '가장 오래된 역사를 지닌 학문'으로 자리매김 되는 이득 또한 있다.

우려되기로는, 박 감독의 논의가 너무 전통적인 대학과 학문의 개념 위에 놓여 있지 않은가 하는 점이다. 학문으로 세워져서 학과가 생기는 것이 자연스러운 현상이었지만, 학문의 분과 또한 근대적 인식의 소산이었고, 새로운 시대의 대학은 또 다른 기제를 필요로 하지 않을까 한다. 보다 더 기능에 기댄 어떤 것으로 말이다. '문화'와 '콘텐츠'를 결합하여 작명한 저변에는 근대적 학문의 성찰이 깔려있다기보다, 이마쥬의 언어적 감각이 개념으로 전화되는 이 시대의 특징을 반영하고 있다. 그래서 서사매체학이 보다 논리적인 개념이지만 문화콘텐츠학을 대신하기에는 약간 저어스러운 면이 없지 않다. 도리어 이 매력적인 개념은 스토리텔링을 대신할 교과과정으로 보아서 좋지 않을까?[1]

이야기는 모으기 나름

『길가메시』나 『마하바르타』 같은 서사시의 광맥을 가지고 있지 못하지만, 사금을 캐듯 끌어 모을 금쪽같은 이야기는 우리에게도 많다. 그 한 가지만 예로 들어 소개하기로 한다.[2]

우리의 텍스트 『삼국유사』는 9개의 주제로 나눠있지만, 불교적 색채를 띠고 있으면서도 이채로운, 그 가운데 여덟 번째가 「피은(避隱)」 편이다. 은자(隱者)의 삶을 이토록 아름답게 그릴 수 없다. 거기서 다섯 번째 이야기에 나오는 이들이 관기(觀機)와 도성(道成)이다.

숨어 산 그들의 이야기는 다음과 같이 간단하다.

신라 때에 관기와 도성 두 분 큰스님이 살고 있었는데, 어떤 사람인지는 정확히 알지 못한다. 함께 포산(包山)에 숨었거니와 관기는 남쪽 산마루에 암자를 지었고, 도성은 북쪽 굴에 자리를 잡았다. 서로간 거리가 십 리쯤 되었다.

구름을 헤치고 달을 읊으며 매양 서로 찾아다녔다. 도성이 관기를 부르고자 하면 산중의 나무들이 모두 남쪽을 향해 엎드려 마치 맞이하는 것 같으니, 관기가 그것을 보고 갔다. 관기가 도성을 부르고자 해도 또한 이와 같이 북쪽으로 엎드려 곧 도성이 이르렀다.

세상을 벗어나 은거의 깊은 곳에 몸을 맡긴 이들의 삶이 극적으로 그려졌다. 그들의 은거에는 억지가 없다. 단순히 세상에서 몸을 뺀 데에 그치지 않았다. 자연 그 자체와 하나 된 모습을 보여주었다. 남과 북으로 나뉘어 사는 그들이 서로 부르고자 하면, 산중의 나무가 찾는 이를 향해 엎드렸다니,

---

1   발표자는 현재 문화콘텐츠학과에서 스토리텔링을 가장 중요한 과목으로 가르치고 있다는 전제에서 이런 결론을 내리지 않았나 싶다. 분명 중요한 분야이지만 전부는 아니다. 한양대 문화콘텐츠학과의 경우는 분명 그렇다.

2   아래 부분은 고운기, 「SNS 이야기의 원형성과 그 의미」, 『한국언어문화』 42, 한국언어문화학회, 2012에서 轉載한 것임.

생물이지만 사람도 아닌 나무가 무슨 신호를 보낸다는 말인가. 실은 관기와 도성이 자연과 완벽히 어우러져 산 광경이었다.

그런데 여기서 한 가지 새로운 생각을 덧보태고자 한다.

북쪽의 도성이 남쪽의 관기를 찾을 때, 나무는 남쪽을 향해 엎드렸고, 그러면 관기는 도성이 오는 것을 알았다. 반대의 경우에도 마찬가지였다. 찾아오니까 엎드리는 것이 아니라, '도성이 관기를 부르고자 하면' 마치 신호를 보내듯 '산중의 나무들이 모두 남쪽을 향해 엎드려' 알려주었다. '엎드리는 나무'는 오늘날로 치면 하나의 '디지털 신호'와 같다. 이것은 찾는 이가 찾아갈 이에게 보내는 신호이다. 다소 비논리적인 혐의를 무릅쓰고 말한다면, '나뭇잎에 찍은 문자 메시지'처럼 보인다는 것이다.

관기와 도성이 어떤 신통력으로 나무를 엎드리게 했다고 볼 수 없다. 아마도 10여 리 떨어진 산길에서 상대방의 암자를 찾아갈 때, 저들은 자연의 가장 알맞은 조건에서 움직였을 것이다. 시원한 바람을 맞으며 가는 산길 같은 것이다. 산과 나무와 몸이 하나 된다는 것은 자연 그 자체를 완전히 이해하고 있다는 말의 다름 아니다.

그것은 이른 바 '은자의 문자질'이다. 저들은 초청장을 저들만의 문자 메시지로 나무에 찍어 보냈다. 나무는 1,200년 전 자연에 묻혀 살던 은자가 가지고 논 스마트폰처럼 보인다. 여기서 위와 같은 이야기가 태어났다.

문화콘텐츠학의 과제

안이영노((주)기분좋은QX 대표)

1. 문화콘텐츠학과의 제일과제

문화콘텐츠학의 문제를 꿰뚫어보는 박홍식 감독님 발제의 많은 부분에 공감을 표합니다. 학이 정립되지 않은 채 학과가 먼저 생겼다는 점, 그 말이 문화콘텐츠진흥원의 등장에 의해 촉진된 말이라는 점, 영미를 비롯한 해외의 문화산업에 대응하는 정책논리의 발로로 '콘텐츠'라는 열쇳말을 얻게 되었다는 점, 이 세 가지에서 학의 발전에 대한 이야기를 출발해야 합니다.

문화콘텐츠학이 적절한 대상을 구하지 못하고 있다는 지적에 동감합니다. 그런데 단지 영화, 게임, 만화, 애니메이션 같은 장르대상만이 아니라 산업현장의 현실을 충분히 만나지 못하고 있다는 점에서 그렇습니다.

비슷한 예를 들겠습니다. 한국에서 그 말이 쓰인지 15년이 넘은 문화기획이라는 말은 이제 문화부도 사용하는 것인데, 이러한 현장을 충분히 알면서 제대로 연구해주는 대학이 없다는 문제가 최근 거론되었습니다. 문화기획은 예술경영과 달리 한국에서 고유하게 쓰이는 자생적인 말이고, 영어로 'culture planning'이라고 말할 때는 도시계획 분야에서 문화계획이라고 부르는 말로 그 의미가 크게 달라집니다. 연구할만한 가치가 있는 말입니다.

문화콘텐츠학의 경우도, 산업현장과 깊이 연계하여 '실사구시'의 적절한 아카데미 역할이 일어나야 한다는 것이 가장 큰 과제입니다. 우리 모두의 발전을 위해서는 2005년 당시 많은 신설 문화콘텐츠학과에서 실용인문학, 응용인문학을 표방했던 점을 생각할 때 그만큼의 진보를 해냈는가를 함께 돌아보아야 합니다.

2. 산업규정의 쟁점과 용어의 한계의 인식

학과에서 유능한 현장인력을 길러내기 위해서는 문화콘텐츠학과의 발전을 위해서는 문화콘텐츠 기획과 개발을 분간하고, 기획과 제작을 특히 구분해서 가르쳐야 합니다. 기획도 그렇지만 개발과 제작은 산업영역에 따라서 각각 둘 이상의 동떨어진 의미를 갖추고 있습니다.

문화콘텐츠학과가 산업을 규정하지 못하고 있는 것 역시 인력양성뿐 아니라 연구의 발전을 위해서는 문제가 될 수 있습니다. 무엇보다 문화산업과 문화콘텐츠산업의 차이를 규명해야 합니다. 과연 문화콘텐츠산업이라는 말이 가능한지 되돌아보아야 합니다. 학과에서는, 문화콘텐츠산업이 별도 존재하는 것이 아니라 콘텐츠프로바이딩(content providing) 혹은 콘텐츠 개발이라는 형태로 문화산업을 구성하는 하위영역 아닌가를 판단해봐야 합니다. 이상의 문제제기는 문화콘텐츠의 중요성에 따른 것이 아니고 실제 산업현장의 구성에 따른 것입니다.

정책차원에서는, 문화산업을 '콘텐트 인더스트리'로 크게 규정할 때 산업 전체가 스토리를 강조함으로써 기술이나 미디어를 발전시키지 못하는 문제를 어찌할지 판단해야 합니다. 문화콘텐츠학과가 문화산업을 강조해야 한다면 산업 내에서 차지하는 스토리난 콘텐츠의 비중을 강조하면서 '콘텐츠 주도산업'(Content-driven industry)이라는 제한된 관점으로 사용해야 합니다. 그리고 이 말이 문화산업의 전체를 조망하기에는 한계가 있음을 전제하고 써야 합니다.

스토리와 콘텐츠가 아니라 유통망과 채널에 의한 지배가 자본주의 문화산업의 현실입니다. 더구나 지역개발, 도시계획 및 부동산, 건설에 의해 유지되는 여가관광산업을 포함시켜 볼 때, 즉 개발위주의 문화산업을 고려할 때, 개별의 콘텐츠의 힘보다는 '컨테이너'라고 부르는 그릇이 갖는 규모의 경제력이 결정적입니다.

한편으로 콘텐츠주도산업이 한때 부상하는 관점이 되지 말라는 법 역시 없습니다. 과거에 정보산업, 지식산업이 강조되었듯, 콘텐트와 스토리가 강조되는 것일 뿐, 앞으로는 디자인의 강조가 중요해지면서 예컨대 '디자인주도산업'(Design-driven industry)이 부각될지 알 수 없습니다. 저는 개인적으로 이러한 트렌드가 올 것이라고 판단합니다. 현재로서는 스토리가 주도하는 산업의 시점을 10년 가까이 맞고 있는 것으로 보입니다. 만화산업의 경우 예를 들면, 문화산업과가 문화부에 만들어진 1994년 무렵 스토리가 아니라 기획의 중요성이 강조되었는데, 2005년에는 전국적으로 스토리의 중요성이 부각되었습니다.

3. 대상의 확대와 원리탐구의 필요성

장르를 한정하여 대상을 나눈다면 문화콘텐츠가 학으로 발전하는 것 역시 한계를 갖게 될 것으로 보입니다. 영국 창조산업의 경우, 디자인과 건축, 패션을 망라합니다. 그렇기에 산업의 발전이나 제도정책의 방향 역시 우리와 다른 경향성을 드러냅니다.

한국의 경우 문화체육부에 의해 예술산업이라는 용어가 쓰인 적이 있습니다. 그 경우 이 말이 문화산업과 어떻게 다른지를 규명하려고 노력해야 합니다. 문화콘텐츠라는 말은 분명히 10년 전 문화산업이 디지타이징 경향을 바탕으로 새로운 전개를 할 때 나타났으며, 그 후 대중음악, 만화애니메이션, 영화비디오 등 대중매체 문화산업을 중심으로 전개되다가 대중음악을 넘어서 종합적인 엔터테인먼트라고 부르는 방송연예오락 부문에 초점을 맞추어보기도 하고, 또 MSMU(multi-source multi-use)의 힘을 갖춘 게임을 포함시키다가 한류영향을 받아 드라마를 넣기도 하는 등 영역변화를 전개했습니다.

앞으로도 정책에 따라 문화산업은 여러 영역을 넘나들 수 있을 것입니다. 산업정책에서든 일반적인 의미로든 문화산업은 예컨대 위락산업이나 오락산업까지 광대역으로 그 의미가 넓어질 수도 있고, 더 좁혀질 수도 있을 것입니다. 한편으로 문화콘텐츠라는 말은 이런 영역을 넘나들며 너른 의미를 갖출 수 있어야 합니다. 요컨대 문화콘텐츠 혹은 문화콘텐츠산업이라는 말을 쓰면서 특정한 장르의 한계를 규정한다면 어떠한 문화산업에서나 도움을 제공할 수 있는 원리적 발전을 할 수 없을 것입니다.

4. 용법과 개념의 문제

정책진흥책을 바탕으로 문화콘텐츠 개발이라는 말이 화두가 될 2005년 무렵 기업영역에서는 문화마케팅이 동시에 관심을 얻었습니다. 분명히 이유가 있을 것입니다. 지금 지역문화 부문에 있어서는 문화콘텐츠라는 말과 동시에 문화브랜드라는 말이 쓰입니다. 마케팅은 제작자나 유통망이 소비자 접점에 서서 고민하는 것이고, 브랜딩은 제조가 아닌 상품화에 대한 고민이 녹아 있는 말입니다.

문화콘텐츠학과는 산업의 관점보다는 좀 더 구체적인 제작의 관점에서 연구하고 또 학생들을 길러내야 할 것으로 보입니다. 원천－가공의 관점에 따라, 자원－콘텐츠－제품－상품의 4단계를 분명히 인식시키면서 콘텐츠라는 용어를 사용할 필요가 있습니다. 콘텐츠는 제품이 아니며, 자료-정보-지식의 패러다임을 예로 들면 가공된 정보 수준에 해당합니다. 자료가 정보를 거쳐 지식에 이르기까지 가공을 통해 가치가 발생하지만 이것이 창조행위로 전환될 때 또 한 번의 가치를 형성합니다. 이와 마찬가지로 콘텐츠는 상품으로 가기 전의 무엇을 의미하는 것으로 써야만 산업현장에 역설적으로 도움이 됩니다.

프리-프로-포스트로 부르는 전제작-본제작-후제작의 3단계로 볼 때, 문화콘텐츠학은 기획과 스토리의 중요성을 강조하면서 전제작을 연구해주는 것으로 자기규정을 하는 게 낫다고 봅니다. 또 원천을 가공하는 전문성을 바탕으로, 제조단계에서 원자재와 가공재, 중간재와 포장재를 어떻게 개발할 것인가 하는 다양한 연구를 함으로써 스토리텔링뿐 아니라 제반 R&D와 CT를 끌어앉는 구조를 만들어야 한다고 봅니다.

중요한 점은 문화콘텐츠학과가 콘텐츠와 제품을 구별하는 데 있지 않습니다. 오히려 제품과 상품의 차이를 분명히 해야 합니다. 그럼으로써 차라리 현재의 문화콘텐츠학이 상품화를 다루지 않고 있음을 밝히는 게 낫습니다. 그렇지 않다면 상품화를 포함함으로써 문화콘텐츠가 아니라 문화산업을 다루는 학과가 되어야 합니다.

문화콘텐츠학과는 프로덕션이 아닌 비즈니스의 관점에서 다루면 더 큰 과제를 갖게 됩니다. 콘텐츠 비즈니스, 컬처 비즈니스, 디지털 비즈니스 같은 용법은 산업경제가 아니라 기업전략을 다루는 것입니다. 문화콘텐츠학이 모든 문화산업에 적용되는 원리를 획득하면서도 어떻게 제한적으로 자기규정을 하여 한계 속에서 전문성을 획득하는가는 참으로 중요한 문제라고 생각합니다. 이는 문화콘텐츠학과가 문사철 계열의 인문학을 중심으로 형성되었기에 더욱 그렇습니다.

5. 앞으로 어떻게

저는 10년 전부터 문화콘텐츠라는 말은 문화미디어를 전제로 한 말이라고 강조했었습니다. 특히 한국에서 콘텐츠는 IT 발전을 배경으로 디지털콘텐츠에 대한 문제의식을 가지면서 의미 있는 것이 되었습니다. 인문학 출신의 문화콘텐츠 연구자들이 기여한 것은 콘텐츠라는 말을 더 큰 메타포로 쓰면서 디지털콘텐츠를 넘어 적용되는 구분법을 시도한 데 있으며 스토리를 강조하면서 신화구조를 비롯한 인문학적 기반을 접목하려고 한 점에 있습니다.

분명히 콘텐츠는 기호학, 언어학적 메타포를 가진 '텍스트'와는 의미가 다릅니다. 그것은 서사학에서 이야기하는 스토리나 플롯, 그리고 내러티브와도 다를 것으로 봅니다. 정확히 미학에서 형상과 질료, 내용과 형식, 콘텐트와 컨테이너를 나누던 암시에서 출발해야 합니다. 문화산업이 결국 스토리의 싸움이 아니라 미디어의 싸움이라는 산업적 현실을 직시할 때, 콘텐트와 미디어의 구분법은 분명, 현실성을 갖습니다.

그런 점에서 문화콘텐츠의 핵심이 스토리텔링에 있다고 보는 것은 어느 정도 시대적 강조점 같습니다. 1990년대에는 기획의 시대, 2000년대에는 스토리의 시대를 만났습니다. 지금 우리는 디자인의 시대를 맞고 있습니다. 서비스, 브랜딩, 마케팅의 관점에서 수요자 접점, 소비자 접점에 서야 하는 것이 산업의 숙명입니다. 이는 스토리와 콘텐트가 산업현장으로 나갈 때 어떻게 디자인되고 상품화되는가 하는 쪽으로 강조점이 옮겨갈 수 있음을 뜻합니다.

우리들의 사고범주 안에서도 제작과 제조에서 상품화로 전환하는 발상이 필요할 수 있습니다. 또한, 단순히 마케팅이 중요하다는 말 이상으로 문화콘텐츠학이 이를 연구해주어야만 합니다. 이럴 때 문화산업의 프로덕션이나 컬처 비즈니스 관점으로 연구범위를 확대하는 커리큘럼을 가진 학과들도 다양하게 나올 수도 있을 것입니다. 개인적으로는 문화산업에 대한 정부지원은 문화부를 넘어서 창조경제와 지식경제를 전담하는 정부부서가 함께 다룰 필요성이 크다고 봅니다.

지금까지 문화콘텐츠진흥원을 중심으로 문화산업을 R&D의 관점에서 바라보고 CT에 대한 창의적 연구까지 확장된 것은 바람직한 성과입니다. 그동안 문화콘텐츠학이 문화산업에서 인문사회학적 기반을 공고하게 한 것 역시 성과입니다. 앞으로는 더욱 문화산업 현장으로 다가가야 합니다. 그럼으로써, 문화산업 현장이 인문사회학적 기반을 갖추면서 창조적인 콘텐츠를 발굴할 수 있는 저력을 갖도록 도와야 합니다.

문화콘텐츠학과가 스토리를 중심으로 다루는 것은 타당한 한편으로 시대적 한계를 갖는 것이라고 생각합니다. 그럼에도 불구하고 문사철의 인문학이 근본으로 삼아야 할 것이 무엇이었는지를 상기시키면서 서사학을 중심으로 문화콘텐츠학의 해체적 재구성을 강조해준 박홍식 감독님의 탁견에 상당한 동의를 표합니다.

문화콘텐츠 개발과정에서
인문학 가공의 문제

심승구(한국체대 교양학부 교수)

　본 발표는 디지털콘텐츠의 발전에도 불구하고 개발과정의 단계별 방법론이 아직 초보단계라는 문제의식 아래 인문학과 콘텐츠 기획과정의 공통성을 도출하되, 체계화되지 못한 부분을 인문학의 방법론에서 모색하려는 글이다. 발표자는 다년간 이 분야에 대한 깊은 이해를 기초로 현장 경험을 수행해 왔고, 이를 토대로 콘텐츠 기획과정에서 인문학 가공의 문제를 탐구하였다.

　그동안 인문학과 문화콘텐츠의 당위론적 융합을 주장하거나 현장전문가의 끼와 감으로 생산된 관행이 콘텐츠의 질·량의 일관성 해치고 '학'의 성립 논리와 방법을 모호하게 만든 원인이라고 진단하면서, 콘텐츠 기획과정에서 인문학과의 연계요소를 제시한 점은 신선하고도 의미 있는 시도로 보인다. 특히 인문학의 성과, 방법론, 정보구조를 콘텐츠의 자원(소재), 방법(모델), 구조(스토리텔링)와 연결하여 접근한 점은 내용의 검증 여부를 떠나서 향후 이 방면의 연구에 유용한 실마리가 되리라고 생각한다. 토론자는 저자의 논지에 기본적으로 공감을 표시하면서 특별한 이견이 없다. 다만, 발표문을 읽으며 생긴 의문점과 궁금한지 몇 가지를 묻는 것으로 토론에 가늠하고자 한다.

첫째, '문화콘텐츠 개발과정에서 인문학 가공의 문제'라고 했는데, 실제 내용을 보면 문화콘텐츠 '기획과정'에서 인문학의 '연계 내지 활용' 정도의 언급이 아닌가 싶은데, 굳이 그렇게 표현한 이유가 있는지 궁금하다.

둘째, "콘텐츠 방법으로서의 인문학 융합"에서는 철학적 사고와 창의발상을 언급하면서, 익숙한 것 낯설기를 제시하였다. 아마도 인문학 내에서의 해답을 찾는 데 한정했기 때문으로 보이지만, 실은 예술, 심리학, 인지과학 등 타 분야에서도 창의발상을 곁들여 쓰는 것이 필요해 보이는데 이에 대한 견해를 듣고 싶다.

셋째, 문학이해와 스토리텔링 기법 활용 사이의 괴리와 함께 관광 장소 마케팅 등에서 문학 스토리텔링의 편식현상을 언급하면서 서사학의 성과를 현대 스토리텔링 전략과 연계하는 방안을 연구해야 한다고 했는데, 혹 이 점과 관련한 발표자의 의견을 듣고 싶다.

넷째, 문화콘텐츠 개발과정 가운데 기획과정에서 인문학과의 연계과정을 주로 언급했는데, 그 이후 개발과정에서 인문학의 연계과정이 필요한 것인지 필요하다면 어떤 부분인지 말씀해 주시면 좋겠다.

다섯째, 원형 이야기의 활용과정과 기존 문학작품 콘텐츠화 메커니즘에 대한 연구가 부족하다고 했는데 혹 이와 관련한 발표자의 생각이 있으면 듣고 싶다.

본 발표는 인문학의 여러 학문방법론을 문화콘텐츠 기획과정에 접목시킴으로써 이론적 체계화에 커다란 시사점을 제시한 것이라고 믿는다. 이 연구가 앞으로 문화콘텐츠 기획과정에 대한 체계적인 작업에 기여하길 바라는 동시에 기회, 제작, 유통, 소비로 이루어지는 구조에서의 문화콘텐츠 이론화도 이루어지기를 기대한다.

전통시장 문화기획과 인문학적 방법론:

「문화콘텐츠 개발과정에서 인문학 가공의 문제」를 읽고

윤성진(문화기획자/쥬스컴퍼니 예술감독)

유동환 교수의 논문을 통해 문화콘텐츠 기획과정에서 인문학의 학문적 결과물과 연구방법론이 어떻게 적용될 수 있을 것인지, 그 다양한 적용방안에 대해 확인할 수 있는 기회가 되었다. 필자는 15년 이상 축제와 공연을 개발하고 기획하는 현장 문화기획자로서 활동해오면서 문화 기획과정에서 인문학적 방법론의 필요성을 절실히 느껴왔다. 처음에는 공연기획자로 연극, 무용, 뮤지컬, 아동극, 클래식 등의 다양한 장르의 '공연'으로부터 출발하여, 축제기획자로서 공연예술축제, 지역축제, 관광축제, 마을축제 등 다양한 축제들과 지역박람회를 개발하고 기획, 실행 하였으며, 최근에는 문화기획자를 양성하는 교사로 농촌과 문화를 접목하려는 시도들을 통해 농촌의 문화리더들을 위한 교육 프로그램을 개발하고 교육과정을 운영하고 있다. 또, 전통시장 문화기획자로 지난해까지는 전통시장과 문화를 접목시켜 지역의 관광거점으로 만드는 사업을 추진하기도 했다. 최근에는 기초지자체의 지역 간 연계를 통한 지역활성화를 목표로 한 지역연계사업의 구상과 추진을 기획하고 도전하고 있다.

미시적 문화예술분야에서 거시적 도시활성화 영역까지, 15년 전 '문화기획'이라는 용어도 생소했던 시기에 출발했던 공연예술분야의 기획경험이 축적되고 확장되면서 문화를 통한 지역활성화를 고민하는 '문화기획'의 영역확장의 과정을 함께하면서 끊임없이 결핍을 느끼고 갈구했던 것은 '창의적 발상'이 가능하도록 하는 '독창적인 방법론'을 찾아내는 것이었다. '상상력','발상법' 책을 찾아보기도 하고, '인문학' 강의를 듣기도 하고, 학창시절 보았던 철학책과 논리학 교재를 꺼내보기도 하면서 기대했던 것은 창의적 기획을 가능케 하는 '보편적으로 적용가능한 창의적 발상법'의 개발이 아니었나 하는 생각을 해보게 된다. 특히, 문화기획자들을 교육하는 과정에서 공연의 기획, 축제의 개발을 위한 자료조사−자원분석−소재개발−프로그램화 과정에 필요한 창의적 발상을 유도해내는 발상법의 원리를 매뉴얼화할 수 있다면 얼마나 좋을까 하는 생각을 여러 번 하게 되었다.

그 창의적 발상을 가능케 하는 인문학적 방법론이 정립될 수 있고, 문화기획의 각 분야에 적용될 수 있다면 많은 현장 문화기획자들에게 큰 도움을 줄 수 있을 것이라는 기대를 하면서 오늘 발제 되는 여러 논문들을 읽어보았다.

"콘텐츠가 다른 상품과 다른 근본적 이유는 다른 상품보다 창의발상(Ideation)에 대한 의존성이 높다는 것이다. 콘텐츠 기획의 중요한 특성 가운데 하나가 "세상에 하나뿐인 아이디어"를 추구하는 것과 "이 아이디어를 기반으로 체험상품을 만드는 것"이다. 전자의 경우 그 특성이 '기발함'에 있고, 후자의 경우 그 특성은 '쓸모 있음'에 있다.

"이러한 철학적 사고방식에서 창의성이란 "익숙한 기계적인 행동과 사고 그리고 지각 속에서 인지할 수 없는 새로운 무엇을 볼 수 있게 하는 능력"을 말한다. 모든 '익숙한 것을 낯선 것으로 만드는' 질문의 방법을 통해서 매일 매일 체력을 훈련하듯이 창의성도 매일 매일 훈련시켜야 하는 것이다.

그런 기대와 고민을 갖고 읽어본 유동환 교수의 논문에서 발견한 위와 같은 글은 남다른 구체성으로 피부에 와 닿는 주장들로 밑줄을 긋게 만들었다.

필자가 경험한 다양한 문화기획의 과정의 어느 부분에서 방법론의 갈증을 느꼈는지 여러 문화기획의 과정들을 떠올리다가, 최근에 가장 오랜 기간 참여했던 프로젝트의 전 과정을 한번 제시해보았다. 필자는 지난해 말까지 최근 3년간 하나의 지역 전통시장에 문화를 접목시켜 '전통시장'을 '테마가 있는 지역의 문화관광 거점'으로 만드는 사업에 참여할 기회가 있었다. 전통시장에 문화프로그램을 접목시키기 위한 기획과정의 경험을 기술하면서 필자는 각 기획, 실행 단계에서 고민했던 것들이 무엇이며, 그것을 통해 어떤 콘텐츠가 만들어지고, 그것이 전통시장을 어떻게 변화시켰는지를 돌이켜보고자 한다. 한 문화기획자의 고민의 과정을 통해 인문학적 방법론과, 서사적 이야기구조를 중심으로 하는 스토리텔링의 방법론 등이 '문화산업' 영역의 '문화콘텐츠'의 기획에만 적용되는 것이 아니라, 보다 광범위한 문화기획의 영역에까지 적용될 수 있는 방법론으로 이해되어야 한다는 것을 확인할 수 있는 기회가 되었으면 한다.

필자는 3년간의 전통시장 사업을 시행하면서 매년 연초 3~4개월간 사업을 기획하고 예산계획을 세우고, 실행계획을 수립하는 과정을 거쳐 실제 현장 실행 활동을 추진하기를 3년간 반복하면서 전통시장을 지역문화관광 거점화 하는 목표를 추구해왔다. 그리고 실제로 해당 전통시장의 명칭을 테마에 맞게 변경하고, 인지도를 높이고, 상설 문화프로그램을 지속가능하게 만드는 성과를 보기도 하였다. 그 기획과정을 단계별로 기술해보면 다음과 같다.

1단계: 전통시장의 자원분석
- 전통시장의 환경과 사업현황, 지역의 역사문화적 환경과의 연계성 등

자원분석(규모, 경쟁시장 및 마트, 매출규모, 주요취급상품, 개설년도, 시장개설 배경 스토리, 지역 관광지와의 연계성 등)

- 전통시장 상인, 리더, 소비자 등 상행위의 주체가 되는 대상들에 대한 분석(인원, 분포, 연령, 성별, 거주지, 출생지, 취급상품, 근무시간, 만족도, 소비행태 등)
- 스토리자원에 대한 조사, 분석(상인들의 이야기, 재능, 골목이야기, 사건 및 에피소드, 전설 등)

2단계: 사업의 목표구체화 및 테마설정
- 전통시장의 차별화 이미지 전략을 위한 테마설정(역사자원, 환경자원을 바탕으로 한 차별화 콘셉트를 도출)
- 상인, 지역, 지자체의 요구분석 및 소비자들의 기대분석
- 경쟁력 높은 핵심자원을 바탕으로 한 콘셉트 도출과 테마 설정

3단계: 테마설정 및 타깃설정을 바탕으로 한 문화프로그램 개발
- 사업 분야에 따른 프로그램 개발 : 공연, 전시, 문화공간개발, 상징조형물, 특화음식, 이벤트, 웹 콘텐츠 등
- 타깃에 따른 프로그램 개발 및 실행전략 수립
- 시장 콘셉트 및 스토리텔링에 따른 프로그램의 구성 및 실행전략

4단계: 사업실행
- 기획에 따른 사업실행
- 추진사업별 기록자료화(사진, 영상, 책자, 온라인 DB 등)

5단계: 평가 및 평가환류
- 추진성과분석 및 자체평가
- 성과평가 및 평가환류

　　• 평가결과를 차기년도 사업기획에 반영

　　전통시장을 지역의 관광거점으로 만드는 과정은 다양한 문화콘텐츠의 개발과 연계를 통해 테마공원을 조성하는 것과 유사한 과정으로 이해될 정도로 여러 장르의 콘텐츠가 기획되고 실행되는 과정을 거친다. 이 과정에서 기획자가 가장 고민하는 것은 이 시장이 하나의 지역 문화브랜드로 인식될 수 있도록 하는 것이다.

　　3년간의 기획과정을 통해 만들어냈던 콘텐츠들은 다음과 같다.

　　• 전통시장 스토리북
　　• 로고송
　　• 공공미술작품
　　• 공공미술작품과 이야기 투어를 결합한 영상
　　• 세편의 '전통시장'과 '상인'을 주제로 한 공연물
　　• 테마가 있는 상징조형물
　　• 전시, 공연, 방송, 공예창작이 가능한 카페형 복합 문화공간
　　• 10여종의 공예MD상품
　　• 주말 상설 예술장터
　　• 시장 특화음식
　　• 시장스토리를 드러내는 퍼레이드행사와 관련 사진물
　　• 전통시장 이야기지도
　　• 브랜드 축제 등

　　각 콘텐츠들의 기획－제작 과정에서 일관되게 고민하고 반영하고자 했던 것은 시장의 테마, 스토리, 콘텐츠 간의 연계성 등이었다. 재미있는 것은 가장 큰 사업의 성과로 평가되는 것은 그러한 콘텐츠들이 아니라, 그러한

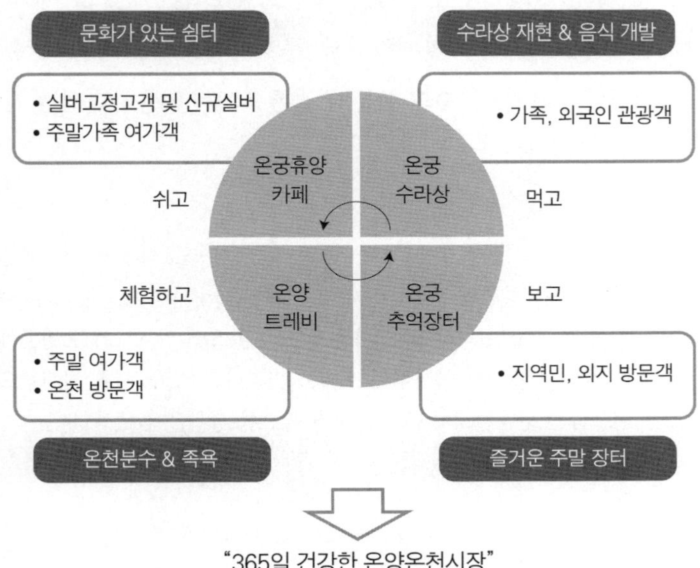

과정을 경험하고 실행을 함께했던 상인들의 경험과 인식변화였으며 결국 '사람'을 전통시장의 핵심적인 자원으로 만들어 가는 과정이었다는 결론을 내리게 되었다.

문화콘텐츠를 생산해내는 콘텐츠 전문가들과 문화행사와 축제를 기획하는 현장문화기획자들 모두에게 필요한 인문학적 방법론은 무엇일까?

• 인문학적 사유를 바탕으로 한 창의적 발상법과 상상력
• 서사구조에 대한 이해와 매력적인 스토리텔링 기법
• 경험, 체험의 밀도를 높여가며 서사적 체험구조를 만드는 방법론

정도가 아닐까? 문화기획자들이 현장에서 적용가능한 매뉴얼화된 인문학적 방법론 제시될 수 있을까? 하는 기대를 해본다.

　전통시장의 콘텐츠를 개발하는 데 있어서도 유형의 자원보다는 '사람', '스토리', '장인들의 기능' 등 무형적 자원을 소재로 한 콘텐츠의 매력이 더 높고 오래갈 수 있다는 것을 발견하면서, 무형자원의 중요성을 다시 한 번 확인하게 되었다. 유동환 교수의 논문의 결론부분을 인용하면서 필자의 간단한 소고를 마무리한다.

　"인간 체험의 6대 요소를 구조화하는 과정, 즉 체험 스토리를 만드는 과정을 기획이라고 할 때 인간 경험의 산출물이 새로운 콘텐츠의 자원이 되는 것은 매우 자연스러운 것이다. 중요한 점은 최근 사용자의 자원(소재) 선호도가 유형물에서 무형물로, 거시적인 소재에서 미시적인 소재로 변화하고 있고, 이를 체계적으로 관리하고 서비스하는 분류체계에 대한 연구가 필요한 상황을 검토하였다."

경제와 문화의 관계

박영일(한국콘텐츠진흥원)

본 심포지엄은 인문콘텐츠의 사회적 공헌에 관한 주제로 학문으로서 인문콘텐츠학이 콘텐츠의 원천으로서 콘텐츠 창작과 개발에 영향을 미치고 있는가. 나아가 인문콘텐츠가 문화산업 혹은 콘텐츠산업 발전에 올바른 방향을 제시하고 있는가를 다루고 있다. 발제문 중 두 가지 논문에 대해 토론하고자 하는데, 첫 번째는 박홍식 감독의 「이야기학의 정립을 위하여」이고, 두 번째는 고정민 교수의 「국제 간 경제협력·통합에서 문화의 역할」이다. 전자는 콘텐츠의 본질인 서사에 대한 학문적 집중을 통해 인문콘텐츠학이 콘텐츠 창작에 기여할 수 있음을 밝히는 논문이며, 후자는 문화콘텐츠가 국가 간 경제협력에 기여할 수 있음을 주장하는 논문이다. 두 논문이 각각 서로 다른 분야 — 콘텐츠와 콘텐츠 연관분야 — 발전에 공헌한다는 것을 보여주고 있어 흥미롭다.

박홍식 감독의 「이야기학의 정립을 위하여」는 일천한 대한민국 문화콘텐츠의 역사 속에서 혼용되어 사용되고 있는 문화콘텐츠의 개념에 집착할 것이 아니라, 문화콘텐츠에 내재하는 속성인 서사(스토리텔링)에 주목하고 이를 기반으로 학문적인 발전을 꾀할 것을 주장하고 있다. 문화콘텐츠학이 아니라 서사학, 나아가 서사매체학으로 접근할 때, 학문적 자기규정이 명확해지고, 학과 간의 자리매김도 분명해진다는 것이다.

논문은 학문으로서의 자기정체성을 명확히 함으로써 본질적인 영역에 대한 깊이 있는 탐구가 가능해지고 이를 바탕으로 학문적 발전을 이끌 수 있다는 점을 강조하고 있는 것 같다. 기본적으로 논문의 생각에 동의한다. 인문콘텐츠학이 서사중심으로 학문적 깊이를 더하고, 여기서 수학한 인재들이 산업분야에 진출한다면 보다 깊이 있는 재미와 감동, 글로벌시장에서도 통용될 수 있는 문화콘텐츠가 만들어질 수 있을 것이다. 이것이 인문콘텐츠학(서사매체학)이 산업발전과 사회발전에 기여하는 중요한 역할이 아닌가 생각된다.

다만 산업현장에서 보면, 문화콘텐츠라는 범주 속에는 영화, 만화 등과 비교해 다소 약한 서사를 담고 있다고 본 음악, 캐릭터 등도 포함되어 있는 것이 사실이다. 이렇게 볼 때 산업현장에서는 오히려 엔터테인먼트 콘텐츠라는 인식이 더 강한 것 같다. 결국 이 엔터테인먼트 콘텐츠는 논문에서 얘기한 것과 같이 경영학적 측면의 비즈니스적 시각이라고 볼 수 있는 것이다. 이렇게 볼 때, 인문콘텐츠학은 학문의 본질적인 부분에 집중하는 것이 바람직하겠지만, 콘텐츠가 유통되고 소비되면서 파생되는 가치나 비즈니스적 맥락에 대한 이해도 병행되어야 할 것으로 본다.

고정민 교수의 「국제 간 경제협력·통합에서 문화의 역할」은 글로벌 시대 국가 간 경제협력에 문화적 요소가 교역 확대, 나아가 경제통합의 촉진자로서 역할을 할 것임을 문헌연구를 통해 주장한다. 즉 문화는 경제통합 전 단계 —— 통합 이전, 통합과정, 통합 이후 —— 에 거쳐 환경 조성, 협상과정에서의 갈등해소, 통합 이후 국가 간 결속 강화에 기여한다는 것이다.

문화교류가 경제협력으로 이어지는 예를 관련 업무에서 찾아볼 수 있는데, 2001년에 시작한 〈한중일 문화산업포럼〉이 그것이다. 한중일 간의 정부 간 네트워크에서 시작한 이 포럼은 3국의 문화산업 관련 학계, 업계, 정부관계자 간의 교류 채널로 운영되어 오다 출범 9년차를 맞은 2009년에 비로소 '부산선언문' 채택을 통해 본격적인 경제(산업) 교류채널로의 전환을 맞이하였다. 이후 경제적 협력과 성과 도출을 위한 작업반 구성 등이 시도되었다.

또한 경제통합 이후 문화적 교류가 오히려 확대될 수 있는 사례도 확인해 볼 수 있는데, 한-EU FTA 체결 시 채택한 '문화협력의정서'가 그 예다. 한국과 EU는 문화적, 지리적 거리로 경제교류 외에 활발한 문화교류가 있었다고 보기 어렵다. 그러나 FTA 체결로 양 측은 시청각 분야 외 공연, 예술, 출판 등 문화 전반에 관한 교류확대와 이를 모니터링하고 장려하기 위한 '문화협력위원회'를 설치하였다. 한-EU FTA가 잠정시행(2011. 7)된지 얼마 되지 않아 아직까지 활발한 교류는 일어나지 않고 있으나 한-EU 기업 간 혹은 정부 간 문화-관광 교류 세미나 개최 등 향후 활발한 문화교류가 기대된다.

최근 국가 간 외교나 경제교류에 있어 문화의 역할이 중요시되고 있는데, 본 논문은 경제협력·통합 과정에서의 문화의 역할과 공헌을 단계별로 분류하여 정리함에 따라 문화의 중요성을 강조하는 동시에 경제통합을 추진하는 정부의 정책방향에도 중요한 시사점을 제공하고 있다. 특히 논문이 제안하고 있는 국가 간 경제통합 시 문화를 활용한 성공전략 혹은 성공유도를 위한 과제는 FTA와 같은 중요한 경제통합을 추진하고 있는 정책당국자에게 의미 있는 고려사항이 될 것이다. 우리정부가 현재 협상중인 FTA는 한-중, 한-중-일, 한-캐나다, 한-호주, 한-뉴질랜드, 한-베트남, 한-인도네시아 등이 있다.

논문의 내용과 연관하여 추가로 논의하고자 하는 것은 인문콘텐츠 혹은 문화콘텐츠를 통한 경제교류의 영향 또는 공헌과 관련한 내용이다. 논문에서 언급하고 있는 '문화'는 우리가 관심 있게 다루고 있는 인문콘텐츠 혹은 문화콘텐츠 보다는 폭넓은 개념이다. 문화를 '예술과 예술적 활동', '삶의 방식' 까지 포함하고 있어 콘텐츠나 문화상품은 그 하위 개념에 해당한다고 할 수 있다. 그렇다면 문화콘텐츠는 어떻게 경제교류나 협력에 기여할까.

한류의 전파과정에서 나타나듯 문화콘텐츠의 교류는 '콘텐츠의 진출' → '콘텐츠의 소비' → '새로운 소비문화 생성' → '현지 문화화' → '지속적 콘텐츠 진출(문화 교류) 여건 조성'이라는 일련의 과정을 통해 진행된다. 이런 측면에서 보면 문화콘텐츠의 진출(경제적 측면)이 지속적 문화교류의 기반을 형성하는 계기가 됨을 알 수 있다. 또한 '콘텐츠 진출' → '파생상품 구매' → '한국상품(제품) 구매' → '한국 선호'(국가 브랜드 형성)와 같은 시각(삼성경제연구소, 2005)에서 본다면 문화콘텐츠의 문화적 요소가 경제교류 활성화로 연계되는 것도 확인할 수 있다. 결국, 문화콘텐츠는 문화적 속성과 상품으로서의 속성이 동시에 내재되어 있어 문화콘텐츠의 교류는 문화와 경제교류 모두에 공헌할 수 있는 대안이라는 점을 강조하고 싶다.

인문콘텐츠의 사회적 공헌
토론 녹취

김현

　　인문콘텐츠의 사회적 공헌 네 분의 발표에 이어서, 발표자 선생님과 일곱 분의 토론자 선생님을 모시고 종합 토론을 시작하도록 하겠습니다. 먼저 사회를 맡게 된 저는 한국학중앙연구원 인문정보학과 교수 김현입니다. 오늘 회장님과 김기덕 선생님 발표에도 언급이 되었습니다만 10년 전에, 인문콘텐츠 학회 처음 설립할 때 이 자리에 와계신 여러 선생님들과 함께 뜻을 모아서 학회창립에 같이 참여를 했었습니다. 그리고 우리나라에서 '문화콘텐츠'라는 말이 나오기 시작한 것을 쭉 거슬러 올라가다 보면 1994년에 당시 문화체육부에 문화산업국이라는 것이 만들어지면서였습니다. 문화와 산업을 어떻게 접목할까 라는 논의가 일어나게 되었고 그 뒤에 한국문화콘텐츠진흥원이 만들어지고, 문화콘텐츠 진흥과 관련된 법이 만들어 지면서 문화콘텐츠라는 것이 우리 사회의 중요한 화두로 떠오르지 않았나 합니다. 그때 문화체육부에 문화산업국을 만들 때 앞으로 문화산업국에서 어떠한 일을 해야 할 것인가에 대한 비전을 정하고 정책을 결정하는 문화산업자문단이라고 하는 것을 1992년에 조직을 했었는데 그 문화산업자문단에 일원으로 제가 활동을 시작했었습니다. 그리고 보면 우리나라에서 문화콘텐츠라는 개념이 처음 만들어지는 그때부터 추이를 지켜봐온 사람 중 하나가 아닐까 생각합니다. 그런 점에서 봤을 때 오늘 문화콘텐츠라는 주제로 이렇게 풍성한 논의의 장이 마련된 것이 감개무량합니다. 오늘 좋은 이야기들이 많았고 또 이것이 우리나라 문화콘텐츠 발전에 큰 도움이 될 것이라고 믿어 의심치 않습니다. 좋은 발표 해주신 네 분 선생님께 다시 한 번 감사드리면서, 오늘 토론을 진행하실 일곱 분의 선생님을 소개하도록 하겠습니다.

먼저 한국외국어대학교에서 문화콘텐츠전공 과정을 일찍이 개설하시고, 이끌어주신 임영상 교수님 이 자리에 참석해 주셨습니다. 지금 대학원에서 글로벌문화콘텐츠 전공 과정을 이끌고 계십니다.

그리고 인하대학교에 백승국 교수님 참석해 주셨습니다. 문화기호학을 전공하신 백승국 교수님은 문고대학 문화콘텐츠학과에 계시면서 대학원에서는 문화경영학도 맡아 강의하고 계십니다.

그리고 한양대학교에 고운기 교수님 와주셨습니다. 국제문화대학 문화콘텐츠학과 교수로 재직하고 계십니다.

역시 토론자로 기분좋은QX 대표 안이영노 선생님 참석해 주셨습니다. 기분좋은QX 는 문화컨설팅 전문 회사로써 문화와 관련된 각종 사업을 하는 문화기획 회사입니다.

다음으로 한국체육대학교 심승구 교수님 참석해 주셨습니다. 전공은 한국사이지만 역사를 소재로 한 문화콘텐츠 자료 및 개발에 좋은 업적을 많이 내주셨습니다.

다음으로 쥬스컴퍼니 예술감독이자 전남대학교 문화전문대학원 겸임교수로 계시는 윤성진 선생님 참석해주셨습니다. 윤 선생님은 최근까지 온양온천시장 사업단을 이끌었으며 그와 관련된 많은 일들을 하셨습니다.

마지막으로 한국콘텐츠진흥원의 박영일 선생님 참석해주셨습니다.

그러면 바로 토론에 들어가도록 하겠습니다. 토론자 선생님들께 토론

방식과 규칙에 관해서 먼저 말씀을 드리도록 하겠습니다. 사실 제가 이 토론문을 받고 조금 당황했습니다. 왜냐하면 이 일곱 분 가운데는 짧게 적어 주신분도 계시지만 발표문 못지않게 긴 토론문으로 제출해 주신 분들이 많으십니다. 하지만 아주 요령껏 요약해서 발표해 주실 것이라고 생각합니다. 긴 토론문을 보내주신 분이시나 짧은 토론문을 보내 주신분이나 7분의 시간을 드리도록 하겠습니다. 토론자가 많아서 자칫 시간이 길어지게 되면 저녁식사에 지장이 있기 때문에, 제가 7분을 재서, 7분에 종료 벨을 울리도록 하겠습니다. 그렇게 해서 7분씩 계속해서 토론을 들은 다음에 필요하면 관련 발표자들에게 답변을 듣고 다시 토론자와 여러분들의 의견을 종합적으로 듣는 시간을 갖도록 하겠습니다.

그러면 첫 번째 순서 임영상 선생님의 '인문학과 문화콘텐츠, 문화콘텐츠학은 어디로?'라는 제목으로 김기덕 교수님의 발표에 대한 토론을 듣도록 하겠습니다.

임영상

제 나이가 6학년 하고 2반인데요, 이 토론문을 쓰느라 밤을 샜어요. 그 이유는 다른 일 때문에 한 시간 자고 한 거예요. 먼저 인문콘텐츠라는 개념이나 의의보다는 학과 진로 등등에 대한 것이 의미가 있을 것 같아 제 토론문 서두에 몇 가지 얘기를 했는데, 각자 읽어봐 주시고 이 자리에서는 생략하겠습니다. 제가 준비한 말은 여기 계신 모든 분들이 거의 문화콘텐츠와 관련된 학과를 만드시고 이끌어온 분들이기 때문입니다. 발표해주신 우리 김기덕 교수님은 아주 왕성한 활동을 하시는 분이고 저런 분이 계셨기 때문에 학회가 발전되었습니다. 2001년도에 건국대학교에서 저분을 만나고 그것이 인연이 되어서 제가 나이가 조금 많지만 여러 가지 배우는 자세를 가지고 있습니다. 그래서 오늘 김기덕 교수님의 글을 보면서 '아! 이분이 늘 하던 이야기를 글로 옮기셨구나' 생각했습니다. 그런 가운데 저는 이제 몇 가지만 이 글에 중심을 잡고 이야기를 해봤어요. 김기덕 교수님 발표문 가운데 인문학과 문화콘텐츠학과 부분입니다. 여기서 문화콘텐츠학과는 기본적으로 인문콘텐츠학과이다 라고 말씀하십니다. 저도 그렇게 생각하고 있고 제가 학과를 만들 때 도 그렇게 했어요. 역사문화연구소, 인문과학 연구소 그리고 또 미디어 연구소 등등 이렇게 몇 개 모였는데, 공과대학은 영상공학을 가져가려고 그리고 또 신문방송학전공은 미디어를 가져가려고 그리고 결국은 이 싸움에서 외국대 문화콘텐츠학과 대학원은 인문학 베이스로 갔습니다. 그런데 인문학 베이스라도 여러 차원이 있고, 또한 여러 기존 인문학을 범문화콘텐츠학과화 하자는 주장도 그렇게 간단하지는 않다고 생각합니다. 예를 들어 역사콘텐츠학과를 시도했던 선생님 이야기를 들어보니까 한국사 1/4, 동양사 1/4, 서양사 1/4, 콘텐츠 1/4 했다고 합니다. 그분 전공은 한국사입니다. 그러니까 한국사가 50% 이상이 되고, 콘텐츠는 역사학보다 더 실용적인 학문이고 현장으로 가기 때문에 비율이 높아졌습니다. 또 프로젝트를 하게 되니까 점점 힘을 받으니까 그분은 강한 저항을 받게 된 거예요. 그래서 학과장이 다른 분야인데 이분은 학장이지만은 학과장이 움직이지 않으니까 뭐가 안 되는 거예요. 적(敵)은 내부에 있습니다. 강력한 반대자가 내부에 있어요. 저희 사학과에서도 강력한 반대가 있으면 못합니다. 지금 우리 대학원에 20명의 학생이 있습니다. 학부에는 120명이지만 이제 대학원에도 들어오기 시작합니다. 지금까지 사학과에서 많은 제자를 가르쳤지만 역사공부하라고 하지 않았어요. '왜 할래? 정말 할래? 몇 번을 물어봐도 어려운데 할래? 길이 어려운데?' 라고 합니다. 김기덕 교수님이 말씀하신 인문학과가 범 문화콘텐츠학과로 간다는 이야기는 옳습니다. 하지만 상당한 저항이 있고 이것을 국문학과, 사학과, 철학과에 이렇게 하라고 한다고 해서 되는 것이 아닙니다. 우선 김기덕 교수 자신이 건국대학교 사학과 교수를 못했어요. 그리고 학과 새로 만들었거든요. 말하자면. 그렇게 간단하지 않다는 겁니다.

요즘 천안시에서 지원받아 천안학을 하고 있습니다. 그리고 제가 대학에서 교양강의로 용인학을 하고 있습니다. 이거 할 때 아예 처음부터, 용인학은 용인시가 지원하고 대학이 강의하는 것인데 용인문화콘텐츠발전을 목적으로 하고 있습니다. 그래서 결국 지역과 그 지역 대학이 연계해서 강좌를 만들면 지역발전에 도움이 될 것이고 그게 하나의 단초를 마련할 것이다.

학과의 교육방향의 배경은 인문학이 맞다고 봅니다. 그런데 인문학만으로는 학생이 안 옵니다. 그런데 요근래 조금 늘어납니다. 이제 문화콘텐츠학과는 어디로 갈 것이다 라는 방향을 제시하고 그림을 그려보고 준비를 해야겠습니다. 아 물론 하고 싶은 것이 많이 있겠지만, 교수 위주가 되어서는 안 됩니다. 추가하자면 제가 서양사를 했기 때문에, 박흥식 감독님 이야기 참 감명 깊었습니다. 그래서 토론문에 동경대학 문화자원학연구전공 과정 이야기를 좀 써 보았습니다. 다시 말하면 융합, 저는 융합이라는 말이 굉장히 애매하다고 봐요. 지금까지 써왔지만 막상 잘되지도 않고 CT, 잘 안되요. 그래서 저는 인문학에, 이 순수 인문학에 사회과학도 포함시키는 인문학이 필요하다고 생각하고 있습니다. 마치겠습니다.

김현

네, 감사합니다. 여러 가지 해결해야 할 문제들을 김기덕 선생님께서 명확하게 지적 하셨습니다만은 인문학을 기반으로 한 문화콘텐츠학은 문화산업들과 전통적인 인문학 분야 그 중간에 서서 해결해야 할 과제들이 있다고 생각합니다. 아마도 김기덕 선생님께서는 그 정립할 과제의 미래지향적인 비전을 말씀하셨고 그리고 임영상 선생님께서는 아직 떨쳐버리지 못한 발목 잡는 과거의 문제를 같이 언급하신 거 같습니다. 어쨌든 우리는 과거의 것을, 옛것을 빨리 해결을 하고 그리고 비전을 향해서 나아가야 하겠죠.

두 번째 토론역시 김기덕 선생님께서 발표하신 문화콘텐츠 등장과 인문학의 역할을 주제로 토론문을 보내 주셨습니다. 백승국 선생님께서 인문학 기반의 문화콘텐츠학은 가능한 것일까? 라는 주제로 말씀해주시겠습니다. 네, 부탁드립니다.

백승국

김기덕 교수님께 메일을 받고 토론문을 한 장 반 정도 써봤는데 그렇게 쓰면 안 될 것 같아서 다시 여덟 장을 썼습니다. 두 장 정도로 압축적으로 설명을 드리겠습니다. 우선 오늘 제가 느낀 점을 말씀드리고 그리고 제 토론문에 대해서 말씀 드리겠습니다. 어떤 학회든지 간에, 어떤 학파든지 간에, 학문이 주장하는 도그마(dogma)가 있어야 한다고 생각합니다. 도그마가 독이 될지 약이 될지 모르겠지만, 한국적인 것에 사회문화적인 맥락 속에서도 독트린(doctrine)이 있어야 한다고 생각합니다. 그런 차원에서 문화콘텐츠학은 어떻게 될 것인가에 대한 고민들이 십년동안 계속 논의가 되고 있고 지금은 어느 정도 각자의 선생님들께서 정리를 하시는 중이라고 생각합니다. 그래서 저는 전체적으로 어느 학교에 어떤 선생님이 어떤 생각을 하든 전체적으로 공통적으로 흐르는 키워드가 있는데 그것 중 하나가 스토리텔링이고 또 하나가 문화기술이기도 하고 그 다음에 인문학 기반에 문화콘텐츠학을 어떻게 구축할 것인가 라고 생각합니다. 이제 토론문을 압축적으로 설명을 하겠습니다. 제가 2003년도에 옆에 앉아계시는 임영상 교수님 손에 이끌려서 인문콘텐츠학회에 가입을 했고 그 이후에 한국문화콘텐츠진흥원에 문화원형사업이 시작되면서 저는 OSMU와 스토리텔링 그리고 문화기술을 통해서 문화콘텐츠학이 가능하다고 생각했습니다. 그 배경에는 2004년도에 임 교수님과 같이 택견의 디지털 콘텐츠화에 제가 PM을 맡았었고 그러면서 역사적인 고증과 스토리텔링의 중요성을 인식했습니다. 그리고 2006년도에 인하대 문화경영심리연구소에서 인천개항문화의 디지털콘텐츠화 그리고 2008년도에 제물포 구락부에 스토리텔링 콘텐츠 개발에서 사실은 연구책임자로 산학연구의 가능성을 체험했습니다. 그리고 지금 여기 계시는 선생님들이 문화원형사업에 굉장히 열정적으로 왕성한 활동을 했습니다. 그래서 그 가능성이 분명히 문화콘텐츠학을 구축한 것이라고 생각했습니다. 그리고 지금까지 여러 선생님들께 감사의 마음을 표현을 못했는데, 저를 이렇게 많은 문화원형사업에, 문화콘텐츠학에 눈을 뜰 수 있게 해주신 것에 감사를 드립니다. 그리고 한동안 문화콘텐츠학에 입문하는 학생들에게 문화콘텐츠 현장에서 인문학관점의 OSMU와 스토리텔링의 중요성을 강하게 주장했습니다. 근데 어느 순간에 OSMU와 스토리텔링에 대한 저의 소신이 사그라지는 것을 느꼈습니다. 특히 OSMU 전략은 정보검색과 콘텐츠 분석 능력이 탁월한 젊은 구글 세대들에게 식상한 개념으로 보였고, 더 이상 강의실에서 OSMU에 대한 개념을 가지고 강의를 할 수가 없었습니다. 또한 변화무쌍한 콘텐츠 시장의 트렌드를 중요하게 생각하는 현장사람들에게는 문화콘텐츠의 OSMU 전략이 하나의 진부한 슬로건으로 전락했습니다. 스토리텔링 역시 광고, 디자인, 관광, 교육 영역 등에서 굉장히 많이 사용하는 개념입니다. 문화콘텐츠학에서 주장하는 스토리텔링의 차별성이 무엇인지 설명할 수 있는 키워드가 없었습니다. 디지털 기술 기반의 콘텐츠 창작기획 단계에서 스토리가 중요하다고 어필하지만, 기존 창작활동과의 구분이 애매모호했습니다. 한국콘텐츠진흥원에서 규정한 8개의 콘텐츠 장르 중 영화, 드라마, 애니 등에서는 스토리가 매우 중요합니다. 하지만 이 스토리 문화는 문예창작이나 연극영화, 광고홍보 등에서 스토리창작 능력을 자신들의 공동 영역으로 인식하고 있습니다. 문화콘텐츠학의 고유 영역이 아닙니다. 그러다가 저는 2009~2010년에 CT기술에 대한 프로젝트에 참여를 했습니다. 콘텐츠 캐릭터 제작 툴 개발에 참여를 했는데 여기에서 300편의 시나리오를 통해서 캐릭터를 자동으로 생성해주는 프로그램을 개발하는 프로젝트였습니다. 근데 지금까지 그 프로그램이 유통되었다는 소식을 듣지 못했습니다. 그 이유는 미국의 'Dramatica-Pro'와 같은 툴은 우리나라와 같이 작가 고유의 창작활동을 중요시하고, 저작권이 완벽하게 보호받지 못하는 우리 실정에 대중화시킬 수 없기 때문입니다. 저는 단지 하나의 기호학적인 서사가 문화기술에 적용되었다는 것에 만족할 수밖에 없었습니다. 최근에 한국콘텐츠진흥원에서 CT R&D 성과평가 모델 구축 사업을 진행하고 있습니다. 이 사업을 진행하면서 인문학기반의 문화콘텐츠학이 문화기술 영역에 어떻게 기여할 것인가에 대한 고민을 하기 시작했습니다. 그런데 불행하게도 문화기술에 대한 실제 개념이나 기술 분류가 인문학의 개념 규정이나 분류는 될 수 없었습니다. 즉 외국의 경우에는 콘텐츠의 핵심이 기술보다는 인문, 예술학에 기반을 두고, 문화기술을 접목하고 있는데 우리는 기술 중심에 과도하게 경도되어 있습니다. 다시 말해 우리의 문화기술이 문화적 가치보다는 기술 중심으로 과도하게 경도되어 있는 반면에, 해외는 국내에 비해 기술 자체보다 예술 및 창작활동에 활용될 수 있는 가능성과 실생활에서의 활용성, 콘텐츠 산업 내에서 발생할 수 있는 문제해결 가능성 등과 같은 기준으로 문화기술사업의 방향을 설정하고 있습니다. 또 최근에 문화관광부에 2020 문화비전 전략을 수립한 창조역량 분과에서는 장르별 콘텐츠 시나리오 작가 양성을 위한 아카데미 설치를 제안하고 있습니다. 또한 국내 최대 포탈업체인 네이버는 콘텐츠 기획과 개발 인력을 양성하기 위해 콘텐츠 대학을 설립한다는 소식을 전하고 있습니다. 문화콘텐츠와 관련된 기업이 대학의 문화콘텐츠학과의 인력에 대해 매력을 느끼지 못하고 있다는 반증이라고 생각합니다. 사실 이것이 십년 된 우리 문화콘텐츠학과의 현 상황이라고 생각합니다.

두 번째는 인문학적 스토리텔링 영역을 사수해야 한다고 생각합니다. 스토리텔링이 가장 많이 쓰이는 영역이 디자인 부분이고 둘째는 광고홍보 분야이고 셋째는 도시이고 넷째는 관광이고 다섯 번째는 게임 콘텐츠 개발의 스토리텔링입니다. 이런 차원에서 문화콘텐츠학에서 주장하는 스토리텔링의 영역이 무엇인지 궁금합니다. 또 하나는 박홍식 감독님이 제안하는, 문화콘텐츠학이 서사매체학과로 변화해야 한다고 주장하셨는데 사실 서사학은 외국에서 이미 1960년도에 제안이 되었지만 지금 유럽에 서사이론학과는 존재하지 않습니다. 서사학이라는 학문은 하나의 방법론으로서의, 하나의 다른 학문들에 보조역할을 하는 것이지 그것이 하나의 독립학문으로서의, 학과로서의 존재는 불가능합니다. 그런 차원에서 두 번째 발표하신 문화콘텐츠학이 서사매체학으로 어떻게 가능한 것인가에 대한 질문을 던지고 싶습니다.

마지막으로 제가 말씀드리고 싶은 것은 CT나 혹은 다른 어떤 스토리텔링이나 모든 사업에서 추구하는 것이 융합적인 어떤 문제라고 생각합니다. 십년이 지난 오늘날에 문화콘텐츠학과가 배출한 인력에 대한 역량이 무엇인가에 대한 고민들을 우리가 아주 처절하게 해야 한다고 생각합니다. 이상입니다.

김현

네, 감사합니다. 형평성을 고려해서 시간을 더 드렸습니다. 백 교수님께서 CT 쪽에 관심을 갖고 그 방면에 아주 심도 있는 일들을 하신 것이 매우 반갑게 들립니다. 사실은 우리 인문콘텐츠, 김기덕 선생님께서 말씀하셨듯이 인문학 기반의 인문콘텐츠가 반드시 포용하고 우리 삶의 일부분으로 다가올 때 문화콘텐츠 발전을 기대할 수 있는 것이 아닌가 생각됩니다. 그 부분에 대해서 또 토론시간에 말씀을 해주시기 바랍니다.

자 오늘 박홍식 감독님을 모실 수 있게 되어서 오늘 논의가 매우 풍성해지게 되었습니다. 아주 도전적인 제안도 해주셨고 그리고 반드시 우리가 짚고 넘어가야 할, 문화콘텐츠학이라고 하는 것이 과연 정립 가능한 것인가, 그리고 거기에서 서사학은 어떠한 역할을 할 것인가? 문화콘텐츠학을 대신할 것인가 등의 논의가 재미있을 것 같습니다. 먼저 한양대학교 문화콘텐츠학과의 고운기 선생님의 '기능의 시대에서 이야기 모으기'라고 하는 제목의 토론을 듣도록 하겠습니다.

고운기

네, 소개받은 고운기입니다. 저도 길어서 핵심적인 내용만 말씀드리도록 하겠습니다. 도쿄에 있는 메이지 대학은 일본에서도 명문 사립대입니다만은, 재작년에 미디어 문예학과라고 하는 걸 만들었습니다. 아마도 우리로 치면 문화콘텐츠학과하고 가장 비슷한 개념의 학과가 아닌가 생각하고요. 우리만큼 활성화되지 않아서 설립되고 있지 않지만은 일본도 우리랑 비슷한 학과들이 생긴다고 합니다. 저는 한양대학교 문화콘텐츠학과에 있습니다만은, 괜히 이런 이야기 하면 자랑질 같지만 오해하지 말고 들어주시길 바랍니다. 이번 학기에 저희 학교에서 박사학위를 받은 두 사람이 처음으로 취직을 했습니다. 저희 학과로서는 축제 분위기죠. 저희 학부 문화콘텐츠학과가 작년 신입생 모집에서 안산캠퍼스, 저희학교에서는 에리카라고 합니다만은 인문사회계열 쪽에서는 가장 높은 점수가 그동안에는 광고홍보학과였는데 금년에 저희 학과가 일등을 했습니다. 아마도 이러한 문화콘텐츠학과의 우수성은 저희 학교뿐만 아니라 다른 학교도 다 마찬가지일 것이라고 생각합니다. 그런 면에서는 좋은 사례라고, 바람직한 현상이라고 생각을 합니다만은 그런 가운데 한 가지, 저희 학교에는 일반대학원, 특수대학원이 함께 있습니다만, 우리 학부 출신 대학원생은 거의 없습니다. 지금까지 제가 알기로는 2명, 석사과정에 2명 있던 걸로 기억합니다만은, 학부에 좋은 자원들이 들어오는데 그 학생들이 왜 이어서 대학원까지 공부를 하지 않을까 그런 생각을 하게 되면 조금 우울해지죠. 그렇다고 다른 학교 다른 학과 전공을 하시던 분들이 오는 것이 질이 나쁘다 그런 것은 절대 아닙니다. 그런데 그 원인을 저는 이번에 박흥식 감독님 글을 읽으면서 생각을 한번 해봤습니다. 이게 문화콘텐츠학이라고 하는 것에 그러한 학문적 정립이 안 되어 있는 것이 학생들을 끌어들이지 못하는 이유가 아닌가. 타

대학 타 전공 하시는 분들이 그 전공을 하면서 문화콘텐츠학이라고 하는 것의 전망을 일찌감치 알고 왔겠죠. 그런데 그 안에서 학부 4년을 줄곧 공부해온 학생들은 오히려 학문적인 매력을 느끼지 못한 것이 아닌가 생각합니다. 물론 요즘 대학원 진학률이 그렇게 높질 못하고 또 대학원보다는 현장으로 나가고 싶어 하는 것이 우리 문화콘텐츠학과 출신들의 일반적인 성향이니까 그런 것에도 원인이 있겠습니다. 그러나 그런데도 불구하고 학문적 매력이 있다고 한다면 좀 어려운 일이라도 과거 저희들이 대학원에 들어가서 학문을 했듯이 그렇게 택했을 텐데 하는 그런 생각이 듭니다. 그래서 오늘 박흥식 감독님의 지적을 상당히 뼈아프게 받아들였습니다. 다만 좀 전에도 말씀을 하셨지만 박흥식 감독님이 내놓은 결론대로 가기에도 조금 무리가 있지 않나하는 생각을 저도 하고 있습니다. 토론문의 일부를 부분적으로 읽고 토론을 마치도록 하겠습니다. 대학과 학문과 기능이라는 제목 아래 있는 그 대목만 좀 읽고 제 토론을 여기서 마치려고 합니다. "박흥식 감독님의 주장은 과감하면서 명쾌하게 들렸습니다. 아직도 애매모호한 용어로 남아 있는 문화콘텐츠에 대해 재고할 기회도 되었습니다. 문화콘텐츠학과 에서는 뭘 배우느냐는 질문을 나 또한 종종 받고, 상당히 멀리 우회하면서 긴 설명을 하지 않으면 안 되는 경험을 하게 됩니다. 한마디로 쌈박하게 설명할 길은 없을까. 그러나 오늘의 발표에 대해 기대와 우려가 섞입니다. 먼저 박 감독님이 발표한 두 번째 방향에 대해서입니다. 다시 한 번 정리하자면 문화콘텐츠학이 독립적 학문이 되고자 한다면 자기규정성이 분명한 명칭을 택한 후 포기할 것은 포기하고 학문으로서의 정체성을 가다듬어야 할 것이며 산업적인 접근은 교과과정 안으로 끌어들이는 것이 가장 바람직하고, 결론적으로 명칭을 서사매체학으로 바꿀 것을 제안 하였습니다. 정체성뿐만 아니라 당장, 가장 오래된 역사를 지닌 학문으로 자리매김 되는 이득 또한 있습니다. 우려되기로는 박 감독님의 논의가 너무 전통적인 대학과 학문의 개념 위에 놓여 있지 않은가 하는 점입니다. 학문으로 세워져

서 학과가 생기는 것이 자연스러운 현상이었지만 학문의 분과라고 하는 것
또한 근대적 인식의 소산이었고, 이제는 시대가 바뀌고 있다 라고 말씀을
드리고 싶고요. 새로운 시대의 대학은 또 다른 기제를 필요로 하지 않을까
합니다. 보다 더 기능에 기댄 어떤 것으로 되지 않을까 그런 생각이죠. 문화
와 콘텐츠를 결합하여 작명한 저변에는 근대적 학문의 성찰이 깔려 있다기
보다는, 이마쥬의 언어적 감각이 개념으로 전환되는 이시대의 특징을 반영
하고 있다고 보고 있습니다. 억지로 붙일 것도 아니라고 봅니다. 이름 자체
가 김기덕 교수님이 발표하신 것처럼 현상에서 지어진 개념인데, 그 명명은
명명대로 가지고서도 얼마든지 그 안에서 돌파구를 찾아낼 수 있지 않을까
하는 그런 생각이 듭니다. 그래서 서사매체학이 보다 논리적 개념이지만
문화콘텐츠학을 대신하기에는 좀 저어한 면이 없지 않습니다, 도리어 이 매
력적인 개념은 우리 문화콘텐츠학 안에 있는 스토리텔링이나 혹은 제가 하
고 있는 문화원형을 대신할 교과과정으로 보는 게 좋지 않을까 생각합니
다. 박 감독님께서는 문화콘텐츠학과에서 가장 중요한 부분을 스토리텔링
이라고 두고 논리해석 하신 것 같은데. 다른 대학교는 어떨지 모르겠습니
다만 제가 있는 한양대학교 문화콘텐츠학과 상황을 보자면 물론 스토리텔
링이 중요한 부분이기는 하지만 전부는 아닙니다. 그리고 무엇보다도 입학
하는 학생들이 문화콘텐츠학과에서 공부하고 싶어 하는 부분이 그쪽이 아
닙니다. 저희학교에서는 그런 면에서 본다면 서사매체학과 그렇게 이름을
붙인다면 오히려 개념을 축소시키거나 학과를 축소시키지는 않을까 이런
생각을 하게 됐습니다, 이상입니다.

김현

사실 박흥식 감독님께서는 문화콘텐츠학과 안에 계신분이 아니라 현장
에 계신 분으로써 이 커리큘럼을 통해서 혹은 그 방면에서 쓴 저희 문화콘
텐츠학의 논문을 통해서 곁에서 봤을 때는 충분히 여기서 지향하는 것을 서

사학으로 대체를 해도 무방하지 않을까 진단을 하실 수도 있겠다는 생각이
들었습니다. 하지만 고운기 선생님 말씀대로 경영학의 이론 중 문화기획과
관련된 마케팅이라든지 매니지먼트 쪽으로 해서 가르칠 수 있는 부분도 있
습니다. 또 백승국 선생님이 말씀해주셨듯이 이제 CT라고 하는 분야, 그것
을 통해서 테크놀로지를 어떻게 활용할까 이런 부분에 또 중요한 이슈를 다
룰 수 있기 때문에 이런 것들이 우리 문화콘텐츠를 굉장히 넓힌 상황이 되
지 않았나 생각합니다. 하지만 그럼에도 불구하고 역시 우리한테는 스토리
텔링 말하자면은 서사학으로 볼 수 있는 그런 부분이 중요합니다. 역시 그
럼 이 부분에 대해서 안이영노 선생님의 의견을 듣도록 하겠습니다. 문화
콘텐츠학의 과제라는 제목으로 말씀해주시겠습니다.

박홍식 감독님의 발표에 굉장히 공감을 했습니다. 왜냐하면 학과 밖에
서 학과를 상식의 입장에서 볼 때 그 안에 있는 사람들보다 쉽게 정의를 내
릴 수 있겠다는 생각을 했습니다. 그리고 학의 정립이 십년 이십년 걸릴 수
있다고 생각해요. 근데 학의 정립과 별개로 학과가 어떤 기술이나 접근법
을 쓰고 학과 안에서 다양하게 어떤 것에 초점을 맞추는 과정이 중요하다고
봅니다. 서사매체학이라는 용어를 쓰면서 상투적으로 남발했던 스토리텔
링이라는 말을 넘어설 수 있으며 문화콘텐츠의 기본을 인문학적으로 되돌
아 볼 수 있다는 점 이런 걸 깊이 받아들여야 한다고 생각합니다. 그 다음에
이러한 접근에 대한 이야기 자체가 공론을 만든다는 가정이고요 다양한 접
근법이나 학(學)에 대한 정의에 노력들이 공존하면 그걸 통해서 방법론이
성립이 되고, 그 방법론이 우세한 쪽이 학의 정립에 영향을 미치는 그런 과
정을 따라가야 한다고 생각합니다. 가장 중요한 것은 학이 현장을 반영할
수 있냐는 거예요. 그렇게 볼 때는 서사매체학은 산업현장이라든지 생활문
화에서 콘텐츠를 활용하려는 사람들에게 굉장히 중요한 요소임이 분명하

고, 스토리텔링이라는 휘발성이 강한 용어를 넘어설 수 있다고 생각합니다. 제가 가지고 있는 단상은 문화콘텐츠학과에 대한 애정에서 나온, 처음 인문콘텐츠학회 만들 때 참여했고 많은 선생님들을 존경하면서 바라봤습니다. 한편으로는 현장이나 산업 분야에 나가 있는 사람으로 동지인 입장에서 학과가 산업을 받쳐주는 아카데미로서 해줘야 할 역할이 있다고 봅니다. 앞으로 문화콘텐츠학과는 문화산업현장을 좀 더 많이 만나 보십시오. 그런 말씀을 드리고 싶고요. 2005년 전후였던 걸로 기억되는데 여기 여러 선생님들이 언급하셨던 말씀 중에 실용인문학, 응용인문학 이런 표현이 있었고 오늘 나왔는데 21세기의 실학이라는 말이 있습니다. 인문학이 얼마나 우리에게 도움이 되느냐는 관점에서 연구를 지속적으로 하려면 문화산업현장을 많이 만나 보셨으면 좋겠다. 두 번째로는 문화콘텐츠 기획이라는 말과 문화콘텐츠 개발이라는 말이 많이 혼용되고 남용되고 있습니다. 기획과 개발을 구분하면서 연구하고 가르쳐 주셨으면 좋겠습니다. 그러다보면 개발이라는 영역 안에서 스토리텔링, 내러티브, 텍스트 혹은 서사매체학적 접근 이런 것들을 위치를 정할 수 있다는 거죠. 이런 구분이 되면 충분히 서사매체학이라는 표현이 유용한지 아닌지 성찰도 할 수 있다고 생각합니다. 기획과 제작을 구분하는 것 역시 지금 약한데요 제작의 관점에서 커리큘럼을 구성했다기보다는 대체로 인문학을 베이스로 한 제작 프로덕션이 아니라 전(前) 제작단계에 국한되어서 주로 연구를 하고 학생들을 길러내시는 것은 강점과 한계가 있다고 봅니다. 그리고 지금 현실을 보면 산업과 만나는 것이 힘들 수도 있겠구나. 이 간극을 어떻게 하나 안타까움이 좀 있습니다. 이게 무슨 말이냐 하면 문화산업과 문화콘텐츠산업을 구분하시는데, 문화콘텐츠산업이라는 표현은 안 쓰시는 것이 낫지 않나라고 조심히 언급을 하고 싶어요. 디지털콘텐츠만 다루는 콘텐츠산업은 있을 수도 있죠. 그럴 때는 이게 달라지는데 문화콘텐츠라는 말은 문화산업과 문화콘텐츠산업이 구분이 되기보다는 콘텐츠를 제공한다든지 문화산업에서 상품을 만들기 위해서 콘텐츠라는 것을 개발한다든지 해서 이런 식으로 자기 영역을 분명히 하면 이것이 산업 프로세스 안에서 우리가 무엇을 해야 하는지 분명히 알 수 있다고 봅니다. 저는 지금이 콘텐츠 주도산업으로 들어서기 시작하는 시기이고 디지털 베이스가 되는 시기이기 때문에 문화콘텐츠가 산업에서 중요한 역할을 한다고 생각을 해요. 그래서 문화콘텐츠학과에 응원을 보냅니다. 하지만 미래적 관점에서 볼 때 문화산업의 장르를 나누지 마시고 IT산업부터 문화예술산업에 이르기까지 어떠한 문화산업에서도 원리를 제공할 수 있는 학과로 갔으면 하는 바람입니다. 문화콘텐츠학과들이 접근하는 기본적인 커리큘럼들을 보면 프리프로덕션이라고 불리는 전 제작단계에서, 자료들을 가공하는 정도의 개발을 많이 말씀하시는 것 같은데요. 이런 것들은 산업으로 접근하는 방식들인데요, 조금 더 구체적인 제작의 접근에서 원천 가공이라든지 자원콘텐츠 다음에 제품이나 상품의 단계에 이르러서 콘텐츠라는 것이 플랫폼 혹은 컨테이너 안에 실리기 전 단계임을 분명히 한다든지 이런 시스티메틱한 접근들이 필요할 것이라고 생각이 들고요 이런 것들이 산업분야에는 많습니다. 마지막으로 발표를 해주신 박 감독님께서 굉장한 통찰력으로 문화콘텐츠학을 연구하는 분들에게 도움을 주었다고 생각합니다. 문사철이나, 박 감독님이 발표하신 이야기가 어떤 면에서 크게 도움이 되었다고 생각이 드느냐면, 결국 산업에 문화콘텐츠학과가 많이 기여하고 산업에 많이 접근해야 되는 이유가 한국의 산업이 근본적인 체질, 체력으로 인문학, 철학적 기반, 가치에 대한 감정 이런 것을 더 갖출수록 시장에서 승부를 보기도 좋습니다. 우리가 훨씬 더 철학적이고 우리 역사를 많이 알고 우리 신화를 이해할 수 있는 방향으로 나가줄 때 오히려 이런 산업이 훨씬 더 힘이 있고 장사가 잘된다고 봅니다. 저 자신도 토론자로써 문사철 기반과 임영상 선생님께서 말씀하신 인류학이나 사회학 같은 기반들이 든든히 받쳐줘서 산업을 발전시키는 기능을 하는 학과가 됐으면 좋겠다는 바람을 가지고 있습니다, 마치겠습니다.

김현

네, 안이영노 선생님 감사합니다. 선생님 마지막 말씀이 우리가 왜 인문콘텐츠라고 하는 이름을 갖고 있는가를 이야기해주는 중요한 포인트가 아닌가 생각합니다. 원래 김기덕 선생께서 발표 중에 소개하신 히스토리에 의하면 문화콘텐츠라는 이름이 꼭 처음부터 심오한 철학이 있어서 선택된 것이 아니고 가다보니까 그런 이름을 가지게 된 면이 없지 않아 있습니다. 하지만 그런 이름을 갖고 나서 많은 사람들이 무엇이 인문콘텐츠인가, 인문콘텐츠의 위상은 무엇인가에 대한 고민을 했었습니다. 그때 우리가 도달했던 또 한 가지 방법은 안이영노 선생님이 말씀하신 것이 아닌가 생각합니다. 유동환 선생님께서 발표하신「문화콘텐츠 개발과정에서 인문학 가공의 문제」에 대한 토론으로 들어가겠습니다. 심승구 선생님 부탁드립니다.

심승구

네 소개받은 심승구라고 합니다. 제가 유동환 선생님 토론을 맡았습니다만 지금 논의되는 상황을 보면 개념에 대한 이야기를 조금 짚고 넘어가야 한다고 생각합니다. 오늘 주제가 인문콘텐츠의 사회적 공헌입니다. 그리고 저희는 인문콘텐츠학회이고 저희는 인문콘텐츠학이라는 것을 연구하고 있습니다. 그럼 과연 인문학에서 인문은 무엇인가, 인문이라고 하는 말은 주역에 나옵니다. 세상에 세 가지 빛이 있습니다. 하늘의 빛인 천문, 땅의 빛인 지문, 사람의 빛인 인문이 있습니다. 그렇다면 하늘의 빛인 천문은 어떻게 생길까 이것은 바로 일월성신이라고 하는 하늘에 뜬 해 달 별에 의해서 만들어집니다. 지문은 무엇으로 만들어지는가 이것은 산천에 의해서 만들어집니다. 그렇다면 사람의 빛은 무엇으로 만들어지는가 이것은 바로 시, 서, 예, 악으로 사람의 빛이 만들어진다고 했습니다. 그렇다면 바로 우리가 말하는 인문학은 흔히 문사철로 분류되는 근대학문을 가지고 인문학의 중요한 영역으로 삼고 있지만, 문사철의 정신은 바로 사람의 빛, 다시 말해서 시서예약으로 만들어진 사람의 빛이 오늘날 우리가 추구해야 할 중요한 인문적 가치이고 또, 고대로부터 내려오는 인문정신이 아닌가 합니다. 그렇다면 이러한 관점에서 오늘날 문화콘텐츠학은 무엇인가 디지털 코드에 맞게 새롭게 정립된 이른바 디지털 시서예약 그리고 그것의 통합이다. 이렇게 정의할 수 있다고 저는 보는데요. 그렇다면 인문학이라고 하는 것은 그냥 단순한 우리의 흘러가는 학문적, 형식적 개념의 의미가 아니라 오늘날 문화계가 버티고 있는 가장 중요한 원리이고 그 정신을 통해서 구현되는 현상이 저는 문화라고 봅니다. 따라서 문화라고 하는 의미는 이런 인문정신을 주체로 한다는 점을 전제로 할 것입니다. 그 다음에 문화콘텐츠학과, 문화콘텐츠에 대한 이야기가 많이 나오는데 사실 오늘 안이영노 선생님이 말씀하셨습니다만 제가 2005년도에 문화콘텐츠를 정의하면서 21세기 실학이라는 말을 처음으로 한 것 같습니다. 그 당시 김기덕 선생님께서 저더러 그거 빨리 특허를 내든지 하라고 말씀하셨던 것이 생생하게 기억이 나는데요, 그런 말을 쓰면서 제가 생각했던 것이 문화콘텐츠는 단순한 우리의 욕망에서 만들어진 것이 아니라 실생활의 변화에서 나타난 대단히 중요한 함축적 용어라고 생각합니다. 문화와 콘텐츠라는 것은 과거의 아날로그적 개념으로 보면 도저히 만날 수 없는 개념이죠. 하나는 한글이고 하나는 영어입니다. 어떻게 한글과 영어가 만날 수 있겠습니까. 그러나 만났습니다. 물론 한국적 상황이고 아직 그것들이 객관화되지 않은 탓에 주변에 많은 분들이나 외국의 많은 학자들이 한국의 컬처콘텐츠, 문화콘텐츠라는 개념을 잘 이해하지 못하는 측면도 있습니다만 그것은 우리가 만들어가야 할, 체계화시켜야 할 과정에서 일어난 혼란이 아닌가 라는 생각이 들고요, 다만 우리가 문화콘텐츠학을 이야기할 때 중요하게 생각하는 것은 문화콘텐츠는 단순하게 산업적인 베이스를 뒷받침하기 위한 서브학문이 아니라는 겁니다. 물론 디지털베이스 속에서, 자본의 논리 안에서 문화가 자유로울 수 없다는 점은 분명합니다만, 문화콘텐츠의 개념에 세 가지의 영역을 말씀드리고 싶습니다. 하나는 문화를 통해서 얻어지는 가치의 영역이 우리 문화콘텐츠가 반드시 찾아가야 할 영역이고요. 문화콘텐츠라는 것은 산업을 뒷받침하고 있는 문화 사업으로서의 상품들을 생산하는 그러한 학문적 영역만 존재하는 것이 아니라 문화를 통해서 인류가 선물받아야 할 다양할 가치들을 총체적으로 끌어내는 학문적 기초가 바로 저희 문화콘텐츠학에 바라는 그런 많은 분들의 어떤 기대와 희망이 아닌가 생각을 하고요. 그런 의미에서 문화콘텐츠, 문화콘텐츠학이라고 하는 개념을 조금 더 큰 틀에서 바라볼 수 있는 안목이 필요하다고 생각이 듭니다. 시간이 없어서 이 이야기를 더 이상 하기는 그렇고요. 구체적으로 유동환 선생님 발표에 대해 한 말씀 드리겠습니다. 유동환 선생님은 오랫동안 이 분야에 깊은 철학적 이해를 가지고 문화콘텐츠현장에서 경험해오신 아마 당대 최고의 고수라고 제가 감히 말씀드릴 수 있을 것 같습니다. 오늘 발표도 그동안 인문학이라고 하는 것이 문화콘텐츠에서도 주로 자원의 공급 소재나 대상으로서의 인문학, 개념으로서의 인문학, 또는 다학문적 융합으로서의 인문학이 문화콘텐츠와 만나야 한다는 이야기를 해왔던 것 같습니다. 우리가 현장에서는 그러한 문제와 상관없이 현장에 계신 분들이 감과 끼로 콘텐츠 생산을 해왔던 것이 사실이고요. 그러다 보니까 콘텐츠라고 하는 것이 질과 양에 있어서 균일하지 못하고 일관성을 가지지 못하는 한계성을 가지고 있었습니다. 그러한 문제는 대학에서의 인재양성에 대한 한계와 더 나아가서 학적 체계에 있어서 균일한 시각까지 가져오게 된 것 같습니다. 아마 오늘 유동환 선생님의 발표는 모든 문제들을 학문적 체계화와 논리화를 통해서 재구성하려는 시도라는 점에서 매우 신선하고 의미 있는 연구였다라고 생각합니다. 다만 그럼에도 불구하고 이 논의의 초점 자체가 인문학이라고 하는 광범위한 스펙트럼의 학문적 영역을 다 다루다 보니까 사실 구체적인 논의는 아마 유동환 선생님의 발표 이후부터 본격적으로 출발해야 하지 않겠는가 하는 것이 저의 전체적인 느낌입니다. 시간이 없어서 짧은 글로 토론문을 작성했습니다만 한 가지만 짚고 넘어가고 싶다면 지금 계속 이야기가 나오고 있습니다만, 지금 현재 문화콘텐츠라고하는 것은 다학문의 통합성을 이루고 있는 학문적체계라고 생각합니다. 다학문이 가지는 통합성에 의해서 새로운 문화 가치를 창출하는 것이 문화콘텐츠이기 때문에 어떤 특정한 하나의 영역, 특정한 방법론이나 수단을 가지고 전체를 포획할 수 있는 위험을 경계해야 하지 않을까 생각이 드는데요. 이를테면 최근 나타나고 있는 문화콘텐츠에서 스토리텔링들의 내용들은 사실은 아마 미학적 관점에서의 문학 이해와 사업적 차원에서의 스토리텔링이 대단히 혼돈되어 있는 측면이 있습니다. 그럼에도 불구하고 스토리텔링이라는 것이 유동환 선생님이 지적한대로 대단히 편식현상이 많이 이루어지고 있다고 생각이 되는데, 문학의 이해와 스토리텔링 기법의 편식현상에 대해서 선생님의 생각을 조금 더 들려주셨으면 좋겠고요. 하나만 더 말씀드리면 오늘 선생님의 발표는 문화콘텐츠 개발이라고 말씀하셨습니다만 실제는 개발 내에서 기획과정을 인문학과의 연계성을 어떻게 찾아낼 것인가, 그것들을 왜 기획단계에 단계별로 매체별로 어떻게 프로세스로 인문학에 접목시킬 것인가에 대해 아마 포인트를 맞추셨던 것 같습니다. 그렇다면 문화콘텐츠학이 중요한 의미를 갖는 것은 단순히 프로세스상의 문제가 아니라 저는 이렇게 이야기를 합니다. 문화콘텐츠는 사유를 개념화하고 개념을 현실화하는 것이라고 이야기하는데요, 사유를 개념화하고 개념을 현실화하는 것이 문화콘텐츠 상품으로 만들어진다면 이것으로 끝나는 것이 문화콘텐츠가 아니라는 것입니다. 다시 말하면 우리가 오늘날 쌍방향성의 어떤 디지털 코드들을 많이 얘기하고 있습니다만, 문화콘텐츠는 바로 이러한 학문적 체계에서 사유를 개념화하고 개념을 현실화하는 것으로 끝나는 학문적 체계가 아니라 그 현실화되어 있는 실용의 관점에 쌍방향성 소통의 원리가 다시 개념으로 나아가고, 그 개념이 다시 사유로 연결되는 그래서 사유와 개념과 현실이 일방향성의 움직임으로 끝나는 것이 아니라 하나로 승화되어 다시 한 번 새로운 바퀴가 돌아가서 끊임없이 사유와 개념과 현실이 순환하고 움직이는 구조가 문화콘텐츠학이 가지고 있는 생동적 의미라고 저는 생각합니다. 그런 의미에서 오늘 유동환 선생님께서 말씀하셨던 기획과정에서 인문학 외에 문화콘텐츠의 기획 제작 생산 유통 소비의 구조에서 인문학이 기여의 가능성이 있는지 선생님 생각을 듣고 싶습니다. 이상입니다.

김현

네, 감사합니다. 유동환 선생님 답변 기회가 되었을 때 대답을 주실 거라고 기대하겠습니다. 외람되지만 제가 한 가지 덧붙인다면 유 선생님이 말씀하신 프로세스 매니지먼트에 의문이 듭니다. 산업공학이나 경영학이나 이런데서 적용할 얘기를 인문적인 성격이 있는 박물관이라든지, 문화행사기획에 적용하려다 보니까 나름대로 그쪽의 용어를 쓰는 경우가 생기는데 그렇다면 한번 솔직하게 그쪽 분야에 발달된 여러 가지 이론들을 가져다가 여기다 적용하는 것은 아닌지 과연 이러한 과정에서 인문학은 역할을 하는 것인지 더군다나 기존의 인문학이 기여할 바가 있는 것인지 궁금한 점이 조금 있습니다.

다음 순서는 윤성진 감독님의 전통시장 문화기획과 인문학적 방법이라는 제목의 토론이 있겠습니다.

윤성진

소개받은 윤성진입니다. 처음 메일 받고서도 제가 잘못 봐서 고정민 선생님 토론을 해야 되는 줄 알고 3시간 정도 고민하다 메일을 다시 봤더니 유동환 선생님이라서 굉장히 안심했습니다. 전 여기 앞에 계신 분들과 달리 대학에서 문화기업론이나 문화산업론을 7년 이상 강의를 해오고 있습니다. 근데 아마 제가 하고 있는 일의 30%가 강의고 70%가 현장문화기획자로 기획, 개발, 실현을 15년 이상 해오고 있습니다. 그래서 그런지는 몰라도 제가 제일 힘든 자리가 아닌가 합니다. 제가 주로 아날로그와 오프라인 현장에서 일을 했기 때문에 디지털 문화콘텐츠의 영역으로 국한해서 문화콘텐츠를 이야기한다면 별로 안 맞는 것이 아닌가 생각했는데 유동환 교수님의 논문을 쭉 보고서 아 문화콘텐츠에 인문학이 어떻게 적용될 수 있는가에 대해서 문화기획의 다양한 분야들의 적용가능성을 열어놓고 말씀해주셔서 제가 용기를 얻고 현장문화기획에 대한 이야기를 잠깐 할 수 있겠다 생각했습니다. 그중에서 어떤 이야기를 할까 고민했었는데요. 제가 공연 현장 문화 기획으로 시작해서 지금은 마을 리더를 양성하는 교육을 하고 있고 최근에는 전통시장을 기획하고 있었는데요. 전통시장 문화기획이 가장 생소한 분야인 것 같아서 그것을 한번 가져와 봤습니다. 온양온천시장이라고 하는 전통시장을 문화관광지로 만들어서 지역의 관광거점으로 만들어달라는 중소기업청의 요청을 받고 현장문화기획자들 몇 명이 매칭이 되었습니다. 그중에 제가 유일하게 3년간 살아남은 문화기획자이고, 3년간 이 사업을 진행했었습니다. 그걸 실행하는 과정 속에서 끊임없이 제가 했던 생각은, 그 이전에도 물론 공연기획이라든지 또 문화 공간 프로그램 과정에서도 늘 있었던 생각은 어떻게 기획과정, 창의적 발상법을 자연스럽게 매뉴얼화시켜서 그 매뉴얼에 적용만 하면 아주 획기적인 프로그램이 나오는 방법론이 없을까 하는 그런 고민들을 늘 해왔었습니다. 강의를 하면서 그런 방법들을 가르치고 싶어서 제가 여러 가지로 도표화해 보기도 했었습니다만 결국은 그냥 프로세스를 그려주는 것에 불과했었습니다. 그런 측면에서 도식화시켜서 여러 가지 아이디어, 창의 발상에 대한 개념들을 말씀해주신 유동환 교수님에게서 여러 가지 시사점을 많이 얻었었고요, 제 토론문에 3년간 전통시장에 어떻게 문화를 적용시킬까 하는 생각을 하면서 그 과정들이 조금 기술되어 있습니다. 그것을 참조하시면 될 것 같고요. 전통시장에 문화가 들어가는 과정에서도 굉장히 다양한 포괄적인 문화콘텐츠들이 생산되고 있다는 것을 제가 적어 놨습니다. 스토리북부터 시작해서 로고송, 공공미술작품과 이야기 투어를 결합한 영상물, 공연물, 테마가 있는 상징 조형물, 복합문화공간, 공예MD상품, 상설행사, 특화음식, 사진, 이야기 지도, 브랜드 축제와 같은 20여 가지의 문화콘텐츠를 3년간 생산하고 그것들을 현장에 적용하고 지속가능하게 만들어가는 작업들을 진행했는데요. 여기서 가장 어려웠던 부분들은 원천 소스들을 발굴하고 그것을 콘텐츠화하는 것이었습니다. 그래서 온양시장은 온천이 있음에도 불구하고 그것을 활용하지 못하는 것에서 시작했습니다. 지하에 엄청난 온천이 있고 그리고 30여 개의 온천탕이 있음에도 불구하고 시장과 온천이 유리되어 있는 공간을 일종의 관광테마파크화 하는 것이 이 사업의 장기적인 목표였습니다. 그래서 세계적인 휴양형 시니어 마켓을 만드는 목표를 갖고 접근했을 때 제가 자원 구성을 통해서 도출한 결론이 뭐냐면 온양행군 때 왔던 세종, 세종의 이야기였습니다. 왕들이 시장 옆에서 거주하면 전에 먹었던 수라상의 음식을 이 시장에서 보급했을 것이다 라는 구라를 약간 넣어서 그걸 진짜처럼 만들기 위해서 행렬을 시연하고 수라상 행사를 하고 그걸 사진으로 만들고 영상으로 만들고 보급하면서 실제로 사람들이 온양시장에 오면 수라상을 먹을 수 있는 줄 알고 온양시장을 찾아오게 만드는 과정을 1년 동안 했습니다. 그렇게 하나의 브랜드를 만들어 가면서 온양온천시장이 마치 수라상에 올라가는 식재료를 공급하는 명품시장으로서, 분명한 목적을 갖는 문화콘텐츠를 만들었습니다. 그런 과정들에 문화기획자들이 역할을 해왔다라는 것을 말씀드리고. 성공적이라고 보기에는 어렵습니다. 많은 분들이 벤치마킹하고 있습니다만 저는 한 60점 이하라고 생각을 하고 있습니다. 그 과정에서 문화콘텐츠를 생산하는 콘텐츠 전문가들과 문화교육자들에게 꼭 필요한 문화적 방법론이 문학적 사유를 바탕으로 한 창의적 발상법과 상상력으로 볼 수도 있고, 서사구조의 이해와 매력적인 스토리텔링의 기법일 수도 있고 또 경험과 체험의 밀도를 높여가면서 서사적 체험구조를 만드는 방법론일 수도 있다고 생각합니다. 이런 것들을 개발하고 지원하는 역할을 문화콘텐츠학과에서 할 수 있지 않을까 생각을 해봤고요. 그런 생각을 하는 것이 맞는지 아닌지 잘 모르겠습니다. 하지만 그런 기대를 다시 한 번 드리고 문화콘텐츠학과가 문화기술자를 인문학에 기반한 문화기술자를 양성한다기보다는 문화기획자나 문화기업가나 문화컨설턴트를 양성하는 곳이 아닌가 생각합니다. 그렇다면 산업과 현장과 조금 더 연결될 때 그 연결고리들이 영상, 게임, 애니메이션, 드라마뿐만 아니라 다양한 분야로 끊임없이 확산되고 농촌문화기획, 전통시장 문화기획, 공간 문화기획까지 아울러 접목을 시도할 수 있는 그런 산학협력도 있었으면 좋겠다. 그런 생각을 해봅니다. 제 얘기를 마치도록 하겠습니다.

김현

네, 감사합니다. 윤성진 선생님께서 기획하고 추진한 온양전통시장 프로젝트는 어떻게 보면 인문지식, 인문학을 바탕으로 이루어질 수 있는 산업화의 좋은 모델이 아닌가 합니다. 마지막 발표에 대한 토론으로 들어가겠습니다. 문화 혹은 문화콘텐츠, 인문콘텐츠가 사회적 공헌을 해야 할텐데, 그것이 과연 우리 시대의 가장 비중 있는 분야인, 경제의 문제에 긍정적 기여를 할 수 있을지 그 가능성을 타진해 보는 것이 이 발표의 목적이 아닌가 생각합니다. 대부분의 문화콘텐츠 연구자들이 거기까지는 나가지 못했지만 나가야 할 부분이라고 봅니다. 그래야지만 사회적 기여, 사회적 공헌을 할 수 있다고 봅니다. 한국콘텐츠진흥원에 계신 박영일 선생님께서 토론을 해주시겠고 꼭 이 부분만이 아니고 오늘 이 심포지엄 전체의 내용을 한 번에 언급해주셔도 좋겠습니다.

박영일

네, 반갑습니다. 한국콘텐츠진흥원의 박영일이라고 하고요, 오늘 좀 전에 토론해주신 선생님께서 가장 어려운 자리라고 말해주셨지만 사실 더 어려운 사람은 저라고 생각되고요. 사실 저는 가르쳐 본 경험이 없고 정부의 일을 수행하는 일을 계속 해왔기 때문에 조금 어색한 부분이 있습니다. 그럼에도 불구하고 마지막 토론자이기 때문에 빨리 끝내야겠다는 생각을 가지고 있어서 준비해온 내용을 빨리 말씀 드리려고 생각을 하고 있고요. 그리고 말씀 드리기 앞서서 많은 것을 공감을 했는데 한 가지 말씀드리고 싶은 것은 인문콘텐츠나 문화콘텐츠라는 용어들의 개념이 혼란되서 사용되는 부분들이 최근에 나타나고 있는 정부 교체 현상에도 똑같은 일이 반복되고 있다고 말씀드리고 싶습니다. 왜냐하면 문화산업진흥기본법이 99년인가 발의가 되고 문화산업기본진흥계획이 마련되고 하면서 문화콘텐츠라는 용어가 정부에서 사용되었고요. 이게 업계나 학계에 상당한 영향을 준거라고 생각하고 있습니다.

그런데 이제 2011년에 MB 정부가 들어오면서 문화콘텐츠라는 말이 갑자기 사라지고 콘텐츠 산업이라는 말로 바뀌게 되는데 그것이 콘텐츠산업진흥기본법과 기본계획이라는 것이 문화부에서의 문화, 인문콘텐츠 육성 차원이 아닌 범정부 차원에서 이를테면 콘텐츠, 다시 말해 디지털 환경과 같은 조금 더 넓은 범위를 포용해서 산업 진흥 전략을 추진해보자 이런 식의 논의가 계속 있었기 때문에 그걸 이제 법제화시킨 것이고, 그것이 콘텐츠산업진흥법으로 나타나게 된 것이거든요. 그래서 콘텐츠산업진흥 기본법이라는 체제로 정부가 산업을 육성하는 전략을 택했는데 이번 정권교체기를 맞으면서 한참 논의가 되는 CT, 그 부분을 새롭게 성장시킬 수 있는 기술 과학 분야와 융합을 시키겠다, 이런 논의가 활발해졌고, 그래서 정부가 지향하는 바가 창조산업일 수 있고 여러 가지에 가치가 있을 수 있겠지만 문화콘텐츠라는 본질의 입장에서 그것이 창조산업에 기여하건 창조 사회에 기여하건 이런 식의 논의가 재개되어야 하는 거 아닌가 이야기가 나오고 있거든요. 그래서 이러한 논의가 인문학을 바라보는 관점에서 논의했던 거하고 거의 비슷한 맥락이 아닌가 생각이 들었습니다. 그래서 그런 말씀 먼저 드렸고요. 그리고 이제 제가 토론으로 말씀드릴 것은 현장에 있는 사례로서 말씀을 드리는 건데 고정민 선생님께서 말씀해주신 부분이 인문콘텐츠를 포괄적인 개념에서 문화라고 이야기 하신 거고 그 안에서 문화를 통해 경제를 활성화하는 측면에서 어떻게 도움이 되는지 그리고 여러 단계에서 도움이 되더라는 얘기를 해주셨는데요. 기본적으로 동의를 하고요, 업무상에서 나타나는 것들의 유사한 사례를 조금 보태서 말씀을 드려보면 한일문화산업 포럼이라는 것이 있습니다. 2001년에 정부 간 교류채널로 한중일 3개 정부가 결성을 했는데 2009년까지 9회가 진행되었고, 2010년에 홀딩이 되었는데 영토문제 같은 정치적인 이유 때문이었습니다. 그간 진행해온 9년 동안에는 정부교류, 문화, 학술 교류 이런 것에 포커스가 되어 있었는데요 2009년에 이르러서 경제라는 분야를 더 활성화해보자는 논의가 있었습니다. 그 회의가 부산에서 개최되었기 때문에 부산선언문이라고 했는데 고정민 선생님이 말한 부분에서 문화가 경제 협력, 통합에 도움이 되었던 사례로 말씀을 드린 거고요. 다만 이것이 문화가 기반이 되어 상호 이해가 되고 발전하여 경제적인 부분에까지 확장될 수 있는 사례라고 볼 수 있는 건데요. 그러나 정치적인 이유 때문에 홀딩이 되었습니다만, 어쨌든 문화적인 부분에서 공감대가 쌓여 있기 때문에 정치적인 문제가 완화되거나 하면 다시 진행될 수 있지 않을까 생각해보고요. 또 하나의 예는 경제통합이 된 이후에 통합된 정부나 국가 간에 문화 교류가 활발해질 수 있다고 말씀드린 건데, 2011년 7월에 한미 FTA가 체결이 되었는데요. 유럽은 기본적으로 자국 문화의 다양성을 보호하고 존중하는 나라로 미국과 같이 전면개방을 기조로 하지 않았는데요. 그러한 맥락에서 한미 FTA로도 문화 분야에 관해서는 대상에서 아에 제외를 했고 다만 문화를 건전한 상호발전 차원에서 교류를 하자, 활성화시키자라는 차원에서 문화협력의정서라는 것이 채택이 되었습니다. 문화협력위원회 같은 것이 만들어져 잘해보자 그런 논의가 되었는데요. 사실 체결된 지 얼마 안 되었고 체결된 자료에 대한 이해, 문화협력위원회에 대한 구성이 진행 중에 있는 단계입니다. 따라서 확실한 효과를 말씀드리기는 어렵습니다만, 사실 유럽이 문화적으로 일본은 예외로 하고 아시아 특히 우리나라 쪽과는 교류가 활발하였다고 보기 어렵기 때문에 이런 경제협력체가 시작된 이후에 문화교류가 조금 더 활성화될 수 있을 것이라는 기대를 해볼 수 있겠다는 생각을 해서 말씀 드린 거고요. 개인적으로 말씀드리고 싶은 것은 말씀해주신 논문 자체가 특히나 적격적인 시작점을 찾는다는 점에서 일리가 있는데 조금 아쉬운 점은 문화라는 큰 틀의 차원보다는 여기 주제에 맞게 콘텐츠나 인문콘텐츠, 문화콘텐츠라는 차원에서 이것이 미치는 경제교류의 활성화 이런 주제를 다루어 주셨다면 조금 더 좋았을 거라는 생각을 합니다. 그래서 그런 차원에서 본다면 한류를 예로 들면 한류의 전파나 이런 것들을 바라보는 시각에 따라 여러 가지를 볼 수 있습니다만 한류 콘텐츠가 소비되고 거기에 동경하는 문화가 지역에 생기게 되고 그 동경하는 문화가 모방하는 문화로 발전되고 그 모방에서 어떤 자국의 새로운 문화를 만들고 문화콘텐츠를 생산하는 구조로 반복이 된다고 본다면 경제적인 목적으로 시작한 콘텐츠의 해외진출, 한류 이런 것들이 문화적인 교류와 그 저변을 확대한다는 점이 분명히 있다고 볼 수 있을 것 같고요. 또 이전에 삼성경제연구원에서 계속 말씀하셨던 부분이기도 한데, 문화상품이 소비가 되면 경제재, 소비재의 판매와 연결이 되고 더 나아가 한국이라는 것의 브랜드 이미지를 더 높인다. 한국의 상품을 더 선호하게 된다. 이런식의 논리도 가능하거든요. 그런 면에서 본다면 거꾸로 문화적인 접근이라는 것이 경제적인 교류의 활성화나 그런 형태의 효과를 나타낸다고 할 수 있을 것 같습니다. 따라서 이렇게 문화콘텐츠나 인문콘텐츠 자체에 포커스를 두고 보더라도 문화콘텐츠 자체가 문화적인 교류뿐만 아니라 경제적인 교류 활성화 모두에 공헌할 수 있는 분명히 문화콘텐츠 안에는 양자가 다 담겨 있다는 말씀을 드리고 싶었고요. 천천히 그런 부분에 대해서 고민을 한 번 해보는 것도 좋지 않을까라고 생각을 했습니다. 이상입니다.

네, 감사합니다. 토론자 분들도 많은 준비를 하셔서 시간이 조금 지체되었습니다. 제가 여러 가지 질문 중에 한 가지만 골라서 발표자 네 분께 질문을 드리겠습니다. 거기에 대해서만 짧게 집중적으로 답변을 해주시길 바랍니다. 네 분 합쳐서 5분 쓰겠습니다. 제가 네 분께 질문을 한꺼번에 다 드리고 거기에 대한 답변을 해주시겠습니다.

먼저 김기덕 선생님께서는 정말 오늘 주제와 관련해서 시대를 넘나드는 발표를 해주셨는데요. 인문콘텐츠라고 하는 것이 전통적인 인문학과 문화산업 여러 분야 사이에 위치하고 있는 면이 있습니다. 문화산업이 여러 분야, 장르라고 하기도 합니다만 그 쪽과 인문콘텐츠와 비교경쟁력에 대한 긍정, 부정적 시각도 많이 있는데 일단 오늘 김기덕 선생님께서 다른 발표에 없는 부분을 지적한 것이 있습니다. 전통적인 인문학과 인문콘텐츠 그 위상은 어떻게 정립되어야 될 것인가 거기에 대해서 선생님의 지론을 간단하게 요약해서 말씀해주시기 바랍니다.

그리고 박홍식 감독님은 문화콘텐츠학이 사실은 학(學)으로서 기반이 너무 없다. 사실은 틀린 말이 아닙니다 저도 몇 년 전에 논문에서 우리나라에서 문화콘텐츠학이라고 하는 것은 발생의 연원을 보게 되면 전통적인 콘텐츠들이 전통적인 문화예술분야의 자원들이 디지털 플랫폼 속에 들어가서 부가가치를 얻게 되니까 그것에 주목해서 디지털 콘텐츠라고 하는 의미에서 콘텐츠가 만들어졌고 그러한 산업을 주도하는 주 부처가 당시 문화체육부였기 때문에 앞에 문화라고 붙은 수식은 문화체육부의 나와바리라고 하는 그러한 의미로 사용했습니다. 하지만 의미가 어떻든 학계가 관심을 갖고 거기서 학술적인 활동을 거치면서 이제는 문화콘텐츠학이라고 말을 할 수 있는 것이죠. 하지만 이런 것에서 부정적인 면이 없지 않아 '서사학'을 얘기해주셨는데 하지만 토론자들의 의견처럼 우리도 관심을 가지고 있는 문화콘텐츠학 이라고 하는 것이 스토리텔링만으로 이루어진 것이 아니

라고 봤을 때 좀 더 폭 넓은 문화콘텐츠학과 스토리텔링학 서사학과의 관계
는 어떻게 정립되는 것이 바람직한지 코멘트해주실 것이 있으면 그 부분만
집중적으로 답변 부탁드립니다.

　유동환 선생님은 여러 가지 기획과 발상에 천착하시고 그리고 그것을
작은 분야가 아니라 아주 큰 규모의 문화콘텐츠 개발에 적용하는 방법들을
전해오셨는데요. 여기에서 과연 인문학은 그 고유의 역할이 있는 것인지
이런 부분에 대해서 그리고 고유의 역할이 있다면 무엇인지 아니면 다른 분
과(分科)학들과 어떠한 결합을 이루어야 할 것인지를 말씀해 주시기를 바랍
니다.

　마지막으로 고정민 선생님은 경제협력을, FTA 라든지 혹은 경제 공동
체 형성 부분과 관련해서 말씀을 해주셨는데 토론자 선생님들도 지적하셨
습니다만은 조금 더 구체적으로 한류와 문화콘텐츠 그리고 그것의 경제적
효과 이것에 조금 더 주목하고 얼어낼 부분 그리고 특히 문화콘텐츠학을 하
시는 분들이 그 부분과 관련해서 더 탐구할 것은 없는지를 말씀해 주시기를
바랍니다. 제가 선생님 말씀을 들으면서 얼핏 생각했던 것이 저희 대학원
에 외국학생들이 많은데 그 외국학생들 중 한류 문화에 관심이 있는 학생들
이 있습니다. 개인적인 기호차는 있습겠습니다만 유교, 이슬람 문화권 학생
들이 한류콘텐츠에 대한 생각이 깊고 정서적 공감이 있는 것으로 보아서 이
런 것들이 밀접한 관련이 있지 않나 생각하고 있습니다. 그럼 이제 김기덕
선생님부터 답변해주시죠.

김기덕

　저에게 전통적인 인문학과 인문콘텐츠 관계를 말씀해주셨는데, 제가
발표한 것의 결론은 이겁니다. 지금 문화콘텐츠학과가 있는데 현재는 기획
위주인데 인문학 바탕의 융합학과로 가야 한다. 이것이 제 결론의 주장이
고요. 그리고 기존의 순수인문학은 큰 흐름에서는 콘텐츠 교과, 즉 국문학

은 스토리텔링, 사학과는 영상역사와 같은 것을 보완해 가지고 인문학의 전통을 지키면서도 필요한 부분에 있어서는 범(凡) 문화콘텐츠학과화 된다, 이렇게 의미부여한 거죠. 물론 누가 그렇게 가라고 한다고 가는 것은 아니며, 기본적으로는 잘 변화하지 않으려고 하겠지요. 또한 아주 순수한 인문학의 전통을 지키는 학과도 있어야 합니다. 아마도 필요에 의해 그리고 수준차에 의해 차이가 있을 것입니다. 그러나 미래에는 크게 보면 그러한 방향으로 갈 것이며, 저는 그것이 그리 오래 걸린다고 보지 않습니다. 반면에 인문학 바탕의 문화콘텐츠학과는 지금은 주로 기획 위주이지만 이것도 잘 못하고 있지만 그러나 앞으로 기술의 발전에 따른 용이함 때문에 문화콘텐츠학과는 기본적으로 인문학 바탕의 융합학과로 가야 한다고 봅니다. 왜 하필이면 인문학 바탕이냐 그렇게 말하면 할 말이 없어요. 왜냐 하면 인문학 바탕의 융합학과로 갈 수도 있고 기술 바탕의 융합으로 갈 수도 있고 경영 바탕의 융합학과로 갈 수도 있습니다. 어느 방향이든 다 의미가 있습니다. 다만 문화콘텐츠학과는 학과를 만들고 이끌어간 주체, 그리고 그렇게 이름을 붙인 주체들이 본래 태생이 인문학이었기에, 인문학 바탕의 융합학과를 지향한다는 것입니다. 이때 융합이란 기획, 제작, 마케팅이라고 하는 프로세스를 전부 한다는 것을 의미합니다. 지금은 기획하기도 바쁘지만 앞으로 젊은 세대는 제작기술까지도 익혀야 한다고 봅니다. 따라서 문화콘텐츠학과는 기본적으로 엘리트학과로 가야 한다고 표현한 것입니다. 지금 시각에서는, 그리고 언뜻 듣기에 따라서는 오해의 소지가 있지만, 그렇기 때문에 저는 전국의 주요 지역 숫자, 그리고 서울의 몇 군데 숫자 등을 얘기해 본 것입니다. 그러한 학과들은 정말로 인문학의 바탕 위에서 융합을 추구하는 학과로 남고, 그 외곽에 범(凡)문화콘텐츠학과 등이 존재하는 것으로 가는 것이 바람직하지 않을까 제시해 본 것입니다. 여기에서 문화콘텐츠학과와 범문화콘텐츠학과가 결코 상하관계나 종속관계가 아니라는 것은 발표문에 언급한 바 있어 생략하겠습니다. 이상 마치겠습니다.

네, 감사합니다. 박 감독님 답변해 주시죠.

저 같은 사람이 이렇게 엉뚱한 소리를 해줘야 잘되겠죠. 저도 대본 쓰면 비전문가들에게 보여줍니다. 그런 사람이 말도 안 되는 소리하거든요. 그런데 저 사람이 왜 그런 생각을 했을까 곰곰이 생각을 해보면 대본 집필에 많은 도움이 됩니다. 교수님들 이야기를 다 들어보니까 알겠습니다. 문화콘텐츠학이라는 이름은 버려야 되요, 스토리텔링으로 가야 됩니다. 스토리텔링이 여러분들 실제로 쓰임새를 보면은 이야기의 중요성을 이 용어가 가지고 있어요. 스토리텔링이 무슨 방법론이라는 소리도 나오는데 여러분들이 쓰는걸 보면은 이것을 그냥 장치라고 생각하시는 것 같아요. 스토리텔링을 갖다 대면 이야기가 나온다고 생각하시면 안 됩니다. 스토리를 완전히 오해하고 있는 것 같아요. 우리가 생각도 이야기로 하고 말도 이야기로 합니다. 그래서 우리가 다 안다고 생각해요. 공기를 중요시하지 않는 것하고 똑같습니다. 이야기 굉장히 중요하고 굉장히 어려운 겁니다. 기획, 제작, 마케팅 말씀하시는데요. 저는 이게 가능하지 않다고 생각하고 완전하지 않다고 생각하거든요. 문화콘텐츠가 기획, 제작, 마케팅으로 이루어진다고 생각하는 데에서 항상 큰 단점이 있다고 생각합니다. 이 단점을 치유할 수 있는 방법이 있습니다. 대학에서 어떻게 이 단점을 치유할 수 있냐면요, 대학에서 제작하고 마케팅을 안 가르치면 됩니다. 이야기만 가르치면 됩니다. 어떤 학생이 영화제작자가 된다고 하고 들어왔다고 칩시다. 국제적인 출판사를 만들어야겠다고 생각한 학생이 들어왔다고 칩시다. 이 학생들한테는 출판수업 가르치면 안 되고 영화수업 가르치면 안 됩니다. 이야기만 가르쳐야합니다. 출판사 대표가 되려면요, 첫 번째로 뭘 가지고 있어야 되겠습니까? 이야기를 볼 줄 아는 눈이 필요해요. 요즘 시대에 이런 책이 나와야겠다. 이 책은 이런 문제가 있으니까 이렇게 고쳐야겠다. 이게 첫 번째 입니다. 영화 제작자가 되려면요 산업, 기술 이런 거 배우면 안 되요. 대학에서 이야기만 배우면 됩니다. 그래서 대본이 들어 왔을 때, 이 대본 자기가 쓸 줄은 몰라도 어떤 작가한테 주면 고칠 수 있겠구나 이걸 보는 것이 더 중요합니다. 여기 문화기획자 두 분 오셨는데요. 이야기 공부 제대로 한 학생들이 저 두 분에게 가서 일 하면요 저분들 버금가는 문화기획자가 될 수 있습니다. 근데 대학에서 이야기 안배우고 기술, 산업 배운 사람은 아무 쓸모 없어요. 제가 영화과 학생들 강의할 때요. 제가 첫마디 이렇게 말합니다. 여러분들 속았다. 영화를 하려면 지금부터 스터디그룹 만들어서 이야기 공부해라 고전공부해라 이렇게 말합니다. 이야기에 대해서 오해하고 있기 때문에 이런 상황이 발생한 것 같습니다.

김기덕

　박 감독님 얘기에 조금만 덧붙일게요. 저도 상당히 답답한데요, 문화콘텐츠학과를 서사학과나 스토리텔링학과로 왜 자꾸 바꾸어야 한다고 주장하는지 모르겠어요. 범(凡)문화콘텐츠학과 중에서 그리고 어떤 학과에서는 서사와 매체의 결합을 강조하는 학과도 있을 것이고, 심지어 문화콘텐츠학과 중에 일부도 그렇게 갈 수도 있겠죠, 그거를 구분해야 합니다. 왜 문화콘텐츠학과 전체를 서사매체학으로 해야 한다고 보느냐는 겁니다. 학문의 정체성이 10년 만에 세워지지 않습니다. 만약 10년 만에 문화콘텐츠학이 정립되었다면 그것은 학문도 아닐 것입니다. 서사의 강조는 받아들일 수 있지만, 서사매체학과로의 전환은 국문학과와 문예창작과에서 가서 강조해 주시는 것이 오히려 나을 것입니다.

김현

　사회자의 독재권력을 지금부터 행사하도록 하겠습니다. 네 지금 실은 박 감독님께서 말씀하시는 서사학은, 다른 것은 다 접고 서사학만 해도 된다, 이야기만 해도 된다라고 하는 말씀은 사실 그 이야기 속에는 기획도 있고 제작도 있고 마케팅도 있는 것 같네요, 어떻게 보면 그것은 무엇만 하고 무엇은 하지 마라의 문제가 아니라 제대로 하는가의 문제인 것 같습니다. 실은 제가 문화콘텐츠학과 관련해서 가장 좋아하는 사람은 히딩크입니다. 그가 우리나라에 예전에 없던 개념을 소개했다고 생각합니다 멀티플레이어(multiplayer)라고 하는 개념입니다. 수비, 공격 다하지만, 무언가 하나를 잘하기 위해서는 다른 것도 어느 정도 알아야 하고 그것도 피상적이 아니라 아주 깊게 알아야 되는 그것이 바로 이 자리에 계신 인문콘텐츠학 전공하시는 분들의 공통된 과제가 아닌가 생각합니다. 다음 유동환 선생님의 말씀을 듣겠습니다.

유동환

예, 고수가 사회를 맡으시니까 더 말씀이 많으신 것 같네요. 질문에 대해서 간단하게 말씀드리겠습니다. 지금 김기덕 교수님이 주신 질문이나 아까 언급한 프로세스 매니지먼트라고 하는 것 자체가 산업공학이나 이런 분야에서 예를 드는 것 하고 유사하지 않은가 했는데, 물론 맞습니다. 그쪽에 대한 논의를 참고한 것입니다. 지금 현재 말씀하셨던 다른 분과 항목에서 무엇을 가져올 수 있나 고민해 왔는데, 오늘 발표에서 인문학에 한정되어 이야기를 했지만 실제로 문화콘텐츠학의 개발과정에서 산업공학이 했었던 중요한 작전도 있고 CT 영역에서는 컴퓨터 공학, 발상 쪽에서는 이미지 발상을 잘하는 디자인영역이 뛰어나죠. 사실은 문화콘텐츠학에서 각 영역과의 교류는 반드시 필요하다고 보고요. 그 속에서 인문학의 고유성은 무엇이 있을까 고민을 합니다. 전주대학교에 고전소설 탐구를 가르치는 분이 있는데 문화유산에 흠뻑 빠져들어서 산업공학을 버리시고 문화콘텐츠로 오셔서 저랑 한참 논의를 했습니다. 선생님 그냥 하던 지랄하지 왜 이 쪽 왔냐 문화유산 뭐가 좋냐 딱 세 가지 말씀하시더라고요. 문화콘텐츠 오니까 인문학에서 새로운 것에 대해서 충족 못했던 것들 중 하나가 소재의 매력이라는 거예요. 문화유산이 가지고 있는 자원의 매력을 어떻게 소화할 것인가 하는 점이 하나가 있고, 두 번째는 콘셉트, 개념이라고 하는 부분 그러니까 여러 영역에서 광고니 하는 데서, 콘셉트는 떠오르는 것이다 내지는 한방 치는 것처럼 말씀하시는데 그러면 콘셉트는 대체 인문학적 세상을 위한 콘셉트 설계는 어떻게 할 것인가 하는 것을 인문학 안에서 조금 더 연구해 볼 필요가 있다. 그 다음에 스토리텔링과 콘텐츠라고 하는 접목도 있지만 사실 문학 전공 선생님한테 물어보면 문학의 전성시대냐? 반대로 문학 선생님들은 지금 우리들은 강간당하고 있다. 우리가 가지고 있는 개념들이 함부로 활용되는 문제점이 더 크다고 말합니다. 그래서 정리하면. 이러한 문제를 놓고 제 학문분과 혹은 문사철 내부의 전문가들이 함께 논의가 필요하지 않겠냐, 그래서 한 번 문화콘텐츠학에 대해서 매 단위 과정 요소별로 한 번 토론하는 자리가 있었으면 좋겠습니다.

김현

네, 감사합니다. 사실은 제가 듣고 싶은 답변을 해 주셨습니다. 사실은 방법론을 인문학에서 많이 찾으려고 노력하고 또 좋은 부분이라고 생각합니다. 하지만 제가 선생님께서 지적해주셨던 그 방법론을 가지고 정말 다루어야 할 것이 콘텐츠, 이 부분이 인문지식에서 관계를 찾을 수 있는 부분이기 때문에 뭔가 대체되지 않아야 할까 생각합니다. 마지막 고정민 선생님은 국제 간 경제 협력, 문화 이 부분에 대해서 어떤 답변을 주시기보다도 앞으로 인문콘텐츠를 하는 사람들이 이러한 점에 착안해서 어떠한 노력을 조금 더 기울였으면 좋겠다라고 하는 제안을 주실 수 있으면 조금 부탁을 드리겠습니다.

예 지금 저한테 경제 교류와 관련해서 한류와 이런 부분들에 대해서 발표했으면 저도 더 좋았었겠습니다만, 경제통합의 관점에서 FTA와 같은, 클라이막스로 가려고 하니까 정말 어렵더라고요. 그래서 한류가 형성이 되면 국가 인지도와 연결이 되어서 우리나라 상품이 잘 팔리면 이건 국가 교역이 확대되는 거거든요 그렇기 때문에 문화와 교역과 관련되어 더 얘기를 한다고 하면 이야기가 잘 풀어질 수 있는데, 그게 아니고 경제통합에 맞추어 달라고 하셔서 오해가 조금 있었다는 것을 말씀드립니다. 혹시 이런 부분도 개입할 여지가 있으면 앞으로 보완하도록 하겠습니다. 앞으로 한류는 계속 있을 것이냐 아니면 중간에 중단이 될 것이다 얘기가 많이 있는데 당분간은 계속될 것 같고, 그래서 콘텐츠의 역할이 굉장히 중요하다고 생각합니다. 물이 위에서 아래로 흐르듯이 경쟁력이 높은 콘텐츠에서 낮은 콘텐츠 지역으로 흘러가는 것이라는 견해가 있는데, 저는 그런 과정이라고 봅니다. 그런 관점에서 봤을 때는 콘텐츠의 경쟁력을 높이는 것이 한류에 중요한 관건이라고 볼 수 있는데, 경쟁력을 높이는 방법 중 하나가 인문학의 요소들이 그리고 소재 원천의 요소들이 콘텐츠에 들어와서 좋은 콘텐츠를 만들고 결국엔 경쟁력이 높은 콘텐츠로 만드는 것, 이것이 한류와 밀접하게 연관이 되어있다고 생각합니다. 그러기 위해서는 보편적인 스토리라든가 전 세계의 사람들이 공감할 수 있는 그런 스토리를 발굴하고 콘텐츠를 접목, 가공하는 힘이 필요하다고 생각합니다. 그리고 학과의 이야기가 나왔는데, 제가 이 콘텐츠 산업을 연구한 지가 1980년대 후반부터입니다 그때부터 거의 25년, 30년 동안 콘텐츠 산업에 대해서 연구했습니다. 그 당시 한국경제연구소에서 연구를 하다가 중간에 한국영상산업단에서 한 5년 동안 실무 경험을 하고 그 다음에 콘텐츠산업에 대해서 연구를 했는데, 그 당시 초창기에 저도 똑같은 이런 개념적인 문제가지고 고민을 많이 했습니다. 과연 콘텐츠 산업에 범위는 어디까지 정해야 할까. 영상, 소스 산업이라고 제가 개념을 지어서 그때부터 개념정리를 시작했었습니다. 그때 당시에는 별다른 논의는 없었지만 한 10년 뒤에 논의들이 일어나기 시작했습니다. 당시 주위에는 연구하는 사람이 아무도 없었거든요. 10년 뒤에 얘기를 하는데 정말 이 개념을 가지고 이야기를 많이 했습니다. 근데 지금 와서 생각해보면 아무런 효과가 없어요. 자기가 그 분야를 어떻게 개척해 가지고, 영역을 확대시키느냐 이게 중요한 겁니다. 최근에 와서 학회에서 문화산업의 범위를 물어보면 제가 화를 냅니다. 왜냐하면 개념 이야기는 옛날에 다 끝나고 이제는 이런 이야기에서 벗어나서 진화를 해야 하고 새로운 영역을 개척해야 하는데, 저도 마찬가지로 문화콘텐츠 부분에서 중요한건, 학과에서, 수요자가 어떻게 생각하느냐가 중요하고 그러기 위해서는 교수들이 노력해야 한다고 생각합니다. 다양한 수요자가 요구하는 그런 요구들을 맞춰줄 수 있는 교수들의 역량 변화가 절실하지 않나 이렇게 생각하고 있습니다.

김현

네, 감사합니다. 토론자 선생님들께 다시 한 번 박수 부탁드립니다. 네 벌써 15분이 됐습니다. 하지만 음식 어디 가는 거 아니니까요. 15분 정도 시간을 저희가 더 쓰도록 하겠습니다. 이 자리에 참여하신 청중께서 의견을 제안하시고 질문을 할 수 있는 시간입니다. 하지만 우리가 시간이 많지 않기 때문에 사회자의 직권으로 먼저 우선권 드리겠습니다. 문화콘텐츠학을 전공하는 학생들 가운데 오늘 이렇게 여러 문화콘텐츠학과를 만들고 이끌어온 선생님들, 그리고 산업현장에서 일하시는 이 베테랑 전문가들이 오신 자리에서 평소에 궁금하게 생각하시던 거 있겠죠. 네 그런 부분에 대해서 이건 꼭 이 자리에서 물어봐서 고수들의 답변을 듣고 싶다 하는 것이 있으면 질문해 주십시오.

네, 뒤에 손드신 분 먼저 자기소개 좀 해주시고요.

안녕하세요. 저는 외대 문화콘텐츠 박사과정으로 들어가려고 하는 학생인데요. 제가 김기덕 교수님께 여쭤보고 싶은 것이 있습니다. 교수님의 의견에 많이 동의를 하는데요. 저는 사실 태생이 인문학으로, 철학으로 출발해서 사회학으로 건너갔다가 다시 인지 쪽에서 공부하다가 또 신학도 공부하고 한국어도 공부하고 다시 문화 쪽으로 오게 됐는데요. 얼마 전에 포럼에서 공학을 통해서 공학과 예술을 접목하는 콘텐츠를 개발하는 것을 보았습니다. 어디까지가 예술이고 어디까지가 공학인지 잘 분간이 안가더라고요. 제 생각에는 매체와 스토리텔링을 완전히 나눌 수 있을까? 그것은 조금 문제가 있다고 생각합니다. 저는 예술을 다룰 줄 아는 사람입니다. 하지만 스토리텔링을 세우고 매체를 다루는 것도 있지만 매체를 바라보면서 스토리텔링을 창의적으로 만들어내기도 합니다. 이것을 완전히 딱 구분시켜서 2개를 딱 절단된 형태로 바라보기보다는, 상호 간의 보완점을 가지고 상호 간의 작동을 하는 것이 더 낫지 않을까 그리고 저는 태생이 인문학이라 인문학을 바탕으로 해야 한다고 생각을 해왔고 지금도 어느 정도는 하고 있지만 요즘 들어와서 조금 후회되는 것은 수학을 잘해서 공학을 해봤으면 더 많은 스토리텔링을 찾아내어 콘텐츠 개발을 직접적으로 하지 않을까 그런 생각을 많이 해보게 되고요. 콘텐츠 학과에 들어와서 또 드는 생각 중 하나가 직접적인 기술 개발이 그다지 많은 편이 아니고요. 인문학적인 부분만 되다 보니까 지금까지 배워온 것에서 한 걸음 나가기가 힘든 상황이 된 것 같습니다. 그리고 저는 사회적 공헌을 목적으로 콘텐츠학과에 들어왔습니다. 그런데 사회적 공헌이 경제뿐만 아니라 상당량 많은 분야에, 상당히 많은 분야에 있고 필드는 열려 있습니다. 조금 더 관점을 넓혀서 생각하는 것이 좋지 않을까 합니다. 김기덕 교수님께 이 부분 묻고 싶습니다.

맥루언이 '미디어는 메시지이다'라고 한 말이 오랜 동안 유령처럼 전개됐지만, 저는 이제는 별로 의미 없는 말이라고 생각합니다. 이제 디지털시대일수록 매체 전환이 점점 더 쉬워지는 것이고 매체가 요한 것이 아니라 콘텐츠가 중요한 것이다. 그런 면에서 스토리는 계속 남는다는 말이 의미가 있습니다. 다만 한 가지 더 생각할 것은 앞으로는 기술의 발전과 향유가 보편화되면서 융합이 보다 용이하고 일반화될 것이라는 점을 유념해야 합니다. 이때 융합이라고 해도 당연히 강조점이 있어요. 어떻게 다 동질성 있게 합니까. 기술 쪽에 방점이 찍힐 수도 있고, 인문학 쪽에 방점이 찍힐 수도 있습니다. 다만 우리는 태생이 인문학에서 출발했으므로 원천소스가 다른 분야와 융합되는 것을 해결해 주어야 합니다. 저는 원천소스의 문제를 도외시한 어떠한 논의도 인문콘텐츠적이지 않다고 봅니다. 다시 강조하지만 우리가 인문학뿐만 아니라 융합의 의미에서 다 같이 포괄하여 고민해야 하지만, 인문학 바탕의 융합학과라고 기획, 제작, 마케팅을 똑같이 해야 한다고 하는 것은 옳지 않습니다. 강조점은 있고 특히 책임져야 할 부분이 있습니다. 기획에서 원천소스의 문제를 융합의 관점에서 우리가 해결해야 합니다. 그 논의가 인문학 바탕의 문화콘텐츠학의 핵심이라고 봅니다. 추후 이 문제에 대한 보다 심도 깊은 논의가 필요하겠지만, 결코 이 부분을 놓치면 인문콘텐츠적이지 않다는 점 역시 말씀드리고자 합니다.

좋은 말씀 잘 들었습니다. 저는 만학도인데요. 국문학을 전공했고, 이번에 문예창작콘텐츠 대학원에 들어가는데요. 아까 박 감독님 말씀대로 제가 커리큘럼이라든지 전체적인 분위기를 받아들고, 저는 저한테 속았구나 하는 생각을 지금 하고 있거든요. 박 감독님 생각에 굉장히 동조를 하는 입장이고 저는 동화를 쓰면서 기존 우리 원천 소재를 가지고 발굴하는 방향으로 포커스를 맞추고 대학원에 등록을 하기는 했는데 요즘 많이 고민을 하고 있어요. 오히려 제 상상력에 제재를 당하지는 않을까 하는, 오늘 쭉 들으면 서 딱 한 가지 제가 여쭙고 싶은 것이 있는데, 우리가 어차피 원형 소재라든 지 기존에 있던 것을 계속 발굴하고 또 고쳐 쓰고 또 때워 쓰고 이렇게 되어 야 한다면 여기 지금 나온 기존의 발제자들이나 토론자분들께서 아무도 윤 리성에 대해서는 말씀이 없었거든요. 문사철을 기반으로 하고 모든 것이 이것에서 출발을 해야 한다고 한다면 우리가 남의 소재를 계속 쓰고 나누어 야 하는 입장에서 윤리적인 입장이라는 견지에 대해서 한번 짚어야 하지 않 을까. 그렇게 생각하고 그 부분에 대해서 설명해주시면 좋겠고요. 한 가지 만 말하겠습니다. 고운기 교수님께 여쭙겠습니다. 우리가 지금 콘텐츠 개 발자로서 『삼국유사』가 앞으로 미칠 어떤 영향에 대해서 한 말씀해주시면 감사하겠습니다.

고운기

원천소재를 어디까지 소재로 잡을 것인가에 따라서 고대신화라든지 고 소설이라든지 하는 것들은 몇 가지 갖다 써도 윤리적인 문제가 생길까요? 그렇지 않을 것입니다. 그리고 『삼국유사』 이야기는 토론문 끝에 조금 붙 여 놨는데요, 처음에 김기덕 교수님 발표에서 장자의 「소요유」를 해석했던 것처럼, 『삼국유사』도 그런 식으로 해석할 수 있는 그런 부분들이 많습니 다. 그런 예를 제가 토론문에 써놨습니다. 참고해 주시기 바랍니다.

김현

네, 그럼 마지막으로 오늘 모임을 주관해주신 전국대학문화콘텐츠학과 협의회 김기덕 회장님께서 오늘 모임의 폐회사를 해주시겠습니다.

　예, 짧게 하겠습니다. 여러분 배고프실 텐데, 박흥식 감독님이나 여러분들 하고 싶은 얘기가 많았을 텐데, 아쉽게 생각합니다. 그래서 앞으로 인문콘텐츠학회의 콜로키엄을 통해 본 심포지엄에서 나온 주제를 심도 있게 추구했으면 합니다. 백승국 교수님의 토론문에서 제시된 표현, '응답하라 인문콘텐츠 2001', 정말이지 이것이 우리의 과제입니다. 오늘로 끝내지 말고 이 물음에 답해야 합니다. 사실 오늘 인문콘텐츠학회가 무엇을 했고 무엇을 할 수 있으며 어떻게 해야 되는지를 검토해보려고 했지만, 사실 이제부터 시작이고 올해 일 년 동안 몇 차례 콜로키엄을 통해 못다한 얘기들을 산업계와 같이 얘기하는 시간을 가졌으면 좋겠습니다. 원래 심포지엄은 향연(饗宴)의 의미가 있으므로, 박경하 회장님과 상의해서 뷔페도 준비했습니다. 여러분 음식이 많으니 가지 마시고 즐겁게 먹으면서 이야기 나눠주시길 바랍니다. 인문콘텐츠학회는 초창기부터 시작해서 아날로그식으로 먹고 놀았습니다. 지방에 가서도 1박2일로 같이 어울리고 술 마시고 놀았고 그래서 지금 술도 많이 준비 되어 있습니다. 특히 저희 건대 문화콘텐츠학과에서 매년 술을 담그는데, 여기 담금 매실주가 있습니다. 음악공연도 좀 있을 거니까 편하게 드시면서 쉬시길 바랍니다. 다시 한 번 이렇게 모여주신 것 감사드리면서 마치겠습니다. 감사합니다.

제2부

인문콘텐츠학회 10주년
학술대회 기념논문

문화콘텐츠 스토리텔링의 현황과 전망

박기수 · 안숭범 · 이동은 · 한혜원*

1. 스토리텔링의 개념과 영역

스토리텔링(storytelling)이란 사건에 대한 진술이 지배적인 담화 양식이다. 스토리텔링은 스토리, 담화, 이야기가 담화로 변하는 과정 세 가지를 모두 포괄한다.[1] 본 연구는 지난 10년간 한국에서 학문으로서, 창작 기술로서, 문화 콘텐츠 산업의 핵심 전략으로서 발전해 온 스토리텔링의 현황을 정리하고 향후 발전 방향을 다각도로 모색하는 것을 목적으로 삼는다.

스토리텔링의 개념은 해당 문화권, 창작의 주체, 적용 분야 및 장르, 최종 콘텐츠의 형태 등에 따라서 다소 차별적으로 설정 및 활용되고 있는 편이다. 가령 북미 및 유럽에서 '스토리텔링'을 지칭할 경우에는 '텔링'의 전달 방법에 중심을 둔다. 따라서 스토리텔링을 일종의 '구비문학'(oral literature) 영역과 연계된 학문으로 전제한다. 학문적으로도 자연히 지역 문화의 전승

---

* 박기수: 한양대학교 문화콘텐츠학과 교수
안숭범: 경희대학교 국어국문학과 학술연구교수
이동은: 계원예술대학교 디지털콘텐츠군 조교수
한혜원: 이화여자대학교 디지털미디어학부 조교수

1 고욱 외,『디지털스토리텔링』, 황금가지, 2003, 13쪽.

방법, 설화의 전승방법 등에 대한 학문적 고찰이 주를 이루는 편이다. 월터 옹의 지적대로, 동시대 스토리텔링의 전달 방법은 다변적, 첨가적, 집합적, 참여적이라는 점에서 분명 구술성을 나타내기도 한다.[2] 그러나 그렇다고 해서 스토리텔링이 철저하게 구비문학의 영역에 속한다고 볼 수는 없다.

21세기 한국의 학계 및 문화산업에서 지칭하는 '스토리텔링'이란 미디어 및 기술의 발달과 적용, 무엇보다도 문화 콘텐츠 개념의 대두와 글로벌 마켓의 확장, 창조 사회로의 이행 등 사회 문화적 패러다임의 전환과 그 맥을 같이하면서 나타났다. 물론 한국에서도 문화원형, 지역문화 등 구비문학과 스토리텔링의 상관관계를 전혀 배재할 수는 없다. 더욱이 한국의 경우 양적 질적으로 우수한 문화 원형의 보고인 만큼, 스토리텔링에 있어서 문화원형을 가장 핵심적인 원천소스 중 하나임에 분명하다. 그렇다고 해서 한국의 스토리텔링이 북미 및 유럽과 마찬가지로 구비문학의 영역 안에 한정되어 있다고 보기엔 어렵다.

리처드 플로리다의 지적대로, 바야흐로 전 세계는 물질적인 재화보다 창조적인 지식과 콘텐츠에 더욱 가치를 부여하는 '창조적 사회'(creative society)로 산업 체제를 전환 중이다.[3] EU의 신 리스본전략, 영국의 창조산업 선언, 일본의 콘텐츠 진흥법 제정 들 역시 창조적 사회로 나가기 위한 일환으로 볼 수 있다. 여기서 스토리텔링은 창조성과 불가분의 관계로 작용한다. 따라서 영화, 애니메이션 등 특정한 엔터테인먼트 분야는 물론이거니와, 광범위하고 다양한 사회 문화 콘텐츠에서 스토리텔링의 역량을 강조하는 추세이다. 심지어 사실적 정보 전달의 영역에 속하던 에듀테인먼트, 인포메이션 콘텐츠 영역에까지 스토리텔링의 활용 가능성이 점쳐지고 있다.[4]

---

2   월터 J. 옹, 이기우 · 임명진 옮김, 『구술문화와 문자문화』, 문예출판사, 2000, 52-121쪽.

3   리처드 프롤리다, 이원호 외 역, 『도시와 창조 계급』, 푸른길, 2008.

4   본 연구 및 스토리텔링에서 전제로 삼는 '창의성 혹은 창조성(creativity)'이란, 전근대적 낭만주의에 의거한 '천부인설'과 개인의 머릿속 결과물이 결코 아니다. 한국 스토리텔링에서 전제로 삼

　　21세기 한국은 도약적인 IT기술의 발전과 더불어 차세대 문화 콘텐츠 강국으로 도약하기 위해 노력 중이다. 이에 산업계, 정부, 학계의 삼원적 합심과 연구의 결과, 문화적 내용을 지칭하는 광의의 '콘텐츠'라는 개념을 규정하기에 이르렀다.[5] 스토리텔링은 콘텐츠 개념의 성립과 불가분의 관계에 있다. 스토리텔링은 콘텐츠에 있어서 가장 핵심적인 창작 기술이자 전략을 지칭하는 개념으로 특화되어 발달해 왔다. 따라서 동시대 한국에서 지칭하는 스토리텔링이란, 기존의 북미 및 유럽에서 논하는 협의의 스토리텔링에서 나아가, 오히려 새롭고 확장적인 '뉴 내러티브'(New Narrative), 창조의 기술이라고 여겨진다.

　　이처럼 2000년대에 접어들면서 스토리텔링에 대한 대중의 수요와 학계의 관심은 폭발적으로 증가한다. 국내에서 스토리텔링에 관한 관심이 새롭게 진작된 계기는, 인터넷 공간의 확장과 디지털 기술의 급속한 발전에 기인한 것으로 보인다. 구체적인 현상을 중심으로 파악하자면, 영상 세대의 전면화, 감성 문화의 확장, 상호작용성이 특화된 전자공간의 점증, 사용자의 참여에 의해 구축되는 증강현실(augmented reality)의 일상화 등과 긴밀한 연관관계에 있는 것으로 파악된다. 그 과정에서 스토리텔링은 미디어콘텐츠, 혹은 문화콘텐츠 전 분야의 기획·제작(창작) 과정에 유의미한 방법론으로 제공되기 시작한다.

　　그럼에도 연구자나 현장 전문가들에게 스토리텔링에 대한 공통된 이해를 도출하기란 쉽지 않다. 그도 그럴 것이, 스토리텔링 개념은 디지털 기술과 미디어 플랫폼의 형태, 콘텐츠의 형식과 밀접하게 관련된다. 따라서 스

는 창조성이란 오히려 미하이 칙센트미하이가 제창한 창조성과 유사하다. 그에 따르면, 창의성이란 '문화 속에서 어떤 상징영역을 변화시키는 과정'이자 '다양한 문화가 교차하면서' 나타난다. 우리 시대의 창조성은 개인의 머릿속이 아닌 '집단 지성(collective intelligence)'을 통해서 나타나기도 한다(미하이 칙센트미하이, 노혜숙 옮김, 『창의성의 즐거움』, 북로드, 2003, 25-39쪽).

5　학계적 차원에서는 인문콘텐츠학회, 국가적 차원에서는 한국콘텐츠진흥원(Korea Creative Content Agency)'의 설립 및 확장 등을 대표적 예로 들 수 있다.

토리텔링에 대한 개념 정의는 항상 '과도적'이거나 '유보적'이 될 수밖에 없고, 그에 대한 실용적 활용 방안에 있어서도 시각차가 존재할 수밖에 없다. 문화콘텐츠 관련 분야로 논의의 폭을 좁혀, 공시적으로 살펴보더라도 스토리텔링을 바라보는 입장 차는 작지 않은 것으로 판단된다.

현 단계에서 가장 일반적인 스토리텔링에 대한 이해를 요약하면, 문화콘텐츠산업 전 영역, 이를테면 영화, 방송, 드라마, 애니메이션, 게임, 캐릭터콘텐츠 분야의 창작 방법론이자, 'One Source Multi Use'를 위한 전략적 기술이라 할 수 있을 것이다. 그 밖에 스토리텔링을 상위 범주로 놓고, 문화콘텐츠 제영역과 광고, 디자인, 홈쇼핑, 테마파크, 스포츠 등 서사성을 잠재할 가능성이 있는 모든 텍스트를 그 하위 범주로 간주하는 장르론적 견해[6]도 제출된 바 있다. 스토리텔링을 인터랙티브 엔터테인먼트의 핵심 기술[7]로 폭넓게 받아들이는 관점도 전혀 다른 이해는 아니라고 판단된다.

현 상황에서 남겨진 숙제가 있다면, 스토리텔링에 관한 담론이 더욱 더 '산업적', '전략적', '실용적', '매체 친화적', '콘텍스트적', '절차적'인 방향으로 세분화되어야 한다는 것이다. 더 구체적으로, 다양한 분과학문의 실용적 방법론과 급변하는 매체 환경, 핵심 기술을 바탕으로 장르별 콘텐츠 제작 단계에 따라 적용해야 할 스토리텔링 기술을 변별해 이론화해야 할 것이다. 스토리텔링학이 독립적인 자율성을 갖는 이야기 공학(Story Engineering)으로 자리 잡아 나가길 기대한다.

---

6   최혜실, 『문화콘텐츠, 스토리텔링을 만나다』, 삼성경제연구소, 2006, 104-106쪽.
7   캐롤린 핸들러 밀러, 이연숙 외 옮김, 『디지털미디어 스토리텔링』, 커뮤니케이션북스, 2006,
     4-17쪽.

2. 스토리텔링의 원형

1) 이야기 원형의 발굴 및 전환

움베르토 에코가 지적한 대로, 하늘 아래 새것은 없다. 스토리텔링의 영역에서도 이 법칙은 동일하게 적용된다. 21세기 콘텐츠의 핵심 전략으로 스토리텔링을 논한다고 해서, 스토리텔링을 통해 무에서 유를 창출해낼 수 있는 것은 결코 아니다. 스토리텔링, 즉 인간의 이야기를 주고받고자 하는 욕망은 유행이 아니라 본질이기 때문이다.[8]

스토리텔링의 원천적 힘은 '스토리' 그 자체에서 발생한다. 아무리 미디어가 발달하고 기술이 지원된다고 해서, 스토리텔링에 있어서 스토리의 비중이 줄어들거나 약화되는 것은 결코 아니다. 아리스토텔레스 이래로 끊임없이 논의되어온 것처럼, 허구로서의 스토리는 개인적으로, 또 사회적으로 인류에게 카타르시스라는 감정적 배설을 가능하게 해주며, 보편적이고 궁극적인 쾌락과 깨달음을 제시한다.

이때 스토리란 근대 소설 양식(novel)이 제시하는 개인적 차원의 고뇌와 주체에 관한 문제의식만 지칭하는 것은 아니다. 스토리텔링과 근대 문학은 긴밀한 관계를 맺고 있다고 할 수는 있지만, 그렇다고 해서 스토리텔링이 문학의 하위 영역이라고 보기엔 힘든 것이다. 오히려 동시대 스토리텔링에서 지칭하는 스토리란, 특정 시공간 안에서 축적된 인류의 집단 무의식과 문화적 자산이 고스란히 반영된 원형에 가깝다. 따라서 스토리텔링의 영역에서 지칭하는 '스토리'란 반드시 대중성과 보편적 가치를 동시에 지향해야 한다. 물론 이때 창작 주체로서의 개인과 문화권별 특수성 역시 염두에 두어야만 한다.

---

8 이에 대해서는 한혜원, 『이야기하는 인간, 호모 나랜스』 살림, 2010에서 스티븐 핑커의 '언어본능'을 토대로 '이야기 본능(narrative instinct)'에 대해서 논한 바 있다.

　　문화체육관광부와 한국콘텐츠 진흥원에서 2002년부터 2010년까지 개발한 문화원형 디지털 콘텐츠화 사업, 재미요소 및 문화적 코드의 DB화 작업, 스토리 저작 지원 도구 개발 사업 등은 모두 스토리를 자의적이거나 주관적인 개인의 문제로 삼지 않는다. 오히려 아이디에이션과 기획개발이 중요한 객관적이고 증명 가능한 대상으로 전제삼고 있다. 가령 문화체육관광부와 한국콘텐츠진흥원은 약 10년간 개발된 문화연형 발굴 및 활용 사례를 모은 『문화원형 콘텐츠 총람집』을 2012년 2월 28일 발간했다. 본 보고서에는 총 14개 분야 200개의 주요 과제들이 상세히 설명되어 있다. 개발한 문화원형 사업은 다음 등 문화원형 백과사전을 통해서 누구에게나 공동의 자산으로 공개되고 있으며, 실제 창작 원천 소스로 활용되는 중이다.[9]

　　이야기 원형의 발굴 및 추출은, 단순히 발굴의 의의만 있어서는 안 되며, 반드시 그것이 어떻게 디지털 미디어와 연계되어 동시대 패러다임에 부합하도록 가공되고 재구성될 수 있는가에 대한 메커니즘 제시까지 이루어져야 한다. 이는 문학의 영역 안에 제한적으로 갇혀 있던 문화원형의 잠재적 가능성을 확대하고자 하는 노력과 디지털 기술과 인간의 상상력을 융합하고자 하는 시도를 통해서 가능해졌다. 가령 미국의 Dramatica Pro 4.0, Power Structure 2002, Texas A&M 대학의 인터랙티브 스토리텔링 엔진 등은 스토리의 모티브에서부터 구조에 이르기까지 다양한 문화적 원형을 프로그램으로 가시화하여 미리 보여주게 된다(pre-visualize). 이러한 프로그램을 통해서 창작자이 이야기 원형을 디지털 패러다임에 부합하는 새로운 콘텐츠로 재구성하도록 도와준다. 한국 콘텐츠 진흥원이 주관하고 이화여대 디지털스토텔링 랩이 수행한 〈스토리 헬퍼〉 프로젝트의 경우, 영화 및 애니메이션의 다양한 스토리 모티브 및 원형을 DB화하여 통합적으로 제시

9　국내 스토리텔링 기술 개발의 사례로는 광주과학기술원의 RMS를 이용한 스토리텔링 기법, 텍스트로부터 용어 등을 자동 추출했던 카이스트의 Story Modeling, 이화여대 디지털 스토리텔링 R&D 센터의 〈스토리 헬퍼〉 등을 대표적 예로 들 수 있다.

한 사례라 할 만하다.[10] 이러한 일련의 작업들은 자의적이고 주관적이라고 전제했던 이야기의 원형을 발굴 및 재구성하는 데 있어서 디지털 미디어와 연계될 수 있도록 객관적인 기준과 가치평가의 잣대를 마련했다고 볼 수 있다.

이처럼 문학 주제학 내에서 모티브, 주제, 개념, 상징 등 '소재사'적 측면에 국한되었거나 어휘사적 논쟁으로 치부되었던 일련의 연구의 성과들과, 이야기를 통합체적으로 엮어나가는 형식을 신화의 구조에서 찾아온 크리스토퍼 보글러나 앤드류 글래스너[11]의 성과물은 스토리텔링을 통해서 보다 생산적이고 창조적인 콘텐츠로 거듭나게 되었다. 미디어가 다각적으로 재매개(remediation)되는 동시대, 스토리텔링의 불변적 요소이자 구심점을 이루는 힘의 원천은 여전히 '이야기의 힘' 그 자체에서 나온다 해도 과언이 아닐 것이다.

2) 스토리텔링의 구현 요소

스토리텔링의 구현 요소에 대한 논의는 스토리텔링에 대한 변별적 인식에서 출발해야만 한다. 디지털 문화 환경 하에서 문화콘텐츠 구현 요소의 중추로서 기능하는 스토리텔링의 양상은 매우 다양하기 때문에 논의의 범위와 층위에 따라서 상이한 양상으로 드러나기 때문이다. 아울러 텍스트

---

10 〈스토리 헬퍼〉는 다음과 같은 목적성을 지향한다. "본 기술 개발은 기획, 시나리오 제작 스토리텔링의 과정을 표준화된 공정으로 체계화하고 저작 각 단계의 창작 효율화와 작품 가치를 높이는 데 초점을 맞추고 있다. 따라서 본 과제를 통해 개발된 기획 및 저작 관련 기술들은 창작자의 작업에 따르는 공정을 보다 효율적이고 용이하게 해줄 것이며, 영화와 애니메이션 콘텐츠 산업 분야에서 스토리를 구상하고 기획하고 이를 체계적으로 발전시키는 창작 및 제작 준비 단계에서의 효율을 높여줄 것이다." 이화여대 디지털스토리텔링 랩, 〈스토리 헬퍼〉 기획개발 관련 문서 중 발췌, 한국콘텐츠진흥원, 2010.

11 크리스토퍼 보글러, 함춘성 옮김, 『신화, 영웅, 그리고 시나리오쓰기』, 무우수, 2005; 앤드류 글래스너, 김치훈 옮김, 『인터랙티브 스토리텔링: 21세기 픽션을 위한 테크닉』, 커뮤니케이션북스, 2006.

중심의 논의로는 기획－창작－유통의 전 과정에 포괄적으로 개입하는 스토리텔링의 제 양상과 전략을 제대로 설명할 수 없기 때문이다.

박기수는 스토리텔링을 그 자체로 자족적인 실체라기보다는 독립적인 텍스트를 구조화하기 위한 하나의 구성 요소기 때문에 나머지 구성 요소들과의 최적화된 결합방식의 발견 여부에 따라 성취가 결정되는 특성이 있다고 주장했다. 또한 그는 "스토리텔링은 그것이 구현되는 텍스트의 구현 목적과 상관하여 텍스트의 완성도를 측정할 수 있는데, 그 과정에서 향유의 활성화 여부, 지속 및 확산의 기간과 범위 등은 텍스트의 내적인 성취만큼이나 중요한 요소로서 작용한다. 이러한 맥락에서 스토리텔링은 그것이 구현하는 텍스트의 목적에 따라 성격이 결정되며, 그 성격은 텍스트를 구성하는 각 요소들의 구조적 통합을 통하여 성취될 수 있기 때문에, 스토리텔링은 그러한 성취를 최적화하기 위한 담화 전략"[12]이라고 주장했다.

스토리텔링은 향유자의 체험을 창조적으로 조작하는 전략적 구성과 그 실천이라는 점에서 참여중심, 체험중심, 과정중심의 향유적 담화양식이다. 따라서 "① 서사, 장르, 매체, 구현 기술 등의 텍스트 중심 논의와, ② 향유자의 소구 및 향유 활성화 양상 및 방안에 대한 향유중심 논의, 그리고 ③ 구현 목적에 따르는 스토리텔링의 성격에 대한 논의(주로 수익, 유통, 비즈니스 등의 성과에 대한 기대와 효과) 등의 논의를 포함해야만 한다."[13] 따라서 스토리텔링은 이야기와 이야기 구현 방식 그리고 향유의 강화 전략 등으로 구성할 수 있는데, 이것의 조합은 그것이 구현해야 할 문화콘텐츠의 정체와 지향, 상/하위 장르별 특성, 구현할 미디어, 중심 향유자 등의 특성에 따라 탄력적인 양상으로 드러난다. 더구나 이야기와 이야기 구현 방식 그리고 향유의 강화 전략 등의 요소 역시 각각 다시 세분화됨으로써 스토리텔링으로 구현될 때

12　박기수, 「One Source Multi Use 활성화를 위한 문화콘텐츠 스토리텔링 전환 연구」, 『한국언어문화』 제44집, 한국언어문화학회, 2011, 11쪽.

13　박기수, 위의 글, 12-13쪽.

에는 이 요소들이 총체적으로 수렴됨으로써 중층결정(over-determination)된다는 특성을 지녔다.[14] 이러한 논리적 전제를 바탕으로 박기수는 스토리텔링의 구현 요소를 생산자, 텍스트, 향유자의 세 영역에서 미시적이고 전략적으로 접근할 것을 제안했다.

생산자의 영역에서는 스토리텔링 구현 목적(텍스트 구현 목적과 연동), 구체적인 목표 시장을 전제로 한 중심 타깃, 기대 수익 창출 방안, 장르전환, 창구효과, 상품화, 브랜드화를 포괄하는 One Source Multi Use 전략, 중심 타깃의 선행 향유 분석 등이 고려되어야 할 구성 요소들이다. 텍스트의 영역에서는 중심 언어(중심 코드 포함), 서사 구성 요소들, 구현 장르의 문법, 원천콘텐츠 존재 여부 및 전환 전략, 구현 매체의 특성, 구현 기술의 특성, 상호텍스트성의 활성화 여부 등을 핵심으로 고려해야 한다. 향유자의 영역에서는 초기에 텍스트에 접근에 대한 접근을 가능하게 하는 소구요소들, 텍스트와 관련된 향유자의 선행 체험, 향유 유형과 향유 지속 시간 및 향유 정도, 리터러시(literacy) 수준 등을 염두에 두어야 한다. 여기에 생산자와 향유자는 물론 텍스트까지 포함된 사회문화적 콘텍스트, 스토리텔링에 대한 제도화 여부, 트랜스미디어 스토리텔링 여부까지 종합적으로 고찰해야 할 부분이다. 이 글에서 제안한 이러한 개개의 구성요소들은 모두가 다 포함되어야 하는 것이 아니며, 동시에 구현되어야 하는 것도 아니다. 또한 각 영역이 기계적으로 분명하게 구분된다기보다는 상호 연결되어 있는 구조라는 점도 유의해야 할 부분이다. 다만, 이러한 수다한 요소들이 향유자의 향유를 극대화함으로써 즐거움을 창출하기 위한 구조라는 점은 분명하다.[15]

그의 주장이 신뢰할 만한 것이라 해도, 스토리텔링 구현 요소에 대한 논의는 시작 단계에 있다. 스토리텔링의 정체와 범주 그리고 취급의 전략적 유효성에 따라서 그 요소들의 취사선택은 얼마든지 이루어질 수 있기 때문이다. 다만, 분명한 것은 구현 요소에 대한 접근이 개개의 영역에서 미시적

---

14 박기수, 「픽사 애니메이션 스토리텔링 전략 연구: 캐릭터를 중심으로」, 『한국언어문화』 제39집. 한국언어문화학회, 2009, 216쪽.
15 박기수, 앞의 글, 2011, 14쪽.

으로 이루어져야 하는 동시에 종합적인 차원에서 통합적으로 이루어져야만 한다는 것이다. 그저 텍스트 구성 요소들만을 가지고 스토리텔링의 전략을 기획하거나 분석하는 수준에서는 지금 이곳에서 개방적 포식성을 보이고 있는 스토리텔링의 진면목을 놓치는 일이 될 것이기 때문이다.

3. 스토리텔링 환경

1) 구현매체에 따른 스토리텔링의 변화

벤야민은 모든 이야기꾼들이 끄집어내는 이야기의 원천은 입에서 입으로 전해지는 경험이라고 했다.[16] 먼 곳으로부터 온 사람(선원)에 의해서, 그리고 고향에 눌러앉아 자기 고향의 이야기와 전설을 가장 잘 알고 있는 사람(농부)에 의해서 구술적으로 전해져 내려오던 스토리텔링의 개념은 다양한 미디어의 발전과 맞물려 변화하고 있다. 매체적 환경과 문화적 조건, 그리고 이야기가 회자되는 특정 사회 현상과 결부되어 스토리텔링은 보다 넓은 의미의 소통방식으로 이해되고 있다. 스토리텔링의 내용과 표현 방식, 그리고 전달 방식에 따라 스토리텔링의 개념과 영역의 변화는 다채롭지만 본 장에서는 소설에서 만화로, 만화에서 영상으로 그리고 게임 등의 인터랙티브 미디어로 이어지는 이야기 예술의 계보학적 관점[17]에서 스토리텔링 기술의 개념과 영역에 어떤 변화를 맞이하고 있는지를 체계적으로 정리하고자 한다.

글쓰기의 공간이 달라짐에 따라 스토리텔링의 내용과 표현 방식은 변화

---

16   발터 벤야민, 반성완 편역, 『발터 벤야민의 문예이론』, 민음사, 2006, 167쪽.
17   고욱·이인화 외, 앞의 책, 17쪽.

해 왔다. 더 나아가 스토리텔링의 변모는 텍스트를 둘러싼 생산자와 향유자의 지위와 역할에도 영향을 끼쳤다. 소설은 독보적 존재인 작가에 의해 종이에 문자로 쓰인다. 이때 중요한 스토리텔링 기술은 인과적 시간을 중심으로 하는 사건의 배열 혹은 재배열, 즉 플롯이다. 독자에게 어떤 사건을 먼저 경험하게하고 어떤 정보의 해호화[18]를 지연시킬 것인가에 대한 기술이 스토리텔러에게 요구되는 핵심이다.

반면 만화는 칸이라고 하는 프레임을 통해 글과 그림으로 된 스토리텔링을 완성시킨다. 칸의 크기나 배치, 칸과 칸 사이의 공간을 어떻게 활용하느냐에 따라 독자로 하여금 텍스트와 그림을 통해 전달하지 못했던 맥락을 구조화시킨다. 만화의 칸은 시간의 흐름이나 공간의 이동, 그리고 실제로 들리지는 않지만 가상적 청각으로서의 공감각적인 영역까지 형상화가 가능하기 때문에 만화 스토리텔러는 칸이라는 시각적 공간에 텍스트와 이미지, 그리고 사운드를 배치하는 방법을 익혀야 하며 독자는 칸을 독해할 수 있는 능력을 가져야만 한다.

영화의 경우는 어떠한가. 아이젠슈타인은 "번호에 따라 나뉜 시나리오는 시체 공시소에 있는 익사한 시체의 다리에 드리워진 번호만큼이나 영화에 소생력을 주지 못한다"고 이야기한 바 있다. 영화 내러티브의 핵심인 시나리오는 그 본질상 재료에 형태 부여가 끝난 것이 아니라 재료가 존속되어 가는 한 단계임을 강조하기 위해 언급한 말이다.[19] 작가가 문자라고 하는 자신의 수단으로 시나리오를 작성하면 감독이 가세하여 시청각적 영화의 언어로 내러티브를 완성한다. 스크린이라는 공간을 통해 발현되는 영화는 따라서 시나리오를 포함한 촬영, 녹음, 편집 등의 전 과정이 바로 스토리텔링 영역이다.

---

18 장소진, 『현대소설 플롯론』, 보고사, 2000, 24-27쪽.
19 카르스텐 비테 엮음, 박흥식 · 이준서 옮김, 『매체로서의 영화』, 이론과실천, 1996, 98쪽.

스토리텔링 기술은 인쇄 및 전자문화시대에서 디지털문화시대로 넘어오면서 더욱 강조된다. 플라톤은 일찍이 알파벳 자체를 '테크네'라고 명명한 바 있다. 그러나 사실 기술(technology)이라는 용어는 역사적 맥락에서 볼 때 인간의 독창성 및 발명 능력과 관련된 창조적 과정까지를 포함하는 용어[20]로 해석되어야 마땅하다. 단편적이고 미시적인 관점에 머무르지 않고 보다 거시적 관점에서 이해되어야만 오늘날 등장한 뉴미디어의 스토리텔링을 이해할 수 있다.

재현 예술의 선두에 서 있던 영화는 디지털 패러다임이 등장하면서 키노-아이(kino-eye)에서 키노-브러쉬(kino-brush)로 변모하였다. 촬영이라는 과정을 통해 스토리텔링을 완성했던 영화는 디지털화되면서 찍기 전 현실과 맺었던 특별한 지시적 관계를 잃어버리고 하나의 원료라는 지위를 획득하게 된다.[21] 원료로서 촬영 소스는 컴퓨터 그래픽에 의해 추가로 그려지고 합성되는 이미지 프로세싱을 통해 스토리텔링을 완성하게 된다.

반면 게임이라는 뉴미디어가 등장하면서 스토리텔링의 영역은 거대한 변화를 맞이하게 된다. 기본적으로 게임은 시간 중심적 사고 흐름을 공간 중심으로 바꾸었다. 게임은 공간을 탐험하면서 이야기를 만들어나가는 진행형의 예술이기 때문이다. 뿐만 아니라 문학에 기반한 스토리 영역과 시각적 표현의 영역인 그래픽 디자인의 영역, 그리고 이를 디지털 미디어에서 작동하게끔 구현해내는 프로그래밍 영역까지 게임 스토리텔링의 영역은 보다 융합적이고 통합적인 측면으로 확장되었다. 특히 게임은 시작이 있고 끝이 있으며 나아가 생산자가 있고 소비자가 있는 '생산자 중심의 선형성'을 중요한 특징으로 하는 고전적인 방식의 스토리텔링과는 거리가 멀다.[22]

---

20 토머스 휴즈, 김정미 옮김, 『테크놀로지, 창조와 욕망의 역사』, 플래닛미디어, 2008.

21 레브 마노비치, 서정신 옮김, 『뉴미디어의 언어』, 생각의나무, 2004, 377-386쪽.

22 조은하, 「크로스미디어 스토리텔링을 통한 비디오 게임의 메타적 재현: 애니메이션 〈게임오버〉를 중심으로」, 『한국게임학회 논문지』, 게임학회, 2012, 26쪽.

상호작용적 비선형성이라는 특징 때문에 게임 스토리텔링에는 플레이어의 적극적인 개입을 통한 스토리 생산을 기반으로 한다. 즉 게임에서는 플레이(play) 행위를 통해 서사를 구축하고 의미를 생성하게 되며 게임에서의 플레이 행위는 독자가 인쇄물을 읽어나가는 행위에 비견된다.[23] 즉 게임에서는 행위 이상으로 해석되어야 하는 플레이어의 경험 층위까지 스토리텔링의 영역으로 포함시키는 결과를 양산하여 개발자들의 스토리텔링 영역과 사용자의 스토리텔링 영역이라는 이분법적인 발달을 가져오게 되었다.

특히 게임 스토리텔링을 비롯한 인터랙티브 스토리텔링에서는 캐릭터 중심의 스토리가 강조된다. 마티아스는 자신이 개발한 인터랙티브 드라마인 〈Façade〉를 캐릭터 중심의 kitchen-sink drama[24]라고 이야기하는데 이는 인터랙티브 드라마 스토리텔링의 변별적 자질을 드러내주는 중요한 이슈이다. 일반적인 서사물은 플롯을 중심으로 스토리텔링되고 있다. 플롯은 이야기적 사건을 재배열하는 것으로 이야기의 향유자들에게 어떤 궁금증, 호기심, 긴장감을 가지고 이야기를 끝까지 보게 할 것인가에 대한 작가의 전략과 결부되어 있는 문제이다. 반면 〈누가 버지니아 울프를 두려워하랴〉(Who's Afraid Of Virginia Woolf)[25]와 같이 영화는 캐릭터 간의 갈등에 중심을 둔 이야기인데 마티아스는 플롯대신 캐릭터의 갈등을 차용하여 Façade의 스토리를 디자인했다는 것이다. 캐릭터 중심의 스토리텔링을 차용한 이유는 인터랙티브 드라마에서 전체적인 플롯의 통일성을 유지하면서 상호작용에 따라 잘게 나누어진 서사 단위들을(beat) 매우 다양한 순서로 재조합할

23　David Myers, "The Video Game Aesthetic: Play as Form", *The Video Game Theory Reader 2*, Routledge, New York, 2009, p. 45.

24　1950~60년대 노동계층을 둘러싼 환경을 비롯해 그들의 말투와 세간살이까지를 사실적으로 그려낸 연극들을 칭한다.

25　1966년, 마이크 니콜스(Mike Nichols) 감독이 에드워드 올비의 작품을 각색해서 만든 영화다. 대학 역사학 교수인 조지과 그의 아내 마사는 젊은 강사 닉과 허니 부부를 집으로 초대한다. 조지와 마사는 말싸움을 시작하고, 닉과 허니까지 끼어들어 네 사람의 논쟁은 밤새도록 계속된다.

수 있기 때문이라고 했다.[26] 즉 전통적인 스토리텔링의 방식이 이야기의 요소들을 종적으로 결합시켜 시간 축으로 연결하여 구성한데 반해 게임을 비롯한 인터랙티브 스토리텔링은 선택 가능한 이야기 요소들을 횡적으로 병렬시켜 공간의 축으로 구성하고 종적인 시간의 축은 사용자에 따라 제작기 달라질 수 있도록 구조로[27] 변모하고 있는 것이다.

2) 디지털 스토리텔링의 확장

동시대 대중들은 다양한 미디어를 통해서 스토리를 소비 및 생산하고 있다. 아즈마 히로키는 동시대 대중들의 이야기 소비 현상에 대해서 '이야기의 과잉과 범람'이라면서, '큰 이야기의 쇠퇴'를 우려한 일부 포스트모더니즘의 논의를 일축해버린다.[28] 실제로 히로키의 지적대로, 인쇄된 문자와 종이라는 물질적 제한을 풀어놓고 보자면, 우리 시대에는 다양한 이야기들이 오히려 과잉적으로 생산 및 소비되고 있는 중이다.

표면적으로 볼 때, 스토리텔링이라는 문화적 개념에 '디지털'이라는 접두어가 결합해 이루어진 융합적 개념어가 바로 '디지털 스토리텔링'이다. 다만 이때 디지털을 단순히 '구현 기술'로 제한할 경우, 디지털 스토리텔링의 개념은 지극히 협소해져서 그 잠재적 가능성을 잃고 만다.

디지털 스토리텔링은 분명 디지털 미디어의 발달과 긴밀한 연관 관계를 맺고 있다. 북미 및 유럽에서 '디지털 스토리텔링'이란 통상적으로 소셜 미디어와 스토리가 연계되어 콘텐츠를 확장 및 발전시키는 경우를 지칭한

---

26 Michael Mateas, Andrew Stern, *Architecture, Authorial Idioms and Early Observations of the Interactive Drama Façade*, School of Computer Science Carnegie Mellon University, 2002, p. 19.

27 이인화 · 고욱 외, 앞의 책, 19쪽.

28 아즈마 히로키, 장이지 옮김, 『게임적 리얼리즘의 탄생』, 현실문화, 2012, 8-12쪽.

다. 브라이언 알렉산더는 스토리의 창작자들이 네트워킹을 능동적으로 이용해, 내부적으로 스토리 콘텐츠를 다중적으로 상호 연결하고 배열하는 방식을 동시대 디지털 스토리텔링이라고 정의 내린다. 그에 따르면, PC와 웹으로 대표되었던 디지털 스토리텔링 1세대를 지나, 동시대 우리는 소셜 네트워크와 스마트 환경으로 대표되는 디지털 스토리텔링 2세대를 맞이하고 있다.

특히 그는 디지털 스토리텔링의 특징 중에서 '문제 중심의 스토리텔링(Problem-based Storytelling)을 강조하고 있다. 여기서 문제 중심의 스토리텔링이란, 중심 과제(central challenge)를 놓고 긴장감을 고조시켜 독자들로 하여금 이야기 내부로 들어오도록 유도하는 방식을 지칭한다.[29] 디지털 스토리텔링은 이처럼 인쇄 문학에 비해 보다 탐색적(exploratory)이고 건설적(constructive)인 특징을 드러낸다. 자연히 시간성보다는 공간성을 중시하며 결과 지향적이기보다는 과정을 중시하는(procedural) 등 독자적 미학을 구축해 나가는 중이다.

이러한 문제 중심의 스토리텔링에 쌍방향적 미디어의 특성이 더해지면서, 사용자가 직접 스토리의 주체로 거듭나기도 한다. 류철균과 서성은에 따르면, 디지털 스토리텔링(Digital Storytelling)은 서사의 창작을 디지털 컴퓨팅의 시각으로 접근하는 방법론으로서 스토리텔링 검색(browsing) 기술, 저작(authoring) 기술, 시각화(visualizaion) 기술, 상영(exhibition) 기술, 사용자 생성 스토리텔링(UGS) 기술 등 5대 영역으로 구분될 수 있다. 디지털 스토리텔링의 영역에서는 '실재 → 데이터 → 데이터베이스 → 알고리즘 → 인터페이스'의 재현과정을 거치게 된다.[30]

---

29 Alexander, Bryan, *The New Digital Storytelling: Creating Narratives with New Media*, Praeger, 2011, pp. 3-43.
30 류철균 · 서성은, 「디지털 서사 창작 도구의 서사 알고리즘 연구: 〈드라마티카 프로〉를 중심으로」, 『현대소설연구』, Vol.38, No.0, 한국현대소설학회, 2008, 117-152쪽.

이와 같은 5대 영역의 스토리텔링을 다각적으로 보여주는 대표적 예로
는 '디지털 게임'을 들 수 있다. '후기 서사 담화의 구조로서의 퀘스트 게임
(Quest games as Quest Games)'을 조망하는 에스펜 올셋의 경우, "퀘스트가 한 번
수행되면, 그것은 확정적인 이야기가 된다"고 본다.[31] 제프 하워드 역시, 퀘
스트를 게임과 서사, 게임과 문학, 의미와 액션의 중간항이자 매개로 본
다.[32] 엄밀한 의미에서 디지털 게임을 전적으로 서사의 하위 갈래나 장르로
보는 것은 어렵다.[33] 그러나 디지털 스토리텔링의 차원에서 조망할 때 다양
한 사용자 참여의 현상, 이로 인해 변화하는 서사의 발전 방향과 텍스트 공
유 양상 등은 분명 인쇄, 종이, 문자로 국한되었던 일방향적 서사와는 차별
적인 부분이라 할 만하다.

이와 같은 디지털 스토리텔링은 대체현실게임(Alternative Reality Games), 팬
픽션(Fan Fiction) 및 팬덤(Fandom), 가상세계(virtual world), SNS(Social Network
Service), 인터랙티브 드라마(Interactive Drama), 전자책(e-book, app-book) 등 그 콘
텐츠의 유형을 다변적으로 확장하는 중이다. 이와 함께 집단지성(collective
intelligence), 재미요소(fun factor), 몰입기제(engagement), 사용자경험(user experi-
ence), 문화인터페이스(cultural interface), 트랜스미디어 스토리텔링(transmedia
storytelling) 등 콘텐츠 분석 및 연구의 키워드 역시 확장되는 중이다.

브론웬 토마스는 디지털 시대의 새로운 이야기 양식들을 두고 '새로운
서사'(New Narrative)라고 선언하며, 이러한 현상들을 모두 스토리텔링의 영역
에서 포괄해야만 한다고 주장한다.[34] 그런 점에서 최근의 디지털 스토리텔

---

31 Aarseth, Espen, "Quest Games as Post-Narrative Dicourse", Ryan, Marie Laure edits, *Narrative across Media*, University of Nebraska, 2004, pp. 361-376.

32 Howard, Jeff, *Quest: Design, Theory and History in Games and Narratives*, AK Peters, 2008.

33 디지털 게임을 스토리텔링 관점에서 조망한 연구들이 2003년부터 MMOPRG를 중심으로 다수 발표 중이다. 초기의 연구들이 전통적인 서사학적 입장을 견지한 것과 달리, 동시대 연구들은 서사적 요소와 놀이적 요소가 융합되는 지점에서 주로 문제를 제기하고 있다.

34 Bronwen Thomas, *New Narratives: Stories and Storytelling in the Digital Age*, University of Nebraska Press, 2011.

222

링이 결과물로서의 텍스트를 분석하고 평가하는 데 집중하기보다, 오히려 창조적 행위로서의 '저작'에 집중하고 있다는 점은 분명 유의미하다.[35]

이처럼 디지털 스토리텔링은 서사 주체, 텍스트 구현의 방식, 텍스트 유통 및 확장의 장 등 서사체를 구성하는 다양한 구성 요소들을 전부 아우르는 가운데, 불변성보다는 가변성, 응축성보다는 확장성을 내세우며 다각도로 발전하는 중이다.

4. 결론: 스토리텔링 전망

학문으로서의 스토리텔링이 한국 문화콘텐츠산업의 바람직한 발전에 기여하기 위해서는 더욱 다양한 세부 방법론을 확충해 나가야 할 것이다. 특정 장르 안에서 킬러 콘텐츠를 개발하여 단기적으로 큰 수익을 창출해낼 묘안도 필요하다. 그러나 문화콘텐츠산업의 특성을 고려할 때, 이야기 콘텐츠 '제작-유통' 방식 전반에 기여할 수 있는 이야기공학의 체계화를 고민해야 할 때라고 생각된다. 이를 위한 우선적인 논점 중 몇 가지를 밝히면 다음과 같다.

첫째, '창의콘텐츠/응용콘텐츠' 개발 방법론를 구분하여 대상 장르와 개발 단계에 따라 필요한 스토리텔링 기술들을 점검할 필요가 있겠다. '창의콘텐츠'란 기존에 없던 이야기를 창작하여 만들어낸 콘텐츠이고, '응용콘텐츠'란 이미 잘 알려진 콘텐츠, 혹은 잘 알려지지 않았으나 새롭게 각색했을

---

35 디지털 게임 스토리텔링에 있어서 괄목할 만한 이론적 성과물의 집합체라 할 만한 MIT의 *First Person, Second Person, Third Person*의 행보와 키워드를 보면 이러한 디지털 스토리텔링의 방향성을 가늠할 수 있다. First Person의 경우 게임 비평적(game criticism) 측면에 초점을 맞췄었다면, 2009년 발간된 Third Person의 경우 그 키워드는 'Authoring & Exploring' 단 두 가지로 압축되어 있다. Pat Harrigan & Noah Wardrip-Fruin edit, *Third Person: Authoring and Exploring Vast Narratives, The MIT Press*, Cambridge, Massachusetts, 2009.

때 가능성이 충분하다고 판단되는 원천콘텐츠를 새롭게 재구성하여 만든 콘텐츠를 말한다. 당연히 후자를 고려할 시에는, 이야기 개발 이전단계에서 행해져야 할 기초적인 자료 조사나 아이템 및 아이디어 개발, 이야기 콘셉트 선정 등에 대한 조사·연구 공정이 상당부분 생략될 수 있다. 원천콘텐츠와 향후 각색하여 만들 응용콘텐츠가 동일 장르일 경우 기술적으로 고려해야 할 사항도 줄어들 것이다. 그러나 상대적으로 저작권 문제나 콘텐츠 라이선싱 비즈니스 방안, 콘텐츠 브랜드 관리 방식에 대해서는 더 많은 고심이 필요할 것이라 예측된다. 따라서 '창의콘텐츠/응용콘텐츠'의 개발 방법론을 구분하여 생산 공정에 따라 필요한 기술과 수행해야 할 사안들을 세부적으로 검토할 필요가 있겠다. 가장 쉬운 구분으로, 콘텐츠 제작 및 비즈니스 모델에 관해서는 '자료조사 및 구성 단계―프리 프로덕션 단계―프로덕션 단계―포스트 프로덕션 단계'에 걸쳐 논의하고 콘텐츠 사후 평가에 관한 연구는 산업적 입장에서 평가지표를 마련하는 일이 시급하다 할 것이다. 인문학적 분석에 대한 논의도 현장성에 근거해 더욱 실용화될 필요가 있을 것이다. 그런 면에서 콘텐츠의 스토리텔링 효과에 대한 연구는 궁극적으로 미학적·문화적·경제적 효용을 모두 포함해야 하지만, 개별 사안에 관하여서는 실용적인 안목에 따라 진행되어야 할 것이다.

둘째, 개인의 창의성과 상상력, 직관에 의해 진행되었던 일련의 이야기 콘텐츠 제작 과정을 기술적으로 표준화하여 경제적·질적 리스크를 최소화하는 연구가 뒤따라야 할 것이다. 국내 상황에 스토리텔링 저작 도구 프로그램 활용이 가능한가에 대한 논쟁은 여전히 존재한다. 그러나 콘텐츠 장르에 따라 다소 편차가 있긴 하지만, 콘텐츠 선진국에서는 콘텐츠 제작 전 과정(프리 프로덕션/프로덕션/포스트 프로덕션)에 걸쳐 다양한 관련 소프트웨어와 디지털 장비들을 사용하고 있다. 따라서 전 세계적으로 널리 쓰이고 있는 시나리오 제작 관련 소프트웨어인 '파이널 드래프트'(Final Draft)와 '드라마티카 프로'(Dramatica Pro) 같은 저작 도구의 가능성을 외면해선 안 될 것이다.

또 스토리 보드 구현 소프트웨어인 '스토리보드 아티스트'(Storyboard Artist), '프레임포지 3D 스튜디오'(FrameForge 3D Studio), '스토리보드 라이트'(Story-board Lite) 같은 프로그램에 대해서도 더 치밀한 연구가 필요하다. 시나리오 제작 관련 소프트웨어의 경우, 기본적으로 이야기 구조에 직접적인 영향을 미치는 데이터(모티프, 플롯, 캐릭터)에 대한 연구, 창작자에게 필요한 옵션을 가이드하고 도움말을 제공하는 방안에 관한 연구, 전산학적 관점에서 이미 확보된 데이터를 속성별로 프로그래밍하는 연구, 실제 소프트웨어 조작 및 기능 구현을 위한 UI 프로그래밍 연구 등을 요구한다. 스토리 생성 프로그램에 대해서는 서사학자와 전산학자 등의 협업이 필요할 것이고, 영상으로 변환시켜주는 시각화 프로그램, 테스트 촬영 시의 리스크를 최소화 시켜주는 예측 프로그램 등에 대한 연구는 콘텐츠 현장 전문가와 관련 기술자의 장기적인 공동작업이 전제되어야 할 것이다.

셋째, 문화콘텐츠 장르별로 수용자의 향유과정을 세부적으로 살피는 연구가 진행될 필요가 있겠다. 예컨대, 온라인 게임의 경우 메인화면 접속 단계에서부터 게임 수행 절차에 따라 향유자가 느끼는 쾌감의 질과 양이 매우 다르다. 중요한 것은, 향유자가 게임의 성격과 게임 서사 속 세계관, 캐릭터의 특성에 따라 기대하는 재미요소가 예민하게 변할 수 있다는 것이다. 동일한 게임 안에서도 수행 단계나 레벨, 가상환경 내 시공간에 따라 기대욕구 수준과 내용이 변할 수도 있다. 뿐만 아니라 온라인 게임 안에서도 개별 장르마다 관련 연구는 다른 결과로 이어질 수 있을 것이다. 그 때문에, 이에 대한 논의는 게임을 경험하는 중 얻게 되는 오락적 재미와 쾌감을 적절한 타이밍에 선사함으로써, 매체에 부합한 상호작용성을 극대화하는 전략을 찾는 연구로 이어져야 한다. MMORPG 게임을 예로 들면, 게임의 특성과 게임 레벨, 서사 환경에 따라 향유자의 캐릭터 및 시공간 선택권, 서사 진행의 주도권 등을 조절해 가는 전략을 마련할 필요가 있겠다. 여기엔 전혀 다른 재미요소를 가진 '퀘스트-보상체계' 디자인, 또 레벨 디자인 문제가 포함된다.

　마지막으로, 가치사슬 연계형 컨소시엄 구축 사례 연구와 캐릭터 비즈니스 사업 전략에 대한 연구 등도 시급하게 진행되어야 할 것이다. 이는 경영학, 마케팅학 등과 결부된 스토리텔링학의 영역을 상기시킨다. 디지털 기술이 콘텐츠 플랫폼의 성격을 균질화해가고 있는 오늘날, 창조적인 거점 콘텐츠의 중요성은 재언급할 필요가 없어 보인다. 그런데 그러한 콘텐츠를 통해 안정적이고 지속적으로 수익을 창출해내기 위해서는 효율적인 사업화 방안에 관한 로드맵이 미리 준비되어 있어야 한다. 이는 해당 콘텐츠 사업의 중장기적인 발전 모델과 연관되는 바, 여기엔 후속 사업 연장 방안, 창구효과 극대화 방안 등이 모두 포함된다.

참고문헌

고욱 · 이인화 외, 『디지털스토리텔링』, 황금가지, 2003.

레브 마노비치, 서정신 옮김, 『뉴미디어의 언어』, 생각의나무, 2004.

류철균 · 서성은, 「디지털 서사 창작 도구의 서사 알고리즘 연구: 〈드라마티카 프로〉를 중심으로」, 『현대소설연구』, Vol.38, No.0, 한국현대소설학회, 2008.

리처드 프롤리다, 이원호 외 옮김, 『도시와 창조 계급』, 푸른길, 2008.

미하이 칙센트미하이, 노혜숙 옮김, 『창의성의 즐거움』, 북로드, 2003.

박기수, 「One Source Multi Use 활성화를 위한 문화콘텐츠 스토리텔링 전환 연구」, 『한국언어문화』 44집, 한국언어문화학회, 2011.

______, 「픽사 애니메이션 스토리텔링 전략 연구: 캐릭터를 중심으로」, 『한국언어문화』 39집, 한국언어문화학회. 2009.

발터 벤야민, 반성완 편역, 『발터 벤야민의 문예이론』, 민음사, 2006.

아즈마 히로키, 장이지 옮김, 『게임적 리얼리즘의 탄생』, 현실문화, 2012.

앤드류 글래스너, 김치훈 옮김, 『인터랙티브 스토리텔링: 21세기 픽션을 위한 테크닉』, 커뮤니케이션북스, 2006.

월터 J. 옹, 이기우 · 임명진 옮김, 『구술문화와 문자문화』, 문예출판사, 2000.

이화여대 디지털스토리텔링 랩, 〈스토리헬퍼〉 기획개발 관련 문서, 한국콘텐츠진흥원, 2010.

장소진, 『현대소설 플롯론』, 보고사, 2000.

조은하, 「크로스미디어 스토리텔링을 통한 비디오 게임의 메타적 재현: 애니메이션 〈게임오버〉를 중심으로」, 『한국게임학회 논문지』, 게임학회, 2012.

최혜실, 『문화콘텐츠, 스토리텔링을 만나다』, 삼성경제연구소, 2006.

카르스텐 비테 엮음, 박홍식 · 이준서 옮김, 『매체로서의 영화』, 이론과 실천, 1996.

캐롤린 핸들러 밀러, 이연숙 외 옮김, 『디지털미디어 스토리텔링』, 커뮤니케이션북스, 2006.

크리스토퍼 보글러, 함춘성 옮김, 『신화, 영웅, 그리고 시나리오쓰기』, 무우수, 2005.

토머스 휴즈, 김정미 옮김, 『테크놀로지, 창조와 욕망의 역사』, 플래닛미디어, 2008.

한혜원, 『이야기하는 인간, 호모 나랜스』, 살림, 2010.

Aarseth, Espen, "Quest Games as Post-Narrative Dicourse", Ryan, Marie Laure edits, Narrative across Media, University of Nebraska, 2004.

Alexander, Bryan, *The New Digital Storytelling: Creating Narratives with New Media*, Praeger, 2011.

Bronwen Thomas, *New Narratives: Stories and Storytelling in the Digital Age*, University of Nebraska Press, 2011.

David Myers, "The Video Game Aesthetic: Play as Form", The Video Game Theory Reader 2, Routledge, New York, 2009.

Howard, Jeff, *Quest: Design, Theory and History in Games and Narratives*, AK Peters, 2008.

Michael Mateas, Andrew Stern, *Architecture, Authorial Idioms and Early Observations of the Interactive Drama Façade*, School of Computer Science Carnegie Mellon University, 2002.

Pat Harrigan & Noah Wardrip-Fruin edit, *Third Person: Authoring and Exploring Vast Narratives*, The MIT Press, Cambridge, Massachusetts, 2009.

문화콘텐츠산업 선순환 구조 구축을 위한 담론

고정민 · 구문모 · 김시범 · 김영재*

1. 한국 문화콘텐츠산업 선순환 구조를 위한 논의

문화콘텐츠의 창작과 생산, 생산된 콘텐츠의 원활한 유통, 콘텐츠의 소비로 이어지는 산업 가치사슬 구축의 필요성은 업계와 학계, 정책 당국의 공동의 관심사가 되어 왔다. 한국 문화콘텐츠산업은 그 동안 산업 규모, 창작과 생산 과정의 효율화, 한류로 대표되는 해외시장으로의 영역 확장 등에서 많은 발전을 이루었고, 산업화의 틀을 갖추어 가고 있다고 평가할 수 있다. 하지만, 한국 문화콘텐츠산업이 지식 정보화 사회의 핵심 산업으로서 충분한 경쟁력을 갖추기 위해서는 아직 해결해야 하는 과제가 많이 남아있으며, 문화콘텐츠 비즈니스와 마케팅 연구 영역에서 산업의 지속가능한 성장기반 구축을 위한 다양한 논의들이 이루어지고 있다.

본고의 저자들은 한국 문화콘텐츠산업의 선순환 구조 구축을 위한 논의

* 고정민: 홍익대 문화경영 MBA 교수, 공동저자
구문모: 한라대 미디어콘텐츠학과 교수, 공동저자
김시범: 안동대 한국문화산업전문대학원 교수, 공동저자
김영재: 한양대 문화콘텐츠학과 교수, 공동저자

중에서 ① 한국 문화콘텐츠의 해외시장 진출, ② 스마트 미디어 시대의 새로운 콘텐츠 비즈니스 모델 모색, ③ 지역 문화자원을 활용한 지역 공동 브랜드, ④ 콘텐츠 혁신의 개념 정립 및 연구를 문화콘텐츠 비즈니스와 마케팅 영역의 주요 주제로 선정하고, 각각의 주제와 관련한 국내외 연구 성과와 향후 연구전망에 대해 논의하고자 한다. 해외시장 진출 방안의 모색은 한국 문화콘텐츠산업의 협소한 국내시장 문제를 해결하고 안정적 산업기반 구축한다는 측면에서, 그리고 콘텐츠 비즈니스 모델의 모색은 새롭게 형성되는 스마트 미디어 생태계 속에서 콘텐츠가 어떻게 소비자 가치를 창출하며, 그를 통해 콘텐츠 사업자의 적절한 수익을 보장할 것인가에 대한 해답을 찾는다는 측면에서 의미를 갖는다. 또한, 한국의 풍부한 지역문화 자원을 활용하여 산업적 부가가치를 창출한다는 측면에서 지역 공동 브랜드에 대한 연구가 필요하며, 경영학의 중요한 연구주제인 혁신의 개념을 콘텐츠에 적용, 콘텐츠 혁신의 개념을 정립하고, 그 필요성을 인식한다는 것은 문화콘텐츠산업의 지속가능한 성장에 중요한 의의를 가질 것이다.

2. 해외시장 진출: 한류관점에서 본 싸이 해외진출의 의미와 효과

1) 현황

싸이의 '강남스타일'은 7월 15일 발표된 이후 2012년 11월 중순 현재까지 인기가 지속되고 있다. 국내에서는 홍대스타일 등 다양한 패러디가 나오고, 집단적으로 싸이의 춤을 추는 등 '싸이신드롬'이라는 사회현상으로까지 발전하고 있다. 전 세계적으로는 싸이의 강남스타일은 유튜브 조회수 7억 뷰를 달성하며 유튜브에서 '역대 가장 많이 본 동영상' 순위 2위에 기록되었다. 싸이의 인기는 전 세계적인 붐이지만 특히 미국에서 폭발적이었다. 강남스타일은 미국 빌보드차트에서는 11월 8일 현재 7주 연속 2위를 기록하여, 2009년 원더걸스 'Nobody'의 역대 최고 기록 76위를 큰 차이로 갈아치웠다. 강남스타일의 인기는 저스틴 비버 소속사와의 계약으로 이어졌고 이후 본격적인 미국 활동이 시작되었다. 9월 6일 미국의 '2012 MTV 비디오 뮤직 어워드'의 참석을 시작으로 미국 활동이 본격화되었으며 NBC[1]의 주요방송 프로그램에 출연하는 등 방송활동도 시작하였다. NBC의 투데이쇼에서 싸이가 말춤을 추는 모습과 엘렌쇼에서 세계적인 가수 브리트니 스피어스와 함께 춤을 추는 모습이 미국 전역에 방송된 바 있다.

미국의 빌보드와 함께 세계 팝 시장을 대표하는 최고 권위의 차트인 영국의 UK싱글차트에서는 1위를 차지했는데, 이 차트는 음반산업 내 영향력과 파급력이 지대하다.[2] 1969년부터 영국의 공인 음악차트로 자리매김을 한 UK 싱글차트는 빌보드차트보다 오히려 지역색이 강해 해외 가수들이 UK 차트에 진입하는 것은 매우 어려운 일이다. 영국에서의 이와 같은 인기로 싸이는 영국 명문 옥스퍼드대에서 강연을 하게 되었고, 2012년 MTV 유럽 뮤직 어워드(2012 MTV Europe Music Awards)에서 베스트 비디오 상을 수상하는 등 미국에 이어 유럽에서 싸이의 인기는 계속되고 있다.

2) 싸이 신드롬의 의미

싸이의 '강남스타일'은 한국을 겨냥한 콘텐츠로 시작되었지만 해외시장에서 '의도되지 않은 성공'을 거둔 것이다. 이와 같이 성공한 요인은 먼저, 음악적 코드를 들 수 있는데, 싸이의 강남스타일은 세계 대중음악계에서 주류로 자리 잡고 있는 일렉트로닉을 기반으로 함으로써 세계가 공감할 수 있

---

1   NBC는 ABC, CBS와 함께 미국의 3대 방송사 중의 하나로 미국 방송조직 중 가장 큰 규모의 회사.
2   문화체육관광부,『해외 주요 대중음악 차트 및 시상식 사례 연구』, 2009.

는 음악적 코드를 포함시켰고, 심플한 일렉트로닉 리듬에 '말춤'이 더해져 시각적 재미를 증가시켰다. 또한 강남스타일은 키치적 요소를 포함한 B급 문화 코드를 사용해 독특하고 유머러스한 스타일을 창조하여 싸이식 유머로 전 세계인들을 즐겁게 하였다.

그러나 무엇보다도 과거에는 불가능했던 무한복제의 SNS의 영향력이 컸다. SNS의 확산력과 가벼운 B급 문화의 결합으로 파급력이 확대된 것이다. 스마트폰 하나로 언제 어디서든 영상, 음악 등의 콘텐츠를 이용할 수 있는 시대에 SNS는 B급 문화의 확산을 더욱 확대시키는 역할을 하였고 B급 문화인 강남스타일 역시 SNS와 유튜브를 통해 빠르게 확산되었다. 싸이의 강남스타일은 제2의 마카레나로 불리며 세계적인 인기를 얻은 콘텐츠로서 인정받고 있는데, 마카레나와 강남스타일은 미국에서 큰 인기를 얻어 빌보드차트에 올랐다는 점 등 유사한 부분이 많다. 그러나 마카레나와 다른 점이 있다면 강남스타일은 콘텐츠의 유통과정에서 SNS의 힘을 얻었다는 데에 있다. 스페인의 남성 듀오 로스 델 리오(Los Del Rio)의 '마카레나'는 1993년 첫 음반 발매 이후 전 세계적인 인기를 얻는 데까지 4년의 시간이 걸렸으나 '강남스타일'은 음반 발매 이후 약 두 달 만에 세계적인 인기를 얻게 되었다.

싸이의 강남스타일의 인기와 성공은 한류 확산에 커다란 의미를 갖는다. 첫째, 키치스타일의 강남스타일은 한류의 다양성을 제공한다는 점에서 한류의 확산에 긍정적이다. K-Pop이 지금까지 댄스음악과 아이돌 가수들로 이루어져 초기에는 신선한 충격을 주었지만 이제는 오히려 소비자에게 반복적이고 진부함으로 인해 식상함을 줄 우려가 있다. 그러나 강남스타일은 K-Pop과 한류의 다양성을 제고하는 데 기여를 한 것이다. 아이돌 그룹의 K-Pop과 키치스타일의 K-Pop이 공존한다면, 한류의 다양성을 통한 K-Pop 한류의 지속 가능성을 점칠 수 있을 것이다.

둘째, SNS를 통한 세계 시장공략 가능성이 재확인되었다는 것이다. 특

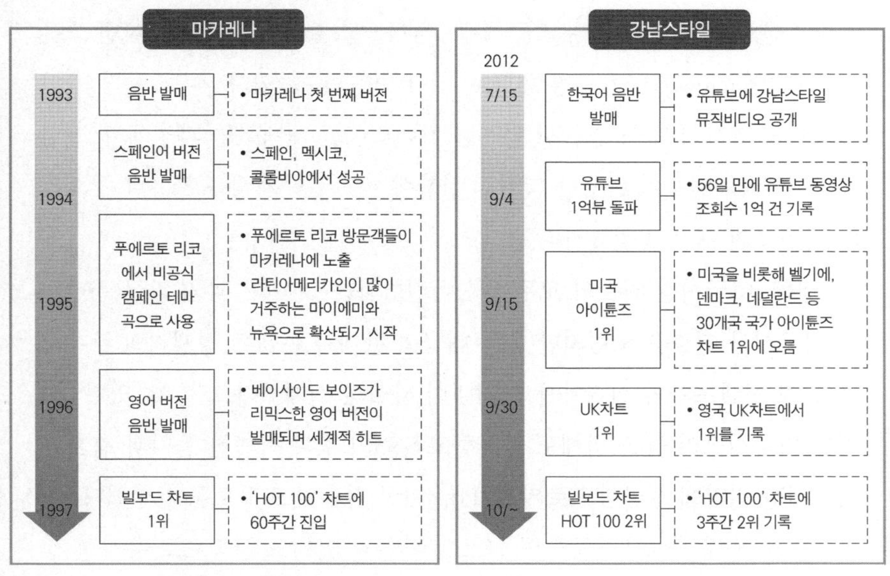

자료: 한국창조산업연구소, 『싸이신드롬의 의미와 효과』, KBS 한류통신, 2002.

히 유튜브의 경우 유저들의 진입제한 및 언어적 장벽을 최소화하여 수많은 사람들이 싸이의 강남스타일에 접속했고, 현지방송 출연 및 오프라인공연에서 양방향적 성격을 지닌 소셜미디어가 온라인 유통채널로 자리매김하면서 K-Pop은 세계화의 길로 치닫게 되었다. 특이할 만한 것은 SNS의 등장으로 선-SNS 유통, 후-전통미디어(TV 등) 유통이라는 새로운 공식이 정립되고 있다는 것이다. SNS 시대 이전에는 TV방송 등 전통미디어가 음악 홍보, 매출에 절대적인 영향력을 가지고 있어, K-Pop이 해외진출 시 크게 불리했으나 SNS를 통한 K-Pop의 인기가 형성된 상황에서는 전통미디어가 K-Pop을 소개하지 않을 수 없는 현상이 벌어지고 있는 것이다. 이는 문화변방에 있는 우리나라 같은 음악도 세계적인 문화주류로 편입할 수 있다는 것은 시사한다.

셋째, 집단지성을 활용한 창의적 콘텐츠 개발 가능성을 보여주고 있다. 강남스타일의 '말춤'은 안무가들에게 상금을 걸고 아이디어를 얻어낸 오픈 이노베이션(open innovation)형 콘텐츠 제작이라 할 수 있다. 여러 사람의 아이디어를 공모하여 이 중에서 참신한 아이디어를 채택하는 과정에서 '강남스타일 말춤' 열풍이 탄생한 것처럼 한류에서도 집단지성을 활용한 창의적인 콘텐츠의 개발이 필요하다.

넷째, 미국시장 진출의 교두보를 마련했다는 것이다. 과거 한국 콘텐츠가 미국시장 진출을 노렸지만 유통 배급의 한계와 콘텐츠 경쟁력의 부족으로 현지 콘텐츠와의 실력차를 드러내며 사실상 실패했다고 볼 수 있다. 싸이는 미국시장의 높은 벽에도 불구하고 SNS의 힘과 독특한 음악과 춤으로 미국시장 진입에 성공함으로써 K-Pop 미국 진출의 교두보를 마련했다. 미국진출을 통해 한국대중문화의 글로벌 확산과 인지도 상승으로 유사한 장르의 후속타가 이어진다면 K-Pop은 세계적인 트렌드로 자리 잡을 수 있을 것이다.

3) 싸이 강남스타일의 효과

싸이의 빌보드차트 진입과 세계적인 인기는 가수 개인적인 인지도 상승과 수익창출뿐만 아니라 국가경제적인 차원에서도 직간접적인 효과를 불러 일으켰다. 먼저 빌보드 차트에서의 성공은 아티스트의 인지도에 직접적인 영향을 미친다. 세계적 명성을 가진 차트에 오르는 음악들은 세일즈에도 영향을 받게 되는데, 마돈나의 경우 두 번째 앨범인 'Like a Virgin'이 빌보드 앨범차트 200에서 1위를 차지하면서 세상에 알려지게 된 케이스다. 빌보드 차트의 진입은 가수의 명성과 인지도의 상승과 함께 음원 수익으로도 직접적으로 연결된다. 빌보드 매거진 구독자들의 73%가 실제 음반이나 앨범 구입 결정에 빌보드 차트의 도움을 받기 때문이다.[3] 또한 빌보드 차트

표 2: 싸이 강남스타일 효과

구분		효과	내용
경제적 효과	직접 효과	온라인, 모바일에서의 음원 판매	온라인이나 모바일을 통해 음원이 판매되어 창출되는 수익
		오프라인상의 음반 판매	CD와 같은 음반의 발매로 창출되는 수익
		유튜브 광고 매출	유튜브 클릭 건수에 따라 광고수익 배분
		콘서트 매출	국내외 콘서트를 통해 벌어들이는 수익
		광고 매출	CF 등에 출연하여 벌어들이는 광고 수입
		라이선스 수익	타 상품과 콜라보레이션을 통해 창출하는 라이선스 수입
	간접 효과	파생상품 매출	싸이 음악과 연관된 다양한 상품 매출
		관광수입	한국을 찾는 외국인 증가
		유학생 증가	한국에서 공부하는 외국유학생 증가
비경제적 효과		한글의 확산	한국어를 공부하고자 하는 외국인 증가
		민간외교효과	한국을 외국에 알리는 외교효과
		국가브랜드제고	한국의 인지도가 높아지고 브랜드가 제고

의 영향으로 해외 음악 차트에서도 순위 상승이라는 결과로 이어질 수 있다. 빌보드차트가 가진 높은 공신력으로 미국뿐 아니라 전 세계에서 인용되며 다른 국가에서 차트를 만들 때 빌보드는 벤치마킹할 제1의 대상이 되고 있기 때문이다.

싸이 강남스타일의 세계적인 인기는 국가적으로도 많은 직간접적인 효과를 창출하고 있다. 온라인과 모바일에서의 음원판매로 이어지는 수익창출과 콘서트 개최를 통한 수익, 유튜브 조회수 증가로 인한 유튜브 광고 수익 증대 등 직접적인 경제효과가 나타날 수 있다. 또한 싸이의 인기로 인해 싸이 음악과 관련된 다양한 파생상품이 판매될 수 있으며 한국이라는 국가의 인지도 상승으로 한국을 찾는 외국인이 증가하여 관광수익이 증대되는

---

3   문화체육관광부, 앞의 책(2009).

간접적인 효과도 나타날 수 있다. 장기적으로는 한국에 대한 관심으로 한국어를 배우려는 외국인이 증가하게 되어 한글이 확산되고, 국가브랜드 신장으로 타 산업으로 영향력이 파급되는 등 비경제적인 효과도 갖게 될 것이다.

싸이 강남스타일은 선순환 과정을 거쳐 그 효과가 확대 재생산 된다. 그 과정을 보면, 콘텐츠가 유튜브를 통해 노출이 확대되고 디지털 음원판매로 이어져 빌보드 차트의 진입을 이끌게 된다. 빌보드 차트의 진입에 대한 TV, 온라인, 모바일 등의 매체홍보는 강남스타일의 콘텐츠 판매증가와 가수 싸이의 광고수익 및 콘서트 수익 증가로 확대되게 된다. 이와 같은 매출증가는 결국 관광효과, 외교효과, 국가브랜드제고 효과 등으로 파급된다. 이러한 직접효과와 간접효과는 국가브랜드 이미지를 제고시키고 한국문화를 확산시키는 등 비경제적 효과를 창출하는 데까지 이어지게 될 것이다.

3. 스마트 미디어 시대의 콘텐츠 비즈니스 모델

1) 새로운 콘텐츠 비즈니스 모델 모색의 필요성

AGB 닐슨미디어리서치에 따르면 2012년 1~10월 KBS, MBC, SBS 등 지상파 3사의 평균 가구 시청률은 27.8%를 기록해 2002년의 37.4%에 비해 25.7% 하락했다. 특히 10~30대의 시청률 낙폭이 두드러지는데. 2002년 평균시청률 13%였던 이들 연령층의 시청률은 2012년 5% 대로 50% 이상 감소한 것으로 나타났다. 지상파 TV를 떠난 젊은 시청자들은 스마트폰이나, 인터넷 기반의 IPTV 등 뉴미디어로 이동하였다. 방송통신위원회의 2011년 방송매체 이용행태 조사에 따르면 조사 대상 6,669명 가운데 DMB, 스마트폰 등 신규 매체 이용으로 지상파 TV 이용 시간이 줄었다고 답한 비율은 21.0%였다. 이 가운데 20대 응답률이 39.7%로 가장 많았고 이어 10대 33.9%, 30대 27.2% 순이었다.[4]

2009년 1월 상용서비스가 시작된 이래 IPTV 가입자는 2012년 11월 600만 명을 넘어섰다. 이는 케이블TV가 600만 명을 모으기까지 걸린 7년보다 두 배 이상 빠른 속도다. 지상파 TV의 N스크린 서비스 푹(pooq)은 2012년 11월 4일 가입자 수가 100만 명을 돌파했다. 티빙(tiving)은 2010년 출시 후 400만 가입자를 확보하며 성공적으로 자리 잡았다는 평가를 받는다. 티빙은 약 200개 실시간 채널을 운영하며 VOD 5만여 편을 확보했고, 2012년 가입자는 500만을 넘어설 것으로 예상된다.[5] 지상파 TV로부터 다변화된 신규 매체로의 소비자 이동 및 그에 따른 지상파 TV 시청률 하락은 지상파 TV로 대표되는 '올드 미디어' 광고수익과 영향력의 급격한 감소를 의미한다. 이는 그동안 소비자 노출 및 수익구조를 지상파 TV를 중심으로 한 올드 미디어에 의존했던 동영상 방송콘텐츠 사업자 수익기반의 약화를 의미한다.

디지털 미디어 시대의 도래에 따른 콘텐츠 사업자의 수익기반 약화는 음악산업도 예외는 아니다. 산업의 중심이 음반에서 디지털 음원시장으로 이동하고, 멜론 등 대형 음원사이트 정액제를 통한 음악 콘텐츠 유통이 일반화됨에 따라, 음악 콘텐츠 사업자의 수익은 감소하였다. 음악 콘텐츠 제작자들은 현재의 정액제가 "창작자, 제작자들의 선택권을 무시하고 음원시장을 지배하고 있는 대형 이동통신사 음원 사이트 배만 불리는"것이라며 음원 가격정책의 종량제 전환을 강력히 요구하고 있지만, 대형 음원 사이트들은 정액제 전면 폐지는 소비자들을 불법 무료 음원 다운로드 시장으로 이탈시킬 것이라며 이에 반대하고 있다.[6]

---

4 「TV 떠나는 젊은이들… 인터넷 등 뉴미디어 매체 등장에 10년 전 比 반토막」, 『국민일보 쿠키뉴스』, 제2012년 11월 11일자.

5 「TV 떠나는 젊은이들… 방송계가 달라진다 ②」, 『국민일보 쿠키뉴스』, 2012년 11월 11일자.

이와 같이 N 스크린 환경, 스마트 미디어 시대의 도래 등으로 표현되는 미디어 플랫폼의 다변화는 올드 미디어 사업자들뿐 아니라, 콘텐츠와 소비자의 접점을 분산시킴으로써 콘텐츠 사업자들의 수익기반 악화를 초래하였다. TV 드라마 시청률의 하락으로 광고수익이 줄어든 방송국은 드라마의 수익 지분에 대한 요구 수준을 높이고, 지상파 TV 애니메이션의 시청률은 1% 수준에 머물고 있어 방영권료 삭감과 캐릭터 사업 등 부가수익 창출의 기회를 상실하였으며, 음원사이트를 통한 수익에 의존하는 음악 창작자들은 정액제로 인한 저작권료 수익기반 악화의 문제에 당면하고 있다. 종이책 만화시장의 축소에 따라 만화산업의 중심에는 웹툰이 자리 잡았지만, 무료로 서비스되며 포털 사이트의 광고수익 증대에 기여하는 웹툰의 창작자들은 일부 유명 작가들을 제외하고 제대로 된 수입원을 찾지 못하고 있다.

‘미디어를 통해 유통되는 내용물’인 콘텐츠를 생산하는 콘텐츠 사업자들이 새로운 미디어 환경에 적절히 대응하지 못한다면, 콘텐츠가 창출하는 부가가치는 새로운 미디어 환경에서 소비자 접점을 제공하는 플랫폼 사업자 및 애플과 같은 디바이스 사업자 등 가치사슬의 다른 참여자들에게 흘러가게 될 것이다. 그렇다고 플랫폼 사업자들과의 수익분배가 문제의 근본적인 해결책이 되지는 못한다. 음악 창작자의 이익을 지키기 위한 음원가격의 인상이나 종량제의 전면 도입은 음원 사이트들의 주장대로 ‘공짜 콘텐츠’에 익숙해진 소비자들을 불법 공짜 콘텐츠 시장으로 유도하여 전체 산업의 수익기반이 축소될 가능성도 있다. 이러한 맥락에서, 문제의 근본적인 해결을 위해서는 과거의 올드 미디어 비즈니스 패러다임에서 벗어나, 새로운 스마트 미디어 환경에서 콘텐츠 사업자의 수익을 확보할 수 있는 새로운 콘텐츠 비즈니스 모델의 필요성이 대두되고 있는 것이다.

---

6   「SM부터 인디까지 "음원 정액제 폐지"」, 『한겨레』, 2012년 5월 21일자.

2) 비즈니스 모델의 개념 및 선행연구

비즈니스 모델이라는 개념은 많은 연구자들과 실무자들의 관심을 끌어왔다. 조트와 아미트, 마사(Zott, Amit & Massa, 2011)에 따르면 1995년 이후 1,177개의 경영 관련 연구가 비즈니스 모델의 개념을 언급하고 있으며, 가지아니와 벤트레스카(Ghaziani & Ventresca, 2005)의 연구는 1975년과 2000년 사이에 발표된 '비즈니스 모델'이라는 단어를 포함한 1,729개의 관련 논문 중, 1,563개의 연구가 1995년 이후에 이루어져 비즈니스 모델에 대한 관심이 1990년대 중반 이후 급증한 것임을 확인하였다. 이는 1990년대 중반 이후 새롭게 조성된 인터넷 생태계를 중심으로 탄생한 인터넷 기업들의 사업영역, 사업형태 및 새로운 비즈니스 모델에 대한 연구자들의 관심에 기인한 것으로, 조트와 아미트, 마사(2011)의 연구도 비즈니스 모델에 관한 49개의 개념적 연구 중에서 25%가 인터넷 비즈니스(e-business)를 주제로 한 것임을 확인하였다.

비즈니스 모델에 관한 연구자들의 정의는 다양하다. 〈표 3〉은 비즈니스 모델에 대한 연구자들의 정의를 정리한 것이다. 티머스(Timmers, 1998)는 '비즈니스 참여자들의 역할과 혜택, 수익원을 포함하는 상품, 서비스, 정보 흐름의 설계'로 비즈니스 모델을 정의하였고, 아미트와 조트(Amit & Zott, 2001)는 '비즈니스 기회 활용을 통해 가치를 창출하도록 설계된 거래구조', 체스브로와 로젠블룸(Chesbrough & Rosenbloom, 2002)은 비즈니스 모델을 '기술적 잠재력을 경제적 가치창출로 연결하는 체험적 논리로 정의하고, 비즈니스 모델의 기능을, 가치제안(value proposition), 목표시장 확인, 가치사슬 구조 정립, 수익 메커니즘 규정, 가치 생태계 속에서 기업위치 정립, 경쟁전략 수립이라고 파악, 고객가치 제안, 이윤공식, 핵심자원, 핵심 프로세스를 비즈니스 모델의 구성요소로 제시하였다.

또한 티스(Teece, 2010)는 비즈니스 모델이란 기업이 고객을 위한 가치를

연구자(연도)	비즈니스 모델의 정의
Timmers(1998)	비즈니스 참여자들의 역할과 혜택, 수익원을 포함하는 상품, 서비스, 정보 흐름의 설계
Amit & Zott(2001)	비즈니스 기회 활용을 통해 가치를 창출하도록 설계된 거래구조
Chesbrough & Rosenbloom(2002)	기술적 잠재력을 경제적 가치창출로 연결하는 체험적 논리
Teece(2010)	기업이 고객을 위한 가치를 어떻게 창조해 전달하고 어떤 방법으로 수익을 획득하는가를 설명하는 '하나의 스토리'
Mullins & Komisar(2009)	현금의 유입과 유출 흐름과 관련한 경제적 활동
Shafer, Smith & Linder(2005)[7]	기업이 가치사슬 안에서 가치를 창출하고 포착하는 핵심방식

어떻게 창조해 전달하고 어떤 방법으로 수익을 획득하는가를 설명하는 '하나의 스토리'로 정의하였고, 멀린스와 코미사르(Mullins & Komisar, 2009)는 현금의 유입과 유출 흐름과 관련한 경제적 활동으로 비즈니스 모델을 정의하고, 기업의 현금흐름을 좌우하는 매출, 매출총이익, 경상비, 운전자본, 투자를 비즈니스 모델의 다섯 가지 요소로 파악하였다. 강한수(2011)는 성공적인 비즈니스 모델의 네 가지 조건으로, ① 명확한 고객가치 제안, ② 수익 메커니즘, ③ 선순환구조, ④ 모방 불가능성으로 정의하고, '목표고객에 대한 명확한 가치제안으로 보다 많은 고객을 유인하고, 이를 수익과 연결시킬 수 있을 때 경쟁력 있는 비즈니스 모델이 생성되며, 가치창출을 위한 활동들이 선순환 구조를 형성하고 경쟁자의 모방이 불가능하도록 설계된 모델이 지속성을 확보한다고 주장하였다.

이처럼 연구자들마다 다양한 비즈니스 모델의 정의를 제시하고 있지만, 비즈니스 모델에 대한 논의는 ① 고객가치, 가치의 흐름, 가치제안과 같은

---

7   Shafer, Smith & Linder, "The Power of Business Models", *Business Horizons*, Vol. 48, Issue 3, May-June, 2005, pp. 199-207.

'가치창출'(Teece, 2010; Shafer, Smith & Linder, 2005; 강한수, 2011), ② 수익/현금의 흐름, 비용구조와 같은 '재무적 성과 창출'(Teece, 2010; Mullins & Komisar, 2009; 강한수, 2011), ③ 경제적 활동, 거래구조와 같은 '프로세스 설계'를 중심으로 이루어지고 있다.[8] 결국, 비즈니스 모델에 관한 연구는, 기업으로 하여금 목표 고객의 가치를 창출하고 제안하며(value proposition), 이를 통해 기업이 수익을 창출하도록(value capture) 하는 기업 활동의 대내외 프로세스(process of activities)를 어떻게 설계할 것인가에 초점을 맞추고 있다고 이해할 수 있다.

3) 콘텐츠 비즈니스 모델 혁신에 관한 논의

올드 미디어 시대의 비즈니스 모델은 무료 콘텐츠 서비스를 통한 광고 수익 모델(지상파 TV, 라디오, 신문), 정액제 모델(유료채널, 음원사이트), 비용을 지불하고 콘텐츠를 소비하는 유료 콘텐츠 거래 모델(극장, VOD), 소비자 접점 확보를 통래 축적된 인지도를 활용한 부가판권 사업 모델(캐릭터 상품 판매) 등이 중심이었다. 하지만 N 스크린화로 소비자 접점이 분산되고, 소비자가 즐길 수 있는 다양한 디지털 콘텐츠가 풍족해짐에 따라 소비자의 콘텐츠 소비행태는 변화하였고, 올드 미디어 시대 비즈니스 모델의 수익성은 악화되었다. 분산된 소비자 접점은 미디어의 광고수익의 감소로 나타났고, 다양하고 풍족한 디지털 콘텐츠를 공짜 또는 매우 저렴하게 언제 어디서나 즐길 수 있게 됨에 따라 소비자가 느끼는 콘텐츠의 가치는 하락하고 소비자들은 콘텐츠에 대가 지불을 꺼리고 있다.

새로운 미디어 환경의 콘텐츠 사업자의 비즈니스 모델에 관해서는 몇몇 논의들이 주목받았다. 크리스 앤더슨(Chris Anderson)[9]은 콘텐츠 무료화는 중

---

8   C. Zott, R. Amit & L. Massa, "The Business Model: Recent Developments and Future Research", *Journal of Management*, Vol. 37 No. 4, July 2011, p. 1028.

9   크리스 앤더슨, 정준희 옮김, 『프리-비트경제와 공짜가격이 만드는 혁신적 미래』, 랜덤하우스

력의 법칙과 같이 불가피한 것이기 때문에 '무료경제'(freeconomics)를 이해하고 공짜 콘텐츠를 공급하면서 새로운 희소성을 소비자들에게 판매하는 '프리미엄(freemium) 비즈니스 모델'이 필요하다고 주장하였는데, 이 프리미엄 모델은 게임 산업의 주요한 비즈니스 모델로 자리 잡고 있다.

이에 비해, 미디어 융합시대에 적응하기 위한 비즈니스 모델 혁신의 필요성을 주장한 버만(Berman)은 비즈니스 모델이란 기업이 어떻게 가치를 창출하고(가치 창출), 그 가치를 어떻게 고객에게 전달하며(가치 전달), 그들 고객으로부터 어떻게 수익을 포착하는지(수익포착)를 규정하는 것이라고 이해하고,[10] 기업이 창출하는 가치를 통해 어떻게 새로운 방법으로 수익을 포착할 것인가를 모색하는 수익모델 혁신(revenue model innovation)에 초점을 맞추었다. 버만(2011)은 소비자가 콘텐츠에 대해 대가를 지불하려 하지 않는 것은 과거의 방식으로 콘텐츠를 소비하고 지불하려 하지 않는 것일 뿐이며, 고객에게 전달되는 가치의 가격을 어떻게 책정할 것인가(pricing), 가치를 어떻게 포장하여 전달할 것인가(packaging), 그 가치에 대해 누가 지불하도록 할 것인가(payer)의 변화를 통해 새로운 미디어 콘텐츠 비즈니스 모델 창출이 가능하다고 주장하였다.

코리아, 2009.

10 S. Berman, *Not For Free: Revenue Strategies for a New World*, Harvard Business Review Press, 2011, p. 6.

4. 지역문화자원을 활용한 지역 공동 브랜드

1) 지역 공동브랜드의 개념

(1) 공동브랜드 개념 설정

공동브랜드는 다수의 구성원이 공동으로 사용하는 하나의 브랜드로, 처음부터 다수의 구성원이 공동으로 하나의 브랜드를 개발하거나 기존의 브랜드를 다수의 구성원이 공동으로 사용하기도 하는데, 공동 브랜드를 사용함으로써 효율적인 마케팅이 가능하며 구성원 협력을 통해 경쟁력을 확보할 수 있다.

김익성·이은미(2011)는 공동브랜드의 유형을 운영주체, 브랜드 소유권, 참여구성원의 결합 형태와 주체에 따라 분류하였다. 운영주체에 따라 구성원과 별도로 구성되어 있는 독립적인 법인 중심의 운영방식, 구성원 중 일부 혹은 전부가 운영에 참여하는 구성원 중심의 법인 운영방식, 개별 기업이 주도하여 다른 업체들의 참여를 독려하는 개별 제조 기업에 의한 운영방식, 개별기업 혹은 다수의 기업이 별도의 법인을 설립하여 운영하는 방식, 유통업체가 제조업체의 제품에 유통업체의 브랜드를 부착하여 운영하는 방식 등으로 분류하였다.

이장로·김미옥(2011)은 공동브랜드를 위에서 제시한 개념과는 다른 방식으로 정의하였는데, 공동브랜드는 광고, 제품, 유통 등과 같은 마케팅 환경 안에서 2개의 브랜드가 함께 이용되는 것을 의미하여, 공동브랜드(cobrand)라는 용어는 브랜드 제휴(brand alliance), 복합브랜드(composite brand)와 상호 가변적으로 사용될 수 있다고 하였다.

국내에서는 이장로·김미옥이 제시한 개념의 공동브랜드에 대한 연구는 활발하지 않다. 본 연구에서는 하나의 브랜드가 다수의 구성원에 의해 활용되는 개념의 공동브랜드에 대한 연구들을 중심으로 분석하였다.

(2) 지역 공동브랜드와 연관 개념 정리

최근 산업의 중심이 제조업에서 지식정보와 문화관광 등의 지역 고유의 문화적 요소가 중시되는 산업으로 이전되고 있고, 지역문화산업이 주목받고 있다. 이제 지역의 문화자원이나 특산물을 상품화하여 지역발전을 도모하는 전략이 매우 중요하게 되었으며, 이러한 전략의 하나로 적합한 방법이 지역브랜드이다.

김현호(2006)는 지역브랜드를 '지역의 상품이나 서비스를 다른 지역과 구별하기 위해 사용하는 명칭, 용어, 상징, 디자인 혹은 이들의 결합체'라고 정의하였다. 전통적인 지역브랜드는 지역의 특산품을 대상으로 개발되었으나, 지방자치제가 실시되면서 지역만의 정체성을 확립하고 타 지역과의 차별성을 부각시키려는 노력이 지역브랜드를 통하여 표현되었다. 이러한 노력은 송희정(2003)도 '지방 정부들의 정체성 확립의 노력이 지역 특산물, 관광자원, 지역 명소, 지역의 역사, 유명 인물 등 지역의 장소 자산을 총동원하여 차별화된 지역 이미지를 설정하고, 이를 표현하는 로고, 슬로건, 마스코트 등 다양한 표현 매체를 개발하는 전략으로 이어지고 있다'고 제기하였다.

지역의 특화된 자원을 차별화시키기 위하여 다양한 제도와 지원정책이 실시되고 있다. 공동브랜드를 '하나의 브랜드가 다수의 구성원에 의해 활용되는 브랜드'라고 정의하면, 지역 공동브랜드는 '지역성을 기반으로 다른 지역과 구별하기 위해 개발된 하나의 브랜드를 다수의 구성원이 활용되는 브랜드'라는 정의를 할 수 있으며, 지역 공동브랜드를 연구하는 데 있어서 연관되는 다양한 제도와 용어들을 살펴보면 〈표 4〉와 같다.

표 4: 지역 공동 브랜드 관련 제도 및 용어정리

용어	내용
지리적 표시	'지리적 표시'는 단순한 지리적 지명이 아니라 특정 지역의 상품이 다른 지역의 상품과 구별되는 경우, 그 지역의 상품이 생산되거나 제조 또는 가공된 지역을 표시하는 지리적 명칭을 의미[1]
상표	상표를 통해서 일반인들은 상품이나 서비스를 제공하는 특정 '사업주체'를 확인할 수 있으며, 특정 '사업주체'는 상표를 통하여 다른 경쟁 상품이나 서비스를 제공하는 사업주체를 배제하는 독점적이며 배타적인 권리를 확보 가능
단체표장	단체표장(Collective Mark)이란 동종의 사업을 하는 다수의 구성원이 조합이나 협회 등의 단체를 구성하여 사용하는 표장. 단체는 단체표장을 사용하는 자의 범위와 사용조건에 대한 규정을 정하고 있음[2]
증명표장	증명표장(Certification Mark)은 우리나라에는 없는 제도로 미국의 증명표장은 한국의 단체표장과 유사한 개념. 증명표장권자는 일정한 품질요건을 갖춘 자에 대하여 차별대우 없이 반드시 의무적으로 허락해야 한다는 점이 상표와 다름[3]
품질인증	품질인증은 다른 제도에 비해 짧은 기간 동안 특정 상품이나 서비스에 대한 품질에 대한 보증을 받아 일반인들에게 신뢰를 얻을 수 있는 제도
원산지표시	원산지표시란 특정 물품이 생산, 제조, 가공된 국가를 표시하는 것을 말하며, 국산농산물의 경우에는 시 또는 군명을 표시하고, 수입농산물을 가공한 경우에는 원료의 원산지 국명을 표시하도록 하고 있음[4]
지리적 표시 단체표장	'지리적 표시'만으로 구성된 표장은 상표법에 의한 등록 대상이 되지 못하였지만, 오랜 명성이 있거나 차별화된 품질로 일반인들에게 인지된 지역특산품은 그 상품 명칭을 상표법상의 권리로 보호할 수 있도록 '지리적표시 단체표장' 제도를 2005년에 도입[5]
공공 캐릭터	• 박주란(2001)은 지역캐릭터가 지역주민의 지역에 대한 관심과 적극적인 참여의식을 유발시키고 지역캐릭터를 통하여 지역의 개성화와 이미지 강화, 지역의 정체성 확립과 방향 설정 등이 가능하여 지역발전에 도움이 된다고 피력 • 민혜남(2010)은 지역의 축제 캐릭터가 그 지역을 알리고 내방객을 늘리는 것 외에 지역민의 자부심을 고취하며 문화 향유의 기회를 부여하는 목적도 있다고 밝힘

주: 1) "지리적 표시"라 함은 상품의 특정 품질·명성 또는 그 밖의 특성이 본질적으로 특정 지역에서 비롯된 경우에 그 지역에서 생산·제조 또는 가공된 상품임을 나타내는 표시를 말한다(상표법 제2조 제1항 제3호의 2).
2) 단체표장이란 동종업자 또는 동종업자 및 이와 밀접한 관계가 있는 업자가 설립한 법인이 그 단체원의 영업에 관한 상품 또는 서비스업에 사용하게 하기 위한 표장(구상표법 제2조 제3항).
3) 특허청 상표디자인 심사정책팀, 『지방자치단체 브랜드 지원사업백서』, 특허청, 2006, 109쪽.
4) 위의 글, 110쪽.
5) "지리적 표시"를 상품의 특정 품질·명성 또는 그 밖의 특성이 본질적으로 특정 지역에서 비롯된 경우에 그 지역에서 생산제조 또는 가공된 상품임을 나타내는 표시로 정의하고, 지리적 표시 단체표장은 지리적 표시를 사용할 수 있는 상품의 생산·제조 또는 가공업자만으로 구성된 법인이 등록받을 수 있도록 함(상표법 제 2조 제1항 제3호의 2 및 제3조의 2).

2) 지역공동브랜드 연구의 유형별 분류

(1) 지역 특산물 중심의 지역공동브랜드

최치권(2007)은 지역 농산물의 경쟁력을 위해 브랜드 마케팅은 중요하며, 소비자에 대한 지역 공동 브랜드 상품의 감성적 커뮤니케이션을 위한 디자인의 필요성을 연구하였다. 이 연구를 통해 지역 농산물을 매개로 한 공동브랜드의 디자인 개발을 위해 경쟁력 있는 신화와 기호를 창출해야 한다는 점을 피력하였다.

(2) 지역공동브랜드와 관광산업 연계

김효경·한범수(2010)는 관광산업과 지역브랜드 자산의 관계 연구를 통해, 관광산업에 대한 만족은 지역브랜드자산 변화에 영향을 미친다고 밝혔다. 이호선(2011)은 현재 개발된 문화관광 상품 브랜드는 그 지역의 특성을 갖춘 상품이 부족한 실정이므로 지역이 갖고 있는 어떤 특성을 발굴하여 활용하느냐에 따라 지역 활성화의 성패가 달려 있다고 제시했다.

(3) 전통문화 계승과 세계화 전략

우리나라 정부는 2005년 3월부터 '한국 전통문화콘텐츠 세계화 전략'을 국책사업으로 추진하고 한식, 한복, 한옥, 한지, 한글, 한국학의 여섯 분야를 세계적인 브랜드로 만드는 작업을 시도하였다. 이 전통문화를 세계적으로 인정받을 수 있도록 '한' 브랜드를 구축하기 위한 많은 지원과 연구가 진행되었다. 김교빈(2005)은 한류의 확산, 생산적 여가문화와 전통문화에 대한 관심 증대 등으로 전통문화를 기반으로 하는 공동브랜드인 '한' 브랜드의 성장 가능성을 기대하면서 마케팅이나 유통과 같은 산업적인 인프라가 미흡하기에 범정부적인 종합지원체계의 필요성을 피력하였다. 또한, 전통문화 콘텐츠의 내용물을 찾아내고 발굴한 내용을 심화시키며 'One Source

Multi Use' 개념의 재창조작업의 필요함을 논의하였다.

(4) 지역경쟁력 확보를 위한 지역 공동브랜드

지역 공동브랜드를 통해서 상품경쟁력을 강화 및 지역적 연고를 바탕으로 하는 다수의 기업들이 공동으로 브랜드를 개발, 생산, 판매, 홍보하여 브랜드 이미지를 향상시키고 마케팅활동의 효율적으로 추진할 수 있다. 유왕윤 · 강대인(1999)은 「경상북도 중소기업공동브랜드 개발에 관한 연구」에서 경상북도 중소기업 공동브랜드인 '실라리안'(Sillarian)의 개발과정과 사례연구를 통해 지역공동브랜드 개발에 관한 방법론을 제시하고 있다. 이 연구에서는, 국내 중소기업의 공동브랜드 개발 목적으로 경제의 주도권이 상품을 생산하는 제조업체에서 시장(또는 고객) 중심의 소비자로 이동하면서 중소기업의 저자본의 한계를 극복하고 상품개발, 해외시장개척 등의 공동화를 도모하고 있음을 적시하였다. 사례연구를 통해 '실라리안'은 브랜드로서 전체적인 통일성과 함께 각 상품군의 개별성 확보가 중요하며, 품질향상을 위한 인증시스템 구축과 장기적인 홍보 전략을 통해 '실라리안'이 상품 브랜드가 아닌 정신문화 브랜드로 만들 것을 제안하였다. 김희경(2007)은 지역의 고유한 산업이나 이미지를 비즈니스와 연계할 때 경쟁력을 가지며, 지역브랜드는 분명한 콘셉트, 참신한 스토리, 새로운 아이디어를 가지고 다른 분야와의 협력을 통하여 브랜드 가치를 높이는 노력을 해야 한다고 제시하였다.

(5) 지역공동브랜드를 통한 지역 정체성 표출

지역이 자치제도를 시행하면서 각 지역별 슬로건과 캐릭터 등을 개발하면서 다른 지역과 차별화된 정체성을 찾기 위하여 많은 노력을 하였으며 정체성을 대내외적으로 표출하는 수단으로 지역 축제를 기획하였다. 축제는 지역의 거주민들에게는 지역에 대한 자긍심을 심어주고 타 지역으로부터 방문하는 관광객에게는 지역의 특산물을 판매하거나 관광명소를 소개하는 기회로 이용되기도 하며 축제를 효과적으로 홍보하는 방법으로 지역의 공동브랜드를 활용하는 경우가 많다. 권상미·김성혁(2009)은 함평 나비축제를 중심으로 지역축제를 브랜드와 결합시켜 고객기반 브랜드 자산 가치를 측정하였다. 김남훈(2004)은 지역의 공동브랜드란 지역의 특화된 상품을 발굴하여 다수의 기업이 이를 공동으로 개발하고 공유하는 상표로서, 상품의 품질 및 제조방식을 공유하고 브랜드 이미지를 제고시켜 상품, 문화, 이미지 등을 고부가가치화 하는 것은 물론, 주문자 상표 부착방식에서 벗어나 지역 상품의 독자적인 시장을 확보하기 위한 마케팅 전략으로 지역의 특화 산업을 발굴하고 지자체와 지역 기업이 공동브랜드를 개발하는 것이 효과적이라고 제시하였다.

5. 콘텐츠 혁신의 개념과 연구

1) 콘텐츠 분야의 혁신이론

(1) 서비스 혁신에 대한 선행 연구

전통적으로 혁신 연구는 대형 제조업체를 중심으로 신기술 상품이나 특허와 같은 기술 혁신에 집중되어 왔다. 이는 서비스 혁신을 측정하기가 쉽지 않고, 또 다양한 특성을 보이기 때문에 통일된 개념이 형성되기 어렵기 때문으로 이해된다(Gallouj & Weinstein, 1997). 최근까지 논의된 서비스 혁신 개념은 학자마다 다르게 정의되지만, 대략적으로 새로운 서비스를 제공하는 것 또는 아이디어, 새로운 구조 조직과 관련된 활동을 의미한다.

최근까지 진행된 서비스 혁신에 대한 연구의 흐름을 보면 대체로 둘로 나뉘는데, 하나는 서비스 혁신 연구의 틀을 이론적으로 규명하는 것과 다른 하나는 서비스 혁신을 측정하는 것이다.

서비스 혁신 연구로서 이론적 틀을 마련한 학자는 바라스(Barras, 1986)인데, 그는 신기술이 적용되면 기존 서비스의 효율과 품질이 개선되는 효과를 가져 온다고 주장하여, 주로 IT 기반 서비스 분야에 집중하였다. 가드레이 등(Gadrey et al., 1994)는 서비스 혁신이 재조합적 혁신의 특성을 가지는데, 측정하기도 어렵지만, 현실적으로 모방하기도 쉬운 특징을 갖고 있다고 주장하였다. 갈로유와 웨인스타인(Gallouj & Weinstein, 1997)은 기술이 서비스 혁신에 미치는 영향을 분석함으로써 두 요인으로 서비스 혁신을 이론적으로 설명하였다. 이러한 연구 성향은 2000년대 서비스 혁신 연구에서도 동일하게 나타났는데, 서비스산업의 성과는 기술 혁신뿐 아니라, 조직이나 마케팅 혁신 등 비기술적 혁신으로도 좌우되는 것으로 알려졌다(Hertog & Bilderbeek, 1998; Gallouj & Weinstein, 1997; Hauknes, 1996; Pilat, 2001; Howells, 2001).

(2) 콘텐츠 혁신에 대한 선행 연구

일반적으로 기존의 혁신 연구 결과를 콘텐츠 분야에 적용한 사례는 극히 드물다. 다만, 앞서 서술된 서비스 분야의 기술 혁신 논리와 유사한 형태로서 IT기술과 깊은 관련이 있는 게임분야의 경우는 혁신이 논의되어 온 사례가 있다(Cohendet and Simon, 2007; Grantham and Kaplinsky, 2005; Tschang, 2007). 이러한 점에서, 콘텐츠 분야 전반에 걸쳐서 혁신을 체계적으로 연구된 것은 아니라고 할 수 있다. 연구 활동이 부진한 이유 중 하나는 콘텐츠 혁신이 기술보다는 미학적 요소를 중심으로 논의되어 왔기 때문이라고 할 수 있다.

콘텐츠 산업과 혁신을 논의한 연구로는 카스타네르와 캄포스(Castaner & Campos, 2002)의 연구가 시초라고 할 수 있는데, 이들은 주로 예술 혁신이 조직의 역할에 의해 달성된다는 점을 관찰하였다. 이보다는 콘텐츠 분야의 혁신연구로서 한트케(Handke, 2006, 2007)가 보다 가깝다고 할 수 있는데, 그는 하드웨어와 콘텐츠가 결합된 미디어산업의 혁신에 대해 이론적으로 규명하고자 하였다. 그는 콘텐츠 혁신의 특징을 하드웨어, 즉 기술 혁신보다는 미학적 변화에 의한 비기술적 혁신으로 보았지만, 많은 경우 콘텐츠 생산에는 두 가지 혁신이 혼합되어 나타난다고 하여 서비스 혁신과 동일한 선상에서 논의하였다. 마일즈와 그린(Miles & Green, 2008)도 한트케의 논의와 같은 맥락에서 콘텐츠 혁신을 설명하였는데, 다만 이들은 한트케가 말하는 순수한 공학적 기술 혁신 외의 다양한 혁신요소들을 '숨겨진(hidden) 요소들'에 의한 혁신으로 설명하였다는 점에서 차이가 난다.

한트케는 콘텐츠가 상업적으로 가치가 드러나기 위해서는 거의 언제나 전송이나 저장 또는 미디어와 같은 하드웨어 수단을 필요로 하기 때문에 기술 혁신과 비기술 혁신을 동시에 논의하는 것이 매우 적절하다고 주장한다. 가령, 음악산업의 혁신은 음악을 어떤 수단에 의해 저장하고 유통하느냐에 의해 종종 발생되듯이, 창작자의 새로운 기획 아이디어와 활동 조직의 변화, 새로운 마케팅 기법에 의해서도 얼마든지 발생한다. 다만, 콘텐츠의 핵심 가치가 기술변화와 필수적으로 연관관계를 갖는 미디어와 같은 하드웨어 장치에서 형성되는 것이 아니라, 미학적 요소 변화에 의해 형성되는 특징을 갖고 있고 후자가 포함된 다양한 혁신요소들을 강조한다는 의미에서 스톤먼(Stoneman, 2007)은 '소프트 혁신'이라고 명명하였다.

2) 콘텐츠 혁신의 개념

콘텐츠 혁신의 특성인 소프트 혁신은 콘텐츠산업에서 종종 발견된다. 여기서 소프트 혁신이란 콘텐츠에 있어서 기술 혁신 외에 미학적 특성의 변화가 강조된 개념이다. 우리는 일상적으로 출시되는 새로운 서적이나, 영화, 연극, 게임 등의 분야에서 이러한 미학적 변화가 시장에 얼마나 많은 파급효과를 주는지 이미 알고 있다. 물론 기술 혁신은 콘텐츠 가치에도 커다란 성과를 가져온다. 가령, 새로운 타이틀의 게임에 대한 시장 성과는 내용 자체의 변화에 커다란 영향을 받지만, 그것을 나타내는 CG, 서버 기능 등

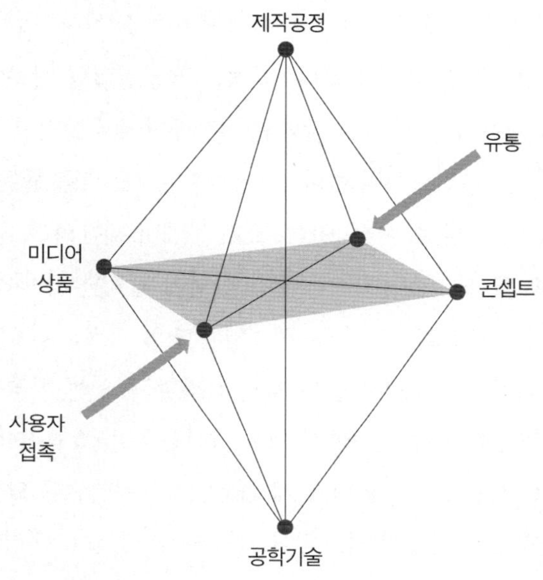

그림 1: 창조산업 혁신 모형

자료: Green et. al., 2007.

새로운 기술의 변화에도 민감한 반응을 보인다. 그러나 만일 기술 혁신에 몰입되어 콘텐츠산업의 주된 특징인 소프트 혁신을 도외시한다면 국가적으로 콘텐츠산업 전반의 혁신 역량을 높이는 데에는 크게 못 미치게 될 것은 분명하다.

콘텐츠 분야에서 이론적인 혁신 연구의 분석 틀을 제공한 대표적인 학자들은 그린과 마일즈, 루터(Green, Miles, Rutter, 2007)이다. 이들은 서비스 혁신의 연장선에서 창조산업에 적용하였는데, 덴 헤르토크(den Hertog, 2000)가 제안한 서비스 혁신 개념을 적용하였다. 이들은 기존의 서비스 혁신이나 제조업 혁신의 중심 축인 순수한 공학적 의미의 기술 혁신과 공정 혁신에 더해 소프트 혁신으로서 매체(media product), 유통(delivery), 문화개념(cultural concept), 사용자 접촉(user interface) 등 여섯 가지 혁신 요소들을 분석 틀로 내세웠다(Green et. al., 2007)(〈그림 1〉 참조).

　　여기서 여섯 가지 혁신 분야 중 순수한 공학기술 혁신을 제외한 다섯 가지를 간략히 설명하면 다음과 같다. 첫째는 생산방법의 변화인 공정 혁신(process innovation)이다. 콘텐츠로 말하면 제작공정에서 발생할 수 있는 모든 기술 및 비기술적 혁신을 의미한다. 예를 들면, 최근 IT를 활용한 프로젝트 관리 시스템은 제작일정, 예산, 인력, 소재 등에서 제작의 효율성과 생산성을 증가시키고 있다. 또한 제작 인력 간 협업이 필요한 분야에서 신기술을 활용한 아이디어 및 드래프트 공유 시스템은 협업 과정의 간소화와 업무 효율화뿐 아니라, 소규모 제작사들이 자체 제작할 수 있는 환경을 제공한다. 둘째는 제품 혁신이다. 콘텐츠에서 제품 혁신은 서비스 혁신에서 의미하는 새로운 서비스 개념으로서 콘텐츠 개념(콘셉트)과 콘텐츠를 담는 매체 등이 포함된다. 전자는 콘텐츠에 내포되어 있는 인물 캐릭터, 내러티브, 유무형의 아이디어 등을 의미하며 일반적인 명칭으로는 콘텐츠 오브제라고도 할 수 있다. 이 부분이 순수한 의미에서 미적 혁신이라고 할 수 있다. 더 나아가 새로운 미디어 포맷에 담겨질 목적으로 또는 원천 콘텐츠가 다른 형태로 재구성되는 형태와 같은 콘텐츠 콘셉트도 포함된다. 가령, 특정 매체용으로 제작된 콘텐츠가 다른 매체로 재활용될 때 그 포맷에 맞춰 재가공되는 경우로서 다분히 기술(technology 및 technical skills)에 의해 영향을 받는다. 후자는 전자와 일부 중복이 되기도 하지만, 문화콘텐츠와 정보콘텐츠를 담는 영화, 방송프로그램, 무대 장치, 게임 등 미디어형태를 의미하며, 따라서 기술에 의해 더욱 영향을 받는다. 셋째는 유통 혁신으로 콘텐츠 상품과 서비스가 소비자들에게 전달되는 과정을 말한다. 정보기술에 가장 많은 영향을 받는 영역으로 특히 최근 들어 브로드밴드의 확산과 콘텐츠의 디지털화가 급속히 진행되면서 새로운 유통 방식이 속속 등장하고 있다. 마지막으로 사용자 접촉과 관련된 혁신이다. 이 역시 최근 들어 IT 기술에 상당히 영향을 받고 있다. 과거에 비해 소비자들과 양방향 소통이 가능해지면서 이메일, 블로그, 소셜 네트워킹 등의 새로운 소통방식이 등장하고 또한 이에 따라 새로운 형태의 마케팅과 더불어 신상품과 서비스 탄생에도 커다란 영향을 주고 있다.

5. 향후 연구 전망

1) 한국 문화콘텐츠의 해외시장 진출

싸이의 해외진출 사례에서 문화콘텐츠 해외진출의 성공의 두 가지 요인을 확인할 수 있다. 하나는 글로벌 코드이고 다른 하나는 SNS라는 뉴 미디어이다. 싸이의 강남스타일의 성과를 기점으로 해서 향후에는 영화, 애니메이션 등 모든 문화콘텐츠 비즈니스가 글로벌 코드를 녹여내야 할 것이다. 가장 한국적인 것이 가장 세계적이라는 자의식보다는 비즈니스적인 측면에서 글로벌 소비자의 니즈(Needs)를 읽어내고 반영하는 콘텐츠만이 해외진출에서 살아남게 될 것이다. 또한, SNS를 중심으로 하는 뉴 미디어 활용이 문화콘텐츠의 빠른 확산을 배가 시킬 것이다. 이제 콘텐츠의 개발은 SNS를 우선적으로 염두에 두고 기타 마케팅에 치중하기 보다는 새로운 매체에 적합한 콘텐츠를 개발하는 것이 해외진출에 더 큰 영향력을 미치게 될 것이라 생각한다. 향후에는 이 같은 전망을 확인하고 검증할 수 있는 문화콘텐츠 비즈니스의 해외진출 성과지표나 해외진출 코드 분석과 같이 사례에서 벗어나 일반화 할 수 있는 연구가 더 필요할 것이다.

2) 스마트 미디어 시대의 콘텐츠 비즈니스 모델

미디어 환경의 변화와 그에 따른 소비자 미디어 이용행태의 변화, 그리고 다양한 산업으로부터의 새로운 경쟁의 출현은 콘텐츠 사업자들에게 비즈니스 모델의 혁신을 요구하고 있다. 한국의 소비자들은 새로운 미디어의 수용 속도가 빠르다. 이는 한국의 콘텐츠 산업의 수익구조의 심각한 악화를 초래하였다. 스마트 미디어 시대의 혁신적인 미디어 콘텐츠 비즈니스 모델에 관한 해외 연구자들의 연구는 앞으로 더욱 활발해질 것이다. 미디어, 플랫폼, 통신, 디바이스 기업들이 모두 콘텐츠 생태계로 진입하고 있는 스마트 미디어 시대에 건전한 콘텐츠 창작 기반의 조성은 지극히 중요한 일이며, 이를 위해서는 한국의 미디어 환경 특성을 고려한 콘텐츠 사업자를 위한 비즈니스 모델 연구에 대한 관심이 필요한 시점이다.

3) 지역문화자원을 활용한 지역 공동 브랜드

현재는 공동브랜드를 개발하는 단계에 머물러 있으며 일부는 관리프로그램이 없어 브랜드로서의 역할을 제대로 하지 못하고 있다. 이제 지역의 경제 성장과 지역 문화자원의 활성화에 도움이 되는 지역 공동브랜드를 어떻게 운영하는 것에 대해 다음과 같은 연구가 이루어져야 한다.

첫째, 지역의 공동브랜드 개발 지원정책, 공동브랜드 현황, 사례분석에 머물지 않고 지역 발전에 도움이 되는 공동브랜드 운영방안, 공동브랜드 성과 평가 방식 등에 대한 연구가 필요하다. 둘째, 우리나라의 문화산업이 국제적으로 인정받고 있으며, 지역의 특화된 문화자원에 대한 해외에서의 관심도 늘고 있다. 지역의 세계화를 적극적으로 추진하기 위해서 지역 공동브랜드의 해외 진출에 대한 연구는 매우 시급하다. 셋째, 지역 공동브랜드가 제대로 운영되기 위해서 브랜드를 비롯한 지식재산권을 제대로 이해하고 있는 전문가들이 각 지역에 있어야 하며, 지식재산권 전문가를 육성하기 위한 교육 프로그램에 대한 연구와 교육 프로그램 운영이 절실하다. 지식재산권 전문가 집단에 의해 장기적이며 전략적인 운영이 지역 공동브랜드의 활성화에 꼭 필요하여, 이러한 전문적인 운영을 할 수 있는 지식재산권 전문가 육성에 대한 체계적인 연구가 필요하다.

4) 콘텐츠 혁신의 개념과 연구

지난 10여 년간 콘텐츠산업은 정부의 서비스산업 육성 의지에 따라 체계적인 지원이 이루어져 왔다. 특히 콘텐츠산업은 IT, BT, NT, ET, ST 등과 더불어 CT로 명명되어 미래 유망기술로 선정되고, 이를 근거로 정부 조직과 예산 등에서 확대되어 왔다. 아울러 정부는 '문화기술(CT) R&D 기획단'을 발족하고, '문화기술 R&D 기본계획 2012'라는 보고서에서 동 분야에 대한 중점 투자 분야와 연구개발이 필요한 전략과제를 제시한 바 있다.

콘텐츠 가치의 핵심 요소는 제조업과는 달리 기술보다는 콘텐츠 자체의 변화 또는 내용의 질적 변화라는 것은 당연한 사실이지만, 국내 업계는 기술혁신과 기술개발을 여전히 경쟁력의 최우선 과제로 인식하고 있다. 그러나 콘텐츠 비즈니스도 서비스 혁신과 마찬가지로 기술개발 중심의 사업전략을 바꿀 필요가 있다. 왜냐하면 서비스나 콘텐츠 혁신은 장비나 소프트웨어 개발업체의 연구개발 활동으로 발생하기보다는 서비스 주체, 즉 콘텐츠 기업과 고객과의 접촉과 관련된 활동의 결과로 빈번히 일어나기 때문이다.

다음으로 콘텐츠 혁신은 업종별로 다르게 나타날 수도 있으나, 최근의 추세는 업종 간 경계가 모호해지고 있고, 그 과정에서 다양한 혁신이 발생할 가능성이 점차 커지고 있다. 영화와 게임, 영화와 음악, 게임과 음악, 애니메이션과 영화, 애니메이션과 게임 등 업종 간 교류에 의한 혁신적 사업 모델이 크게 증가하고 있다. 따라서 업계는 자신의 영역을 확장하는 한편, 새로운 비즈니스 모델을 발견할 수 있다는 차원에서 적극 융복합 분야를 개척할 필요가 있다. 셋째, 선진국에 비해 우리나라가 관심을 덜 기울인 분야로서 공정 혁신에 노력을 기울일 필요가 있다. 과거 선진국의 경험을 볼 때 공정 혁신은 제조업의 경우 생산성 향상이 주 목적이지만, 콘텐츠의 경우 생산성 향상뿐 아니라 콘텐츠의 질적 변화도 가져오는 활동으로 주목할 필요가 있다. 가령, 일본의 애니메이션 제작방식[11]은 미국의 풀 방식에 비해 비용과 시간에서 커다란 효율성을 높인 혁신사례로 평가되는데, 이러한 제작방식은 일본 애니메이션이라는 콘텐츠 고유의 특성을 탄생시킨 것으로 유명하다. 더욱이 최근에는 IT 및 디지털 기술의 눈부신 발전으로 제작공정 간 커뮤니케이션, 제작관리 기법의 개선, 품질 관리, 데이터 관리 등 제작과정에서 상당히 많은 혁신이 발생하고 있다.

마지막으로 소프트 혁신 영역을 개발할 필요가 있다. 제품 혁신과 공정 혁신에 포함되지 않는 부분으로서 콘셉트 개발, 유통 및 사용자 접촉 등은 콘텐츠산업의 가치사슬에서 생산 또는 제작 분야를 제외한 것이다. 사실 이 영역들은 기술과 비기술 요소가 복합적으로 어울려 혁신이 발생되는 분야이고, 사용자와의 커뮤니케이션을 통해 새로운 서비스 개발이나 서비스 전달체계의 개선을 가져올 수 있는 분야이다. 따라서 기술과 인문 · 예술 · 사회과학 등 지식의 통합적인 연구개발 활동을 통한 혁신이 요구되는 분야이다. 가령, 우리나라에서 상업적으로 개발된 온라인게임들은 그동안 축적된 네트워크 기술역량을 기반으로 하여, 기업의 대고객 서비스 노하우(또는 skill)와 고객 속성에 대한 지식 역량 등이 결합되어 빚어낸 혁신 모형이라고 할 수 있다.

---

11 필름 전체를 애니메이션으로 하지 않고 핵심적인 캐릭터나 중요한 동작, 눈이나 입 등 신체의 한 부분만을 애니메이션으로 표현하는 방법으로 풀 애니메이션보다 비용이 적게 들고 쉽게 작업할 수 있는 장점이 있다.

참고문헌

1. 서적

강한수, 『성공적인 비즈니스 모델의 조건, SERI 경영노트』, 제108호, 2011.

구문모, 『콘텐츠 진흥기관 선진화 방안 공개토론회 자료집』, 문화체육관광부, 2008.

문화체육관광부, 『콘텐츠산업 혁신역량 강화를 위한 서비스 R&D 정책방안 연구』, 2010.

_____, 『해외 주요 대중음악 차트 및 시상식 사례 연구』, 2009.

크리스앤더슨, 정준희역, 『프리-비트경제와 공짜가격이 만드는 혁신적 미래』, 랜덤하우스코리아, 2009.

특허청 상표디자인 심사정책팀, 『지방자치단체 브랜드 지원사업백서』, 특허청, 2006.

Berman, S., *Not For Free: Revenue Strategies for a New World*, Harvard Business Review Press, 2011.

Best M. H., *The new competition: institutions of industrial restructuring*, Policy Press, Cambridge, 1990.

Green, L., Miles, I. and Rutter, J., *Hidden innovation in the creative sectors*, London: NESTA, 2007

Handke, C., *Surveying Innovation in the Creative Industries*. Berlin: Humboldt University Berlin; and Rotterdam: Erasmus University Rotterdam, 2006.

Howells, J., "The nature of Innovation in Services" in OECD proceedings *Innovation and Productivity in Services*, OECD Paris, 2001.

Mullins, J. & R. Komisar, *Getting to Plan B: Breaking Through to a Better Business Model*, Harvard Business Review Press, 2009.

2. 논문

김교빈, 「'한국 전통문화 콘텐츠 세계화 전략'과 인문학의 역할」, 인문콘텐츠학회, 『인문콘텐츠』, 2005.

김남훈, 「지역 특화 공동브랜드 디자인개발 연구」, 한국디자인트렌드학회, 『한국디자인포럼』, 2004.

김익성 · 이은미, 「공동브랜드 사업역량과 마케팅역량이 사업성과에 미치는 영향」, 『경상논총 제29권 1호』, 한독경상학회, 2011.

김현호, 「장소판촉수단으로서 지역브랜드 마케팅의 특성과 과제」, 『지방행정 4월호』, 2006.

김효경 · 한범수, 「산업관광과 지역브랜드 자산의 관계: 전북지역 향토 산업을 중심으로」, 한국관광학회, 『관광학연구』 제34권 제6호, 2010.

김희경, 「지역문화 활성화를 위한 지역브랜드개발에 관한 연구: 지역의 이미지 브랜드 개발을 중심으로」, 한국문화정책개발원, 『문화정책논총』, 2007.

권상미·김성혁, 「고객기반 브랜드자산(CBBE)을 활용한 개최지역의 방문객 이미지와 태도에 관한 연구: 함평 나비축제를 중심으로」, 한국관광학회, 『관광학연구』 제33권 제6호, 2009.

민혜남, 「캐릭터 디자인의 기호학적 신화 연구: 문화관광 축제로 선정된 캐릭터를 중심으로」, 중앙대학교 대학원 박사학위논문, 2010.

박주란, 「지역 문화 활성화를 위한 캐릭터디자인의 적용에 관한 연구: 광주 비엔날레를 중심으로」, 대불대학교 산업기술대학원 석사학위논문, 2001.

송희정, 「지역의 장소판촉을 위한 지역브랜드 전략 특성에 관한 연구: 함평군의 나르다 브랜드 개발사례를 중심으로」, 서울대학교 대학원 석사학위논문, 2003.

유왕윤·강대인, 「경상북도 중소기업공동브랜드 개발에 관한 연구」, 1999.

이장로·김미옥, 「공동브랜드 자산의 결정요인에 관한 실증연구: 중국의 국제합작투자기업을 중심으로」, 『KAIBM & KAIB 2011 통합학술대회 발표 논문집』, 2011.

이호선, 「지역 특성화를 위한 문화관광 상품 브랜드 개발에 관한 연구: 삼척, 도계 지역의 지역문화상품브랜드 개발을 중심으로」, 서울과학기술대학교 과학문화전시디자인연구소, 『한국과학예술포럼』, 2011.

최치권, 「지역 농산물의 공동브랜드 개발과 디자인의 의미 확장에 관한 고찰」, 한국디자인지식학회, 『디자인지식저널』, 2007.

Amit, R. & C. Zott, "Value creation in E-busines", *Strategic Management Journal*, Vol. 22, Issue 6-7, 2001.

Barras, R., Towards a Theory of Innovation in Services, *Research Policy*, Vol. 15, No.4, 1986, pp. 161-173.

Castañer, X. & L. Campos, The Determinants of Artistic Innovation: Bringing in the Role of Organizations, *Journal of Cultural Economics*, 26(1), 2002.

Chesbrough, H. & R. Rosenbloom, "The role of the business model in capturing value from innovation: evidence from Xerox Corporation's technology spin off companies", *Industrial and Corporate Change*, Volume 11, Issue 3.

Cohendet, P. & L. Simon, Playing across the playground: paradoxes of knowledge creation in the video game firm, *Journal of Organizational Behavior*, Vol. 28, 2007.

Den Hertog, P., Knowledge-intensive business services as co-producers of innovation, *International Journal of Innovation Management*, 4(4), 2000.

Gadrey, J., F. Gallouj & O. Weinstein, New Modes of Innovation: How Services

Benefit Industry, *International Journal of Service Industry Management*, Vol. 6, No. 3, 1994.

Gallouj, Faiz & Weinstein, Olivier, Innovation in services, Research Policy, *Elsevier*, vol. 26(4-5), December, 1997.

Ghaziani, A. & M. J. Ventresca, "Key words and Cultural Change: Frame Analysis of Business Model Public Talk, 1975-2000", Sociological Forum, Vol. 20, Issue 4, December 2005.

Grantham, A. & R. Kaplinsky, Getting the Measure of the Electronic Games Industry: Developers and the Management of Innovation, *International Journal of Innovation Management*, Vol. 9, No. 2(June), 2005.

Handke C., "Promises and challenges in innovation surveys of the media industries" in van Kranenburg H. & Dal Zotto C.(Eds), *Management and Innovation in the Media Industry*, Cheltenham: Edward Elgar, 2007.

Hauknes, J., Innovation in Service Economy, STEP report 96-7, 1996.

Hertog, D. & R. Bilderbeek., "Conceptualizing(service) Innovation and the Knowledge Flow between KIBS and Their Clients," *SI4S Topical Paper* 11, STEP, 1998.

Johnson, M. W., C. M. Christensen & H. Kagermann, "Reinventing Your Business Model", *Harvard Business Review*, Vol. 86, Issue 12, December 2008.

Ruixue Xia, Mattias Rost, & Lars Erik Holmquist, "Business Models in the Mobile Eco-system", 2010 Ninth International Conference on Mobile Business, Ninth Global Mobility Round table, 2010.

Shafer, Smith & Linder, "The power of business models", *Business Horizons*, Vol. 48, Issue 3, May-June, 2005.

Teece, D. J., "Business Models, Business Strategy and Innovation", *Long Range Planning*, Vol. 43, Issues 2-3, April-June 2010.

Timmers, P. "Business Models for Electronic Markets", *Electronic Markets*, Vol. 8, Issue 2, 1998.

Zott, C., R. Amit, & L. Massa, "The Business Model: Recent Developments and Future Research", *Journal of Management*, Vol. 37 No. 4, July 2011.

3. 신문

「SM부터 인디까지 "음원 정액제 폐지"」, 『한겨레』, 2012년 5월 21일자.

「TV 떠나는 젊은이들… 인터넷 등 뉴미디어 매체 등장에 10년 전 比 반토막」, 『국민일보쿠키뉴스」, 2012년 11월 11일자.

「넥슨, 美 '패스트컴퍼니'지 선정 세계혁신기업 게임부문 5위 차지」, 『파이낸셜뉴스』, 2010년 2
월 19일자.

미디어와 문화기술 그리고
인문콘텐츠

한동숭 · 최희수 · 김진규 · 두일철 · 김상헌*

1. 들어가면서

국립중앙박물관의 신라관에서는 디지털로 복원된 황룡사의 모습을 볼
수 있다. 또 바로 옆에 있는 통일신라관에는 3D 실측을 통해 복원된 석굴암
의 축조과정을 디지털 영상으로 복원된 것을 볼 수 있다. 황룡사의 경우 발
굴된 절터 외에 구체적인 기록이 부족하여 중앙박물관에서 보이는 디지털
복원의 과정을 선행하여 복원 모델의 타당성을 검토한 후 실제 복원을 검토
하는 과정을 채택하였고, 석굴암의 경우는 디지털 복원을 통해 창건 당시의
모습을 재현하여 실체에 좀 더 쉽게 다가갈 수 있는 근거를 제공하고 있다.
이렇듯 디지털 기술은 인문학의 연구방법론을 변화시키거나, 새로운 학문
의 패러다임을 제공하는 역할을 하고 있다.

중국의 둔황 석굴은 20세기 초반에 약탈적 발굴로 인해 현재 원형을 보

* 한동숭: hands@jj.ac.kr, 이학박사(수학), 전주대 게임학과, 스마트공간문화기술공동연구센터장
최희수: choice@smu.ac.kr, 문학박사(역사), 상명대 역사콘텐츠학과 교수
김진규: kjk@kocca.kr, 문화콘텐츠학박사, 한국콘텐츠진흥원 CT개발본부장
두일철: icdoo@daum.net 문화콘텐츠학박사, 한양대 문화콘텐츠학과 겸임교수
김상헌: shkim@gcrc.kr, 공학박사(컴퓨터), 한국외대 대학원 글로벌문화콘텐츠학과 겸임교수

존하고 있는 곳은 일부이며, 발굴된 유물은 독일, 일본 등의 여러 나라에 뿔뿔이 흩어져 있다. 이러한 한계를 극복하기 위한 대안으로 시작된 디지털 둔황 프로젝트는 각국이 소장한 둔황석굴 유물을 디지털화하여 인터넷으로 공유함으로써 연구 기반을 구축하는 것을 목표로 한다. 이렇듯 디지털 기술은 인간에게 새로운 경험 영역을 창출하면서 새로운 문화를 만들어 내며, 시공간을 아우르고 통섭하는 바탕이 되고 있는 것이다.

문화기술은 문화와 기술이 합체된 개념으로 그 자체만으로도 이미 융복합의 성질을 띠고 있다. 다시 말해서 문화는 발달된 디지털 기술을 기반으로 그것을 향유하는 사람들의 체험과 만족도를 제고시키고 있고, 디지털 기술은 기술이 구현하는 내용으로서의 문화를 선택하고 이를 통해 최신의 기술들을 발전시키고 있는 것이다. 이렇게 보면 양자의 입장은 상대 분야를 서로 수단으로 여기고 있는 것이다. 본 고는 문화기술과 미디어가 인문학과 어떻게 결합하고 융합할 것인가에 대하여 논의하였다. 인문콘텐츠학회 10주년 학술대회를 준비하기 위하여 시작된 모임은 문화콘텐츠학을 비롯하여, 사학, 이학, 공학을 전공한 현장 전문가들의 경험을 공유하면서 접점을 모색하는 자리가 만들어졌다. 짧은 기간 동안 많지 않은 모임을 통해 도출된 결론이 모든 문제를 해결할 수 있는 대안이라고 할 수는 없으나 융합의 범주와 방법론에 대해서는 의견이 모아졌음을 미리 밝힌다. 본 고에서는 이러한 논의 과정을 되짚어, 쟁점과 그 대안을 소개하는 것으로 정리하였다.

2. 기술과 인문학의 융합은 가능한가

문화기술의 논의에서 일반적인 이해는 그 동안 분리되어 생각되어 온 기술과 인문 분야를 어떻게 융합할 것인가로 전개되고 있다. 인문학과 기술로 분리되어 논의되고 있으나 당초 학문이라는 범주에서 전문화를 위해서 분리세분화 되면서, 실제로는 문제의 대상은 하나인 건데 관점이 다른 것이며, 이러한 관점의 차이를 인정하는 것이 첫 단계가 될 것이다. 현실에서는 지금까지 진행되어온 대상과 방법론의 차이로 인해 간극이 존재하고 있으며, 이러한 간극을 극복할 주체나 방법론이 마땅하지 않은 것도 사실이다. 과학기술과 인문분야가 1980~90년대까지는 분리된 채로 생각되어 왔다가 기술이 발전하고 삶의 방식 자체가 디지털 방식으로 바뀌면서 융합에 대한 필요성은 인정하지만 여전히 분리해서 생각하는 성향이 유지되고 있다. 첨단기술의 개발에 있어서도 어떠한 가치를 구현할 것인가에 대해서도, 어떠한 비전을 제시할 것인가에 대해서도 뚜렷한 방법론이나 주체가 보이지 않는다. 이러한 지점에서 인문학이 기술개발의 중심축을 잡아주는 역할이 요구되는 것이다.

이러한 논의의 과정에서 인문학과 기술이 당초부터 별도의 학문 분야가 아니라, 시대를 내려오면서 학문이 세분화 되는 과정에서 별개의 학문분야로 인식된 것이지, 근원이 전혀 다른 것은 아니라는 점을 밝혀야 할 것이다. 그럼에도 불구하고 고등학교 과정에서 시작되는 문이과 구분과 대학의 인문계, 자연계 등의 계열 구분은 서로 근접할 수 없는 분야로 인식을 고착하게 되었다. 물론 이러한 학문 분야의 구분은 과거와는 다른 엄청난 정보의 학습을 요구하는 산업사회의 요구에 따른 대응이었다고 여겨진다. 하지만 문제의 심화뿐만 아니라 다양한 축을 다루어야 하는 디지털 시대에는 기존의 범주를 벗어나 다양한 분야에 대한 대안이 요구되므로 기존의 경계를 극복하는 고민이 요구된다 하겠다.

다른 한편으로 기술은 인문학의 범주를 확대하고 방법론의 다양성을 제공하는 계기가 될 수 있다. 아날로그 적인 감성의 호소나 디지털의 한계를 주장하는 경우 기술의 실제와는 거리가 있는 주장을 종종 볼 수 있다. 예를 들어 사람의 눈이 카메라보다 낫다거나, 아날로그 마스터링을 한 LP가 디지털음원을 사용한 CD나 MP가 낫다는 것이다. 인간의 눈을 기능적으로 능가하는 카메라는 여러 가지가 존재한다. 밤중에도 볼 수 있는 적외선 카메라, 멀리도 볼 수 있는 망원경 같은 것들이 간단한 예가 될 것이다. 사람이 포괄적으로 인지하는 부분을 기술을 통해 강화 할 수 있는 것이다.

기본적으로 인문학과 기술공학의 방법론 차이는, 기술은 분석적이지만 인문학은 통합하려는 노력을 더 많이 하고 있으며, 이들을 물리적으로 통합하려는 시도는 근본적인 한계가 있을 수밖에 없다. 이럴 수도 있고, 저럴 수도 있다는 가능성을 중시하는 것이 인문학이라면 디지털 기술을 적용하기 위해서는 구체적인 수치화가 되어야 한다. 인문학에서 이야기하는 통합적인 부분들을 이학이나 공학에 적용하기 위해서는 세밀하게 구분하고 분석하여 들어가서 경우에 따른 방법을 정리하여 프로그램화된다. 사회나 자연에 있는 많은 경우를 최대한 수용하는 조건을 분석해 나가는 것이 필요조건이라면 인문학에서는 이런 식으로 분석을 진행하다가 구분이 모호한 경우에는 포괄적인 통합을 진행하는 방향이 이루어진다는 것이 가장 큰 차이일 것이다.

3. 미디어의 발전과 대응

디지털 기술과 미디어의 발전은 미디어의 형태를 복합화 하고, 새로운 콘텐츠 시장을 창출하고 있다. "강남스타일"의 예에서 보듯이 새로운 인터넷 미디어는 콘텐츠 마케팅에서 완전히 새로운 채널로 동작하고 있으며, 확실한 성과를 보여주고 있다. 이는 한류 콘텐츠의 글로벌 진출에 기반구조로 동작을 하게 되었다. 비디오 유통에 있어 넷플릭스와 훌루닷컴은 이미 기존 매체의 성과를 뛰어넘는 실적을 보이고 있다. 새로운 장치와의 결합을 통해 단순히 새로운 채널의 등장이 아니라 플랫폼으로 역할을 하고 있는 것이다. 이러한 환경변화에 능동적으로 대응하기 위해서는 기술적인 분석뿐만 아니라 콘텐츠-플랫폼-채널-터미널로 이어지는 콘텐츠, 미디어 생태계의 변화를 읽어내고 대응할 수 있어야 한다. 현실적으로 ICT 전문가의 경우 이러한 통합적인 분석에 부분적으로만 강점을 가질 수 있다. 문화기술과 미디어가 콘텐츠의 확장과 전개를 위한 기본적인 구조라면 콘텐츠의 속성을 모두 대응할 수 있는 범주를 가지는 것이 바람직할 것이다.

기존의 교육과 기술이 이러한 구조를 유연하게 대응하기에는 한계가 존재한다. 이를 극복하기 위해서는 두 단계의 전략이 필요할 것이다. 첫째는 문화나 기술 영역이 그 자체만으로는 문화콘텐츠의 전 영역을 감당하지 못함을 인정하는 것이다. 문화콘텐츠의 가치사슬이나 프로세스를 정립하고, 이러한 과정에서 어떤 전문가가 어느 단계에서 역할을 해야 하는 지를 정리하는 과정이 필요하다. 둘째는 인문학과 기술의 협업이 요구되는 영역에서는 서로 다른 패러다임과 프레임이 존재함을 인정하고 이들의 차이를 간극없이 연결하기 위한 노력이 필요하다. 예를 들어 스마트미디어용 앱을 제작할 경우 콘텐츠의 기획과 내용을 담당하는 전문가와 코딩을 담당할 전문가가 항상 같은 사람, 집단, 조직일 수는 없을 것이며, 서로 다른 조직인 경우에 훨씬 다양한 콘텐츠를 생산한 여지가 높다 하겠다. 콘텐츠 기획자가 최소한의 기술문서를 이해할 수 있도록 ER 다이어그램이나, 데이터베이스의 스키마를 이해하고, 코딩을 담당하는 기획자는 UX의 요소와 스토리보드를 이해하고 작성할 수 있는 정도의 협업 체계가 갖추어진다면, 융합의 단계는 의외로 쉽게 달성 될 지도 모른다.

4. 인문학과 문화기술의 접점

　이러한 융합의 모델과 함께 인문학이 문화기술에 기여할 수 있는 방안
도 두 가지 관점을 이야기 할 수 있다. 첫 번째는 문화기술의 비전을 제시하
는 것이다. 창의력이 뛰어난 누군가가 미래를 상상하여 그것을 글, 그림, 영
상 등으로 구체화시키면 그것을 보고 영감을 얻은 과학자, 기술자들이 그
상상력을 실현시키기 위한 연구를 시작한다는 것이다. 이것이 바로 창의적
상상력이 주도하는 문화기술 개발의 모습일 것이다. 우리가 원하는 미래가
무엇인가 예측하고 전략을 짜기 위해서는 과학과 기술의 발전 가능성에 집
중할 것이 아니라 먼저 인간의 심리와 욕구라는 근본적인 요소에 대한 연구
가 선행되어야 한다. 결국 인간의 심리, 욕구, 필요가 과학과 기술과 문화의
발전을 이끄는 근본적인 동인이기 때문이다. 여기서 고려해야 할 점은 우
리가 무엇을 원하고 있는지 또한 어느 방향으로 발전하고 진화해 가기를 원
하는지 파악하는 노력이다. 미래에 발전상을 예상하는 것은 우리가 무엇을
원하는지를 먼저 알아내는 것에서 출발되는 것이다.

　두 번째는 인문학의 산출물을 문화기술의 대상으로 적용할 수 있는 정
보학의 역할을 강화하는 것이다. 지식정보화사업이나 문화원형사업의 결
과물이 콘텐츠 산업의 기반으로 작용할 수 있는 정보학 적인 작업에 해당
분야의 전문가가 적극적으로 참여하여야 한다. 조선왕조실록의 웹서비스
는 다양한 콘텐츠의 소재를 제공하는 데 기여하였다. 향토문화전자대전은
지식정보의 연계성을 제공하기 위한 기반을 부여하고 있다. 국학진흥원 스
토리테마파크는 콘텐츠 개발의 원천자료를 제공하는 시스템적인 배경을
제시하고 있다.

　유럽 연합은 디지털 문화유산의 포털인 유러피아나를 통해 문화유산의
연계와 통합을 꾀하고 있다. 유러피아나의 목표는 초기의 연계성 확보를
넘어서 이제 유럽연합의 창조산업 아젠다의 중요한 한 축으로서 창조산업

의 기반 구조이면서 문화의 확장을 논하는 근간으로 동작하기를 목표로 하고 있다. 이러한 과정에서 메타데이타가 어떠한 정보를 포함하고 있어야 하는지, 어떠한 비즈니스 모델을 가지고 있어야 하는지에 대한 논의는 물론 유럽 각국의 문화다양성을 어떻게 유지보존 할 것인지에 대한 고민을 함께 담아내고 있다. 인문학은 문화기술의 방향성을 잡아주는 역할과 문화기술의 기저를 제공하는 역할을 동시에 이루어야 한다. 어느 한편의 확장과 수용이 아니라 다른 영역에 대한 이해도를 우선 높이는 것이 이러한 융합의 시작이 될 것이다.

5. 결 론

본 고에서는 문화기술과 인문학의 관점을 살펴보고 이들의 융합을 위한 여러 대안을 제시하였다. 당초 의도한 바에 비하면 아쉬움이 있으나 다양한 학문 영역을 가진 콘텐츠 전문가들이 융합의 필요성과 방법론에 있어 의견이 수렴되고 있다는 점을 확인한 것에 의의를 두고자 한다. 모든 것을 아우르는 방법론이 아닌 부분과 부분이 만나서 접점을 이루고 연결해 나가는 것이, 현재의 교육과 산업체계에서 가장 현실적이고 이상적인 방법론일 것으로 생각된다. 이 연구가 앞으로 인문학과 문화기술의 융합을 통해 콘텐츠학과 콘텐츠 산업에 실질적으로 기여할 수 있는 방향으로 확장되기를 기대한다.

문화콘텐츠 인력 양성의 현황과 전망

배상준 · 서성은 · 이병민*

1. 문화콘텐츠 인력양성 범주와 현황

1) 콘텐츠 생태계와 인력양성

문화콘텐츠는 '지식'과 '정보' 그리고 '창의력'이 무엇보다도 강조되는 '창의력 집약적 산업' 과 관련되며, 그러한 탓에 문화콘텐츠 분야에 있어 창의적인 인력은 매우 중요하게 인식되고 있다.[1] 그리고 그러한 인력의 원활한 공급과 활성화가 이루어지기 위해서는 문화콘텐츠를 제작하는 과정뿐 아니라 유통과 소비의 과정까지 관련하여 인력의 특성이 깊게 관여되게 되는데, 그러한 특성에 따라, 콘텐츠 생태계가 중요한 의미를 갖게 된다.

콘텐츠 생태계는 "효율과 생존을 위해 상호 의존하는 느슨하게 상호 연계된 참여자들의 관계망"을 의미한다고 할 수 있는데, 특히, 융합환경의 변

---

* 배상준: 성신여자대학교 미디어커뮤니케이션학과 부교수
서성은: 한경대학교 미디어문예창작학과 조교수
이병민: 건국대학교 문과대학 문화콘텐츠학과 조교수

[1] 조소연, 「한 · 중 · 일 문화콘텐츠 인력양성 정책 및 지원프로그램 비교연구」, 한국외국어대학교 박사학위논문, 2012, 53쪽.

화에 따라 미디어, 네트워크, 서비스가 소비자의 문화적 욕구에 따라 콘텐츠 중심으로 융합되는 것이라 할 수 있으며, 지식, 정보, 교육, 문화, 노동, 오락 등을 유기적으로 연결시킴으로써 인간의 삶을 유지하는 환경을 제공한다는 데 의미가 있다.[2] 이에 콘텐츠 생태계와 인력양성에 대한 논의는 융합 환경에서 콘텐츠산업과 관련된 이해관계자, 기업과 소비자, 대학과 정부의 역할 설정 및 공생방안을 모색하는 시도와 관련이 있다.

따라서 콘텐츠 생태계라는 측면에서 이러한 논의가 활성화되기 위해서는 단순한 이해관계자뿐 아니라, 콘텐츠의 문화적 가치사슬 변화에 초점을 맞추고, 인력양성과 관련된 선순환구조 확립과 콘텐츠 가치의 창출이라는 측면에서 논의가 이루어지는 것이 바람직할 것이며, 서로의 관계성을 그려볼 수 있다(그림 1).

생태계의 구성요소들로서의 기본적인 요소들은 문화콘텐츠 수력양성의 기반으로서, 콘텐츠의 창작, 기획에서 제작, 개발, 생산이 선순환구조를 거쳐, 유통, 서비스되고, 전체 시장을 발전시키는 소비와 재생산의 외연확장 등을 거치고, 콘텐츠와 문화예술뿐 아니라, IT, 제조업, 서비스업 등과 연관을 맺으며, 다양한 파급효과를 생산하는 순환구조를 만들게 될 것이다.

이와 같은 가치사슬의 선순환구조에서는 각 이해관계자들이 시너지효과를 창출하기 위한 주도적인 노력과 역할분담이 중요한데, 산업의 입장에서는 문화콘텐츠 인력들이 진출할 수 있는 시장의 확대가, 인력양성 기관에서는 수요자의 요구에 합당한 훌륭한 인력을 공급하기 위한 양적·질적 노력이, 공공의 입장에서는 해당 지원 기능의 확대를 통한 인프라 조성 등이 그것이며, 이를 통해, 종합적인 생태계 조성이 가능할 것이다. 이를 위해 시장의 경우는 인력의 진출이 충분히 이루어지기 위해 국내시장의 한계가 있

---

2   이병민, 「콘텐츠 생태계 중심 창조적 문화도시의 발전방향」, 『인문콘텐츠』, Vol. 25, 인문콘텐츠 학회, 2012, 20쪽.

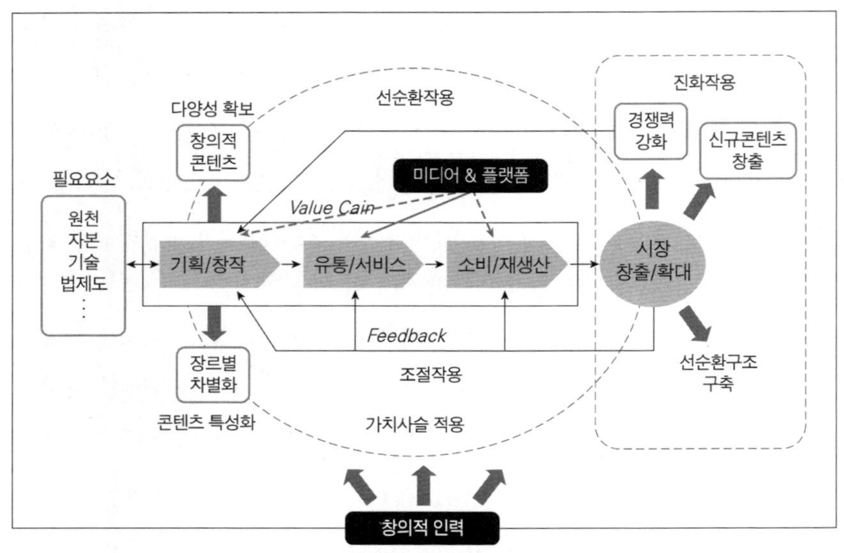

그림 1: 인력양성 측면에서 본 문화콘텐츠 생태계의 기본 순환구조

는 만큼, 규모의 경제 효과가 나타나도록 지속적으로 시장을 키우는 노력이 있어야 할 것이며, 정부의 입장에서는 궁극적으로 중소기업이 탄탄해야 성과가 있는 만큼, 중견기업이 성장해 나갈 수 있도록 관련 지원책 등을 펴는 한편. 인력양성기관에서는 시장에 맞는 맞춤형 인력을 배출할 수 있는 기반을 마련하고, 공공의 다양한 정책을 활용하는 한편 제안하는 역할이 주어질 것이다.

이때, 다양한 관련 주체들 간의 역할분담이 중요한데, 창의성 증대를 위해 예를 들어 학교는 인력양성, 정부는 인프라 구축, 기업은 관련 고용처의 마련 등 시너지를 위한 협력관계에 힘을 쏟아야 하기 때문이다. 이를 통한 입직 네트워크, 진입장벽의 해소 등이 네트워크를 통해 마련될 수 있을 것이다. 궁극적으로 문화콘텐츠산업의 인력양성이 보다 활성화되기 위해서는 종합적인 측면의 3각 구도 마련이 선결조건이라고 할 수 있다.[3] OSMU (One Source Multi Use)의 특징을 따라 초기 창업과정을 거쳐 한 단계 도약을 위

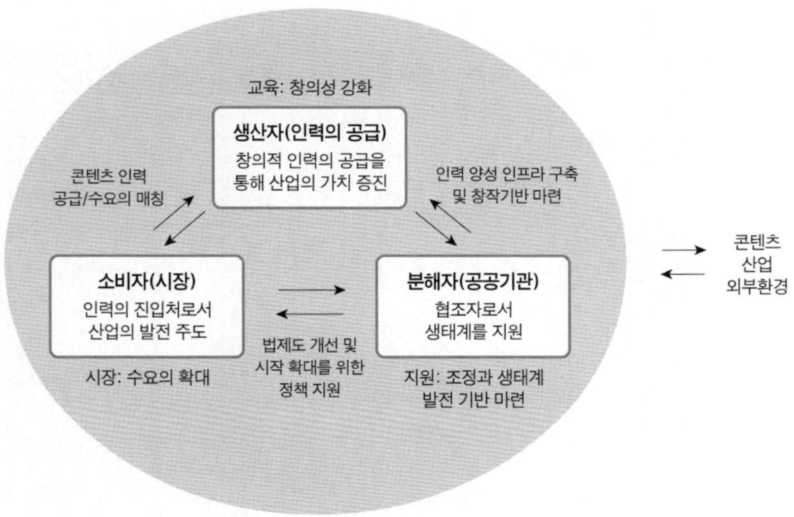

그림 2: 문화콘텐츠 인력활성화를 위한 역할분담과 선순환구조

해 많은 장애물들을 거쳐 가야 하는 문화콘텐츠산업의 경우는 세 부문의 지속적인 협력지원을 통한 선순환구조 마련이 필수적이다(〈그림 2〉 참조).

2) 문화콘텐츠 인력양성의 현황과 문제점

국내에서 인력양성이 활발하게 이루어지고 있는 곳은 주로 교육기관이며, 이러한 기관은 크게 정규교육기관으로서의 학교와 학원, 아카데미 등 비정규교육기관으로 나뉜다.

정규교육기관의 경우 1990년 중반 이후 급속하게 증가하여 다양한 전공과정을 개설하여 다양한 분야에 인력을 공급하여 문화콘텐츠산업 인력양성에 중요한 역할을 담당하고 있다. 2011년에 발표한 정부의 2010년도

---

3 이병민, 「문화콘텐츠산업의 고용 특성에 대한 통계분석 연구」, 『인문콘텐츠』, Vol. 20, 인문콘텐츠학회, 2011, 148쪽.

표 1: 문화콘텐츠 관련학과 보유 학교의 분포

구분	연도	사례수	애니메이션	캐릭터	만화	음악	게임	방송	영화
전체	2006	306	139	15	14	75	62	214	77
	2008	370	173	12	18	149	79	272	104
	2010	372	145	55	21	152	79	282	112
2, 3년제 대학	2006	114	58	11	8	31	38	74	26
	2008	101	42	6	6	33	36	67	18
	2010	101	31	22	5	40	30	72	25
4년제 대학	2006	111	50	1	4	32	17	75	32
	2008	156	98	4	9	59	34	116	61
	2010	160	77	22	9	62	35	126	54
대학원	2006	81	31	3	2	12	7	65	19
	2008	113	33	2	3	57	9	89	25
	2010	111	37	11	7	50	14	84	33

콘텐츠 교육기관 현황조사에 따르면 고등교육기관의 분표는 아래 표와 같은데, 문화콘텐츠 관련 학과가 있는 학교는 2006년 306개교에서 2010년 372개교로 늘어났으며, 학과의 증가율은 4년제 대학교에서 높게 나타나고 있다(표 1).[4]

비정규교육기관의 경우는, 공공기관에서 운영하는 아카데미와 일반 사설학원 등으로 구분되며, 공공아카데미의 경우 비교적 장기교육과정을 통해 감독 및 디렉트급 인력양성에 초점을 맞추고 있으며 일반학원의 경우 제작 및 개발기술과 관련된 단기과정을 통해, 속성교육에 초점을 맞추고 있는 것이 특징이라고 할 수 있다. 이때, 비정규 교육기관의 경우는 주로 공공기관 산하 교육기관과 평생교육기관에서 교육이 이루어지고 있음을 알 수 있

---

4 관련하여, 이전 장르 중심 학과뿐 아니라 '문화콘텐츠' 자체 교육학과는 최근 조사에서 제외됨. 한국콘텐츠진흥원, 「2010콘텐츠 교육기관 현황조사」, 2011, 23쪽.

표 2: 문화콘텐츠 관련 비정규 기관 현황

(단위: 개, %)

구분	공공기관 산하	민간 아카데미	직업전문학교	평생교육기관
전체	39 (32.2)	24 (19.8)	19 (15.7)	39 (32.2)

다(표 2 참조).[5]

이와 같은 문화콘텐츠 인력은 콘텐츠 생태계 구성과 관련하여 몇 가지 문제점을 안고 있는데, 이는 문화콘텐츠의 가치사슬의 기본적인 특성과 관련된다.

첫째, 가치사슬로 보자면, 부가가치 창출의 핵심이 되는 창작. 기획 등 분야의 핵심인재 양성체계가 미흡하다는 점이다. 시장에서의 창작 · 기획 핵심인력에 대한 수요는 계속 증가가 예상되는 상황이지만, 지속적인 발전을 담보하기 위한 인력 유입체계는 미흡한 것이 현실이다. 부분별 지속적인 상대적 공급인력부족이 예상되는데, 특히 가치사슬의 앞단에 해당되는 개발/기획/창작분야 인력수요의 비대칭이 문제이다. 예를 들어 게임산업의 경우 학부에서 게임기획이나 스토리텔링 관련 과목이나 전공이 부족하여, 현장에서는 인력을 받아도 새롭게 OJT 등을 통하여 재교육을 해야만 하는 상황이 발생하고 있다. 이와 관련하여 IT, 순수예술분야 등 유관산업의 전문인력을 유입할 수 있는 체계가 없는 상황도 문제가 된다. 양적으로는 문화콘텐츠 관련 학과의 증설 등 절대적인 숫자가 늘어났지만, 시장 수요에 맞지 않는 과다한 학과수로 인해, 정작 산업현장에서는 관련인력이 부족한 기현상이 발생하고 있다. 이에, 생태계의 순환이라는 측면에서 보았을 때 환류되는 특성으로서 공급되는 산업인력 재교육의 부족 및 효과성이 미흡한 상황이 발생한다. 이에 고객들이 원하는 성과로 이어지지 않는 추상적

---

5   한국콘텐츠진흥원, 2011, 31쪽.

학과 운영만이 존재하거나, 취업률, 상용 콘텐츠 및 프로젝트 성과가 부재한 상황이 나타난다. 이와 같은 현상이 비정규기관과 관련해서는 공공부문 등이 주관하는 장르별 교육인력의 편중 및 체계적 양성 미흡 및 각 장르별 수급전망과 연계된 프로그램 미흡이 이유로 작용하여 비대칭적인 인력양성의 원인으로 작용하고 있다.

둘째, 콘텐츠 생태계에서 충분한 인프라와 기반이 확보되어지지 않은 상태에서, 산업의 중요성이 우선 강조되다 보니, 제반 조건들이 충분히 갖추어지지 않은 상태에서, 인력의 배출만에 노력하여 질적 성장보다는 양적 성장만이 이루어진 결과가 발생하게 되었다. 이에, 교수인력의 질적/양적 부족, 교육과정 및 시설 장비, 법제도의 지원 및 과다한 학과의 조정, 인력의 활발한 시장진입을 위한 고용조건 확대 등 정규 및 비정규 교육기관에서 스스로 해결할 수 없는 여러 가지 상황들이 전개되고 있으며, 우선적으로 교육기관과 공공기관, 시장과 교육기관의 유기적인 연계를 통한 인프라의 조성과 확대 등이 요구되고 있다.

이를 위해서는 다양한 인력들이 진출할 수 있는 시장이 바로 서야 하는 상황과 함께, 제대로 대우를 받을 수 있는 최소한의 환경이 구축되어야 함을 이야기할 수 있다. 예를 들어 영화분야와 같이 최저임금수준의 대가도 보장되지 않는 노동환경이 지속된다면, 인력양성의 방향성을 제대로 잡기가 어려워진다. 이를 위해서는 공정한 보상이 이루어질 수 있도록 다양한 관계자 간의 관계성이나 수익배분의 원칙을 공공의 입장에서 정리해주어야 할 필요성도 크다. 실제, 영상분야에서 나타나는 바와 같이, 기획-제작-유통 관련 수익배분의 불균형이 계속된다면, 특정 기능에만 인력들이 몰리는 악순환을 피할 수 없게 된다. 이에 공공의 인프라 지원이라는 측면에서 보자면, 예를 들어 독립영화나 창작인력들이 활성화 될 수 있도록 다양한 인프라를 마련하고, 생태적 환경 조성을 위해 제도를 개선하는 등의 노력이 요구되고 있다.

셋째, 신규 분야와 새로운 융합분야 등 시장에서의 새로운 트렌드 수용을 위한 인력양성 범위의 확대와 정비가 필요하다고 할 수 있다. 디지털화의 가속화로 인한 산업적 · 기술적 통합 및 세분화가 진행됨에 따라, 문화콘텐츠 분야는 연관 산업에 대한 영향력 및 선도적 역할이 더욱 증대되고 있다. 특히, 디지털 컨버전스(Digital Convergence)의 영향으로 각 산업과의 경계가 모호해지고 있으며, 방송과 통신의 융합 등으로 에듀테인먼트(에듀케이션+엔터테인먼트) 등의 새로운 분야도 출현하고 있는 상황이다. 이에, 문화콘텐츠산업의 장르별, 업(직)종별, 콘텐츠별 전문화 및 세분화 현상이 가속화되고 있으며, 이에 대한 변화를 인력양성이라는 측면에서 수용해야 하는 필요성이 크게 일어나고 있다.

이에, 새로운 지식기반 문화콘텐츠산업의 경쟁력 강화를 위해서는 지속적인 상품의 다양화 및 관련된 인력양성채널의 다각화, 인력구조의 질적 고도화 등이 요구되고 있다. 이에 기존 장르에서 인터넷 및 모바일 콘텐츠로의 변화가 게임, 음악 분야 등에서 나타나고 있으며, 또한, 기존의 다양한 연관산업들과의 연계를 통한 관광콘텐츠 관련 전문인력, 제조업연계 문화콘텐츠의 활용인력 등 수요가 높아지고 있다. 예를 들어 MICE산업과 같이 콘텐츠산업과 밀접하게 연관되며, 발전이 기대되는 융합 분야에 대한 인력양성 체계 정비 등이 요구된다.

이를 위해서는 새로운 시장영역의 확대와 함께, 지속적으로 전문적이고, 창의적인 인력이 진출할 수 있는 지원, 예를 들어 경력개발경로 등 지원 방안이 마련되어야 할 것이다. 또한, 이와 함께, 새로운 인력들이 활성화될 수 있는 체계적인 기준 마련, 해당 분야에 있어서의 인력양성의 관리체계, 새로운 시장에서의 근로환경의 개선, 수익성의 제고, 통합관리서비스 시스템의 마련 등이 요구된다고 하겠다.

관련하여, 산-학-관-연이 연결되는 관계망에서 보자면, 종합적인 역할분담과 거버넌스의 측면을 정비해야 할 필요성이 크다. 공공의 역할이 필요한 인력정보 네트워크 및 지원체계 구축 미흡이 관련되는데, 인력의 자질을 검증할 수 있는 체계적인 기준이 없고, 인력정보에 대한 확보가 어려워 기업체의 인력채용 및 관리 효율성이 떨어지고 있기 때문이다. 실제로, 현장에서는 프리랜서와 같은 비정규직의 비중이 높은데 비해서, 재교육 및 경력개발관리 등의 지원체계가 미흡한 것도 이러한 상황과 관련된다고 할 수 있다.

2. 디지털콘텐츠 분야 인력양성의 현황과 문제점

1) 디지털콘텐츠 분야 산업 현황

한국문화콘텐츠진흥원에 따르면 2010년 국내 게임시장은 7조 4,312억 원 규모로 집계된다. 이는 전년대비 12.9% 성장한 규모로, 2010년 전 세계 게임시장이 소폭 증가한 것에 비해 두 자릿수 성장을 이어가게 되었다는 점에서 의미하는 바가 크다. 이러한 성장세는 이후 꾸준하게 유지될 것으로 전망되며, 2013년 국내 게임시장은 본격적인 10조 원 시대를 맞이하게 될 것으로 보인다. 국내 게임 시장에서 가장 높은 비중을 차지하고 있는 온라인 게임은 해를 거듭하여 고속 성장을 이어나갈 것으로 기대된다.[6] 디지털 게임의 지속적 성장과 함께 게임 개발 인력의 수요 또한 급증하고 있다. 이러한 현실에 발맞추어 대학에서는 게임관련 학과가 신설되거나 게임 개발 관련 교과과정이 추가 확대되고 있다. 그러나 게임업체에서는 인력 채용 시 주된 애로사항으로 '경력직 자질 부족'(24.3%)과 정규졸업생 자질 부족(11.8%) 등을 첫째로 꼽고 있다. 전반적으로 수급 인력의 양보다는 수급 인

---

6 한국콘텐츠진흥원 전략정책본부, 『2011 대한민국 게임백서』 상권, 한국콘텐츠진흥원, 2011.

력의 자질 부족이 문제라고 판단하고 있는 것이다.[7]

2) 디지털콘텐츠 분야 인력양성 현황

한국콘텐츠진흥원의 2011년 4월 조사에 의하면 게임관련 과정을 개설한 정규 교육기관은 크게 특성화 고등학교, 전문대학, 4년제 대학(일반, 원격), 대학원으로 나눌 수 있다. 2009년 크게 감소했던 게임 교육기관 숫자는 2010년부터 회복세를 보였고, 2011년에도 전년 대비 게임 교육기관의 숫자는 증가하였다. 세부적으로 특성화 고등학교 6개, 전문대학(전문학교 포함) 29개, 4년제 대학 26개, 대학원 8개의 교육기관이 운영되고 있다. 국내 게임전공 전문대학은 공업, 공학 계열에 상대적으로 많이 분포된 양상을 보이고 있다. 국내 전문대학에 개설된 게임 관련 학과 25곳 중 9곳이 공업·공학 계열에 해당했다. 게임전공 학과가 개설된 대학교의 전공 계열은 크게 공업·공학 계열, 정보통신·IT계열, 영화·영상계열, 게임계열의 네 가지 영역으로 나타났다. 2011년 4월 현재 총 22개의 대학교에서 22개의 게임전공 학과가 개설되어 있는 것으로 나타났다. 전문대학, 대학교가 공업·공학 계열, 정보통신·IT계열에 상당부분 편중되어 있는 것과 달리, 대학원의 게임전공 과목은 '영상미디어 대학원' '일반대학원'에 분포되어 있었다. 현재 총 8개 대학원에서 8개의 게임전공 학과가 운영되고 있다.

한편 정부지원 교육기관으로는 한국문화콘텐츠진흥원 산하 〈게임아카데미〉를 꼽을 수 있다. 〈게임아카데미〉는 설립 초기 산업인력수요(프로그래머 등) 부족 등을 해소하기 위해 해당 역할(취업지원)을 수행하였으나, 현재 대학의 관련학과 등과 경계(차별성)가 모호하고 다양한 소스에 대응하여 기획하고 창작할 수 있는 인력을 양성하는 체계는 갖추어져 있지 못하다.[8] 이에

---

7 위의 책, 283쪽.

본 장에서는 게임 관련 교육기관 중 가장 중요하고 많은 비중을 차지하고 있는[9] 대학 교육과정을 중심으로 디지털 콘텐츠 인력양성의 현황을 살펴보고자 한다.

3. 디지털콘텐츠 분야 인력양성의 문제점

1) 공학·디자인 중심 커리큘럼으로 인한 콘텐츠 생산인력 부족

게임을 비롯한 디지털콘텐츠 제작공정은 크게 제작 전 단계(Pre-Production), 제작 단계(Production), 제작 후 단계(Post-Production)로 나눈다. 현재 관련 산업과 교육계의 인력양성은 프로그래밍과 게임그래픽 디자인으로 대표되는 제작단계(production)의 인력양성에 지나치게 집중되어 있다. 게임기획과 게임 스토리텔링 등 제작 전 단계 인력과 게임마케팅, 게임서비스 등 제작 후 단계의 인력양성에 상대적으로 소홀한 것이다. 사실 이러한 기술 중심주의는 비단 디지털콘텐츠 분야에서만 나타나는 현상은 아니다. 현대진에 따르면 국내의 문화콘텐츠 관련 교육기관의 교육과정은 문화콘텐츠 기술 구현 부문과 문화콘텐츠 제작 기술 분야에 치중되어 있다.[10] 그러나 디지털콘텐츠의 경우에는 디지털 기술의 발전 속도가 여타 분야에 비해 매우 빠른 속도로 진행된다는 특성으로 인해 교육과정 전반에 걸쳐 기술 중심주의가

---

8   박병호, 「한국 문화콘텐츠 인력양성 방안 연구: 문화체육관광부 산하기관 아카데미를 중심으로」, 한양대학교 산업경영디자인대학원 문화콘텐츠전공 석사학위논문, 2008. 58쪽.

9   게임업체 종사자의 학력별 구성비를 보면 전체 종사자의 2/3인 66.8%가 '대졸'이며, '전문대졸'은 20.9%로 나타났다. 전문대졸 이상이 무려 86.8%를 차지하고 있는 것이다. 『대한민국 게임백서』 (2011) 상권, 273쪽.

10   현대진, 「문화콘텐츠산업의 현황과 영상교육의 통합화에 관한 연구: 미국의 대학교육 사례를 중심으로」, 『조형연구』 31권, 한국조형교육학회, 2008.

278

만연해있다.

단적인 예로 2012년 '한국게임학회'가 게임관련학과 커리큘럼을 재정비하기 위해 수합한 각 대학 개설강좌현황자료에 의하면, 전체 20여 개 대학의 405 강좌 중에 게임프로그래밍 관련 강좌가 196개, 게임그래픽 관련 강좌는 103개인데 반해 게임기획 및 스토리텔링, 마케팅 관련 강좌는 72개에 그치고 있다. 72개 중에서도 게임학 기초와 게임기획 이론, 게임스토리텔링 등 인문학 기반의 강좌는 절반에도 못 미치는 실정이다.[11] 강좌 개설뿐만 아니라 전임교수 확보율에 있어서도 게임기획과 스토리텔링은 시간강사 등 외래교수에 의존하는 비율이 매우 높다. 예를 들어 홍익대의 경우 '게임 학부'라는 명칭으로 학과가 개설되어 있지만, 세부전공은 게임소프트웨어 전공과 게임그래픽디자인 전공 2개뿐이다. 게임기획과 게임 시나리오 등의 강좌는 시간강사 등 외래교수에 의존하고 있는 것이다. 이러한 소프트웨어 공업·공학 중심과 디자인에 치중한 학부 교과과정 설계는 오래 즐길 수 있는 콘텐츠가 부족하다는 한국 게임업계의 고질병을 양산하는 주요 원인이라 해도 과언이 아닐 것이다.

게임 외의 모바일 서비스 분야에서는 이러한 사정이 더욱 심각하다. 최근 디지털 콘텐츠 업계에서는 기술발전 속도를 콘텐츠 개발 속도가 따라잡지 못하고 있다는 한탄이 자주 쏟아지고 있다. 모바일 플랫폼을 기반으로 SNS, 소셜커머스(social commerce), 클라우드 컴퓨팅(cloud computing), 빅데이터(big data) 등 관련 기술은 하루가 멀다 하고 쏟아지는 데 반해, 이를 응용해서 무엇을 만들어야 할지 모르고 있다는 것이다. 단순하고 획일적인 기술 습득 방식의 교육형태가 기술기반에서 자유로운 창의적인 상상력을 가진 콘텐츠 생산 인력을 육성하지 못했다는 방증이다.

게임 산업은 창작과 IT기술에 기반을 둔 고부가가치 산업으로서 산업의

---

11 한국게임학회 제공 자료 참조.

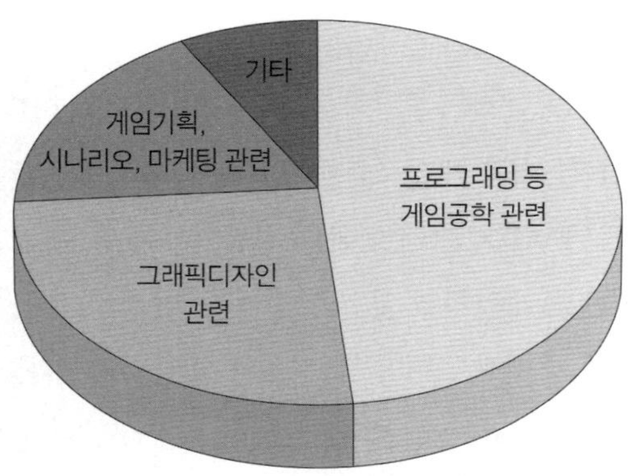

그림 3: 게임관련학과 커리큘럼의 영역비교

성장이 창의력, 전문성 등 인력의 질에 좌우되는 특성이 있다. 특히 시장 조사, 게임 기획, 콘텐츠 제작 및 시나리오 작가 등 산업의 성패를 좌우하는 인력에게 고도의 창작성과 전문성이 동시에 필요로 하고 있다.[12] 공학과 디자인에 편중된 교육에서 벗어나 창작 기획 분야의 고급기획인력을 양성하기 위해서는 전공분야 이외에 인문사회과학, 예술, 기술 등의 개념을 포괄하는 통합적인 교육과정이 필요하고, 다양한 문화요인으로 변화하는 문화산업의 특징을 고려한 유연한 교육과정의 개편이 이루어져야 한다. 그리고 정부는 재정적인 지원뿐만 아니라 문화콘텐츠산업 육성의 핵심인 우수인력양성에 좀 더 체계적인 교육이 이루어지도록 교육지원 대책을 마련해야 할 것이다.

---

12 이지훈, 「국내 게임 시장 내 분야별 인력 양성 현황에 관한 연구」, 『한국컴퓨터게임학회 논문지』, 한국컴퓨터게임학회, 2009, 159쪽.

2) 학제간수업의 제도적 정착 필요

　최근 디지털 콘텐츠 관련업계 종사자들 사이에서는 "개발자, 디자이너, 프로젝트 매니저 사이의 전쟁"(The War Between Developers, Designers, Project Managers)이라는 제목의 이미지가 한동안 화제가 되었다. 관련업계에 종사하는 주요 직종 간에 서로를 얼마나 다르게 바라보는지 풍자한 것이다. 가령 개발자들이 보는 스스로의 모습은 스마트한 첨단공학기술자인 반면, 디자이너가 보는 개발자의 모습은 이른바 '너드'에 다를 바 없고, 프로젝트 매니저가 보는 개발자들의 이미지는 제조업 공장 근로자와 다를 바 없다. 이러한 시각차는 디자이너와 프로젝트 매니저 또한 마찬가지이다. 해당 이미지는 SNS를 통해 급속히 확산되고 연일 다양한 버전으로 변형되면서 커다란 공감을 불러일으켰다. 문제는 이를 단순히 유머로 치부할 일이 아니라는 데 있다. 이 단순한 한 장의 그림이 이토록 공감을 불러일으킨다는 것은 디지털 콘텐츠 업계 종사자들 사이에서 서로의 직무에 대한 몰이해가 매우 팽배해있다는 사실을 여실히 드러낸다.

　디지털 콘텐츠 업계는 다양한 경험을 가진 다학제적 능력을 갖춘 인재를 선호한다. 디지털 콘텐츠 개발 실무에서는 일반적으로 기획자, 소프트웨어 개발자, 디자인 전공자, 경영 또는 마케팅 전공자 등이 협업하여 프로젝트를 진행한다. 따라서 디지털 콘텐츠 기획자 및 스토리텔러들은 인접 분야와의 커뮤니케이션을 위해 해당 분야를 이해해야 한다. 협업 및 연계 교육은 학생들이 실무에서 이루어지는 협업을 미리 경험해볼 수 있다는 점에서도 그 필요성이 인정되고 있다. 다른 전공의 학생들과 같이 팀을 이루어 프로젝트를 해봄으로써 그 전공에 대해 배울 수 있을 뿐만 아니라, 자신과 다른 배경의 견해를 이해하고 어떻게 커뮤니케이션할 것인지를 배우는 중요한 경험이 될 수 있다.[13]

　그러나 이러한 필요성에도 불구하고 국내에서 적용되고 있는 사례는 매우 드물다. 게임을 비롯한 디지털 콘텐츠를 개발하기 위해서는 종합 엔터테인먼트 콘텐츠로 인식하고 이를 제작하기 위한 교육이 필요하다. 그러나 현실적으로 교육적인 측면에서 하나의 학과에서 학생들에게 기술 기반의 프로그래밍, 예술 기반의 그래픽, 문학적 기반의 기획적인 요소를 충분히 교과 과정으로 소화하고 있다고 보긴 힘들다. 이는 아직 게임 개발을 위한 교과 과정 연구가 개발 중인 탓도 있지만, 이를 소화하기 위한 교수 인력의 절대적 부족에서도 기인한다.

현대진에 따르면 국내 영상관련 대학의 경우 학제간 연구와 통합교육과 관련된 체계적인 연구와 자료는 전무한 실정이다. 반면 국외 영상 관련 예술대학들은 문화의 변화와 이종분야의 결합을 통해 만들어지는 새로운 형태의 문화콘텐츠에 주목하고 기존 전공수업 외에 인문학을 비롯한 다른 분야의 학문을 결합시킨 형태의 통합교육을 시도하고 있다. 국외 영상관련 예술대학들의 이러한 통합교육의 실시는 기존의 기술습득방식의 제작교육으로는 새로운 문화 환경에서 능동적으로 산업을 이끌 수 있는 인재육성이 어렵다고 판단했기 때문이다.[14]

가령 미국의 예술대학 중 가장 유서 깊은 학교인 The School of Art Insitute of Chicago(이하 SAIC)의 교육과정에서 드러나는 뚜렷한 특징 또한 모든 학문분야의 통합교육이다. 이를 위해 학교에서는 첫째, 모든 교과과정을 융합시키고 나아가 학과별 구분까지도 모호하게 만드는 자유로운 수강방식을 가지고 있다. 둘째, 학과 구별이 없고 학과에 소속한 학생도 없다. SAIC의 재학생이라면 전체 19개의 학과의 어떤 교과목도 수강할 수 있다. 셋째, 학생지도 시스템은 어느 전공의 교수이건 재학생에 대해 조언할 수 있고 여러 학과의 교수가 통합적인 관점에서 학생에게 작품과 진로에 대해

13　최장섭·이상선, 「디자인학부 과정의 UXD 교수법 제안」, 『디지털디자인학연구』, 디지털디자인학회, 2011. 331쪽.

14　현대진, 앞의 논문, 347쪽.

비평하고 조언할 수 있는 체계가 갖춰져 있다. 요컨대 SAIC는 CalArts의 특징인 '인문적인 토양위의 예술교육'에 부과하여 '모든 학제 간의 통합'이라는 진보적인 교육방법을 채택하고 있다. 이는 기존의 질서와 형식에 얽매여 틀에 박힌 사고와 창작을 반복하는 교육방식을 지양하고 생각과 표현방법에서 자유로운 예술교육을 목표로 하기 때문이다.[15]

디지털 콘텐츠 제작과정은 사용자경험을 기획하고 디자인하고 개발하는 과정이므로 무엇보다 사용자들에 대한 폭넓은 이해와 공감(empathy)을 필요로 한다. 디지털 콘텐츠 제작 과정에서 인문학적 소양이 필요한 이유는 스티브 잡스와 애플의 성공신화에서도 찾을 수 있다. 최민성은 애플과 스티브 잡스의 성공이 탄탄한 인문학에 대한 이해에서 비롯되었다면서 이러한 인문학적 기초위에서 직관적이고 재미있고 혁신적인 제품의 탄생이 가능했다고 본다.[16] 과학적, 실증적 방법론을 추구하면서 애플과 대비되는 성향을 보였던 마이크로소프트가 최근 뚜렷한 하락세를 보이고 있는 점을 볼 때, 디지털 콘텐츠 제작 인력 양성에 있어 인문학적 소양을 갖춘 인재의 양성은 필수 과제라 할 수 있다.

3) 전문인력 양성을 위한 실무중심교육 강화

디지털 콘텐츠 관련 업계에서는 현장에 바로 투입할 수 있는 준비된 인력이 부족하다고 한탄한다. 한편 관련 업계 진출을 꿈꾸며 준비하고 있는 학생들은 취업이 최대 고민거리라고 말한다. 이러한 인력의 수요와 공급의 불일치 현상은 디지털 콘텐츠 인력양성에 있어 시급히 해결해야 될 문제 중의 하나이다.

---

15 현대진, 앞의 논문, 356-361쪽.
16 최민성, 「애플, 인문학, 그리고 하이콘셉트 시대」, 『한국언어문화』, 한국언어문화학회, 2011.

　　업계에서 당장 현장에 투입할 인력이 부족하다고 목소리를 높이는 배경에는 디지털 콘텐츠 관련 학과가 대학원 중심으로 개설되어 있다는 점에서 한 원인을 찾을 수 있다. 학부 교육 과정에 게임기획, 게임 스토리텔링 관련 과목이나 전공이 부족하기 때문에 전문업체는 선발한 학사급 인력을 대상으로 대개 짧게는 2개월에서 길게는 6개월간 교육을 실시해야만 한다. 중소업체의 경우 대개 경력직원이 신입직원과 함께 과제를 수행하면서 도제적인 형식으로 교육(OJT)을 수행하고 있다. 그러나 도제적인 교육은 지도를 담당하는 직원의 역량에 따라 교육 내용과 질에서 차이가 날 수밖에 없다. 아울러 교육을 담당하는 경력 직원의 업무 하중을 높이게 된다. 따라서 대학에서 게임콘텐츠와 관련된 체계적인 기초 교육을 실시하여 산업에 인재를 배출했을 때, 대학의 입장에서는 졸업생의 경쟁력을 높일 수 있고, 기업의 입장에서는 재교육에 들어가는 비용을 줄일 수 있기 때문에 학부 관련학과에서 관련 교과목을 개설하는 것이 상호에게 바람직한 방향이 될 것이다.

　　또한 최용석 외에 따르면 게임산업 전문 인력 양성에 있어 시급한 문제는 실무 능력을 갖춘 교수 인력이 절대적으로 부족하다는 것이다. 게임이 산업으로 인정받기 시작한 것이 십여 년에 불과하다보니 우후죽순으로 생겨난 게임 관련 교육과정도 체계적인 시스템을 갖추지 못하고 현업과 동떨어진 교과과정을 개설하는 경우가 빈번하다. 산학 활동의 측면에서 보면, 실질적으로 업계에서 요구하는 수준의 게임 개발 요소를 현재의 교수 인력이 이를 받쳐주지 못한 원인이 가장 크다. 또한 기존 학과의 게임 학과로의 변환 과정에서 기존 교수 인력이 게임 교육에 대한 경험이 부족하여 겸임 및 시간강사를 활용하는 등 업계 인력에 의지할 수밖에 없는 것이 현실이다. 즉, 현재 많은 게임 학과의 경우 교수 실무중심 교육을 시행하는 데 있어 문제는, 관련 학과를 개설할 때 새로운 전임교수를 영입하기 보다는 기존 교수들이 소속을 변경한 경우가 많기 때문이며, 대학교의 채용 기준을 만족하면서 동시에 게임 업계의 경험을 가지고 있는 교수 인력 풀이 많지 않다는 점이 문제이다.[17] 실제로 한국문화콘텐츠진흥원 조사에 있어서도 게임인력 양성을 위한 교육과정 운영시 겪고 있는 애로사항으로 '전문교수 인력부족'이 61.4%로 가장 높았으며, '실무자료 부족'(57.9%), '프로젝트 발굴(47.4%)' 등의 순으로 높게 나타났다.[18]

현장중심형 디지털콘텐츠 기획자 양성을 위해 프로젝트 기반 교육이 활성화되어야 할 것이다. 또한 산학연계 수업의 개발도 활성화되어야 한다. 현업에서는 준비된 인력의 부족을 호소하고, 대학에서는 취업 경로의 확보에 어려움을 겪고 있다. 디지털 콘텐츠 분야는 산업 환경의 변화에 민감하게 연동하는 분야인 바, 산업과 대학의 산학연계 수업을 통하여 양자 간의 발전을 도모할 수 있을 것이다. 그러나 산학연계 수업을 위해서는 사전에 치밀한 준비가 필요하다. 첫째, 유익한 교육효과를 도모할 수 있는지, 둘째, 기업이 원하는 특수성과 대학교육의 일반성 간의 차이는 어떻게 극복할 것인지, 셋째, 협력업체와 과제는 어떠한 특성을 가져야 하는지, 넷째, 교수자, 기업체, 수강생 간의 의사소통은 어떻게 원활히 할 것인지, 다섯째, 산학연계 수업에서 교수자의 역할은 무엇이 되어야 하는지 등에 대하여 충분한 고려를 한 후 개설하는 것이 바람직하다.[19] 공공부문과 대학, 그리고 기업이 만나 실질적인 산학 연계를 통해 대학에서는 현장에서 요구하는 실무를 자연스럽게 습득 가능하고 기업의 입장에서는 신규인력 채용에 대한 부담을 줄일 수 있을 뿐만 아니라 인력 재교육에 대한 비용 또한 공공부문과 연계되어 있어 자연스럽게 인력수급이 원활해질 수 있을 것이다.

---

17 최용석·박유진·권혁인, 「게임산업 전문인력양성을 위한 실증연구」, 『한국컴퓨터게임학회 논문지』, 한국컴퓨터게임학회, 2009, 83쪽.
18 한국콘텐츠진흥원 전략정책본부, 앞의 책.
19 이상선, 「디지털 콘텐츠 디자인 전공 학부생을 대상으로 한 산학협력 수업에 관한 사례 연구」, 『디자인학 연구』 통권 제63호, 디자인학회, 2006, 153-154쪽.

4) 소결

　디지털콘텐츠는 다학제적(multi-disciplinary)이고 사용자 중심의 특성을 가지기 때문에 여타 콘텐츠 분야에 비해 요구되는 인력의 특성이 복합적이다. 또한 디지털 콘텐츠 산업은 제조업과 달리 기술의 급속한 변화, 트렌드의 변화, 취향 및 기호의 변화 등 외부환경 변화에 민감하기 반응하기 때문에 상대적으로 교육체계 유연성이 적은 대학이 탄력적으로 대응하고 있지 못하는 등 핵심인력 부족 현상이 발생하고 있다. 또한 문화콘텐츠의 가장 중요한 경쟁력은 창의적 상상력이다. 창의적 인재양성을 위해서는 장기간의 시간이 필요하고 정교하고 체계적인 교육 커리큘럼을 기반으로 해야 한다. 그러나 이러한 중요성에도 불구하고, 디지털 콘텐츠 분야 인력양성에 관한 연구는 간헐적인 정책연구를 통해 인력수급에만 초점이 맞춰져왔다. 이에 본 장에서는 디지털콘텐츠 분야 인력양성의 문제점을 대학의 교육환경을 중심으로 논의해보고자 했다.

　그 결과 디지털 콘텐츠 분야의 경우 콘텐츠 생태계 중에서 인력양성 기관 특히 대학의 교육환경 측면에서 양적, 질적인 개선이 선행되어야 함을 확인할 수 있었다. 우선 대학의 게임관련 전공이 지나치게 공학과 디자인 등 구현기술 인력 중심으로 교육환경이 조성되어 있어 게임스토리텔링 등 게임기획자의 자질 부족과 게임콘텐츠 부재 등 국산 게임의 고질적인 병폐로 연결됨을 확인할 수 있었다. 또한 다학제적 경험을 가진 융복합 인재를 양성하기 위해 학제 간 수업과 연구가 제도적으로 정착될 필요가 있으며, 수요와 공급의 불일치(mismatch) 현상을 해소하기 위해 실무능력을 갖춘 교수진의 확보, 프로젝트 기반 교육의 활성화를 통해 현장중심형 실무능력을 갖춘 인재를 양성해야 함을 확인할 수 있었다.

4. 영화/영상콘텐츠 분야

1) 영화/영상콘텐츠 산업의 현황

영화진흥위원회가 제공하는 '2011년 영화산업 결산'[20]에 따르면, 2011년 한국 영화산업은 관객 수와 극장 매출액 그리고 완성작의 수출 등 전반에 걸쳐 호조를 보였다. 극장 입장권 수익에서도 1조 2,362억 원을 기록하며 전년도보다 7.4%의 상승세를 보였으며, 국민 1인당 영화 관람횟수도 3.15회를 기록함으로서 전년도에 2.92회로 떨어졌던 수치를 다시 3회대로 끌어올렸다. 특히 한국영화의 2011년도 시장점유율은 52%를 기록함으로서 4년 만에 다시 절반을 넘어섰다.

2011년에 개봉된 한국영화는 146편이며, 이 가운데 투자대비 수익성 분석의 대상이 되는 상업영화는 65편이다. 146편의 개봉영화의 평균제작비는 22.7억 원인데 반해, 65편의 상업영화의 평균제작비는 48.1억 원이다.

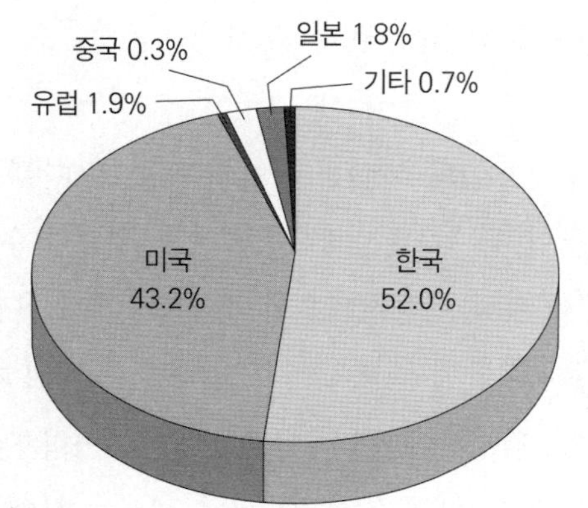

그림 4: 2011년 1~12월 국적별 관객 점유율(전국 기준)

---

20 http://www.kobis.or.kr

상업영화의 제작비는 전체 개봉작의 평균 제작비보다 2배 이상 큰 규모를 보이고 있는 것이다. 즉 전체 개봉영화 중 상업영화 65편을 제외한 나머지 81편은 총제작비 10억 원 미만이면서 전국 개봉 스크린 수가 100개 미만인 저예산·독립영화들이다. 따라서 한국영화산업의 절반 이상은 다양성 영화/영상콘텐츠들이 차지하고 있음을 알 수 있으며, 교육기관을 막 떠난 젊은 창작인력의 대부분이 바로 여기서 활동하게 된다.

하지만 본 논의의 핵심은 2011년에 제작된 한국영화가 총 216편이라는 사실에 있다. 즉 70편은 제작되고도 아예 극장에 간판을 걸지 못하고 사라졌다는 것이다. 제작된 모든 작품이 극장상영용 상업영화가 아니라는 사실을 감안하더라도, 제작편수와 개봉편수 사이에 무려 70편의 차이가 나는 것은 그만큼 제작과 배급 그리고 상영이라는 영화산업의 전반적인 생태계에 문제가 있음을 반영하고 있다. 많은 한국영화들이 개봉을 준비하지만 막상 개봉에까지 이르지 못하는 영화산업의 생태계는 영화인력의 양성에도 큰 부작용을 일으키고 있다.

2) 영화/영상콘텐츠 인력양성 현황

영화/영상콘텐츠 분야와 관련된 산업인력은 크게 "핵심리더", "현장전문인력", "예비전문인력", "기초잠재력인력"으로 구분할 수 있다.[21] 이 중에서 '현장전문인력'이 영화/영상콘텐츠의 제작현장에서 실질적인 역할을 하는 핵심이다. 따라서 이들이 콘텐츠 기획 및 개발, 창작과 제작 그리고 유통 및 유지 등의 기능을 담당하게 된다. 이들이야말로 영화/영상콘텐츠산업의 가치사슬 상의 각 세부단계를 전문적으로 수행하는 산업현장의 전문인력

21　김동욱, 「영상·광고·콘텐츠 전문인력 양성사업의 평가와 발전방향 연구」. 한국방송광고공사 2009, 53쪽.

인 것이다.

현장전문인력은 다시금 "기획인력", "창작인력" 그리고 "지원인력"이라는 유형으로 분류할 수 있다.[22] 여기서 '기획인력'이란 투자·배급 등의 비즈니스 관련 의사결정을 수행하는 자들을 말한다. '창작인력'은 문화상품의 창조 혹은 복제하는 인력이며, 따라서 영화감독이나 프로듀서 등이 이에 속한다. 그리고 '지원인력'이란 콘텐츠 생산에 관련된 일상적인 업무를 수행하는 자들을 의미한다. 따라서 '기획인력'과 '지원인력'은 영상콘텐츠의 수입·배급·상영과 관련된 산업체에 소속되는 경우가 많으며, '창작인력'은 중소형 제작사나 또는 저예산·독립영화를 제작함으로서 1인 기업 창업을 한다고 볼 수 있다. 대학의 영화/영상콘텐츠 관련 학과나 또는 관련 교육기관에서 궁극적으로 양성하고자 하는 인력은 바로 '현장전문인력'이며, 특히 그 중에서 가장 핵심적인 위치를 차지하고 있는 '창작인력'이라 할 수 있다.[23]

'현장전문인력'을 양성하는 영화/영상콘텐츠 관련 학과는 2011년 현재 전국에 총 68개 대학에서 운영되고 있다. 경기-수도권에 4년제 대학이 12개, 2~3년제 대학이 11개로 가장 많다. 그 다음으로 많은 대학들이 서울에 소재하고 있는데, 4년제 대학이 11개, 2~3년제 대학이 4개이다. 충청권에는 4년제 대학 11개와 2~3년제 대학 2개가 존재하며, 전라-경상권에는 4년제 10개와 2~3년제 7개 대학이 있다. 이 대학들의 영화/영상콘텐츠 관련 학과가 제공하는 교과과정은 제작현장에서 활용될 수 있는 인력의 양성에 집중되어 있다. '현장전문인력' 중에서 특히 감독 및 연출가를 의미하는

---

22   위의 글, 54쪽.

23   위의 글. 왜냐하면 '핵심리더'는 종합적인 안목과 전문역량을 갖추고 있는 리더급 인력을, '예비
      전문인력'은 정교교육기관의 재학생 및 타 분야의 전문인력을 그리고 '기초잠재력인력'은 현재
      초·중·고에 재학 중인 문화콘텐츠산업으로의 진출이 기대되는 인력을 의미하기에 대학교육
      을 마친 청년세대를 타깃으로 한다고 보기 어렵다. 53-54쪽 참고.

'창작인력'의 양성이 교과과정의 핵심적 위치를 차지하는데, 현장전문가를 초빙한 다양한 제작·실습 교과목들이 이를 반영하고 있다. 현장전문인력의 또 다른 분야인 '기획인력'이나 '지원인력'의 양성 역시 영화/영상콘텐츠 관련학과에서 배제되고 있지는 않지만, 이 인력들은 오히려 문화콘텐츠학과와 같은 인문학 계열의 학과들에서 보다 적극적으로 배출되고 있다고 봐야 할 것이다.

이렇게 교육기관들이 영화/영상콘텐츠를 위한 인력양성에 힘을 쏟고 있는 반면, 제작 및 유통 그리고 극장업과 같은 실질적인 사업자들은 양성된 영화/영상인력의 균형 잡힌 수급과 이를 위한 생태계 보존을 외면하고 있는 실정은 매우 안타깝다. 현장전문인력, 특히 그중에서 창작인력이야말로 독자적인 감독 및 연출가로서 활동할 수 있는 산업현장의 생태적 환경이 마련되어야만 그 존재의미가 발현된다. 그러나 앞에서 밝힌바 있듯이, 한 해에 개봉되는 한국영화의 절반에 가까운 수치가 극장에서의 상영기회를 박탈당하고 있다. 창작인력이 영화/영상콘텐츠의 제작현장에서 설 자리가 없다면, 그리고 그들의 콘텐츠가 배급·상영에 있어서 균등한 기회를 얻지 못한다면, 이 인력군은 존재가치를 상실하게 되는 것이다.

대형 제작·투자사나 배급업자들은 전적으로 대형 상업영화의 유통 및 상영에만 관심을 가질 뿐, 이의 밑바탕을 제공했던 젊은 창작인력을 양성하고 창의적 능력을 발휘할 수 있는 기회의 장을 마련하는 데는 미온적이다. 오히려 이들은 영화/영상인력의 저변확대 및 이와 직결된 생태계를 교란시키고 있다. 따라서 각종 교육기관에서 양성되는 젊은 창작인력의 제작현장에서의 자리매김을 저해하는 문제점을 지적하고, 이와 더불어 그들의 창의적 영화/영상콘텐츠가 자생할 수 있는 새로운 생태적 환경개선을 제시해야 할 필요성이 있는 것이다.

3) 영화/영상콘텐츠 시장의 생태계

(1) 멀티플렉스와 거대배급사

최근의 극장문화는 복합상영관이라고 불리는 멀티플렉스(multiplex)의 형태를 띠고 있다. 여러 개의 스크린과 식당, 카페, 쇼핑타운 등의 부대시설을 갖추고 있는 건물을 말한다. 멀티플렉스는 1980년대에 홈비디오에 관객을 빼앗겼던 미국의 극장들이 불황의 타개책으로 '원스톱 엔터테인먼트'(one stop entertainment)라는 모토를 내걸고 개발한 방식이다. 이는 단순히 극장산업 불황의 극복뿐만 아니라, 관객에게 다양한 영화에 대한 폭넓은 선택권을 주고자 하는 순기능 역시 기대하게 만들었던 시도였다. 그러나 블록버스터가 4~5개의 스크린을 독차지하는 상황이 발생하면서 영화독점이라는 역효과를 초래하기 시작하였다.

한국에는 4대 멀티플렉스 체인이 존재하는데, 'CJ CGV㈜', '프리머스', '롯데시네마' 그리고('씨너스'를 인수한) '메가박스'이다. 이들이 한국의 전체 극장 중 차지하는 수는 226개로 77.4%에 달하며, 스크린 수는 1,712개로 86.7%에 이르기에 거의 절대적인 비중이라 할 수 있다. 이 수치는 2009년의 78.0% 그리고 2010년의 79.1%에 비해 점차적으로 증가한 것이다. 심지어 강원, 전남 그리고 제주의 전 극장은 100% 멀티플렉스라는 진기록을 보이고 있다. 2011년 멀티플렉스의 시장 점유율은 총 관객 수의 98.1%에 달하며, 이는 전년도의 97.6%보다 늘어난 것이다. 4대 체인을 제외한 전국의 멀티플렉스는 14개에 132개 스크린에 불과하며, 따라서 단관 극장들은 점점 더 어려운 상황을 맞이하고 있는 것이다.[24]

이러한 통계는, 2012년 국정감사에서 문화체육관광방송통신위가 지적했듯이, "대기업의 독과점 심화로 영화의 다양성이 축소"[25]되고 있음을 보

24　영화진흥위원회, '2011년 영화산업 결산'(http://www.kobis.or.kr).

여주고 있다. 특히 "영화재벌"로 지칭되는 'CJ CGV㈜'가 전국 극장의 "36.9%인 108개"를 운영하고 전체 스크린의 "42.2%인 834개"를 보유하고 있다는 사실은 멀티플렉스를 통한 대기업의 영화독과점이라는 폐해를 단적으로 증명한다.[26] 이러한 영화독과점 현상은 상영뿐만이 아닌 배급에 있어서도 여실히 드러나는데, ㈜CJ E&M과 ㈜롯데엔터테인먼트 단 두 회사가 배급하는 영화의 관객 점유율이 '52.2%'에 달했다는 것이다. 이렇게 국내의 영화/영상콘텐츠 산업은 대기업에 의한 투자-제작-배급·상영의 수직계열화로 요약할 수 있으며, 이에 의해 영화다양성을 위한 생태계는 파괴되고 있다.

(2) 한국에서 '천만 영화'란?

2012년에는 한국 영화사상 처음으로 두 편의 '천만 영화', 〈도둑들〉(최동훈)과 〈광해, 왕이 된 남자〉(추창민)가 탄생했다. 이를 계기로 '천만 영화'는 과연 한국영화의 구세주인가 아니면 문화독재인가에 대한 논란이 다시 일고 있다. 그 이유는 이들이 대형배급사인 쇼박스(〈도둑들〉)와 CJ E&M(〈광해, 왕이 된 남자〉)의 거대한 자본력을 앞세워 등장했기 때문이다. 감독의 시대가 저물고 이제 배급의 시대가 도래한 것인가, 아니면 현존하는 배급체계가 멀티플렉스와 함께 천만이라는 숫자에 해당되는 기록과 수익의 달성을 위해 독과점의 카르텔을 형성하고 있는 것은 아닌가 하는 논의의 필요성이 대두되는 시점인 것이다.

극단적인 자본주의에 항거하는 영화 〈피에타〉로 제69회 베니스영화제 황금사자상 수상한 김기덕 감독은 바로 이러한 맥락에서 "멀티플렉스의 폐해"[27]를 성토했다. 메이저 영화들의 극장독점과 창작자가 우선이 되지 못하

---

25 임미나, 「3개 대기업 영화관, 스크린 86.7% 점유」, 『연합뉴스』, 2012년 10월 15일자(http://app. yonhapnews.co.kr).

26 위의 글.

는 영화상영 환경을 공개적으로 지적하던 김기덕 감독은 〈피에타〉가 관객 50만[28]을 돌파한 것에 대한 감사를 표하며 자진해서 상영을 종료했다. 그리고 그는 "그 자리에 기회를 얻지 못하는 작은 영화에게 상영기회가 주어지기를 진심으로 희망"한다고 밝혔다.[29]

젊은 창작인력들이 제작한 '작은 영화'들이 상영기회도 얻지 못하고 사장되는 현실에 대한 그의 개탄은 단순히 거대배급사와 결탁된 멀티플렉스만을 겨냥하고 있는 것이 아니다. 그가 외치는 내용의 핵심은 '작은 영화'들을 위한 보호장치의 부재이며, 이것이 곧 '천만−전염병'의 어두운 그림자라는 것이다. 배급의 시대에도 영화는 여전히 감독이 만들며, '천만 영화'를 만든 감독도 '작은 영화'들을 통해 성장했다. 따라서 '작은 영화'들의 상영보장을 위한 보호장치는 또 다른 '천만 영화'를 위한 밑거름이 될 수 있다는 사실을 명심해야 할 것이다.

(3) '작은 영화'를 위한 생태적 환경 개선

이러한 의미에서 '스크린쿼터'(screen quota) 제도가 2006년 7월부터 유명무실해졌다는 사실은 매우 안타깝다. 지난 30년 이상 시행되어 오던 이 제도는 한미 간의 주요 통상현안이었던 자유무역협정(FTA)을 위한 협상에 의해서 사실상 폐지되었다. 즉 한국영화의 의무상영 일수를 절반으로, 즉 146일에서 73일로(실제로는 약 50일 정도) 축소시켰던 것이다. 외국 영화의 독점적 시장 지배를 견제하고 자국의 영화산업을 보호하고 발전시키려는 제도였던 스크린 쿼터는 이제 멀티플렉스와 대형배급사의 영화독과점으로부터

---

27 배선영, 「김기덕 감독, '편법과 독점… 그게 도둑들 아닌가요?'」, 『마이데일리』, 2012년 9월 11일자(http://www.mydaily.co.kr).

28 9월 6일 개봉한 〈피에타〉는 10월 3일까지 총 누적 관객 수 59만 명을 기록했다.

29 김기덕, 「피에타 관객 분들께 감사드리는 글」, 『한국경제』, 2012년 9월 24일자(http://www.hankyung.com).

'작은 영화'를 보호하고 상영을 보장하는 방향으로 재탄생되어야 할 것이다. 즉 '작은 영화'를 위한 새로운 스크린쿼터 제도의 도입이 시급하다는 것이다.

4) 소결

거대자본을 바탕으로 하는 대형배급사와 멀티플렉스의 영화독점 및 흥행성과의 독식은 다양성 영화들이 설 자리를 상실케 했다. 이 문제는 젊은 창작인력의 작품들이 개봉·상영에 있어서 균등한 기회를 부여받지 못하는 상황으로 이어진다. 물론 대기업의 콘텐츠 투자 및 배급·상영에 종사하는 인력 역시 앞에서 설명한 '현장전문인력'이라고 할 수 있다. 하지만 현재 대학을 비롯한 교육기관에서 양성되는 젊은 인력들이 '창작인력'에 집중되어 있음을 상기한다면, 그들이 창작능력이 발휘될 수 있는 생태계가 마련되어야 할 것이다. 따라서 멀티플렉스와 대형배급사가 주도하는 '천만 영화-신드롬'으로부터 '작은 영화'를 보호하고 상영보장을 약속할 수 있는 장치들을 만들어야 할 것이다. 즉 독립영화 진흥책을 마련하고, 멀티플렉스에서의 독립영화 상영을 보장하는 새로운 스크린쿼터가 도입되어야 할 것이다. 또한 다양성 영화를 위한 스크린을 확대하고, 동시에 영화시장 독과점의 규제가 필요하다. 이와 더불어 영화제작 인력들이 처해 있는 열악한 현장환경 역시 개선되어야 할 터인데, 스태프의 처우 개선을 위해 월급제를 도입하거나 4대 보험의 전면적 적용 등이 연구되어야 할 것이다.

5. 논쟁점과 전망

이와 같은 내용을 토대로 문화콘텐츠 인력양성을 위한 몇 가지 논쟁점을 교육기관을 중심으로는 아래와 같이 정리할 수 있을 것이다.

첫째, 기업, 사회의 요구와 학교 교육의 격차를 어떻게 줄일 것인가 하는 것이다. 이는 취업교육과 인문학의 교육 사이에서 대학이라는 교육기관은 학문의 전당이라는 이름에 걸맞은 교육을 어떻게 지속적으로 할 것이며, 산업교육을 할 것인지, 실제적인 현장에 맞는 맞춤형교육으로서의 산업교육을 우선시할 것인가에 대한 딜레마와 관련이 된다.

둘째, 고객으로서의 학생들이 갖는 문화콘텐츠 교육에 대한 기대치와 인재상을 어떻게 만들어갈까 하는 문제가 관련이 된다. 실제, 실용적인 학문과 인문학으로서의 중요성을 갖는 문화콘텐츠 분야의 인재상에 대한 갈등, 대학이 성장하기 위한 취업률의 제고 같은 것이 교육과정의 운용에 문제가 될 것이다. 실제로, 융합환경이 성장하면서, 많은 문화콘텐츠 학과의 인재상은 기획, 창작을 중심으로 하는 멀티플레이어로서의 소위 '콘텐츠 PD'를 요구하고 있으며, 이러한 수요에 부응하기 위해서는 다양한 논의와 재편이 이루어질 수밖에 없는 것이 현실이다.

셋째, 문화콘텐츠 교육의 차별성을 어떻게 가지고, 제대로 된 커리큘럼을 만들어갈 수 있을까 하는 점이다. 융합시대의 문화콘텐츠 교육의 방향, 각 학교와 학과의 차별성과 특성화, 그에 따른 적합한 커리큘럼의 마련 등이 새로운 방향과 지침에 따라, 개별 학과에서는 또한 다르게 전개되어야 하기 때문이다. 이를 위해 가치사슬 단계에서의 선택과 집중도 요구된다.

이를 위해 시장에서는 1인 창조기업을 비롯한 창업활성화 환경 구축 및 지원, 산업의 마찰적 실업의 해소 지원, 창업 관련 직업훈련과 고용 정보 유통의 활성화, 인력육성형 문화콘텐츠산업 기업에 대한 다양한 우대책 확대 등이 뒷받침되어야 효과가 크다고 할 수 있다. 교육시장과 연계하여 대학

전공 교육의 현장연계성 강화, 창의성 개발 교과목 개설 및 전문교원 파견 등의 지원 등이 필요하며, 아동 및 청소년들이 학교교육에서부터 문화상품에 친숙해 질 수 있도록 하기 위한 수요자 교육 강화(독일 고등학교의 창업 교육 등 벤치마킹, 병아리 창업 등 참조) 등이 요구된다. 이와 함께, 전략산업의 육성, 공공수요의 발굴, 문화산업 관련 해외연계의 지원과 글로벌화, 해외기업 투자유치를 통한 창직 지원정책 마련 등이 수반된다면, 시너지 효과를 낼 수 있는 근거가 마련될 수 있겠다.

관련하여 정책적으로 인력양성 방향 도출은 크게 다섯 가지 정도로 정리해볼 수 있을 것이다.

첫째, 국가 차원의 인력양성 정책 구현 및 민간 참여의 확대라고 할 수 있는데, 문화콘텐츠산업의 성장기에 있는 현 단계에서는 다양한 인력양성 정책 및 제도의 구축을 통한 인력양성 활성화를 추진해야 하며, 궁극적으로 인력양성 및 수급과 관련된 부문을 문화콘텐츠산업의 주체인 민간기업과 교육기관이 주도할 수 있도록 패러다임의 전환이 필요하다는 뜻이다.

둘째, 핵심인재 양성체계의 추진을 위한 지원이 필요하다. 산업 성장을 주도할 핵심인재(핵심리더, 교수인력, 영재 등)의 양성을 주도하는 종합적이고 체계적인 시스템 구축이 필요하며, 이러한 핵심인재의 양성은 국가의 주도적인 정책 및 사업에 의해 추진이 가능할 것이다.

셋째 현장인력 국제경쟁력 강화 및 인력유입체계의 구축이 요구된다. 산업현장인력의 글로벌 경쟁력 강화를 위해 기획 및 창작능력 배양체계 구축 및 각 장르별 역량강화 프로그램 개발이 연계되어야 할 것이다. 이를 위해 유관산업 전문인력 유입을 위한 지원체계 구축 등이 수반되어야 한다.

넷째, 교육기관 역량강화를 통한 수요지향적 인력공급 정책이 요구되는데, 교육기관의 특성화를 통한 산업현장 요구인력 공급체계 구축, 교수인력 확충, 시설장비 지원, 프로젝트중심 교육체계 전환이 관련될 것이다.

다섯째, 종합적인 네트워크 체계 및 관리체계의 구축이 필요한데, 기업체의 채용 및 인력관리 지원, 경력개발지원을 위한 인력 및 정보 네트워크 구축, 문화콘텐츠 관련 법적·제도적 지원체계 수립 등의 수반을 통해 발전의 기반이 마련되어야 할 것이다.

참고문헌

김기덕, 「피에타 관객 분들께 감사드리는 글」, 『한국경제』 2012년 9월 24일자.
　　(http://www.hankyung.com)

김동욱, 「영상·광고·콘텐츠 전문인력 양성사업의 평가와 발전방향 연구」, 한국방송광고공사, 2009.

문화체육관광부, 「디지털융합시대 콘텐츠산업 미래정책 연구」, 2010.

박병호, 『한국 문화콘텐츠 인력양성 방안 연구: 문화체육관광부 산하기관 아카데미를 중심으로』, 한양대학교 산업경영디자인대학원 문화콘텐츠전공 석사학위논문, 2008.

배선영, 「김기덕 감독, '편법과 독점… 그게 도둑들 아닌가요?'」, 『마이데일리』 2012년 9월 11일자.(http://www.mydaily.co.kr)

영화진흥위원회, '2011년 영화산업 결산'(http://www.kobis.or.kr).

______, '영화관입장권통합전산망'(http://www.kobis.or.kr).

유진룡 외, 『엔터테인먼트산업의 이해』, 넥서스biz, 2009.

이병민, 「문화콘텐츠산업의 고용 특성에 대한 통계분석 연구」, 『인문콘텐츠』, Vol. 20, 인문콘텐츠학회, 2011.

______, 「생태계 중심 창조적 문화도시의 발전방향」, 『인문콘텐츠』 Vol. 25, 인문콘텐츠학회, 2012.

이상선, 「디지털 콘텐츠 디자인 전공 학부생을 대상으로 한 산학협력 수업에 관한 사례 연구」, 『디자인학 연구』 통권 제63호, 디자인학회, 2006.

이윤경, 「콘텐츠산업의 창의적 인재양성을 위한 생애맞춤형 교육지원 정책」, 한국문화관광연구원, 2010.

이지훈, 「국내 게임 시장 내 분야별 인력 양성 현황에 관한 연구」, 『한국컴퓨터게임학회 논문지』, 한국컴퓨터게임학회, 2009.

임미나, 「3개 대기업 영화관, 스크린 86.7% 점유」, 『연합뉴스』 2012년 10월 15일자.
　　(http://app.yonhapnews.co.kr)

정상철, 「콘텐츠산업을 통한 일자리 창출방안 연구」, 한국문화관광연구원, 2009.

조소연, 「한·중·일 문화콘텐츠 인력양성 정책 및 지원프로그램 비교연구」, 한국외국어대학교 박사학위논문, 2012.

최민성, 「애플, 인문학, 그리고 하이콘셉트 시대」, 『한국언어문화』, 한국언어문화학회, 2011.

최영섭 외, 「인력양성 중장기 정책방안 수립」, 한국직업능력개발원, 2008.

최용석·박유진·권혁인, 「게임산업 전문인력양성을 위한 실증연구」, 『한국컴퓨터게임학회 논문지』, 한국컴퓨터게임학회, 2009.

최장섭·이상선, 「디자인학부 과정의 UXD 교수법 제안」, 『디지털디자인학연구』, 디지털디자인학회, 2011.

한국문화콘텐츠진흥원, 「문화산업을 통한 일자리 창출방안 연구」, 2008a.

______, 「문화콘텐츠 인력양성 중장기 종합 정책방안 수립」, 2008b.

한국콘텐츠진흥원 전략정책본부, 〈2011 대한민국 게임백서〉 상권, 한국콘텐츠진흥원, 2011.

한국콘텐츠진흥원, 「2010콘텐츠 교육기관 현황조사」, 2011.

______, 「콘텐츠산업분야 인력수급 전망 및 해외 선진사례 벤치마킹 조사」, 2010.

현대진, 「문화콘텐츠산업의 현황과 영상교육의 통합화에 관한 연구: 미국의 대학교육 사례를 중심으로」, 『조형연구』 31권, 한국조형교육학회, 2008.

황준욱 외, 「문화산업 전문인력 형성 구조와 정책 지원」, 한국노동연구원, 2006.

Pink, Daniel H., 김명철 옮김, 『새로운 미래가 온다』, 한국경제신문사, 2008.

Department for Culture, Media and Sport(DCMS), Creative Industries Mapping Document 1998, London, 1998.

Hesmondhalgh, D., *The Cultural Industries*, Sage Publications. 2007.

제3부

인문콘텐츠학회 10년,
새로운 10년을 준비하다

인문콘텐츠학회 10년을
돌아보며

1대 회장 김교빈(2002~2004): 학회의 초석을 다지다

1990년대 말부터 2000년대 초까지 '인문학의 위기'라는 담론이 유행하였다. 물론 이 담론은 아직까지도 회자되고 있지만, 당시의 충격은 대단히 큰 것이었다. 대체로 기존 전통적인 인문학에서는 이러한 상황에 대하여 인문학 지원책 위주의 정책을 제시하였다. 그러나 이러한 소극적인 입장보다는 보다 적극적으로 인문학을 확장할 필요가 있다고 생각한 일단의 학자들이 '문화콘텐츠'라는 담론에 주목하게 되었다.

한국에서 '문화콘텐츠'라는 용어는 2001년에 출범한 한국문화콘텐츠진흥원에서 처음 사용되었다. 인문학의 적극적인 진로를 모색하던 몇몇 인문학자들은 인문학의 응용으로서 '문화콘텐츠'에 주목하게 되었고, 이는 인문학의 본질을 훼손하는 것이 아니라 인문학의 확장으로서 이 시대에 필요한 책무라고 인식하였다. 초창기 모임을 주도한 사람들은 박경하, 김기덕, 강진갑, 이해준, 김교빈, 김현, 주영하 등이었다. 2001년 1월 18일 학회 첫 창립준비모임이 개최되었고, 이 자리에서 준비위원장에 박경하(중앙대), 학회 조직 및 문건작업 책임자로 김기덕(건국대)을 선임하였다. 이후 10월 창립 시까지 12차 준비모임이 개최되었으며, 드디어 2002년 10월 25일 건국대학교에서 창립대회를 개최하였다. 이 자리에서 김기덕이 작성한 창립발기문이 선포되고, 94명의 발기인이 참가했으며, 초대 회장으로 김교빈 교수(호서대)를 선출하였다.

처음 학회 이름을 선정할 때에 '한국문화콘텐츠학회'가 먼저 창립되어, 문화콘텐츠라는 표현이 들어가는 학회 이름을 사용하기가 곤란한 상태였다. 그래서 '전통문화콘텐츠학회'라는 명칭과 '인문콘텐츠학회'라는 명칭을 투표하여 인문콘텐츠학회로 결정되었다. 지금은 인문콘텐츠라는 표현이 자연스럽게 들리지만 당시에는 대단히 생소하였다. 그래서 창립심포지엄의 주제 역시 '왜 인문콘텐츠인가?'로 선정하였으며, 이 자리에서 문화콘텐츠 창출의 주된 원천이 되는 것은 인문학적 사고와 축적물이라는 것을 명확히 밝히고자 하였다.

초대 회장 시절 가장 특징적인 것은 서울에서만이 아니라 전국을 찾아 다니며 심포지엄을 개최한 것이다. 2003년 2월 경북 안동 국학연구원, 2003년 6월 경기도 경기대학교, 2003년 8월 대전 KAIST, 2004년 부산 동의대학교, 2004년 경기도 경기문화재단, 2004년 8월 전라남도 목포대학교, 2004년 12월 제주도 제주대학교, 2005년 2월 경상북도 경주 위덕대학교 등에서 개최된 심포지엄이 그러한 것들이며, 이러한 전통은 이후에도 계속되었다. 이러한 과정에서 전국적인 관심을 유도하게 되었으며, 회원도 급속히 증가하게 되었다. 디지털시대를 맞이하여 새로 등장한 문화콘텐츠를 다루는 학회임에도 불구하고, 실제 학회원들 간의 인간관계에 있어서는 전국을 다니면서 1박2일의 아날로그적 우애와 친교를 다지는 모임을 가짐으로써, 그야말로 디지로그적 실천을 했다고 생각되며 그 경험이 지속적인 학회의 결속과 단결을 가져왔다고 생각한다.

학회지는 학회의 가장 중요한 자산이다. 그래서 어떤 어려움이 있어도 간기를 지키고자 노력했으며, 처음 1호와 2호는 동방미디어의 협조를 받았고, 3호부터는 지금까지 계속 북코리아 출판사가 담당하고 있다. 초창기의 어려움과 신생 학문분야의 약점을 극복하면서 새로운 학문적 성과를 지속 적인 심포지엄과 학회지 발간으로 이어오면서 학회원의 전국적인 확대를 도모하였다는 점이 1대 임기의 가장 큰 성과였다고 할 수 있다.

2대 회장 김기덕(2005~2006): 학회의 정체성을 확립하다

제2대에서는 1대에서 진행한 것처럼 서울 및 지방에서의 심포지엄을 활발히 진행하면서, 몇 가지 차원에서 학회의 정체성을 보다 확립하였다. 하나는 활성화된 회원 증가를 바탕으로 해외 문화콘텐츠 답사를 진행한 점 이다. 2005년 일본 문화콘텐츠 답사를 다녀왔으며, 2006년에는 동경 지역 을 중심으로 제2차 일본 문화콘텐츠 답사, 그리고 2007년 1월에는 중국 운 남성 역사와 민속 답사를 다녀왔다. 두 번째는 학문후속세대 양성을 위해 대학원 논문발표회를 정례화한 점이다. 세 번째는 2005년 한국문화콘텐츠 진흥원에서 '문화원형 창작소재 중장기 로드맵 수립' 용역을 수주하여 수행 한 것이다. 네 번째는 문화콘텐츠학계 최초로 『문화콘텐츠입문』(북코리아, 2006)을 발간한 점이다. 『문화콘텐츠입문』은 학회원 27명이 참가하여 집필 하였으며, 2006년 문화관광부 우수학술도서로 선정되기도 하였다. 끝으로 2006년 12월 학회지 『인문콘텐츠』가 한국학술진흥재단 등재후보지로 선 정되었던 것을 들 수 있다.

위의 사항들은 항상 주기적으로 진행되던 서울 및 지방에서의 심포지엄 과 매년 두 차례의 학술지 발간을 정상적으로 진행하면서, 그에 덧붙여 수 행되었다는 점에서 학회의 비약적인 발전상을 단적으로 말해준다고 할 수 있다. 이러한 성과가 가능했던 것은 전국적으로 학부 및 대학원에서 문화 콘텐츠학과가 신설되는 분위기와 그에 맞춘 전국문화콘텐츠학과협의회의 결성, 그리고 사회적으로 문화콘텐츠 분야에 대한 관심과 수요가 많아졌기 때문이다.

바로 이 점에서 인문학의 확장으로서 제기된 인문콘텐츠학회의 시도는 시의 적절했으며, 그 정당성을 인정받았다고 할 수 있다. 실제 학회 심포지엄에서는 다른 기존의 학회들이 아주 소수의 인원만이 참가하는 현실과는 다르게, 통상 100명이 넘는 회원들이 참가하여 열띤 관심과 토론이 이루어지곤 하였다.

2대의 활동과 관련하여 추후 몇 가지 시사점을 첨가하고자 한다. 하나는 학회 차원의 해외답사에 관한 것이다. 이후 해외답사는 러시아 지역을 중심으로 한 차례 더 이루어진 것으로 알고 있다. 지금은 그야말로 글로벌 시대이다. 문화콘텐츠 분야도 글로벌 문화콘텐츠로 나가야 한다. 이미 한류가 그것을 증명하고 있으며, 다양한 차원에서 문화콘텐츠 분야도 더욱 글로벌화되어야 한다. 차후 학회에서 주관하는 해외 문화콘텐츠답사가 보다 활발히 이루어질 필요가 있다고 생각한다.

또 하나는『문화콘텐츠입문』후속편의 문제이다. 이 책이 만들어졌을 때에 무엇보다 제목을『문화콘텐츠학입문』이라고 할 것인지를 많이 고민하였다. 그러나 학문이 되려면 방법론과 교육론(수업론)이 정립되어야 한다. 그러한 차원에서 보자면 2006년의 시점은 아직 문화콘텐츠 분야가 학문적 정체성을 확립했다고 보기에는 미흡한 점이 많았다고 판단하여『문화콘텐츠입문』으로 제목을 정하였었다. 현재 학회에서는 후속편을 준비한다고 하는데, 방법론과 교육론이 들어가지 않는다면 역시 '학'을 붙일 수 없을 것이다. 아무쪼록 제대로 된『문화콘텐츠학입문』혹은『문화콘텐츠학개론』이 등장하기를 고대한다.

끝으로는 2대 활동에 있어 활발한 성과가 가능했던 것은 앞에서 밝힌 바와 같이 각 학교를 초월하여 많은 회원들이 일심동체의 마음가짐을 갖고 협조했기 때문에 가능한 것이었다. 바로 그 점이 인문콘텐츠학회의 '初心'

일 것이다. 이제 10주년이 된 시점에서 보자면 학회는 비약적으로 성장했으며, 학회지도 이미 등재학술지가 된 지 오래되었다. 각 대학이나 대학원의 문화콘텐츠학과도 더욱 많이 신설되었다. 이러한 시점에서 더욱 요청되는 것은 학회 초창기의 초심의 태도일 것이다.

3대 회장 임영상(2006~2007): 역사학도에서 응용역사학, 문화콘텐츠학도로

2012년 3월 24일(토) 한국외국어대학교 대학원 글로벌문화콘텐츠학과는 학과설립 10주년 행사를 성대하게 가진 바 있다. 그날은 나의 인생에서 잊을 수 없는 날이 되었다. 후학들이 학과 10주년 행사를 기념하면서, 2012년 2월로 정년퇴임한 이기상 교수와 1952년 임진년생인 나와 이영구, 박희영 교수를 축하해준 것이다. 그런데 그날 외대 교수생활 30년(1982. 3~2012. 2) 시점에 한국외대 역사문화연구총서 4권『구술생애사와 문화콘텐츠를 통해 본 고려인』(신서원, 2012) 책이 나왔다. 지금 나는 고려인뿐만 아니라 중국 조선족. 재일코리안, 그리고 용인사람 연구를 구술사와 문화콘텐츠 두 주제어에 맞추어 진행하고 있다.

2004년 12월 한신대 학술회(주제: 인문학과 문화콘텐츠)에서 나는 1996년부터 2004년까지 역사학도에서 문화콘텐츠학도로 바뀌게 나의 모습을 에세이, 「역사학과 문화콘텐츠」 글을 발표했다(이날 토론자는 현 강집갑 회장). 2003년 가을 1년간의 연구년(2002년 10월 인문콘텐츠학회 창립 발기회원 서면참여)을 마치고 다시 학교에 복귀한 이후 인문콘텐츠학회에 열심히 참여하면서, 나는 대학원 문화콘텐츠학과와 또 2004년 가을학기에 시작한 학부 문화콘텐츠학 연계전공의 토대를 구축하기 위해 심혈을 기울였다. 한편, 2000년 여름 중앙아시아/러시아 고려인 연구를 시작하면서 나는 러시아사 연구자에서 구소련의 고려인, 그리고 2008년부터는 중국의 조선족연구자로 변모했다. 2010년 교양과목으로 용인학(용인시와 산학협력 과정)을 개설하면서부터는 용인지역 연구도 시작하게 되었다.

한 우물을 파지 못한 나의 학문생활, 그러나 후회는 없다. '위기에 처한 인문학'의 활로 모색으로 응용인문학의 영역으로 문화콘텐츠학에 몰입하면서 2007년 1월부터 2008년 12월까지 2년간의 인문콘텐츠학회 제3대 회장 직을 맡았다.

먼저, 나는 보다 많은 한국 대학의 인문학 전공자들이 인문콘텐츠학회가 추구하는 문화콘텐츠(학)를 공유하고자 하는 마음에서 수도권 대학을 순회하는 월례 콜로키엄을 개최했다. 한양대, 경희대, 호서대, 상명대, 중앙대, 경기대, 아주대, 가톨릭대(부천만화영상센터), 연세대, 한양사이버대, 한신대 등 수도권 대학을 찾았다. 콜로키엄위원회를 맡았던 심승구 교수의 수고를 잊을 수 없다. 특별행사로, 전주영화제(2007. 4)와 부산영화제(2008. 10) 기간에 전주대, 경남대와 함께 가진 학술행사, 문화콘텐츠학도들이 관심을 가져야 하는 인문정보기술 워크숍(한국학중앙연구원, 2007. 8. 24~26), 그리고 2008년 1월 60년 만의 추위 속에 우즈베키스탄 실크로드 문화탐방을 가진 것이 기억에 남는다. 끝으로 학문후속세대를 격려하자는 생각에서 산학이사님들의 후원을 받아 대학원생논문발표회와 우수논문을 포상한 행사이다.

2012년 12월 창립10주년을 맞은 인문콘텐츠학회, 큰 발전을 이룬 것을 축하합니다.

2022년 창립20주년 행사에 건강한 모습으로 참여하고 싶습니다. 70 고희의 나이가 되겠지만.

4대 회장 박상천(2008~2010) : 사회적 변화를 주도하는 학회가 되길 바라며

　문화콘텐츠는 인류문화의 패러다임의 변화에 따라 등장한 인류의 새로운 예술이자 놀이이다. 디지털시대의 도래와 함께 등장한 다양한 미디어와 그 미디어에 탑재되어 인간 삶 속 깊숙이 들어온 문화콘텐츠는 우리 삶의 즐거움의 원천이 되었고 규모 큰 산업으로 발전하였다. 이렇게 예술과 결합된 놀이 또는 놀이화된 예술 속에는 이전 시대에는 없었던 다양한 요소들이 융합되어 있는 것을 볼 수 있다. 문화콘텐츠 창작의 원천이 되는 인문학적 요소로부터 시작하여 그것을 구현해내는 최신의 기술과 경제적 부가가치 창출을 위한 비즈니스적 요소까지, 그 속에 담긴 요소들의 스펙트럼은 참으로 넓다. 이런 면에서 보면 문화콘텐츠는 시대의 핵심 키워드인 '융합'을 가장 잘 구현하고 있는 문화의 형태라 할 수 있다.

　그러므로 문화콘텐츠에 대한 교육과 연구는 어느 한쪽에 치우쳐서는 안 된다. 그 속에 융합되어 있는 다양한 요소들을 함께 교육하고 연구하는 것이 바람직하다고 생각한다. 그래서 나는 인문콘텐츠학회 회장으로 재임하는 동안, 인문학자가 중심이 되어 있는 우리 학회가 좀 더 다양한 분야의 전문가들과 함께 이 문제들을 논의하는 것이 바람직하다고 생각했다. 그래서 첫 학술대회를 '문화콘텐츠 대학 교육에서 산학협력 방안'이라는 주제를 택했고 문화콘텐츠 관련 기업의 전문가들과 함께 하는 자리를 마련하였다.

　이후 매년 여름방학을 이용하여 지방에서 학술대회를 개최하면서 다양한 분야와 함께 하는 자리를 마련하고자 노력하였다. 2009년 강릉에서 개최한 여름 학술대회의 주제는 '디지털 환경과 전시콘텐츠'였고 2010년 홍천에서 개최한 여름 학술대회의 주제는 '테마도시 개발과 문화콘텐츠'였다.

　봄, 가을, 겨울에는 주로 서울에서 학술대회를 개최하였는데 2009년 가을 학술대회는 문화콘텐츠산업 발전의 장애가 되는 핵심을 미디어와 자본의 권력화로 보고 이 문제를 '문화콘텐츠 미디어 권력과 자본 권력'이라는 주제로 심도 있게 다룬 바 있고, 2010년 2월에는 '문화콘텐츠 가치 평가'의 문제를 학술대회 주제로 택하기도 하였고 2010년 4월에는 '문화콘텐츠 스토리텔링과 재미'를 다루기도 하였다.

이 외에도 다른 연구기관이나 기업 등과의 협력을 모색하였다. 동국대학교 문화콘텐츠개발센터, 전주대학교 문화산업연구소, 중앙대학교 한국문화유산연구소, 국립문화재연구소, 박물관협회, GLA 등은 모두 학술대회를 통해 우리와 함께 해주었던 기관들이었다.

회장 임기를 시작하는 첫 학술대회의 주제가 문화콘텐츠 교육과 관련된 주제였듯 2010년 마지막 학술대회는 '문화콘텐츠 교육의 방향'이라는 주제로 대토론회를 개최하며 회장 임기를 마무리하였다. 이는 문화콘텐츠 분야의 융합 교육이 그만큼 중요하다는 인식을 가지고 있었기 때문이었다.

문화콘텐츠는 한 시대를 풍미하고 지나가는 유행이 아니다. 그것은 인류 문화의 변화의 과정에서 필연적으로 등장한 새로운 문화의 형태이기 때문이다. 따라서 우리 인문콘텐츠학회는 시대적 변화에 선두에 서 있는 학회라는 자부심을 가지고 문화콘텐츠가 지향해야 할 방향에 대한 더 많은 고민과 모색을 통해, 변화를 앞장 서서 주도하는 학회가 되었으면 한다.

5대 회장 강진갑(2011~2012): 인문콘텐츠학회 10주년을 기념하며

2012년은 인문콘텐츠학회 창립 10주년을 맞는 해이다. 그래서 인문콘텐츠학회는 2011년과 2012년 두 해를 '인문콘텐츠학회 10년, 새로운 10년을 준비'하는 기간으로 정하고, 학회의 내실을 다지면서 새로운 10년을 준비하는 학술사업을 전개하였다. 학회의 가장 중요한 일은 학술 활동을 활발히 하고 그 성과를 생산하는 일이다.

이를 위해 학회 조직을 정비하여, 4개의 위원회를 두었다. 기존의 편집위원회와 출판위원회 외에 학술위원회, 영브레인 운영위원회를 신설하였다. 학술위원회는 학술활동을 강화하기 위해 기존의 학술이사를 확대, 개편한 것이다. 영 브레인 위원회는 교수가 이끌고 대학원생이 참여하는 영브레인 클럽을 운영하였다. 대학원생을 포함한 신진 연구자들의 학회 참여 기회를 확대하고 이들의 연구를 진작시키기 위해 만든 조직이다. 학회가 대학 교수와 전문가 중심으로 운영되다 보니, 대학원 재학생들의 학회 활동 참여가 상대적으로 막혀있었다. 인문콘텐츠학은 신생학문이자, 융복합 학문이기에 우리 학회는 신진연구자들의 적극적인 학회 참여가 필요하다. 그래서 대학원생을 포함한 신진 연구자에게 문호를 활짝 개방하기 위해 만든 위원회이다.

학회 활동은 위원회 중심으로 4개 분야로 나누어 이루어졌다. 편집위원회는 학회 학술활동 강화를 위해 1년에 3회 발간하던 학회지『인문콘텐츠』를 2011년부터 1년에 4회 발간하였다. 이는 학회 회원을 포함한 연구자들의 논문 투고 기회를 확대시켜 회원들의 연구 활동을 뒷받침하고 인문콘텐츠학의 학문적 정립을 위해서 이루어진 일이다.

학술위원회는 2년 동안 5회의 학술회의를 개최하였다. 2011년 4월에는 농촌지역 활성화를 위한 지역자원의 효율적 활용 방안'을 주제로 , 2011년 5월에는 인하대학교와 공동으로 '아시아 문화정책과 지역발전의 현재와 미래'를 주제로 국제학술회의를 열었다. 2011년 11월 인문콘텐츠학회 학술대회는 학회가 심형을 기울려 준비한 학술대회였다. 인문콘텐츠학의 새로운 10년을 준비하기 위해 '인문학과 첨단과학의 만남'을 주제로 정하고 발표자를 2011년 봄부터 공모하였다. 5개 세션에서 17개 논문이 발표되었다. 2012년에는'공간과 재생, 그리고 인문콘텐츠'를 주제로 열린 학술대회에 5개의 논문이 발표되었다. 그리고 2012년 12월 창립 10주년 기념학술대회는

'문화콘텐츠학 회고와 전망'을 주제 인문콘텐츠학회 10년의 학문적 성과를 살펴보고 앞으로의 연구방향을 모색하는 5개의 논문이 발표된다. 이 논문은 학술위원회가 중심이 되어 5개 분과를 조직하고, 각 분과는 4, 5명의 학자로 구성하고 연구는 공동으로 진행하였다. 그 결과 인문콘텐츠학회 연구 성과 10년을 돌아보고 새로운 10년을 준비하는 데 손색이 없는 논문이 발표된다.

영 브레인 위원회는 여러 차례 워크숍과 국내외의 학술탐방을 가졌다. 그리고 그 연구 성과 중 일부를 2011년 11월 학술대회 때 한 세션을 맡아 발표하였다.

출판위원회는 창립 10주년을 기념하는 3종의 출판물을 기획하였다. 문화콘텐츠 입문서를 새로 발간하고, 인문콘텐츠를 쉽게 풀어 쓴 대중서, 그리고 연구자들을 위한 연구서 발간을 준비하였다. 훌륭한 책의 발간을 위해서는 기획과 집필에 많은 시간이 필요하다. 그러므로 그 성과는 2013년 초 문화콘텐츠 입문서 발간에서부터 세상에 선을 보일 수 있을 것이다.

회원 간의 소통을 강화하기 위해 『인문콘텐츠학회 소식지』도 두 차례 발행하였다.

필자는 2002년 1월 초 인문콘텐츠학회 창립을 처음 논의하는 자리에 있었다. 그래서인지 창립 10주년을 맞이하는 소회가 남다르다. 인문콘텐츠학회 창립 이후 10년은 '인문콘텐츠학'을 학문으로 정립하기 위한 모색기였다. 앞으로 10년은 '인문콘텐츠학'이 하나의 학문으로 뿌리내리는 기간이 되기를 기대한다. 그래서 세 번째 입문서가 기획될 때는 책 이름이 '문화콘텐츠 입문서'가 아닌 '인문콘텐츠 입문서'로 발간되기를 기대한다.

6대 회장 박경하(2013~현재): 인문콘텐츠학회 또 새로운 10년의 도약을 지향하며

'문화의 시대'라는 21세기를 맞이하면서, 또 '인문학의 위기'라는 광풍이 학계를 유린하는 현상을 목도하면서 인문학 연구의 새로운 패러다임을 만들자는 꿈들이 모여 '인문콘텐츠학회'라는 작은 씨앗을 심었다. 어렵게 싹을 틔운 '인문콘텐츠'라는 개념은 분과 학문의 전통이 뿌리 깊게 박혀 있는 학계의 풍토 속에서 오해와 질시를 받기도 했지만 꿋꿋하게 자신의 길을 걸어왔다. 학회 창립 10년, 회원 1,000여 명, 최상의 학회 인지도 등 인문콘텐츠학회는 명실상부 인문학 연구의 새로운 패러다임으로 자리하고 있다. 이 모든 것이 열악한 환경에도 불구하고 인문콘텐츠 연구에 헌신했던 연구자들의 열정 덕분이었음을 밝혀둔다.

2002년 이후 한국외대, 호서대, 가톨릭대, 인하대, 한신대, 한양대 등에서 인문학 기반의 문화콘텐츠학과가 신설되었고, 이어서 경상대 건국대 아주대에 학과가 설립되었다. 그리고 학부에서의 문화콘텐츠연계전공은 중앙대를 비롯하여 30여 개 대학에 설치되었다. 올해에는 서경대에서 문화콘텐츠학부를 신설하여 신입생을 받았다.

2005년에는 전국 각 대학에 신설되어 있는 문화콘텐츠 관련 학과의 운영과 교육의 방향성을 공유하고자 '전국문화콘텐츠학과협의회'가 창립되었다. 이러한 움직임은 21세기의 새로운 화두인 '문화의 힘'으로 인간의 삶의 질을 향상시키려는 시대적 요구에 부응하는 활동이면서, 인문학이 시대의 변화에 적응하며 그 가치를 확장시키려는 노력이라고 할 수 있다.

그러나 그동안 10년의 양적 성장에 만족하지 말고, 새로운 10년은 질적 성장을 지향하여야 할 것이다. 매년 학부에서 배출되는 인력이 500여 명이 되고, 적지 않은 수의 석사 박사학위 수여자들이 나오고 있다.

학회에서는 문화콘텐츠학 전공자들의 교육을 돕기 위해 올해 전반기에

『문화콘텐츠 입문』의 개정판을 출간할 계획이다. 8월 하순에는 한국학중앙연구원 김현교수의 주관으로 인문학도가 IT분야를 이해하고 융합연구를 할 수 있는 단기 기초 교육 프로그램을 운영할 예정이다. 또 1년에 두 번 정도 석사 이상의 대학원생들이 논문을 발표하는 기회를 만들어 신진연구자들의 연구성과를 홍보하고, 학계의 평가를 받는 토론의 장을 만들려고 한다.

올 3월에 학회의 전문학술지인『인문콘텐츠』28호가 발행되었다. 앞으로 10여 년 내에 이 학회지가 A&HCI 등과 같은 국제저널에 등재되는 수준으로 발전되어야 할 것이다.

학회가 이러한 성장을 하기 위해서는 회원 여러분들의 적극적 관심과 참여가 필수적이다. 학회를 창립할 때의 초심으로 돌아가 또 다른 10년의 도약을 기대한다.

인문콘텐츠학회 10년 약사(略史)

2002년

학회 창립을 위한 10개월의 준비기간 동안 총 12회의 준비모임이 있었다. 이 중 중요한 결정사항이 있었던 모임을 제시하였다.

■ 학회 창립준비모임(2002. 1. 18)
준비위원장: 박경하(중앙대)
조직 및 문건: 김기덕(건국대)
사무간사: 오계화(건국대)

■ 제3차 준비모임(2002. 2. 24)
학회 정체성 확립을 위한 워크숍 개최
〈발표〉 김기덕: (가칭) 한국전통문화콘텐츠연구회가 나아갈 방향
　　　　강진갑: 디지털 문화콘텐츠산업에서 인문학(자)의 역할

■ 제6차 준비모임(2002. 5. 11)
준비위원장 교체 선임: 이해준(공주대)

■ 제7차 준비모임(2002. 5. 30)

학회 명칭 확정: 인문콘텐츠학회

발기문 작성: 김기덕

■ 제10차 준비모임(2002. 8. 30)

창립기념 심포지엄 주제발표를 위한 예비워크숍 개최

■ 제11차 준비모임(2002. 9. 18)

준비위원장 교체 선임: 김교빈(호서대)

■ 제12차 준비모임(2002. 10. 2)

창립을 위한 마지막 준비모임(집행부 예비구성)

■ 〈인문콘텐츠학회〉 창립대회 및 창립기념 심포지엄

(2002년 10월 25일, 건국대학교 종합강의동 멀티미디어실)

주제: 왜 인문콘텐츠인가?

1. 콘텐츠의 개념과 인문콘텐츠

　　김기덕(건국대)

2. 인문콘텐츠와 인문정책의 방향

　　박경하(중앙대)

3. 인문학과 지식정보화

　　이남희(고려대)

4. 검안이 보여주는 범죄현장들, 그 생생한 역사의 이야기

　　김호(서울대)

5. 인문콘텐츠 제작사례: 경기도 문화유산 가상현실시스템 구축사업을
중심으로

　　강진갑(경기문화재단)

6. 출판콘텐츠 개발과 인문학자의 역할

　　강웅천(한국생활사박물관)

종합토론사회: 주영하(한국정신문화연구원)

토론: 김한준(포스트미디어), 황경선(틴하우스), 김동전(제주대학교)

■ 제1회 학술발표회(2002. 12. 21, 건국대)

1. 인문지식과 정보기술의 접합점

　　김현(한국과학기술정보연구원)

2. 문화콘텐츠산업과 인문학자들의 역할

　　김영애(다할미디어)

2003년

■ 제2회 학술발표회(2003. 2. 7, 경북 안동 국학연구원)

1. 영상콘텐츠 활용도구개발 사례

　　김정태(한국외국어대학교)

2. 사이버 전통한옥마을 세트개발사례

　　유동환(여금)

■ 제3회 학술발표회(2003. 3. 3, 건국대)

1. 문화 차이와 콘텐츠 비즈니스 전략

　　데레사 심(미국 롤라마운틴대학)

■ 제4회 학술발표회(2003. 5. 2, 건국대)

1. 콘텐츠 비즈니스와 인문콘텐츠

　　심상민(호서대)

■ 학회지 창간호 발간(2003. 6. 12)

주제: 왜 인문콘텐츠인가?

■ 2003년도 춘계 심포지엄(2003. 6. 13, 경기대)

주제: 문화콘텐츠 인력향성 교육과정의 현황과 과제

1. 학부 관련 교과과정 및 교육 프로그램

　　신광철(한신대)

2. 대학원 관련 교과과정 및 교육 프로그램

　　김교빈(호서대)

3. 대학교 콘텐츠관련 연구소의 프로그램 및 활동방향

　　조병로(경기대)

4. 사회교육기관 실무 중심 교육 프로그램의 검토

　　안이영노(문화기획가)

5. 문화콘텐츠 개발전문가 양성프로그램 −외국사례를 중심으로

　　최남희(서울여자간호대학)

종합토론사회: 김기덕(건국대)

토론: 최혜실(KAIST), 고기정(한양대), 이효걸(안동대), 황경선(틴하우스), 최충

　　옥(경기대)

■ 제5회 학술발표회(2003. 8. 29~30, 카이스트)

1. 문화콘텐츠 수업사례 발표

　　최혜실(카이스트 교수)

2. 한국문화콘텐츠진흥원 교육아카데미 프로그램의 검토

　신광철(한신대 교수)

■ 2003년도 추계심포지엄(2003. 11. 21, 건국대학교 본관 소강당)

주제: (동북아 문화허브 구축을 위한) 한중일 문화원형콘텐츠 개발과 문화산업

　　정책

1. 한국의 문화전통과 문화원형콘텐츠 개발

　발표자: 박경하(중앙대 교수)

　토론자: 김영애(다할미디어 대표)

2. 한국의 문화콘텐츠산업의 현황과 과제

　발표자: 최혜실(카이스트 교수)

　토론자: 윤용중(한국문화관광정책연구원)

3. 일본의 문화전통과 문화원형콘텐츠 개발

　발표자: 정재서(이화여대 교수)

　토론자: 전윤경(FAM BANK 대표, 한겨레 문화콘텐츠 기획시나리오 강사)

4. 중국의 문화원형콘텐츠 개발현황과 문화산업정책

　발표자: 송진영(수원대 교수)

　토론자: 주영하(한국정신문화연구원 교수)

진행사회: 박상천(한양대 국문과 교수)

토론사회: 이남희(원광대 한국문화학과 교수)

■ 제6회 학술발표회(2003. 12. 19, 건국대학교)

유비쿼터스의 개념과 이해

정택영(한국과학기술정보연구원 정보기술지원실장)

2004년

■ 2004년도 동계 심포지엄(2004. 2. 14, 부산 동의대학교 산학협력관)

주제: 문화콘텐츠 개발과정의 인문학적 조명

1. 역사문화콘텐츠 개발사례 −중세 유럽의 성당과 성채탐방을 중심으로

　발표자: 박순준(부산 동의대 교수)

　토론자: 변기찬(부산 외국어대 교수), 조관연(한국외국어대 책임연구원)

2. 애니메이션 제작과정과 인문학의 활용 −〈원더풀데이즈〉의 사례를 중심으로

　발표자: 황경선(틴하우스 부사장)

　토론자: 이효걸(안동대 교수), 전윤경(팸뱅크 대표)

■ 제7회 학술발표회(2004. 5. 24, 건국대학교)

1. 컴퓨터게임과 내러티브

　발표자: 류현주(부산 외국어대 통번역대학원 한영과 교수)

　토론자: 최혜실(경희대학교 국문학과 교수)

2. 방송콘텐츠로서의 한국설화

　발표자: 한소진(방송작가, 중앙대 문학박사)

　토론자: 박성미(다큐코리아 대표)

■ 2004년도 전반기 학술심포지엄(2004. 6. 10, 경기문화재단)

주제: 효문화 콘텐츠의 기획 및 개발

사회: 박상천(한양대 문화콘텐츠학과 교수)

주제발표

① 효의 사회문화적 함의

　발표자: 조관연(한신대 디지털문화콘텐츠학과 교수)

토론자: 공임순(서강대 국문학과 교수)

② 경기도 효문화를 통해 본 한국문화원형의 디지털 콘텐츠 기획

　　발표자: 김영애(다할미디어 대표, 중앙대문화콘텐츠학과 겸임교수)

　　토론자: 정규훈(국학연구소장, 총신대 사회교육원 교수)

③ 효문화 관련 영화의 분석과 전망

　　발표자: 신광철(한신대 디지털문화콘텐츠학과 교수)

　　토론자: 김기봉(경기대 사학과 교수)

④ 애니메이션 세계에 나타난 효사상과 대안제시

　　발표자: 전윤경(성결대 교양학부 교수, Im미디어 대표)

　　토론자: 황경선(틴하우스 부사장)

⑤ 효문화 관련 교육콘텐츠의 분석 및 기획

　　발표자: 고기정(교육콘텐츠 기획전문가)

　　토론자: 김덕균(성산효도대학원대학교 효학과 교수)

⑥ 경기도 효 프로젝트의 방향과 과제

　　발표자: 윤한택(경기문화재단 문예진흥실장)

　　토론자: 유동환(여금 대표)

■ **학술발표회**(2004. 10. 7, 경희대학교)

주제: 애니메이션과 게임에서의 내러티브

발표 1: 애니메이션과 서사

　　　　박기수(한양대 국문과 강사)

발표 2: 온라인게임의 스토리텔링

　　　　강호정(경희대 국문과 대학원)

■ **2004년 하계 학술심포지엄**(2004. 8. 20, 목포대학교)

주제: 인문학과 문화콘텐츠

발표 1: 인문학과 시나리오 교육 −필요성과 효용

　　　발표자: 전윤경(성결대 교수)

　　　토론자: 박기수(한양대), 조용호(목포대)

발표 2: 문화콘텐츠사업 참여에 있어 인문학자의 역할 −몇 가지 문제점

　　　을 중심으로

　　　발표자: 유동환(한신대 겸임교수)

　　　토론자: 최한선(남도대학), 이헌종(목포대)

발표 3: 디지털역사정보시스템 구축의 현황과 과제

　　　발표자: 이건식(한국정신문화연구원)

　　　토론자: 이남희(원광대), 고석규(목포대)

■ 2004년 추계 학술심포지엄(2004. 11. 12, 한양대학교)

주제: 디지털콘텐츠와 내러티브

주최: 인문콘텐츠학회, 한양대학교 CT 특성화 사업단

1. 개회식− 사회: 신광철(한신대)

　　1) 개회 인사: 김교빈(인문콘텐츠학회 학회장)

　　2) 환영 인사: 이영무(한양대 학술연구처장)

2. 학술발표− 사회: 박기수(한양대)

　　1) 정보시스템 구축의 서사구조

　　　발표자: 이건식(한국정신문화연구원)

　　　토론자: 한문희(누리미디어상무, 홍익대)

　　2) 디지털콘텐츠 서사의 기호학적 접근

　　　발표자: 송치만(건국대)

　　　토론자: 백승국(동의대)

　　3) 뮤직비디오 이미지와 서사의 상관

　　　발표자: 최민성(한양대)

토론자: 김규양(뮤직멜론 대표, 음악감독)

4) 종합토론

■ 2004년도 동계 학술심포지엄(2004. 12. 10, 건국대학교)

주제: 우리문화원형 디지털콘텐츠 아카이브의 활성화 방안

주최: 문화관광부

주관: 인문콘텐츠학회, 한국문화콘텐츠진흥원

1. 문화원형 디지털콘텐츠사업의 사회적 효용

　발표: 김기덕(건국대), 토론: 전윤경(성결대)

2. 문화원형 디지털콘텐츠 종합사이트 분석

　발표: 유동환(여금 대표, 한신대), 황경선(틴하우스)

3. 문화원형 디지털콘텐츠사업에 있어 저작권 문제

　발표: 이호홍(저작권심의조정위원회), 신각철(성균관대)

4. 문화원형 디지털콘텐츠의 산업적 활용전망

　발표: 심상민(호서대), 최혜실(경희대)

의례사회: 김성민(총무이사, 건국대)

발표진행사회: 임영상(한국외국어대)

종합토론사회: 신광철(한신대)

■ 2004년도 지방 학술심포지엄(2004년 12월 14일, 제주대학교)

주제: 제주문화와 문화콘텐츠산업

주최: 인문콘텐츠학회 · 제주시 · 제주지식산업진흥원

주관: 제주대학교 탐라문화연구소 · 제주지식산업진흥포럼

1. 개회식

　사회: 윤용택(제주대 교수)

　개회사: 김인환(제주지식산업진흥원장)

축사: 부만근 제주대 총장

인사말: 김교빈(인문콘텐츠학회장, 호서대 교수)

2. 1부 발표

좌장: 허남춘(제주대 교수)

- 문화 콘텐츠 산업의 현황과 전망

신광철(한신대 교수)

- 한국문화콘텐츠진흥원의 사업성과와 과제

임학순(한국문화콘텐츠진흥원)

지정 토론: 김영애(다할미디어 대표), 전윤경(성결대 교수)

3. 2부 발표

좌장: 현승환(제주대 교수)

- 인문 영상 자료의 산업적 활용

박성미(다큐코리아 대표)

- 지역문화콘텐츠와 테마파크 −양평과 홍성의 사례를 중심으로

최혜실(경희대 교수)

지정 토론: 김기덕(건국대 교수), 강정식(제주대 강사)

4. 3부 발표

좌장: 박찬식(제주대 강사)

- 제주 지역의 뷰티 문화 콘텐츠

김인환(제주지식산업 진흥원장)

- 문화콘텐츠와 제주의 역사문화

김동전(제주대 교수)

지정토론: 김동화(제주도 정보화담당관실), 이동철(제주대 교수)

5. 종합토론

좌장: 조성윤(탐라문화연구소장)

2005년

■ 2005년도 지방 학술심포지엄(2005. 2. 25~26, 경주 위덕대학교)

주제: 문화콘텐츠산업과 경주문화 −경주의 미래를 제시한다

주관: 인문콘텐츠학회, 위덕대 신라학연구소

후원: 경상북도, 경주시, 경북전략산업기획단, 경북디지털콘텐츠협의회

협찬 : 경주꽃마을한방병원

1. 개회식− 사회: 이정옥(위덕대 신라학연구소장)

2. 1부 발표− 사회: 임영상(한국외국어대 교수)

　① 경상북도의 문화콘텐츠산업 정책

　　발표: 박성환(경상북도 문화관광국장)

　　토론: 배영동(안동대 교수), 신광철(한신대 교수)

　② ESODO CT산업과 문화원형 −실제사례를 통한 Solution과 Application

　　발표: 김진희(ESODO 대표)

　　토론: 황경선(틴하우스 부사장), 이정(민족네트워크 대표)

3. 2부 발표− 사회: 이남희(원광대 교수)

　① 한류의 중심 〈겨울연가〉 속 문화콘텐츠 −〈겨울연가〉 내러티브 전략 분석

　　발표: 백승국(한국외대 문화콘텐츠학과 교수)

　　토론: 문광부 혹은 콘텐츠진흥원 관계자, 전윤경(성결대 교수)

　② 지역 축제의 문제점과 대안

　　발표: 안이영로(호서대 교수)

　　토론: 박동희(동국대 교수), 박홍국(위덕대 박물관장)

4. 종합토론− 사회: 김기덕(건국대 교수, 인문콘텐츠학회 부회장)

위덕대 총장 초청 리셉션(예이제)

답사 세부일정(2005. 2. 26, 토)

  8:00 아침식사(보문 맷돌순두부)

  9:00 경주 답사(남산, 안내 박홍국 위덕대 박물관장)

  12:00 점심식사(사찰음식 발우)

  13:00 경주 답사(남천 일대 및 꽃마을한방병원, 안내 이정옥)

  15:00 해산

■ 정기총회(2005. 2. 25, 경주 위덕대학교)

김기덕 부회장을 새 회장으로 선출, 임원 선임을 위임

■ 석사학위 논문발표회(2005. 4. 6, 건국대학교)

제1발표: 서사무가 〈바리공주〉의 매체서사적 연구 - 원 소스 멀티 유즈
를 위한 시론

  김윤희(경희대 국문과 박사과정)

제2발표: 문화콘텐츠학의 체계정립을 위한 기반 구축에 대한 연구 - 분
과학문으로서의 위상 정립을 중심으로

  태지호(한국외국어대 문화콘텐츠대학원 석사졸업)

■ 극단 그림연극 후원(2005. 4. 21~5. 8)

극단 그림연극 아홉 번째 정기공연

억척어멈 〈Mutter Courage und Ihre Kinder〉

후원: 한국브레히트학회/인문콘텐츠학회

일시: 2005. 4. 21~2005. 5. 8

장소: 문예진흥원 예술극장 소극장

■ 학회 일본 문화탐방(2005. 4. 22~25)

22명 참가, 자세한 사항은 본 책에 수록된 '해외현장 탐방' 코너 참조

■ 2005년 춘계 학술심포지엄(2005. 5. 27, 전주대학교)

주제: 전주전통문화도시 조성을 위한「전주 전통문화콘텐츠산업 육성

　　　전략 포럼」

일정: 2005년 5월 27일(금)

장소: 전주대학교 비전홀

주최: 전주대 전통문화 X-edu사업단

주관: 인문콘텐츠학회

후원: 전주시·전라북도

1. 개회식

　　개회사: 주명준(전주대 누리사업단장)

　　축사: 김기덕(인문콘텐츠학회장)

　　격려사: 이남식(전주대 총장)

2. 기조발제

　　주제: 전주전통문화중심도시 조성 방향

　　발표: 조운기(전주시 전통문화추진단장)

3. 제1부 학술발표

　　① 제1분과: 전주 전통문화중심도시 정책개발 방안

　　　사회: 송화섭(전주대)

　　　발표: 정광렬(한국문화관광정책연구원)

　　　토론: 박경하(중앙대), 한동숭(전주대), 이종민(전북대), 강봉룡(목포대),

　　　박홍국(위덕대), 조희숙(전주시청), 김진석(전북발전연구원), 안성호(충북

　　　대), 신광철(한신대), 김태식(연합통신), 최진호(도의원), 김광신(전주대)

② 제2분과: 전주 전통문화콘텐츠 비즈니스 전략

　　사회: 최종렬(전주대)

　　발표: 전충헌(디지털문화콘텐츠코리아연합)

　　토론: 이남희(원광대), 이상훈(전북대), 조관연(한신대), 한승용(전주대), 김성남(예원대), 김기덕(건국대), 김은주(전주대), 최혜실(경희대), 김광수(부룩소 대표), 김수훈(samG에니메이션), 김기상(한국전통문화재단), 박성배(아포), 박소연(전주대)

③ 제3분과: 전주 전통문화콘텐츠 기술개발 방안

　　사회: 고선우(전주대)

　　발표: 유동환(여금)

　　토론: 권수태(전주대), 안진(전북대), 강진갑(경기문화재단), 성완기(전주시의원), 윤열수(가회박물관), 이경찬(원광대), 강진하(전북대), 김성민(건국대), 문승현(국립문화재연구소), 장호수(문화재청), 김은숙(전주대), 박소연(전주대)

4. 제2부 종합발표(18:00~19:00)

사회: 김승종(전주대)

■ 2005년 하계 학술심포지엄(2005. 6. 3, 한국외국어대학교)

주제: 술문화콘텐츠

사회: 임영상(한국외대 사학과, 인문콘텐츠학회 부회장)

축사: 안병만(한국외국어대학교 총장), 김기덕(인문콘텐츠학회 회장)

1. 1부 발표

　– 중국의 문인과 술문화콘텐츠

　　이영구(한국외대 중국어과)

　– 프랑스 와인과 술문화콘텐츠

　　이재영(한국외대 불어과)

- 한국 술문화콘텐츠의 원형연구

  심승구(한국체대)

  토론: 조관연(한신대), 배우성(서울시립대)

2. 2부 발표

- 푸드 코디네이션과 식품 패키지 그리고 술문화콘텐츠

  강홍준(푸드코디네이터)

- 국순당의 술문화콘텐츠와 문화/기호마케팅 전략

  백승국(한국외대 문화콘텐츠학과)

  토론: 안이영노(호서대), 최용호(한국외대)

3. 종합토론

  사회: 신광철(한신대)

리셉션: 칵테일파티, 각국 전통주 소개(한국외대 신본관 야외광장)

■ 한국문화콘텐츠진흥원 「문화원형 창작소재 중장기 로드맵수립」 용역수주
  (2005. 6~11)

(인문콘텐츠학회, 가톨릭대 산합협력단, 한국애니메이션제작자협회 콘소시움)

■ 학회지 제5호 발간(2005. 6. 30)

■ 2005년도 추계 학술심포지엄(2005. 9, 경희대학교)

일시: 9월 27일(화) 오후 1시~6시

장소: 경희대학교 중앙도서관 시청각실

주제: "한류 현상의 인문학적 성찰과 한류 지속 방향 모색"

사회: 김종회(경희대 국문과 교수)

제1주제: 한류가 한류를 넘어서기 위한 인문학적 성찰

  발표: 박기수(한양대 문화콘텐츠학과 교수)

　　토론: 김기봉(경기대 사학과 교수)

제2주제: 한류 현상의 이야기 구조

　　발표: 최혜실(경희대 국문학과 교수)

　　토론: 황영미(영화평론가, 숙명여대 교수)

제3주제: 한류 지속을 위한 현지화 전략 연구: 일본을 중심으로

　　발표: 권연수(세명대학교 일문과 교수)

　　토론: 사와다 교수(한양여자대학)

제4주제: 한류 지속을 위한 정책 방향과 산업화 방안

　　발표: 유병혁(문광부 문화산업정책과장)

　　토론: 박선영(건국대학교 마케팅학과 교수)

토론사회: 백승국(한국외국어대학)

■ 대학원 논문발표회

시간: 2005년 10월 14일(금) 오후 3시 - 6시

장소: 한국외대 대학원 6402호

1. 문화콘텐츠로서의 살아온 이야기 연구

　　김예선(건국대)

2. 가상전시의 설계와 구현에 관한 연구

　　김희경(한국외대)

3. 무형문화의 복원과 재현을 통한 문화콘텐츠 개발 방안 연구 −조선시
　　대 민의상달제도 신문고를 중심으로

　　김민옥(한국외대)

■ 학회 하반기 워크숍

일시: 2005년 9월 23일(금) 오후 2시∼6시

장소: 건국대학교 문과대학 교수동 301호

주제: 문화원형과 문화원형콘텐츠화사업

1. 문화원형의 이론과 우리 문화원형 개념

제1주제: 문화원형의 다양한 이론들

발표: 김재영(서강대)

제2주제: 우리 학문의 입장에서 본 문화원형: 민속학을 중심으로

발표: 배영동(안동대)

토론: 송태현(한국외대), 장장식(국립민속박물관), 심승구(한국체대)

2. 문화원형디지털콘텐츠화사업

제3주제: 창작소재로서의 문화원형

발표: 송성욱(가톨릭대)

제4주제: 문화원형의 활용과 문화원형콘텐츠화사업

발표: 김영애(다할미디어)

토론: 황경선(틴하우스), 김호(경인교대), 유동환(여금 대표)

사회: 김교빈(호서대)

■ 학회 정기총회 및 송년회

시간: 2005년 12월 23일(금) 오후 3시~6시(이후 송년모임)

장소: 건국대학교 산학협력관 322호

1. 전통문화와 음악콘텐츠 개발

김진순(코리아루트 대표)

2. 성공하는 캐릭터 개발

김시범(캐릭터라인 대표)

3. 월트디즈니 테마파크 사례연구

이형주(이마주 대표)

2006년

■ 『문화콘텐츠입문』(북코리아) 발간(2006. 2)

학회원 27명 필자 참여

2006년 문화관광부 우수학술도서 선정

■ 한국문화콘텐츠진흥원 「문화원형 창작소재 중장기 로드맵수립」 용역수주
  결과물 발간(2006. 4; 연구책임자 최혜실)

인문콘텐츠학회, 가톨릭대학교 산학협력단, 애니메이션제작자협회 공
동 참여

■ 문화콘텐츠 기술강좌(2006. 4. 29, 건국대학교)

제1주제: 하이퍼텍스트 구현기술(김현)

제2주제: 멀티미디어콘텐츠 제작기술(김진용)

제3주제: 디지털 콘텐츠 팩토리(이상훈)

■ 대학원 논문발표회(2006년 6월 23일, 한국외국어대학교)

1. 무형문화재를 소재로 한 디지털 영상콘텐츠 개발에 관한연구
   오정심(한국외대)

2. 드라마 테마파크 콘텐츠 기획에 관한 연구-MBC 드라마를 중심으로
   장해라(한국외대)

3. 소비자중심 4C모델에 기반한 에듀테인먼트콘텐츠 분석/기획 모델
   연구
   임동욱(한국외대)

4. TV드라마의 성공적인 파생상품 창출요인 분석
   김훈(추계예대)

5. 전통 민요의 현장문화콘텐츠화 방향 연구 -양주 상여, 회다지 소리
   를 중심으로
   유효철 외(건국대)
6. 사이버소설과 사이버소설 원작영화의 서사요소 비교연구
   안숭범(경희대)
7. 애니콜 TV 광고의 분석
   박사문(경희대)
8. 에듀테인먼트의 기호학적 분석 -스토리텔링을 중심으로
   성재식(인하대)
9. 지역문화 콘텐츠 개발을 위한 문화 기호학적 방법론
   이미정(인하대)

■ 학회 홈페이지 개편
누리미디어 작업
학회지 검색 및 다운 가능

■ 학회지『인문콘텐츠』학진등재후보 신청
하반기 결과통보

■ 인문콘텐츠총서 간행 결정
총서간행위원회(위원장 김교빈) 결성

■ 일본문화콘텐츠 답사
동경 일원

■ 지방학술발표회 및 부상영화제 참가(2006. 10. 13~14)

제1발표: 문화콘텐츠 탐사 프로그램의 의의와 사례

　　신광철(한신대 중국문화정보학부 디지털문화콘텐츠학과 교수)

제2발표: 영상을 활용한 문화사 수업 사례

　　박순준(동의대 사학과 교수)

제3발표: 기호학을 활용한 문화콘텐츠 수업 사례

　　백승국(인하대 문화콘텐츠학과 교수)

제4발표: 문화콘텐츠 수업이 어려운 이유와 대처방안

　　황경선(씨네웰 대표)

부산영화제 단체 관람

부산 거리문화답사 및 민주공원 답사

■ 하반기 학술심포지엄 개최(2006. 11. 18)

주제: 문화콘텐츠와 지역문화

후원: 한국학중앙연구원

1. 제1부

　사회: 임영상(한국외국어대학교 사학과 교수)

　기조발표 1: 지구지역화와 문화콘텐츠

　　　이기상(한국외국어대학교)

　기조발표 2: 향토문화전자대전 편찬의 문화사적 의미

　　　박동준(한국학중앙연구원)

2. 제2부

1) session 1: 지역문화콘텐츠의 발굴과 활용

　사회: 송화섭(전주대학교 문화관광학부)

　① 지역문화콘텐츠 개발의 이론과 실제 −축제를 중심으로

　　발표: 류정아(한국문화관광정책연구원 책임연구원)

토론: 임선빈(충청남도 역사문화원 연구위원)

② 지역문화콘텐츠와 지역산업 개발

발표: 조창희(문화관광부 문화산업국장)

토론: 전산(KBS PD, 건국대학교 예술문화대학 겸임교수)

③ 영상콘텐츠 속의 지역공간과 지역문화

발표: 신광철(한신대학교 중국문화정보학부 교수)

토론: 이기만(역사만들기 대표)

④ 지역문화콘텐츠 개발사례

발표: 고석규(목포대학교 역사문화학부 교수)

토론: 이기만(역사만들기 대표)

⑤ 지역문화콘텐츠의 교육적 활용 방안

발표: 김영순(인하대학교 사회교육학과)

토론: 김호(경인교대 사회교육과 교수)

2) session 2: 향토문화전자대전 콘텐츠 제작 프레임워크

사회: 정진영(안동대 사학과)

① 향토문화 분류체계와 전자대전 항목 구성체계의 접합 방안

발표: 김백희(한국학중앙연구원 연구원)

토론: 장동표(부산대학교 교양교육원 교수)

② 지역별 향토문화 항목개발 프로세스 운영체계

발표: 강병수(한국학중앙연구원 선임연구원)

토론: 김영애(다할미디어 대표)

③ 향토문화 콘텐츠의 메타데이터 형식 및 텍스트 집필 지침

발표: 김창겸(한국학중앙연구원 선임연구원)

토론: 유동환(여금 대표, 한신대학교 디지털문화콘텐츠학부 겸임교수)

④ 향토문화 하이퍼텍스트 구현을 위한 XML 요소 처리 방안

발표: 김현(한국학중앙연구원 전문위원)

토론: 이남희(원광대학교 한국문화학과 교수)

⑤ 향토 인물 정보의 형식 표준화 및 종합적 연계 활용 방안

발표: 양창진(한국학중앙연구원 전문위원)

토론: 한문희(누리미디어 상무이사)

⑥ 산업 관련 항목 콘텐츠 개발 방안

발표: 곽병훈(한국학중앙연구원 연구원)

토론: 이병민(한국문화콘텐츠진흥원 정책개발팀장)

3. 제3부

종합토론: 지역문화콘텐츠 창출의 새 방향

사회: 김기덕(건국대 문화콘텐츠전공교수, 인문콘텐츠학회장)

■ 총준위 개최(2006. 12. 13)

회장, 부회장 전원, 위원장 전원, 집행이사 2인, 산학이사 2인

■ 학회지『인문콘텐츠』한국학술진흥재단 등재후보지 선정

■ 학회 정기총회 개최(2006. 12. 28)

■『인문콘텐츠』8호 발간(2006. 12. 30 간기)

특집논문 6편, 일반논문 11편 수록

■ 학회 정기총회(2006. 12. 28, 건국대)

임영상(한국외대) 신임 회장 및 임원진 선출

2007년

■ 학회 임원 상견례 및 임시총회(2007. 1. 11, 한국외대)

신입임원 상견례

학회 발전방향 토론

■ 학회 겨울 중국 운남성 역사·민속 답사(2007. 1. 28~2. 5)

■ **3월 콜로키엄**(2007. 3. 9, 한국외대)

제1발표: 문화콘텐츠와 스토리텔링

　　류은영(한국외대 교수)

제2발표: 시멘틱 웹 시대의 문화콘텐츠

　　김상헌(누리미디어 이사)

■ **4월 콜로키엄**(2007. 4. 6, 한양대)

제1발표: 만화스토리텔링의 핵심코드, 컨벤션의 이해

　　조희권(한양대 교수)

제2발표: 가상현실과 문화유산

　　강진갑(한국외대 교수)

■ **지방학술발표회 및 전주영화제 참가**(2007. 4. 27)

제1주제: 전주국제영화제의 어제·오늘·내일

　　발표: 신광철(한신대 교수)

제2주제: 다큐멘터리 생각하며 즐기기

　　발표: 조관연(상명대 강사)

제3주제: 디지털영화 스토리텔링 전략 해부하기

　발표: 박유희(서울예술대 강사)

패널: 왕치현(인하대 교수), 김은주(전주대 교수), 최혜실(경희대 교수)

전주영화제 관람

■ 인문콘텐츠학회·전주대학교 공동 학술대회(2007. 4. 28)

주제: 지역공간, 지역문화, 영상콘텐츠산업

장소: 전주대학교 JJ아트홀

제1주제: 전북지역 혁신사업과 영상콘텐츠 산업

　발표: 최종렬(전주대 문화관광학부 교수)

제2주제: 전국 영상테마파크의 현황과 전북 지역 영상테마파크의 전망

　발표: 이형주(이마주 대표)

제3주제: KBS전주방송국 제작 '고려인' 영상콘텐츠 제작 사례와 의의

　발표: 김정기(KBS PD), 방일권(일제강점하강제동원피해진상규명위원회)

제4주제: 우랄·시베리아의 원로 '고려인' 구술생애사 연구와 영상콘텐
츠의 활용

　발표: 임영상(한국외대 대학원 문화콘텐츠학과 교수)

제5주제: 전북지역 인적자원 및 문화자원을 활용한 영상콘텐츠 제작 사례

　발표: 김은주(전주대 연극영화학과 교수)

패널: 설기환(한국문화콘텐츠진흥원 본부장), 이환주(전라북도 전략산업국장), 한승
룡(전주대 교수), 이상훈(전북대 교수), 유동환(호서대 교수)

■ 5월 콜로키엄

제1발표: 테마영화제와 스토리텔링

　강윤주(경희사이버대 교수)

제2발표: 스토리텔링과 스토리리텔링

　　조은하(우송대 교수)

■ 6월 콜로키엄
제1발표: 지역발전과 축제콘텐츠 활용

　　류정아(한국문화관광정책연구원 책임연구원)

제2발표: 여수 영당의 역사와 지속 가능한 민속 경관 전략

　　이윤선(목포대)

■ 『인문콘텐츠』 9호 발간(2007. 6. 30)

■ 제1회 CT포럼 개최(2007. 7. 4, 콘텐츠센터)
제1발표: 문학과 CT의 상생 전략

　　박기수(한양대 국제문화대학 문화콘텐츠학과)

제2발표: 디지털시대 역사학의 소통과 전망

　　심승구(한국체육대 교양학부)

제3발표: 디지털문명의 종교적 구조에 대한 성찰

　　신광철(한신대 디지털문화콘텐츠전공)

제4발표: 문화콘텐츠 기획기술 모델의 철학적 모색

　　유동환(호서대학교 문화기획학과)

패널: 이돈룡, 조정희, 한소진, 황준석

■ 제2회 CT포럼 개최(2007. 8. 24~25, 한국학중앙연구원)
제1발표: 인문학도가 필수적으로 알아야 할 정보 기술

　　이건식(한국학중앙연구원)

제2발표: 인문정보학이란 무엇인가?

김현(한국학중앙연구원)

■ 인문정보기술 워크숍(2007. 8. 24~26, 한국학중앙연구원)

제1강의: XML 발달의 역사, XML 관련 기술의 이해

제2강의: XML 전자문서 설계 기술(DTD 개발 실습)

제3강의: XML 문서제작 기술(Visual Web Developer 활용 실습)

제4강의: 전자문서의 표현(스타일시트의 개념, XSLT 구현 기술)

제5강의: 데이터베이스의 이해

제6강의: 데이터베이스 관리 시스템 운영 기술(MS SQL 2005 활용 실습)

제7강의: XML 문서와 데이터베이스의 결합 기술(XML Database)

제8강의: XML 데이터베이스의 설계와 활용

■ 9월 콜로키엄(2007. 9. 17, 호서대)

제1발표: 음악과 디지털 기술

김영선(호서대 디지털음악과)

제2발표: 예술로서의 테마파크, 기술로서의 테마파크

유동환(호서대 문화기획학과)

■ 10월 콜로키엄 및 제3회 CT포럼(2007. 10. 12, 상명대)

제1주제: 디지털 헤리티지와 관련된 문화재청의 복원사례와 문화콘텐
츠로의 활용방안

발표: 강경환(문화재청 문화재활용과장)

제2주제: 한국문화유산의 디지털콘텐츠화 연구

발표: 강진갑(한국외대)

제3주제: 역사다큐에서의 연출과 CG를 이용한 재구성 —NHK의 신·구
    실크로드를 중심으로
    발표: 조관연(상명대)
패널: 김광신(디지털 에볼루션), 이남희(원광대), 민경배(경희사이버대), 박순준
    (동의대)

■ 11월 콜로키엄(2007. 10. 29, 중앙대)
제1주제: 프랑스에서 한국 만화의 이름 찾기: 문화기호학적 탐구
    발표: 이수진(서강대 & SICAF)
제2주제: Digital Pedagogy
    발표: 문만기(중앙대)

■ 대학원 우수논문 발표(2007. 10. 29, 중앙대)
박사과정 2편: 김희경(한국외대 대학원 문화콘텐츠학과), 이혜정(백석대학 대학원
    기독교철학과)
석사논문 3편: 원지영(한국외대 대학원 문화콘텐츠학과), 이상용(중앙대 예술대학
    원 문화콘텐츠학과), 이윤성(중앙대 예술대학원 문화콘텐츠학과)
대학원 우수논문 수상자: 김희경, 이상용

■ 논문 시상에 협찬한 산학이사
김광신(디지털 에볼루션 대표), 김영애(다할미디어 대표), 박성미(DK미디어 대표),
이찬규(북코리아 대표)

■ 전국문화콘텐츠학과 협의회 워크숍(2007. 11. 2~3, 에버랜드)
제1발표: 테마파크의 현황과 과제
    김영곤(강남대)

제2발표: 해양영웅 테마파크의 구상과 지방문화원형의 활용

　　고석규(목포대)

제3발표: 꿈의 미래 영상, 테마파크 어트랙션과 특수영상

　　유동환(호서대)

제4발표: 문화원형사업의 전략과 비전

　　김기헌(한국문화콘텐츠진흥원)

■ **3개 학회 공동 CT포럼**(2007. 11. 21, 프레스센터)

제1발표: UCC 기술로 바라본 CT의 현재와 미래

　　김동희(판도라TV/CT학회)

제2발표: 감성 컨버전스 CT의 디자인과 기술

　　이건표 교수(KAIST/한국감성과학회장)

제3발표: 한국문화 속의 컨버전스, 그리고 CT

　　김영애(다할미디어/인문콘텐츠학회)

패널: 장영철(경민대), 김하동(㈜시지웨이브), 황민철(상명대), 김진호(공주대),

　　신광철(한신대), 김상헌(누리미디어)

■ **산학워크숍**(2007. 11. 29, 경기대)

제1발표: 대학(원)에서의 인문콘텐츠학 연구 동향과 대응전략

　　임영상 교수(한국외대, 인문콘텐츠학회 회장)

제2발표: 역사콘텐츠학 교육 커리큘럼 및 프로그램의 현황과 전망

　　주진오 교수(상명대, 전국대학문화콘텐츠학화협의회장)

제3발표: 문화원형사업 추진 경과와 비전

　　김기헌 팀장(한국문화콘텐츠진흥원 CT전략팀)

제4발표: 문학 창작소재 개발실태와 콘텐츠활성화 방안

　　박영우 교수(경기대 문예창작과)

제5발표: 경기대 문화콘텐츠 개발 사례발표: 뱃길문화의 원형복원 콘텐
　　츠 개발 사례
　　　고선우 부장(다인디지털㈜)
패널: 강진갑(경기문화연구소장), 김기봉(경기대 사학전공 교수), 박경하(중앙대 사
　　학과 교수), 신광철(한신대 교수), 차창용(전 문학나눔 추진위 사무국장)

■ 제4회 CT포럼 개최(2007. 12. 7, 한국외대)
제1발표: CT 인문포럼의 성과와 전망
　　　신광철(한신대)
제2발표: 인문학 기반의 CT 컨버전스 인력 양성 방안
　　　김상헌(누리미디어)

■ 12월 콜로키엄 및 학회 정기 총회(2007. 12. 7, 한국외대)

2008년

■ 2008 학회 정기총회(2008. 1. 3, 한국외대)
임원선출 및 사업계획 논의

■ 학회 겨울 우즈벡 실크로드 문화탐사(2008. 1. 25~2. 1)

■ 3월 콜로키엄(2008. 3. 21, 한국외대)
제1발표: 한류 표상적 접근 ―여성 표상을 중심으로
　　　김성란(동경외국어대 지역문화연구센터)

제2발표: 대동아공영권과 아시아의 국책영화

　　김후련(한국외대)

■ **제2차 대학원 우수논문 수상식**(2008. 3. 21, 한국외대)

참가작(총 8편): **한달호**(성균관대), **이옥선**(한국외국어대), **변철희**(인하대), **박현미**(중앙대), **신현덕**(한양대), **윤혜영**(한양대), **한령**(한국외국어대), **유은하**(인하대)

수상작(총 3편): **한달호**(성균관대), **이옥선**(한국외대), **변철희**(인하대)

■ **4월 콜로키엄**(2008. 4. 11, 아주대학교)

제1주제: 문학관을 통한 문학콘텐츠 개발의 가능성과 문제점

　　손정훈(아주대 불문과)

제2주제: 분단시대의 문화유산

　　강진갑(경기문화연구소)

■ **5월 콜로키엄**(2008. 5. 16, 부천만화정보센터)

행사명: 부천 만화박물관의 창조경영전략

주관: 부천만화정보센터, 가톨릭대 디지털문화콘텐츠연구소

제1주제: 이상적인 만화박물관의 모델 개발연구

　　발표: 한상정(인하대)

제2주제: 부천만화정보센터 현황및 연혁보고

　　발표: 김선미(부천만화정보센터 문화산업팀장)

제3주제: 부천만화박물관의 마케팅 전략개발 연구

　　발표: 임학순(가톨릭대)

제4주제: 박물관의 교육 프로그램 활성화를 위한 고려요인과 과제

　　발표: 김은정(중앙대)

부천만화정보센터 만화박물관 견학 및 설명회

■ 인문콘텐츠학회 임시총회(2008. 5. 16)

일시: 2008년 5월 16일 오후 7시 10분~30분

장소: 부천 만화정보센터 회의실

안건: 학회 정관개정(학회지 편집규정과 관련)

■ 윤리위원회 개최(2008. 7. 22, 서울역 이조)

연구윤리위원회: 임영상 회장, 심승구 콜로키엄위원장, 심상민 편집위

원장(이상 당연직), 김교빈 전회장, 이남희 이사(이상 회장 추천인)

■ 9월 콜로키엄(2008. 9. 19, 연세대학교)

사회: 김원열(한양사이버대)

제1주제: 건축과 인문콘텐츠

　　발표자: 민선주(연세대 건축공학과)

　　토론자: 송규봉(㈜오픈에이트, GIS 전문가)

제2주제 : 조경과 상상력

　　발표자: 전은정(㈜조경포레 대표)

　　토론자: 김혜련(연세대 미디어아트연구소)

■ 제3회 대학원 우수논문 발표회(2008. 9. 19, 연세대학교)

참가작(총 3편): 김준지(연세대학교), 손미경(한국외국어대학교), 정선애(한국외국

　　어대학교)

수상작(총 2편): 김준지(연세대학교), 정선애(한국외국어대학교)

■ 부산국제영화제 학술세미나(2008. 10. 9, 부산 해운대)

전체주제: 아시아 영화의 원류: 전전의 일본, 상해, 만주영화

일시: 2008년 10월 9일(목) 13:00~15:00

장소: 메가박스 해운대 10관

주최: 부산대 한국민족문화연구소, 외대 글로벌문화콘텐츠R&D센터,

　　　인문콘텐츠학회(주관)

사회자: 유창국(경남대)

발표 1: 영화, 일본, 일본 영화

　　　　유양근(동국대)

발표 2: 상하이 영화와 중국 영화의 형성

　　　　임대근(한국외대)

발표 3: 상하이 영화로 본 국민 만들기(1930-1949)

　　　　박정희(부산대 한국민족문화연구소)

발표 4: 전전의 만주(장춘)영화

　　　　김후련(한국외대)

토론 1: 김태만(한국해양대)

토론 2: 곽수경(동아대)

토론 3: 조관연(부산대 한국민족문화연구소)

■ 10월 콜로키엄(2008. 10. 24, 한양사이버대)

사회: 심승구(한국체육대)

제1주제: 대학 교양과정 인문콘텐츠 개발 사례

　　발표자: 김원열(한양사이버대)

　　토론자: 조관연(부산대)

제2주제: 문학 연구의 새로운 지평

　　발표자: 김중철(한양사이버대)

　　　토론자: 최혜실(경희대)

■ 11월 콜로키엄(2008. 11. 14, 한신대학교)

사회: 유동환(호서대학교)

제1주제: 문화콘텐츠의 지식구성과정에 관현 연구

　　　발표자: 이미정(인하대 문화경영심리연구소)

　　　토론자: 최민성(한신대)

제2주제: 중국출판 저작물의 국내 수용별 저작권의 실태

　　　발표자: 이건웅(차이나하우스)

　　　토론자: 김영애(㈜다할미디어)

■ 연합학술대회(2008. 11. 28, 한국관광공사)

주제: 축제와 문화, 그리고 관광 스토리텔링

일시: 2008년 11월 28(금) 10~18시

장소: 한국관광공사 소회의실

주최: 인문콘텐츠학회(주관), 한국서사학회, 한국종교학회

축사: 한국관광공사 사장

인사: 공동주최 학회 회장

사회: 최혜실(경희대)

기조발표 1. 관광레저도시와 축제 콘텐츠

　　　　　　김대관(관광레저도시기획추진단장)

　　　　2. 축제의 서사 문화적 특성과 구조

　　　　　　박진태(대구대)

　　　　3. 축제와 종교 문화

　　　　　　신광철(한신대)

1. 제1세션 인문콘텐츠학회

   소주제: 축제와 관광(혹은 관광레저도시와 축제)

   사회자: 김기덕(건국대)

   1) 제1발표: 영상축제와 지역관광

      발표: 임학순(가톨릭대), 토론: 한상정(홍익대)

   2) 제2발표: 문화축제와 관광

      발표: 류은영(외대), 토론: 최민성(한신대)

   3) 제3발표: 굿의 관광연계 가능성

      발표: 홍태한(경희대), 토론: 이윤선(목포대)

   4) 제4발표: 스포츠 축제와 관광산업

      발표: 정진수(한국관광공사), 토론: 류정아(한국문화관광연구원)

2. 제2세션 한국서사학회

   소주제: 축제와 서사문화

   사회자: 임경순(한국외대)

   1) 제1발표: 식민지 시기, 일상적 축제로서의 영화 관람과 서사 수용
      의 대중화

      발표: 노지승(서원대), 토론: 전우형(서울대)

   2) 제2발표: 축제와 대중 서사 문화

      발표: 표정옥(서강대), 토론: 서명수(중앙대)

   3) 제3발표: '자이니치'[在日]의 재발견, 통과의례의 서사와 카니발의
      서사

      발표: 김형규(아주대), 토론: 이영미(한림대)

3. 제3세션 종교학회

   소주제: 축제와 종교

   사회자: 신광철(한신대)

1) 제1발표: 의례와 축제: 통과의례를 중심으로

   발표: 송현동(건양대), 토론: 허남진(한국학중앙연구원)

2) 제2발표: 지역축제의 종교문화적 성격

   발표: 송화섭(전주대), 토론: 김명자(안동대)

3) 제3발표: 축제의 의례적 기능과 의미에 대한 연구

   발표: 안신(서울대), 토론: 김재명(한신대)

4. 종합토론

   사회: 우정권(단국대)

패널: 김기국(경희대), 이남희(원광대), 서정남(서사/계명대), 이창익(종교/한국종

   교문화연구소)

■ 정기 총회(2008. 12. 5, 한국외국어대학교)

일시: 2008년 12월 5일

장소: 한국외국어대학교

안건: 회장 박상천(한양대학교) 선출

2009년

■ 임시 총회(2009. 1. 15, 한양대학교)

일시: 2009년 1월 15일

장소: 한양대학교

안건: 회칙, 편집위원회 및 인문콘텐츠 간행 규정 개정

■ 한국미디어·콘텐츠학술연합 창립 기념 학술대회

일시: 2009년 2월 3일

장소: 국회 의원회관 대회의실

■ 학회지 14호 1차 편집위원회
일시: 2009년 2월 10일
장소: 서울역 트레인스
안건: 심사 방식 논의, 심사위원 위촉

■ 이사회
일시: 2009년 2월 19일
장소: 을지로 오구반점
안건: 2009년 사업 계획

■ 학회지 14호 2차 편집위원회
일시: 2009년 2월 24일
장소: 서울역 트레인스
안건: 1차 심사 결과 논의

■ 2009 춘계학술대회(2009. 4. 25, 동국대학교)
일시: 2009년 4월 25일
장소: 한국외국어대학교
안건: 문화콘텐츠 대학 교육에서 산학협력 방안
1. 콘텐츠 산업 핵심 인재 양성을 위한 학·관·산 간의 수평적 협력 모
   델 구축 방안 −공공 기관의 예비인력 양성 정책을 중심으로
   박웅진(한국방송영상산업진흥원 수석연구원)
2. 가상세계를 활용한 산학협력 방안 연구
   이동은(계원예대 게임웨어학과 강사)

3. 산학협력을 통한 '멀티형 스토리텔링 작가 양성 방안 —이야기 공방
'The Story'를 중심으로

이수재(방송작가)

4. 기업이 원하는 문화콘텐츠 인재상

김수훈(삼지애니메이션 대표)

5. 기업이 원하는 문화콘텐츠 교육

현능호(게임빌 이사)

■ 학회지 15호 1차 편집 위원회

일시: 2009년 6월 8일

장소: 인사동 이모집

안건: 심사위원 위촉

■ 학회지 15호 2차 편집 위원회

일시: 2009년 6월 24일

장소: 인사동 이모집

안건: 1차 심사 결과 논의

■ 2009 하계학술대회(2009. 6. 26~27, 강릉 선교장)

일시: 2009년 6월 26일~2009년 6월 27일

장소: 강릉 선교장

안건: 디지털 환경과 전시 콘텐츠

1. 석굴암 가상 뮤지엄 구축 방안

박진호(카이스트)

2. 스마트 전시 기술과 미래 디지털 박물관

유동환(호서대)

3. 시 역사의 전시 방안 ―베를린 역사 전시회의 경우

　이상면(한양대)

4. 삼국유사 디지털 박물관 건립 방안

　고운기(연세대)

■ 학회지 16호 1차 편집 위원회

일시: 2009년 9월 29일

장소: 인사동 이모집

안건: 심사위원 위촉

■ 학회지 16호 2차 편집 위원회

일시: 2009년 10월 20일

장소: 인사동 이모집

안건: 1차 심사 결과 논의

■ 2009 추계학술대회(2009. 12. 5, 한양대학교)

일시: 2009년 12월 5일

장소: 한양대학교 서울캠퍼스 박물관 세미나실

안건: 콘텐츠 산업의 미디어 권력과 자본 권력의 문제

1. 네이버의 앱스토어 진출 과정에서 본 미디어 권력

　한상정(한국예술종합학교)

2. 무너지는 노력의 서사, 음악 권력의 자충수

　김병오(전주대)

3. 일본 애니메이션 불공정 계약 사례 연구

　권연수(세명대)

4. 바일주소 체계부터 시작되는 불공정 사례 연구

　　두일철(디지털서울문화예술대)

5. 영화산업 공정경쟁 환경 조성을 위한 현황 분석

　　류형진(영화진흥위원회)

6. 방송의 외주제작제 20년 평가와 개선방안

　　최세경(한국콘텐츠진흥원)

2010년

■ 학회지 17호 1차 편집 위원회

일시: 2010년 2월 2일

장소: 인사동 이모집

안건: 심사위원 위촉

■ 학회지 17호 2차 편집 위원회

일시: 2010년 2월 24일

장소: 인사동 이모집

안건: 1차 심사 결과 논의, 외부 심사위원 외촉

■ 2009 동계학술대회(2010. 2. 27, 한양대학교)

일시: 2010년 2월 27일

장소: 한양대학교 ERICA 캠퍼스 국제문화대학 122호

안건: 콘텐츠 가치 평가의 문제

1. 콘텐츠 가치 평가 시스템 모형 연구

　　최종렬(전주대)

2. 디지털콘텐츠 가치 평가 시스템 개발에 관한 연구

　최은지(한양대)

3. 투자사 입장에서 본 콘텐츠 가치 평가

　김현우(보스톤창업투자)

4. 콘텐츠 가치평가의 인문학적 관점

　박기수(한양대)

■ 학회지 17호 3차 편집 위원회

일시: 2010년 3월 15일

장소: 서울역 T원

안건: 기획논문 관련 회의

■ 2010 춘계학술대회(2010. 4. 3, 전주대학교)

일시: 2010년 4월 3일 13:00

장소: 전주대학교 비전홀

주최: 인문콘텐츠학회, 전주대문화산업연구소

안건: 문화콘텐츠 스토리텔링과 재미

기조발표: 문화콘텐츠 향유의 구조 −재미, 의미, 심미의 3중 구조를 중
　　심으로

　신광철(한신대)

1. 문화콘텐츠 재미의 문제 −재미의 공간, 공간의 재미

　발표: 김희경(동국대)

　토론: 한상정(한국예술종합학교)

2. 출판영역의 재미요소 −문학작품을 중심으로

　발표: 장미영 · 이호준(전주대)

　토론: 유동환(안동대학교)

3. 게임스토리텔링의 재미요소와 기제 —MMORPG 게임을 중심으로

　발표: 이용욱 · 김인규(전주대)

　토론: 박기수(한양대학교)

4. 영상스토리텔링의 재미요소

　발표: 강승묵 · 최지은(전주대)

　토론자: 이동은(계원디자인예술대학)

■ 학회지 18호 1차 편집위원회

일시: 2010년 6월 8일

장소: 서울역 이즈미

안건: 심사위원 위촉, 기획논문관련 논의

■ 학회지 18호 2차 편집위원회

일시: 2010년 7월 6일

장소: 서울역 티원

■ 2010 하계학술대회(2010. 8. 26, 강원도 홍천군 가리산 자연휴양림)

일시: 2010년 8월 26일 14:30

장소: 강원도 홍천군 가리산 자연휴양림 강당

주최: 인문콘텐츠학회, 강원도 홍천군, (사)한국고유문화콘텐츠진흥회,
　　　(사)무궁화문화포럼

안건: 테마도시 개발과 문화콘텐츠

1. 무궁화 메카도시의 지향가치

　발표: 김영만(신구대학)

　토론: 두일철(디지털서울문화예술대학교)

2. 주거공간의 스토리텔링

　발표: 최혜실 · 김세익(경희대학교)

　토론: 고운기(한양대학교)

3. 지역문화기반 공간스토리텔링 기법

　발표: 김영순(인하대학교)

　토론: 한상정(한국예술종합학교)

4. 중국 도시의 수상 공연

　발표: 안창현(한양대학교)

　토론: 최민성(한신대학교)

■ 2010 안성 학술대회(2010. 9. 10, 중앙대학교 안성캠퍼스)

일시: 2010년 8월 26일 14:30

장소: 중앙대학교 안성캠퍼스 본관 5층 중회의실

주최: 인문콘테츠학회, 2012 CIOFF 안성 세계민속축전 조직위원회, 중
　　앙대 한국문화유산연구소

안건: 안성 남사당 바우덕이 콘텐츠의 지역발전 활용 방안

1. 안성 바우덕이축제의 활성화를 위한 스토리텔링의 실제

　발표: 김미경(중앙대학교)

　토론: 정수진(서강대학교)

2. 안성 바우덕이 축제와 남사당 놀이의 관련성

　발표: 정형호(중앙대학교)

　토론: 이완복(오산대학교)

3. 바우덕이 축제 활성화를 위한 남사당놀이 학습체험 모형 개발

　발표: 김영아(외국어대학교)

　토론: 오정호(서울대학교)

4. 하이콘셉트 시대, 남사당 바우덕이 콘텐츠의 전망

　발표: 최민성(한신대학교)

　토론: 엄상용(이벤트넷)

5. 안성맞춤 브랜드 바우덕이축제의 팩션(faction) 담론과 가치창조

　발표: 이창식(세명대학교)

　토론: 신현식(경기대학교)

6. 지역 무형문화유산의 활용방안 연구 −바우덕이 축제를 중심으로

　발표: 유동환(안동대학교)

　토론: 홍원의(안성시립도서관)

■ 학회지 19호 1차 편집위원회

일시: 2010년 10월 5일

장소: 비원손칼국수

안건: 심사위원 위촉, 12월 학술대회 논의

■ 2010 추계학술대회(2010. 10. 22, 국립고궁박물관)

일시: 2010년 10월 22일 13:00

장소: 국립고궁박물관 본관 강당

주최: 인문콘텐츠학회, 문화재청 국립문화재연구소

안건: 무형문화재 기록화의 성과와 활용방안

1. 무형문화재 현장기록의 쟁점과 과제

　발표: 이재필(국립문화재연구소 연구관)

　토론: 김기덕(건국대학교)

2. 매체별 현장기록의 방법과 과제

　발표: 최숙경(국립문화재연구소 연구사)

　토론: 김근영(다큐멘터리 방송작가)

3. 기억의 재구성과 기록의 활용

　발표: 조관연(부산대)

　토론: 장기하(다큐멘터리 연출자)

4. '제천오티별신제' 기록화 과정을 통해 본 지방무형문화재 기록화의 난제

　발표: 김정희(충청북도문화재연구원)

　토론자: 오문선(서울역사박물관 학예연구사)

■ 학회지 19호 2차 편집위원회

일시: 2010년 10월 22일

장소: 국립고궁박물관

안건: 1차 심사결과 논의, 외부심사위원 결정

2011년

■ 1차 임시 임원회의

일시: 2011년 1월 5일

장소: 한국외국어대학교 대학원 2층 회의실

참석자: 강진갑, 구문모, 류정아, 신광철, 심승구, 김상헌, 최민성, 윤유석, 임대근, 김선혜

안건: 2011년 인문콘텐츠학회 임원구성 및 학회방향 협의

■ 2차 임시 임원회의

일시: 2011년 1월 14일

장소: 한국외국어대학교 교수회관 2층 회의실

참석자: 강진갑, 김상헌, 류정아, 문현주, 배상준, 신광철, 심상민, 심승

구, 최희수, 임대근, 최민성, 김선혜, 박범준

안건: 임원추천 및 분과별 계획 협의

■ 2011년 1차 임시 총회

일시: 2011년 1월 27일(목) 11시

장소: 한국외국어대학교 이문동 캠퍼스 대학원 226호실

안건: 1) 회칙 및 규정 개정안 심의(인문콘텐츠학회 회칙 개정안, 인문콘텐츠학회

　　　 연구윤리규정 개정안, 편집위원회 논문 심사 규정 개정안)

　　 2) 임원 구성안 발표, 감사 선출, 임원 소개

　　 3) 사업계획 발표 및 심의

　　 4) 기타 안건

■ 사무국 간사회의

일시: 2011년 2월 14일(월) 11시

장소: 사무국(역사문화콘텐츠연구소)

참석자: 강진갑(회장), 김상헌(총무이사), 유현성(전 총무간사), 김효정(전 편집

　　　 간사), 김주연(편집간사), 박범준(정보간사), 임세정(학술간사), 김선혜

　　　 (총무간사)

안건: 학회 업무 협의, 간사 업무 인수인계

■ 학술위원회 1차 모임

일시: 2011년 2월 16일(수) 11시

장소: 대한상공회의소 지하1층 두진

참석자: 류정아, 강진갑, 백승국, 강윤주, 이명현, 최민성, 김상헌, 임세정

안건: 2011년 학술행사 방향 및 일정 협의, 유관기관 학술행사 협력방안

　　　 논의

■ 출판위원회 1차 모임

일시: 2011년 2월 17일 오후 5시

장소: 경희대학교 법학부속관 104호 문화콘텐츠연구소

참석자: 최혜실, 강진갑, 신광철, 구모니카, 안숭범

안건: 학술총서, 인문콘텐츠 총서 발간 협의

■ 편집위원회 1차 모임

일시: 2011년 2월 23일 오후 4시

장소: 북촌비원칼국수

참석자: 심승구, 강진갑, 최혜실, 신광철, 옥성수, 송태현, 이병민, 김상
　　　　헌, 백승국, 배상준, 류은영, 김주연

안건: 신임 편집위원 소개, 학회지발간논의, 20호 발간, 기타

■ 2011년 4월 학술대회

일시: 2011년 4월 15일(금) 오후 2시-7시

장소: 수원 농촌진흥청 농업과학도서관 1층 농경회의실

주제: 농촌지역 활성화를 위한 지역자원의 효율적 활용 방안

사회자: 류정아(한국문화관광연구원)

발표 1: 농촌의 발전을 위한 문화콘텐츠 개발 의미와 방향
　　　　윤유석(농촌진흥청 국립농업과학원)

발표 2: 농촌지역 활성화를 위한 전통지식자원 조사 및 활용 방안
　　　　강방훈(농촌진흥청 국립농업과학원)

발표 3: 농촌체험마을의 현황과 과제
　　　　김형준(민속박물관)

발표 4: 농촌지역 활성화를 위한 종가 및 종책 자원의 콘텐츠 개발 및 효
　율적 활용 방안

　　서곡숙(경북 테크노파크)

토론자: 심승구(한국체육대학교), 이정진(오산대학교)

■ 영브레인 1차 운영회의

일시: 2011년 4월 16일(토) 오후 6시

장소: 사당역

참석자: 신광철, 문현주, 김희경, 이건웅, 이채영, 이정재

안건: 제1차 워크숍 개최 논의, 발표자 선정, 토론 주제 선정

■ 2011년 5월 학술대회

일시: 2011년 5월 20일(금) 오전 10시~21일(토) 오후 6시

장소: 인하대학교 정석도서관 정석국제회의실 및 인문대학 강의실

주제: 아시아 문화정책과 지역발전의 현재와 미래

첫째 날 발표

　1. 일본 문화정책의 문제점- 지역극장과 콘서트홀의 행방

　　마리 고바야시 교수(일본 동경대학교 문화자원학과)

　2. 한국 문화복지정책 변천 과정에 관한 텍스트성 분석

　　김영순 교수, 변철희(인하대학교 문화경영학과)

　3. 인천 도시 브랜딩을 위한 문화정책 연구

　　김상원 교수, 오륜, 김영석(인하대학교 문화경영학과)

　4. 중국 문화산업의 발달과 북경대학교의 문화산업연구소

　　왕치궈 교수(중국 북경대학교 문화산업연구소)

　5. 지역문화 기반의 사회적기업 활성화 방안

　　박지선 교수, 전은주(인하대학교 문화경영학과)

6. 중소기업경쟁력 향상을 위한 문화경영 정책제안

　　이정만 박사, 김형진(인하대학교 문화경영학과)

7. 박물관의 기업화: 타이페이 시 공공예술박물관 3곳에 관한 사례
　　연구

　　라이 잉잉 교수(대만 국립대만예술대학교 문화예술정책대학원)

8. 지역문화를 활용한 스토리텔링의 실제: 전남 지역을 중심으로

　　김미경 연구원(한국외국어대학교 글로벌문화콘텐츠학과)

9. 아시아영화네트워크를 통한 부산 창조도시 전략과 비전

　　권수미 전임연구원(부산대학교 영화연구소)

10. 서해 5도의 관광정책과 문화브랜딩 전략 연구

　　백승국 교수, 이주희, 안효정(인하대학교 문화경영학과)

11. 한국 지역 투자유치를 위한 해외 PR전략: 국가브랜딩과 지역브
　　랜딩의 통합적 관리

　　전형연 교수(건국대학교 커뮤니케이션학과)

둘째 날 발표

1. 일본국립극장설립에 대한 견해와 예술의 문화재화

　　하세가와 미호코(일본 동경대학교 문화자원학과)

2. 한국연국계에 미친『부민관』의 영향

　　이지영(일본 동경대학교 문화자원학과)

3. 대도시 원도심 문화학습콘텐츠 개발 사례 —대구 신택리지를 중
　　심으로

　　이병준 교수, 박지연, 이아름(부산대학교 교육학과)

4. 아티스트 이니시아티브: 지속가능한 '유토피아' 연구

　　나구모 유코(일본 동경대학교 문화자원학과)

5. 대만에서의 뉴미디어아트

　　루 치아춘(대만 국립대만예술대학교 문화예술정책대학원)

6. 인천 개항장의 문화적 도시재생을 위한 문화네트워크 구축에 관한 연구

임지혜, 오세경(인하대학교 문화경영학과)

7. 인천의 문화콘텐츠 정책 연구 ―문화 이벤트를 중심으로

송대명, 장준도, 임진우(인하대학교 문화경영학과)

8. 문화콘텐츠로서 바둑의 문화산업화 방향 연구

김미라, 응웬 뚜언 아잉(인하대학교 문화경영학과)

9. 한국 아이돌의 일본 진출 전략 연구

배현주, 윤희진(인하대학교 문화경영학과)

10. 문화정책과 예술에서의 '내용불간섭 원칙' 실질화에 대한 고찰

사쿠타 토모키(일본 동경대학교 문화자원학과)

11. 문화콘텐츠 생산, 소비 및 확산에 있어서의 팬덤의 역할 ―한국 내 만화 ―애니메이션계 팬덤 문화를 중심으로

윤은호(인하대학교 문화경영학과)

12. 공공문화시설의 미래 ― 예술감독제를 중심으로

고헤이 마추우라(일본 동경대학교 문화자원학과)

13. 한국과 중국의 문화산업정책 비교

왕치현 교수, 박태준, 진정정(인하대학교 문화경영학과)

■ 제2차 편집위원회 회의 개최

일시: 2011년 5월 27일(금) 오후 5시

장소: 북촌 비원칼국수

참석자: 심승구, 류은영, 배상준, 심상민, 전윤경, 김기봉, 옥성수, 송태현, 김주연

안건: 인문콘텐츠 제21호 발간 논의 및 추후 일정 논의

회의결과

1. 학보발간의 전문성 제고 위한 외부 전문심사자 풀 확대
2. 편집위원회 명의로 논문투고 공지 상시화 및 정례화
3. 홈페이지 공지 및 회원 공지 정례화(이메일, 모바일 등)
4. 편집규정의 시행세칙 마련(마감일까지 15편이 안 될 때, 다음날 재 공지 7일 후 마감)
5. 학보편집의 기획 필요(기획논문, 일반논문, 사례연구, 기획서평, 현장체험 등)
6. 기획에 의한 학보발간 및 학술대회의 연계 방안 논의
7. 인문콘텐츠학 강좌 논의
8. 학술진흥재단 융합과제 신청 논의

■ 영브레인 제1차 워크숍 개최

일시: 2011년 6월 14일(화) 오후 6시

장소: 건국대학교 교수동 301호

참석자: 신광철, 문현주, 김희경, 이건웅, 이정재, 배현주, 김강혜, 박민하, 조소연

주제: 트랜스미디어 콘텐츠

발표 1: Paradigm Shift: 트랜스 미디어(Trans-media)
　　　　문현주

발표 2: 트랜스미디어콘텐츠와 이미지 트루기(TransmediaContents and Image Trugie)
　　　　김희경

■ 인문콘텐츠학회 운영회의

일시: 2011년 6월 15일(수) 오후 6시

장소: 대학로 민들레영토

참석자: 강진갑, 심승구, 류정아, 문현주, 김상헌, 박범준, 김선혜, 안승
범, 김주연

안건: 상반기 예산결산 및 운영계획(편집위원회, 학술위원회, 출판위원회, 영브레
인위원회)

■ 2011년 제3차 편집위원회 회의 개최

일시: 2011년 8월 16일(화) 오후 5시

장소: 북촌 비원칼국수

참석자: 심승구, 김교빈, 배상준, 전윤경, 백승국, 문현주, 김상헌, 김주연

안건: 인문콘텐츠 제21호 발간 보고 및 제22호 심사 논의

회의결과

1. 편집위원회의 정례화

    일시: 3, 6, 9, 12월 간기 전 달인 2, 5, 8, 11월의 16일 오후 5시

    장소: 북촌 비원칼국수

2. 학회지의 편집기획 강화

    - 기획주제를 선정하여 추후 발간될 학회지에 기획논문 수록 정
    례화

    - 기획논문의 주제를 공모한 후 편집위원 의견을 수렴한 후 선
    정(예: 공간과 재생)

    - 기획논문은 2012년 3월호부터 게재 예정

    - 콘텐츠 서평도서의 선정 및 원고 모집

    - 현장체험 또는 산업, 시장 체험 원고 모집 공지

3. 전국의 문화콘텐츠학과 박사논문 공지

    - 2011월 12월호부터 시행예정

    - 학위연월일, 주제, 저자, 요약문 게재

    - 각 대학에 공지 후 박사논문 학회지에 소개

– 편집방식은 추후 편집위원회에서 재논의

4. 학회재정에 따른 논문심사비 절감방안 논의

– 투고율의 증대로 인한 심사비 과다 지출로 학회재정 부담

– 잠정적으로 심사위원 중 비학회 회원과 비전임에게만 심사비 지급 결정

5. 기타

– 인문콘텐츠학 강좌 필요성 논의

– 학술대회 발표문의 투고 연계 방안

■ 2011년 9월 인문콘텐츠학회 · 중앙대학교 다문화콘텐츠연구사업단 공동 학술대회

일시: 2011년 9월 16일(금) 14시~18시

장소: 중앙대학교 아트센터 904호 세미나실

주제: 다문화스토리텔링의 이론과 실제

1. Session I: 다문화시대 설화 스토리텔링

　사회자: 전윤경(성결대)

　발제 1: 결혼이주여성들을 위한 설화 스토리텔링 활용 문화교육 방안
　　　　김영순(인하대), 윤희진(인하대), 강현민(인하대)

　발제 2: 설화 스토리텔링을 통한 결혼이주여성의 갈등 해소 방안
　　　　함복희(강원대)

　발제 3: '하강 모티프'의 비교신화학적 의의 탐구 –여성 영웅 바리공주의 하강 여행담에 담긴 보편성과 특수성 모색을 위하여
　　　　김영욱(인하대)

　토론자: 김명정(서울대 중앙다문화교육센터), 이명현(중앙대), 윤유석(한국외대)

2. Session II: 문화콘텐츠에 재현된 다문화 현상과 스토리텔링

　사회자: 김휘택(중앙대)

발제 4: 아시아계 미국 이민자와 다문화주의: 〈누가 빈센트 친을 죽였는가?〉에 나타난 인종갈등을 중심으로

최영진(중앙대)

발제 5: 다문화 프로그램을 바라보는 수용자 관점 비교 연구 −KBS TV 〈미녀들의 수다〉를 중심으로

김윤희(경희대)

발제 6: 다문화 소재 TV 드라마의 등장인물 재현 양상과 스토리텔링 연구

이채영(중앙대)

토론자: 강진구(중앙대), 조관연(부산대), 박선영(중앙대)

3. 종합토론

좌장: 박찬옥(중앙대 유아교육학과)

토론자: 손준식(중앙대 역사학과), 박경하(중앙대 역사학과), 이대영(중앙대 공연영상창작학부), 이산호(중앙대 유럽문화학부), 이원형(중앙대 첨단영상대학원), 최성환(중앙대 철학과)

■ 인문콘텐츠학회 제2차 임원 운영회의

일시: 2011년 9월 22일(목) 오후 7시 30분

장소: 서울역 이조한식당

참석자: 강진갑, 류정아, 김상헌, 문현주, 구모니카, 안숭범, 김선혜, 최아름

안건: 11월 학술대회 준비, 학술총서 및 대중총서 발간 협의, 영브레인 운영 협의

■ 2011년 제4차 편집위원회 회의 개최

일시: 2011년 11월 18일(금) 오전 11시

장소: 서울역 마포가든

참석자: 심승구, 김교빈, 류은영, 배상준, 심상민, 신광철, 최혜실, 전윤
경, 옥성수, 조관연, 김주연

안건: 인문콘텐츠 제22호 발간 보고 및 제23호 심사 논의

회의결과

1. 논문 투고 관련 규정 논의
   - 논문투고 마감시간 철저 준수
   - 논문 요약문의 편집규정 준수 및 통일(학회지 편집규정에 의거하여
     홈페이지 수정 요청)
2. 편집위원의 심사 규정
   - 심사위원당 논문심사 2편 이내로 제한
   - 편집위원의 논문 투고 금지 규정 삭제 방안 마련
3. 2012년도 학회지의 편집기획 강화 방안
   - 기획논문, 일반논문, 콘텐츠 비평, 콘텐츠 도서 서평, 콘텐츠
     산업현장 체험, 박사논문 공지, 기타
4. 2012년 인문콘텐츠 기획주제 공모 및 발표자 섭외 논의
   - 3월호: 공간과 재생
   - 6~12월호 기획주제 논의: 생태, 건강, 죽음, 노후, 취업, 생업,
     세대(베이비붐 세대), 약탈, 탐욕 등
5. 콘텐츠관련 도서 서평: 도서 추천(1~2권)
6. 콘텐츠 석박사 학위논문 소개: 각 대학 문화콘텐츠학과 홍보

■ 2011년 11월 인문콘텐츠학회 학술대회

인문콘텐츠학회 학술연구위원회는 지난 11월 18일(금) 서울역 회의실에
서 인문콘텐츠학회 가을학술대회를 성공적으로 개최하였다. 이번 가을
학술대회는 '인문학과 첨단과학의 만남'을 주제로 개최되었으며, 총 5개

의 세션으로 나뉘어 13시~18시까지 각 실(Glory 대회의실, 별실, V, IV)에서 진행되었다.

1. 제1세션: 인문학과 첨단과학의 만남

   1) 인지과학적 분석방법을 통한 스토리텔링 활성화 방안연구

      발표: 최혜실(경희대), 김우필(한라대)

      토론: 박상천(한양대)

   2) 행위자 네트워크 이론(ANT)을 통한 문화콘텐츠의 이해와 스토리텔링 적용

      발표: 김진택(포항공대)

      토론: 김현(한중연)

   3) 문화와 과학의 소통 −인지기반의 스토리텔링

      발표: 박은정(부산외대)

      토론: 윤유석(한국외대)

   4) 인간, 디지털, 하이인터페이스

      발표: 최민성(한신대)

      토론: 최희수(㈜엠엔씨마루)

2. 제2세션: 인문학과 스토리텔링

   1) 문화코드의 기호학적 고찰 −영상콘텐츠의 스토리텔링을 중심으로

      발표: 백승국(인하대)

      토론: 배상준(성신여대)

   2) 전시스토리텔링과 유비쿼터스 박물관

      발표: 유동환(안동대)

      토론: 조관연(부산대)

   3) 문화콘텐츠, 디지털 스토리텔링, 기호학

      발표: 김기국(경희대)

      토론: 신항식(홍익대)

3. 제3세션: 뉴미디어 환경 속 인문학의 의미와 가치

   1) 문화콘텐츠 학의 이념과 방향 소통과 공감의 학

      발표: 이기상(한국외대)

      토론: 심승구(한국체대)

   2) 은자의 문자질 −뉴미디어에 쓰일 문화원형소스

      발표: 고운기(한양대)

      토론: 신광철(한신대)

   3) 고고학과 뉴미디어의 만남 −고고학의 공공적 소통을 중심으로

      발표: 조우택(목포대박물관)

      토론: 이남희(원광대)

   4) 문화유산 포털의 스토리텔링 전략 연구 −문화재청 〈헤리티지 채
      널〉을 중심으로

      발표: 이수재(배재대)

      토론: 김혜원(청운대)

4. 제4세션: 인문콘텐츠학의 총체적인 간학문적 가능성

   1) 통합적 상상력과 디지털 미디어의 만남을 통한 문화콘텐츠 기획

      발표: 신정아(한국외대)

      토론: 강윤주(경희사이버대)

   2) 디지털 언어의 글로컬리티

      발표: 구모니카(한국외대)

      토론: 김성수(한국외대)

   3) 3D입체영화 스토리텔링 유형분석 −〈나탈리, 2010〉와 〈제7광구,
      2011〉의 작품분석을 예로 들어

      발표: 조해진(㈜CHJ FNC 대표)

      토론: 안승범(경희대)

5. 제5세션: 트랜스미디어 콘텐츠 –가능성과 잠재력

　　1) 트랜스미디어 콘텐츠: 담론의 현재 지점과 한계

　　　　발표: 이정재(건국대)

　　2) 콘텐츠의 구현 구조에 대한 논의 –트랜스미디어, 크로스미디어,
　　　 OSMU를 중심으로

　　　　발표: 배현주(인하대)

　　3) 사례를 통해 본 트랜스미디어 콘텐츠

　　　　발표: 조소연(한국외대)

　전체토론: 김정희(선문대), 이종훈(대덕대)

2012년

■ 2012년 인문콘텐츠학회 제1차 임원회의

일시: 2012년 1월 13일(목) 19:00

장소: 서울역 만복림 중식당

참석자: 인문콘텐츠학회 회장 및 각 위원회 임원 간사

안건: 2011년 각 위원회 활동 보고 및 2012년 활동 계획 논의, 2012년
　　　임시총회 소집 건

■ 2012년 인문콘텐츠학회 임시 총회

일시: 2012년 2월 2일(목) 16:00

장소: 서울역 대회의실

참석자: 인문콘텐츠학회 회원

안건: 인문콘텐츠학회 사업 보고 및 계획발표, 인문콘텐츠학회 10주년
　　　사업 논의, 회계보고, 기타

■ 2012년 제1차 편집위원회 회의 개최

일시: 2012년 2월 21일⒣ 오후 5시

장소: 종로구 원서동 북촌칼국수

참석자: 심승구, 배상준, 옥성수, 이병민, 김주연

안건: 인문콘텐츠 제23호 발간 보고 및 제24호 심사 논의

회의결과

1. 제24호 투고원고 심사 논의
   - 투고된 총 16편의 심사위원 선정 논의
2. 기획논문 주제 선정
   - 6~12월호 기획주제 논의
   - 6월호: 공간과 재생 기획논문 발표 후 게재(심승구, 이병민, 조관연, 김상원, 김진택 5인 참여)
   - 9월호 기획주제: 공동체(옥성수 필진 추천 예정)
   - 12월호 추후 결정
   - 기획논문의 주제를 편집위원회와 학술위원회의 검증을 받은 후 공표
3. 각 대학 석·박사 학위자 명단 및 요약문 공문 요청
   - 석사: 논문, 필자 소개
   - 박사: 논문, 필자 소개, 초록
4. 콘텐츠관련 도서 서평 선정 및 의뢰
   - 3월호 서평도서
   - 대상: 최혜실, 『스토리텔링 그 매혹의 과학』(한울아카데미, 2011)
   - 서평자: 류은영(한국외국어대학교)
   - 6월호 도서 추천
5. 콘텐츠 산업현장 소개 및 체험
   - 산업현장 및 국내외 콘텐츠 탐방사례, 콘텐츠 이슈 및 트렌드

　　등의 주제
　　– 한국콘텐츠진흥원 웹진의 집필 방향 참조
　　– 석·박사 과정생 집필 가능

■ 2012년 인문콘텐츠학회 제2차 임원회의

일시: 2012년 2월 27일(목) 19:00

장소: 인사동 촌 한정식

참석자: 인문콘텐츠학회 회장 및 각 위원회 임원, 간사

안건: 10주년 출판 및 학술 활동 논의, 학회지 투고 및 심사비·게재비
　　　인상 논의 및 확정, 학술총서 및 대중총서 발간, 인문콘텐츠학회
　　　로고 디자인 및 리플릿 발간

■ 2012년 인문콘텐츠학회 제3차 임원회의

일시: 2012년 3월 12일(월) 19:00

장소: 인사동 처마 끝 하늘풍경 한정식

참석자: 인문콘텐츠학회 회장 및 각 위원회 임원, 간사

안건: 1) 10주년 기념사업 내용 확정
　　　2) 2012년 출판위원회 및 학술위원회 사업내용 논의 및 확정
　　　3) 기획논문 학술대회 발표 시 심사면제 논의 및 확정

■ 2012년 제2차 편집위원회 회의 개최

일시: 2012년 5월 18일(금) 오후 5시

장소: 종로구 원서동 비원칼국수

참석자: 심승구, 신광철, 전윤경, 류은영, 김상헌, 김주연

안건: 인문콘텐츠 제24호 발간 보고 및 제25호 심사 논의

회의결과

1. 제25호 투고원고 심사 논의
   - 투고된 총 8편의 심사위원 선정 논의
2. 기획논문 주제 선정
   - 6월호 기획논문 총 5편: 공간과 재생, 그리고 인문콘텐츠
     이병민(건국대), 심승구(한국체대), 김진택(포항공대), 조관연(부산
     대), 김상원(인하대)
   - 6월호 기획논문 발표 후 게재
   - 9월호 기획주제: 가족공동체, 디지털 공동체, 다문화 공동체
     추천
     옥성수, 신광철 논의
   - 12월호 기획주제: 전윤경, 류은영 논의
   - 기획논문의 주제를 통해서 학회 정체성의 구심점 확립해야 한
     다는 의견, 투고된 각 개인의 논문을 통해서는 정체성을 확립
     하기가 어려움
3. 6월 인문콘텐츠학회 기획논문 학술대회
   - 별도의 심사 없이 게재하도록 하나 학술대회 개최 후 게재하
     도록 함
   - 토론자 선정 상의
   - 경기문화재단의 후원으로 한신대학교와 공동개최 결정
4. 각 대학 석·박사 학위자 명단 및 요약문 공문 요청을 하였으나
   반응 미비, 현재 건국대, 경희대 목록 수합으로 인해 다음 호로
   연기
5. 콘텐츠관련 서평도서 추천
   - 『관람객과 박물관』, John H. Falk & Lynn D. Dierking, 이보
     아 옮김, 북코리아

- 『손에 잡히는 영화 영상』, 최민성, 2012, 한신대출판부 (배상준 추천)
- 『미디어 철학』, 프랑크 하르트만, 이상엽·강웅경 옮김, 2008, 북코리아 (심승구 추천)

6. 온라인 편집위원회 회의 건의
- 참석 인원이 저조함에 따라 정해진 시간 내에 각 심사원고 또는 심사위원 추천
- 두 가지 방안 추천
① 기한을 정하여 의견 제출
② 회의시간을 정하여 온라인으로 논의
- 편집위원회 회의는 초기와 마지막 점검 회의 총 2번
- 3차 회의 8월 16일(예정) 때 시험

■ 2012년 한신대학교 종교와 문화연구소·인문콘텐츠학회 공동학술대회 개최

대주제: 공간과 재생, 그리고 인문콘텐츠

일시: 2012년 6월 15일(금) 14:00～18:30

장소: 수원 화성박물관

사회: 박기수(한양대)

인사말: 강진갑(인문콘텐츠학회장)

제1발표: 콘텐츠 생태계 중심 창조적 문화도시의 발전방향

　발표: 이병민(건국대)

　토론: 나도삼(서울시정개발연구원)

제2발표: 공간의 재현을 통한 지역 정체성과 재생 전략 ─역사문화 공간을 중심으로

　발표: 심승구(한국체육대)

토론: 최희수(상명대)

제3발표: 공간과 영토의 미학적 변용으로서의 문화콘텐츠 -공공예술
과 공간을 중심으로

발표: 김진택(포항공대)

토론: 고인석(인하대)

제4발표: 도시브랜딩을 위한 공간의 의미 재생산에 관한 연구 -우파 파
브릭(Ufa Fabrik)의 사례를 중심으로

발표: 김상원(인하대)

토론: 전형연(건국대)

제5발표: 세계도시 전략과 지역정체성의 재구성 -베를린 크로이츠베
크 지역을 중심으로

발표: 조관연(부산대)

토론: 손정훈(아주대)

종합토론

좌장: 신광철(한신대)

■ 2012년 제3차 편집위원회 회의 개최

일시: 2012년 8월 20일(월) 오후 5시

장소: 대학로 호질

참석자: 심승구, 배상준, 류은영, 이병민, 김주연

안건: 인문콘텐츠 제25호 발간 보고 및 제26호 심사 논의

회의결과

1. 제26호 투고원고 심사 논의

   - 투고된 총 16편의 심사위원 선정 논의

   - 투고 기간 내 홈페이지가 아닌 학회 메일로 투고 시, 메일 기
     록 저장

2. 기획논문 주제 선정 및 계획

  - 9월호 기획주제: 추진과정의 어려움으로 기획 중단

  - 12월호 기획주제: 전윤경, 류은영 중심으로 논의

3. 각 대학 석·박사 학위자 명단 및 요약문 공문 요청

  - 현재 건국대, 경희대 목록 수합, 외대 자료는 류은영 제공

  - 12월호에 게재하도록 함

4. 콘텐츠관련 서평도서 추천

  - 『미디어 철학』, 프랑크 하르트만, 이상엽·강웅경 옮김, 2008,
    북코리아

  - 심승구 추천, 서평 결정, 12월호 게재

5. 온라인 편집위원회 회의 논의

  - 심사 시간과 연락절차의 비효율로 인해 오프라인 편집회의로
    진행

  - 다음 편집위원회에게 권유

6. 학회지 방향성 및 정체성 제고

  - 학진 심사 규정의 변화를 반영한 국·내외 투고자, 심사자, 편
    집위원 구성 필요

  - 기획논문 중심의 발전 모색 논의

  - 정체성 강화를 위해 테마별로 특집화하는 방안 모색

  - 객관적이고 공정한 심사 유지하되, 실험적이거나 현장경험의
    논고 투고 포용성 필요

■ 인문콘텐츠학회 임원회의

일시: 2012년 9월 11일(화)

장소: 종로구 인사동 촌

참석자: 강진갑 회장, 박기수 학술위원장, 심승구 편집위원장, 구문모

감사, 김상헌 총무이사, 김선혜 총무간사

회의결과: 학술대회안 논의, 출판(입문서)

■ 인문콘텐츠학회 창립 10주년 기념학술대회

일시: 2012년 12월 22일(토) 13시

장소: 한국외국어대학교 서울캠퍼스 법학관 B03호

주제: 인문콘텐츠학회 10년, 새로운 10년을 준비하다 -문화콘텐츠학
회고와 전망

사회: 학술위원장 박기수(한양대)

인사말: 강진갑 회장

창립 10주년 기념 영상물 상영

1. 문화콘텐츠 인력 양성 -문화콘텐츠 인력 양성의 현황과 전망
공동발표 및 토론: 최민성(한신대), 서성은(한경대), 이병민(건국대),
배상준(성신여대)

2. 문화원형 -문화원형 연구의 현황과 전망
공동발표 및 토론: 심승구(한체대), 유동환(안동대), 고선우(전주대),
신광철(한신대), 이재수(동국대)

3. 문화콘텐츠 기술 -문화콘텐츠 기술의 과거와 오늘
공동발표 및 토론: 김상헌(한국외대), 한동숭(전주대), 두일철(한양대),
최희수(상명대), 김진규(한국콘텐츠진흥원)

4. 문화콘텐츠 스토리텔링 -스토리텔링의 현황과 전망
공동발표 및 토론: 박기수(한양대), 안숭범(경희대), 이동은(계원예대),
한혜원(이화여대)

5. 문화콘텐츠 비즈니스 -문화콘텐츠산업 선순환 구조 구축을 위
한 담론
공동발표 및 토론: 고정민(홍익대), 구문모(한라대), 김시범(안동대),

김영재(한양대)

■ 인문콘텐츠학회 2012년 정기총회
일시: 2012년 12월 22일(토) 17시 30분
장소: 한국외국어대학교 서울캠퍼스 법학관 B03호
창립 10주년 유공회원 감사패 증정: 2대 회장 김기덕, 3대 회장 임영상
제6대 회장 선출

인문콘텐츠학회 역대 임원

<table>
<tr><td>제1대 창립 임원</td><td>2002. 10~2003. 12</td></tr>
</table>

- 회장: 김교빈(호서대)
- 부회장: 정재서(이화여대), 김기덕(건국대), 김현(한국정신문화연구원), 최혜실(경희대)
- 집행이사

  정책이사: 강진갑(경기문화재단)

  연구이사: 이남희(원광대)

  출판이사: 홍영의(개성학연구소)

  섭외이사: 안이영노(호서대)

  교육이사: 고기정(e-Learning연구소)

  총무이사: 김성민(건국대 교수)
- 일반이사: 박경하(중앙대), 이해준(공주대), 주영하(한국정신문화연구원), 정진영(동명정보대), 신광철(한신대), 최한선(담양대), 박광성(생각의나무), 김성혁(숙명여대), 이훈상(한국방송산업진흥원), 김영애(다할미디어), 김한준(포스트미디어), 황경선(틴하우스)
- 감사: 이효걸(안동대), 송화섭(원광대)

■ 회장: 김교빈(호서대)

■ 부회장: 정재서(이화여대), 김기덕(건국대), 김현(한국정신문화연구원), 최혜실(경희대)

■ 집행이사

정책이사: 강진갑(경기문화재단)

기획이사: 신광철(한신대)

연구이사: 이남희(원광대), 김호(가톨릭대), 조관연(한신대), 김종혁(고려대), 송진영(수원대)

정보이사: 이건식(한국정신문화연구원)

출판이사: 홍영의(개성학연구소)

섭외이사: 안이영노(호서대)

교육이사: 고기정(e-Learning연구소)

산학이사: 황경선(틴하우스), 김영애(다할미디어), 전윤경(아이엠미디어), 한문희(한그림), 유동환(여금), 박성미(다큐코리아)

총무이사: 김성민(건국대 교수)

■ 일반이사: 박경하(중앙대), 이해준(공주대), 주영하(한국정신문화연구원), 정진영(동명정보대), 최한선(담양대), 이상훈(전북대), 김한준(포스트미디어), 박광성(생각의나무 대표 이사), 조병로(경기대), 박순준(동의대), 최남희(서울보건대), 김원열(한양사이버대), 박상천(한양대), 임영상(한국외국어대), 장호수(문화재청)

■ 편집위원회

편집위원장: 박경하(중앙대)

편집위원: 김기덕(건국대), 김현(한국정신문화연구원), 홍영의(개성학연구소), 신광철(한신대), 공임순(서강대), 김호(가톨릭대), 나애리(수원대), 박경

환(한국국학진흥원), 조관연(한신대), 김동윤(건국대), 이남희(원광대), 최
덕경(부산대), 강봉룡(목포대)

편집간사: 박재영(중앙대)

■ 감사: 이효걸(안동대), 송화섭(원광대)

<table><tr><td>제2대 1차 임원</td><td>2005. 1~2005. 12</td></tr></table>

■ 회장: 김기덕(건국대)

■ 부회장: 김현(한국학중앙연구원), 임영상(한국외대), 정재서(이화여대), 최혜
실(경희대)

■ 집행이사

정책이사: 강진갑(경기문화재단)

기획이사: 신광철(한신대)

연구이사: 박기수(한양대), 김호(가톨릭대), 박영욱(고려대), 조관연(한신대),
백승국(한국외대)

정보이사: 이건식(한국학중앙연구원)

출판이사: 이진한(고려대)

섭외이사: 이남희(원광대)

교육이사: 안이영노(연세대)

재무이사: 김길수(건국대)

산학이사: 황경선(씨네웰), 김영애(다할미디어), 전윤경(아이엠미디어), 한문
희(누리미디어), 유동환(여금), 박성미(다큐코리아), 박성배(미디어아포),
김시범(캐릭터라인), 이형주(이마주), 김진순(코리아루트), 최옥헌(에듀미
디어)

총무이사: 김성민(건국대)

■ 일반이사: 박경하(중앙대), 김성민(건국대), 이해준(공주대), 주영하(한국정
신문화연구원), 이상훈(전북대), 박광성(생각의나무), 조병로(경기대), 박순준
(동의대), 김원열(한양사이버대), 박상천(한양대), 장호수(문화재청), 임재해 (안
동대), 이정옥(위덕대), 정상봉(건국대), 박헌순(민족문화추진회), 박경환(국학
진흥원), 이재운(전주대), 고석규(목포대), 김종회(경희대), 임상혁(변호사), 김
교빈(호서대), 조병로(경기대)

■ 감사: 이효걸(안동대), 송화섭(원광대)

■ 간사: 차민경(한국외대), 김민옥(한국외대)

<table>
<tr><td>제2대 2차 임원</td><td>2006. 1~2006. 12</td></tr>
</table>

■ 회장: 김기덕(건국대)

■ 부회장: 김현(한국학중앙연구원), 임영상(한국외대), 정재서(이화여대), 최혜
실(경희대), 강진갑(경기문화재단)

■ 집행이사

정책이사: 조관연(한신대)

기획이사: 백승국(인하대)

연구이사: 박기수(한양대), 김호(경인교대), 박영욱(고려대), 김영순(인하대),
송진영(수원대), 고기정(e-Learning연구소), 심승구(한국체대)

정보이사: 이건식(한국학중앙연구원)

출판이사: 이진한(고려대)

섭외이사: 이남희(원광대)

교육이사: 안이영노(기분좋은트렌드하우스 QX)

재무이사: 김길수(건국대)

산학이사: 황경선(씨네웰), 김영애(다할미디어), 전윤경(아이엠미디어), 한문

희(누리미디어), 유동환(여금), 박성미(다큐코리아), 박성배(미디어아포),
김시범(캐릭터라인), 이형주(이마주), 김진순(코리아루트), 최옥헌(에듀미
디어)

총무이사: 신광철(한신대)

■ 일반이사: 박경하(중앙대), 김성민(건국대), 이해준(공주대), 주영하(한국정
신문화연구원), 이상훈(전북대), 박광성(생각의나무 대표이사), 주진오(상명대),
조병로(경기대), 박순준(동의대), 김원열(한양사이버대), 박상천(한양대), 장호
수(문화재청), 임재해(안동대), 이정옥(위덕대), 정상봉(건국대), 박헌순(민족문
화추진회), 박경환(국학진흥원), 이재운(전주대), 고석규(목포대), 김종회(경희
대), 임상혁(변호사), 이정진(오산대), 박홍국(위덕대), 김진용(혜천대), 김덕
용(홍익대)

■ 편집위원회

편집위원장: 박경하(중앙대)

편집위원: 이진한(고려대), 김현(한국학중앙연구원), 신동흔(건국대), 나애리
(수원대), 신광철(한신대), 김동윤(건국대), 조관연(한신대), 김갑동(대전
대), 유재춘(강원대), 이남희(원광대), 김승종(전주대), 배영동(안동대),
강봉룡(목포대), 최덕경(부산대), 김동전(제주대), 심혜련(전북대)

편집간사: 임형수(고려대)

■ 감사: 이효걸(안동대), 송화섭(원광대)

■ 간사: 차민경(사무간사), 박재영(홈페이지)

<table>
<tr><td>제3대 1차 임원</td><td>2007. 1~2007. 12</td></tr>
</table>

■ 회장: 임영상(한국외대)

■ 부회장: 강진갑(경기문화재단), 김현(한국학중앙연구원), 박상천(한양대), 유창

국(경남대), 정재서(이화여대), 최혜실(경희대)

■ 집행이사

정책이사: 고석규(목포대), 김만수(인하대), 조관연(한국외대), 주진오(상명대)

기획이사: 김호(경인교대), 박영욱(고려대), 백승국(인하대), 장영란(한국외대)

연구이사: 박기수(한양대), 박지선(인하대), 심승구(한국체대), 유동환(여금)

정보이사: 김상헌(누리미디어), 문만기(중앙대), 박순준(동의대), 이건식(한
국학중앙연구원)

편집이사: 류은영(한국외대), 심상민(성신여대), 이진한(고려대), 최민성(한
신대)

섭외이사: 송화섭(전주대), 이기만(역사만들기), 이영구(한국외대), 임학순
(가톨릭대)

교육이사: 고기정(Biztro Learning Design), 송진영(수원대), 안이영노(연세
대), 이남희(원광대)

재무이사: 김길수(건국대), 김지영(한국외대)

산학이사: 김광신(디지털에볼루션), 김영애(다할미디어), 김진순(디지털코리아
루트), 박성미(다큐코리아), 박성배(미디어아포), 이형주(이마주), 전윤경
(아이엠미디어), 전충헌(코리아디지털콘텐츠연합), 최옥헌(에듀미디어), 한
문희(누리미디어), 황경선(씨네웰)

총무이사: 신광철(한신대)

■ 편집위원장: 이기상(한국외대)

■ 총서간행위원장: 김교빈(호서대)

■ 콜로키엄위원장: 김영순(인하대)

■ 일반이사: 강봉룡(목포대), 김기덕(건국대), 김덕용(홍익대), 김동윤(건국대),
김병인(전남대), 김선형(경남대), 김성민(건국대), 김원열(한양사이버대), 김종
회(경희대), 김진용(혜천대), 김태중(한국외대), 김평중(전주대), 김희자(순천향
대), 라윤도(건양대), 박경하(중앙대), 박경환(국학진흥원), 박광성(생각의 나

무), 박광철(나사렛대), 박치완(한국외대), 박헌순(민족문화추진회), 박홍국(위
덕대), 송정란(건양대), 신동흔(건국대), 이상훈(전북대), 이재영(한국외대), 이
재운(전주대), 이정옥(위덕대), 이정진(오산대), 이해윤(한국외대), 이해준(공
주대), 이효걸(안동대), 임상혁(변호사), 임재해(안동대), 장호수(문화재청), 전
현택(한국문화콘텐츠진흥원), 정상봉(건국대), 조병로(경기대), 주영하(한국학중
앙연구원), 최정옥(김포대)
■ 감사: 김시범(캐릭터라인), 왕치현(인하대)
■ 간사: 장은지(사무간사), 김남희(편집간사)

<table>
<tr><td>제3대 2차 임원</td><td>2008. 1~2008. 12</td></tr>
</table>

■ 회장: 임영상(한국외대)
■ 부회장: 강진갑(경기문화연구소-산학/재무), 김현(한국학중앙연구원-정보), 박상
천(한양대-정책), 유창국(경남대-교육), 정재서(이화여대-섭외), 최혜실(경희대-기
획), 조병로(경기대-무임소)
■ 집행이사
정책이사: 고석규(목포대), 김선형(경남대), 임학순(가톨릭대), 주진오(상명대)
기획이사: 박경환(국학진흥원), 박치완(한국외대), 백승국(인하대), 조관연(상
  명대)
연구이사: 김원열(한양사이버대), 박기수(한양대), 박지선(인하대), 송성욱
  (가톨릭대), 이윤선(목포대)
정보이사: 문만기(중앙대), 박순준(동의대), 유동환(호서대), 이건식(한국학
  중앙연구원), 한동숭(전주대)
편집이사: 김병인(전남대), 문현주(숭실대), 류은영(한국외대), 류정아(한국
  문화관광연구원), 송태현(백석대), 최민성(한신대)

섭외이사: 송진영(수원대), 송화섭(전주대), 이기만(역사만들기), 이영구(한
국외대)

교육이사: 김희자(순천향대), 배상준(성신여대), 이경직(백석대), 이남희(원
광대)

재무이사: 김지영(진실화해를위한과거사정리위원회), 임상혁(리인터내셔널법률
사무소)

산학이사: 김광신(디지털에볼류션), 김영애(다할미디어), 김진순(디지털코리아
루트), 박성미(디케이미디어), 박성배(미디어아포), 설기환(GNG), 이찬규
(북코리아), 이형주(이마주), 전윤경(서열대, 아이엠미디어), 전충헌(코리
아디지털콘텐츠연합), 최옥헌(에듀미디어), 한문희(누리미디어), 황경
선(켐페인플랜)

총무이사: 신광철(한신대-정책/기획/연구/섭외/총서간행담당), 김상헌(누리미디
어-편집/ 정보/교육/재무/산학담당)

■ 편집위원장: 심상민(성신여대) → 박상천(한양대)

■ 총서간행위원장: 김영순(인하대)

■ 콜로키엄위원장: 심승구(한국체대)

■ 일반이사: 강봉룡(목포대), 고기정(Botro Learning Design), 김호(경인교대), 김
교빈(호서대), 김기덕(건국대), 김기봉(경기대), 김길수(건국대), 김덕용(홍익
대), 김동윤(건국대), 김만수(인하대), 김복래(안동대), 김상범(한국외대), 김성
민(건국대), 김종희(경희대), 김진용(혜천대), 김태중(국회도서관), 김후련(서울
대), 라윤도(건양대), 박경하(중앙대), 박광성(생각의나무), 박광철(나사렛대),
박영욱(고려대), 박헌순(민족문화추진회), 박홍국(위덕대), 손정훈(서울대), 송
정란(건양대), 송현동(건양대), 신동흔(건국대), 안이영노(연세대), 이기상(한
국외대), 이상훈(전북대), 이재영(한국외대), 이재운(전주대), 이정옥(위덕대),
이정진(오산대), 이진한(고려대), 이해윤(한국외대), 이해준(공주대), 이효걸
(안동대), 임재해(안동대), 장영란(한국외대), 장호수(문화재청), 전현택(저작권

위원회), 정상봉(건국대), 주영하(한국학중앙연구원), 최용호(한국외대), 최정옥
(김포대)

- 감사: 김시범(캐릭터라인), 왕치현(인하대)
- 간사: 장은지(사무간사), 장효비(편집간사)

제4대 임원   2009. 1~2010. 12

- 평의원: 김교빈(호서대), 김기덕(건국대), 임영상(한국외대), 박경하(중앙대)
- 회장: 박상천(한양대)
- 부회장: 고석규(목포대), 김현(한국학중앙연구원), 유창국(경남대), 조병로(경
기대), 최혜실(경희대)
- 편집위원회

편집위원장: 강진갑(경기문화연구소장)

편집위원: 김교빈(호서대), 김기국(경희대), 김기봉(경기대), 김동전(제주대),
김상헌(한국외대), 김종혁(고려대), 김호영(한양대), 류은영(한국외대),
류정아(한국문화관광연구원), 문현주(숭실대), 박기수(한양대), 송태현(백
석대), 신광철(한신대), 심승구(한국체대), 유재춘(강원대), 이남희(원광
대), 임학순(가톨릭대), 전윤경(성결대), 조관연(부산대)

- 출판위원회

출판위원장: 심승구(한국체대)

출판위원: 강윤주(경희사이버대), 고기정(Bitzro Learning Design), 옥성수(한
국문화관광연구원), 최민성(한신대), 함영준(단국대)

- 집행이사

총무이사: 김상헌(한국외대), 최민성(한신대)

정책이사: 임학순(가톨릭대), 심상민(성신여대)

기획이사: 이창식(세명대), 백승국(인하대)

학술이사: 박기수(한양대), 배상준(성신여대)

섭외이사: 이상빈(한국외대), 김동건(경희대)

교육이사: 김원열(한양사이버대), 임대근(한국외대)

정보이사: 유동환(호서대), 최희수(누리미디어)

산학이사: 김영애(다할미디어), 김시범(캐릭터라인), 김진순(디지털코리아루
트), 박성미(디케이미디어), 설기환(동우애니메이션), 이형주(이마주), 전
윤경(아이엠미디어), 한문희(김영사), 황경선(캠페인플랜)

■ 지역이사: 강원-박기복(강원대), 경남-이영석(경상대), 경북-박홍국(위
덕대), 전남-김병인(전남대), 전북-김성환(군산대), 제주-김동전(제주대),
충남-라윤도(건양대), 충북-안상경(충북대)

■ 일반이사: 강봉룡(목포대), 강상대(단국대), 강윤주(경희사이버대), 고기정
(Bitzro Learning Design), 권순대(경희대), 김기봉(경기대), 김길수(건국대), 김
동윤(건국대), 김만수(인하대), 김복래(안동대), 김선형(경남대), 김성민(건국
대), 김영순(인하대), 김영재(한양대), 김태중(국회도서관), 김희자(순천향대),
라윤도(건양대), 박경환(한국학진흥원), 박광성(생각의나무), 박은정(한국외대),
박현순(민족문화추진회), 송화섭(전주대), 송현동(건양대), 신동흔(건국대), 양
창진(한국학중앙연구원), 옥성수(한국문화관광연구원), 왕치현(인하대), 이의철
(경희대), 이재운(전주대), 이정옥(위덕대), 이정진(오산대), 이종대(동국대),
이진한(고려대), 임세권(안동대), 정병훈(경상대), 주진오(상명대), 최정옥(김
포대), 함영준(단국대), 홍상우(경상대)

■ 감사: 조관연(부산대), 전충헌(코리아디지털콘텐츠연합)

■ 간사: 김효정(편집간사), 류미영(편집간사), 유현성(총무간사)

- 평의원: 김교빈(호서대), 김기덕(건국대), 임영상(한국외대), 박상천(한양대), 박경하(중앙대), 고석규(목포대)
- 회장: 강진갑(경기문화재단)
- 부회장: 김현(한국학중앙연구원), 유창국(경남대), 조병로(경기대), 최혜실(경희대), 신광철(한신대), 김영애(다할미디어), 이정옥(위덕대)
- 감사: 김동전(제주대), 이창식(세명대)
- 편집위원회

  편집위원장: 심승구(한국체대)

  편집이사: 배상준(성신여대), 류은영(한국외대)

  편집위원: 김교빈(호서대), 최혜실(경희대), 김기봉(경기대), 유동환(안동대), 조관연(부산대), 이남희(원광대), 박기수(한양대), 심상민(성신여대), 신광철(한신대), 옥성수(한국문화관광연구원), 송태현(이화여대), 전윤경(성결대), 이병민(건국대), 김상헌(한국외대), 백승국(인하대), 김동전(제주대), 문현주(숭실대), 배상준(성신여대), 류은영(한국외대)

- 학술연구위원회

  학술연구위원장: 류정아(한국문화관광연구원)

  학술이사: 박기수(한양대), 최민성(한신대), 백승국(인하대)

  연구이사: 유동환(안동대), 임대근(한국외대), 조관연(부산대), 강윤주(경희사이버대), 이민주(한국학중앙연구원)

- 출판위원회

  출판위원장: 최혜실(경희대)

  출판이사: 한문희(고전번역원), 김동건(경희대), 전영준(중앙대), 구모니카(M&K), 김세익(경희대)

  출판위원: 고운기(한양대), 신광철(한신대), 구문모(한라대)

■ 영브레인운영특별위원회

영브레인운영위원장: 신광철(한신대)

영브레인운영위원회 교육이사: 문현주(숭실대)

영브레인운영위원: 김희경(성균관대), 이건웅(차이나하우스), 이미정(인하대)

■ 집행이사

정책이사: 구문모(한라대), 김진규(한국콘텐츠진흥원), 강병수(한국학중앙연구원)

기획이사: 심상민(성신여대), 최희수(M&C마루)

대외협력이사: 정희숙(중국중화민족대), 김원열(한양사이버대), 임학순(가톨릭대)

교육이사: 이상빈(한국외대), 이병민(건국대), 문현주(숭실대)

산학이사: 김시범(안동대), 김진순(디지털코리아루트), 박성미(디케이미디어), 이형주(이마주), 전윤경(성결대), 황경선(캠페인플랜), 우동우(아이콘아이앤씨)

총무이사: 김상헌(한국외대)

지역이사: 박기복(강원대), 이영석(경상대), 박홍국(위덕대), 김병인(전남대), 김성환(군산대), 라윤도(건양대), 안상경(충북대), 이남희(원광대), 김준혁(경희대), 유재춘(강원대), 배봉균(신세계상업사박물관), 손정훈(아주대)

■ 일반이사: 강봉룡(목포대), 강상대(단국대), 고기정(Bitzro Learning Design), 권순대(경희대), 김기봉(경기대), 김길수(건국대), 김동윤(건국대), 김만수(인하대), 김복래(안동대), 김선형(경남대), 김성민(건국대), 김영순(인하대), 김태중(국회도서관), 김희자(순천향대), 박경환(한국국학진흥원), 박광성(생각의나무), 박은정(부산외대), 박헌순(한국고전번역원), 송화섭(전주대), 송현동(건양대), 신동흔(건국대), 안숭범(경희대), 안창현(한양대), 양창진(한국학중앙연구원), 옥성수(한국문화관광연구원), 왕치현(인하대), 윤유석(농촌진흥청), 이도흠(한양대), 이민주(성균관대), 이의철(경희대), 이재운(전주대), 이정진(오산대), 이종대(동국대), 이진한(고려대), 이해준(공주대), 임세권(안동대), 전충

헌(코리아 디지털 콘텐츠연합), 정병훈(경상대), 주진오(상명대), 최정옥(김포대),
한상정(한국예술종합학교), 함영준(단국대), 홍상우(경상대)

■ 간사: 김선혜(총무, 한국외대), 박범준(정보, 한국외대), 김주연(편집, 한국궁중문
화연구원), 최아름(학술연구, 한국외대), 안숭범(출판, 경희대), 이정재(영브레인,
건국대)

<table>
<tr><td>제5대 2차 임원</td><td>2012. 1~2012. 12</td></tr>
</table>

■ 평의원: 김교빈(호서대), 김기덕(건국대), 임영상(한국외대), 박상천(한양대),
박경하(중앙대), 고석규(목포대)

■ 회장: 강진갑(경기문화재단)

■ 부회장: 김현(한국학중앙연구원), 유창국(경남대), 조병로(경기대), 최혜실(경
희대), 신광철(한신대), 김영애(다할미디어), 이정옥(위덕대)

■ 감사: 김동전(제주대), 이창식(세명대)

■ 편집위원회

편집위원장: 심승구(한국체대)

편집이사: 배상준(성신여대), 류은영(한국외대)

편집위원: 김교빈(호서대), 김기봉(경기대), 김동전(제주대), 김상헌(한국외
대), 문현주(숭실대), 박기수(한양대), 백승국(인하대), 송태현(이화여대),
신광철(한신대), 심상민(성신여대), 옥성수(한국문화관광연구원), 유동환
(안동대), 이남희(원광대), 이병민(건국대), 전윤경(성결대), 조관연(부산
대), 최혜실(경희대)

■ 학술위원회

학술연구위원장: 박기수(한양대)

학술이사: 최민성(한신대), 백승국(인하대)

연구이사: 유동환(안동대), 임대근(한국외대), 조관연(부산대), 강윤주(경희
사이버대), 이민주(한국학중앙연구원)

■ 출판위원회

출판위원장: 고운기(한양대)

출판이사: 한문희(고전번역원), 김동건(경희대), 전영준(중앙대), 구모니카
(M&K), 안승범(경희대)

출판위원: 신광철(한신대), 구문모(한라대)

■ 영브레인운영특별위원회

영브레인운영위원장: 신광철(한신대)

영브레인운영위원회 교육이사: 문현주(숭실대)

영브레인운영위원: 김희경(성균관대), 이건웅(차이나하우스), 이미정(인하대)

■ 집행이사

정책이사: 구문모(한라대), 김진규(한국콘텐츠진흥원), 강병수(한국학중앙연구원)

기획이사: 심상민(성신여대), 최희수(M&C마루)

대외협력이사: 정희숙(중국중화민족대), 김원열(한양사이버대), 임학순(가톨
릭대)

교육이사: 이상빈(한국외대), 이병민(건국대), 문현주(숭실대)

산학이사: 김시범(안동대), 김진순(디지털코리아루트), 박성미(디케이미디어),
이형주(이마주), 전윤경(성결대), 황경선(캠페인플랜), 우동우(아이콘아이
앤씨)

총무이사: 김상헌(한국외대)

지역이사: 박기복(강원대), 이영석(경상대), 박홍국(위덕대), 김병인(전남대),
김성환(군산대), 라윤도(건양대), 안상경(충북대), 이남희(원광대), 김준
혁(경희대), 유재춘(강원대), 배봉균(신세계상업사박물관), 손정훈(아주대),
최종호(한국전통문화학교), 양정석(수원대), 박철하(수원시사편찬위원회)

■ 일반이사: 강봉룡(목포대), 강상대(단국대), 고기정(Bitzro Learning Design),

권순대(경희대), 김기봉(경기대), 김길수(건국대), 김동윤(건국대), 김만수(인하대), 김복래(안동대), 김선형(경남대), 김성민(건국대), 김영순(인하대), 김태중(국회도서관), 김희자(순천향대), 박경환(한국국학진흥원), 박광성(생각의나무), 박은정(부산외대), 박헌순(한국고전번역원), 송화섭(전주대), 송현동(건양대), 신동흔(건국대), 안숭범(경희대), 안창현(한양대), 양창진(한국학중앙연구원), 옥성수(한국문화관광연구원), 왕치현(인하대), 윤유석(농촌진흥청), 이도흠(한양대), 이민주(성균관대), 이의철(경희대), 이재운(전주대), 이정진(오산대), 이종대(동국대), 이진한(고려대), 이해준(공주대), 임세권(안동대), 전충헌(코리아 디지털 콘텐츠연합), 정병훈(경상대), 주진오(상명대), 최정옥(김포대), 한상정(한국예술종합학교), 함영준(단국대), 홍상우(경상대)

■ 간사: 김선혜(총무, 한국외대), 김주연(편집, 한국궁중문화연구원), 이정재(영브레인, 건국대)

『인문콘텐츠』 목차

<table>
<tr><td>창간호</td><td>2003. 6</td></tr>
</table>

제2호　　　　　　　　　　　　　　　　　　2003. 12

전윤경, 성공하는 창작 애니메이션을 만들기 위한 전략연구

최덕경, 문화관광부문의 인문학 관련 직종 개발 연구

유승훈, 국공립 기관 학예연구직 채용제도의 현황과 문제점

문화현장보고

권두현, 콘텐츠로서 안동국제탈춤페스티벌의 가벼운 검토

한문희, 디지털한글박물관 구축 사례: 디지털문화콘텐츠의 대중적 접점, 디
　　지털박물관을 통한 새로운 가능성의 모색

유동환, DICON 2003 참관기

학회 활동 보고

인문콘텐츠학회 약지 / 원고작성요령

<table>
<tr><td>제3호</td><td align="right">2004. 6</td></tr>
</table>

특집논문

박경하, 한국의 문화원형콘텐츠 개발현황과 과제

송진영, 중국의 문화산업정책과 문화원형 콘텐츠 개발

정재서, 일본의 문화전통과 학술 그리고 문화산업: 『센과 치히로의 행방불
　　명』과 『음양사』의 경우

최혜실, 한국 문화산업 육성을 위한 이론적 토대로서의 문화콘텐츠

일반논문

김성민, 매체에 대한 철학적 분석: 맥루한의 매체론과 포스터의 정보양식론

홍영의, 고려시대 관련 역사소설의 대중성과 향후 전망

이건식, 디지털 지식정보자원의 부가가치 창출방안: 역사분야 정보를 중심
　　으로

송치만, 게임의 서사 구조를 통해 본 동일화(identification)의 문제

최민성, 음양론으로 본 뮤직비디오의 미적 구조

송화섭, 문화관광해설사의 양성 방안

이혜승, 러시아 문화학의 성립과 그 현황

심상민, 한국 문화산업 랜드마크 조성에 관한 연구

김근태, 향토문화의 문화산업적 활용방안: 서울시와 광주시 지역의 문화콘텐츠 개발 예시를 중심으로

김경한, 인문학진흥을 위한 교양학부의 문화학부적 운용

안이영노, 대도시 속 축제행사에 대한 사회학적 고찰: 서울 홍대 앞의 '프리마켓'(Free Market) 분석

한소진, 드라마 콘텐츠로서의 설화 연구: 신(新) 모계사회와 영웅설화를 기반으로 한 「대장금」을 중심으로

문화현장 보고

안이영노 · 김광욱, 기지시 줄다리기의 전통과 재창조: 문화원형을 개발하는 전략의 함의

나애리, 프랑스 망통(Menton)의 레몬 축제

조관연, 쾰른카니발

한문희, 국가문화유산 종합정보시스템 구축 산업: 문화유산 콘텐츠, '축적'과 '활용'의 전략적 코어에 대한 인식

서평

황경선, 상품을 팔 것이 아니라 엔터테인먼트를 팔아라: 오락의 경제(마이클 J 울프 지음)

인문콘텐츠학회 약지 / 인문콘텐츠 논문작성양식 / 인문콘텐츠 과월호 차례

제4호   2004. 12

기획논문

송치만, 디지털시대 내러티브의 기호학적 접근: "Diablo II"의 예를 중심으로

최민성, 뮤직비디오 이미지와 서사의 상관에 대하여

강호정, 설화문학의 현대적 적응양상 연구: 〈지하국대적퇴치담〉과 온라인게임의 스토리텔링(Storytelling) 방식의 비교를 중심으로

제5호　　　　　　　　　　　　　　　　　　　　　　　2005. 6

<table>
<tr><td>제6호</td><td>2005. 12</td></tr>
</table>

<table>
<tr><td>제7호</td><td align="right">2006. 6</td></tr>
</table>

일반논문

<table>
<tr><td>제8호</td><td style="text-align:right">2006. 12</td></tr>
</table>

<table>
<tr><td>제9호</td><td>2007. 6</td></tr>
</table>

특집논문: 한국향토문화전자대전 콘텐츠 제작 프레임워크 개발 연구

김창겸 · 임동주, 향토문화 콘텐츠의 메타데이터 형식 및 텍스트 집필

김현, 향토문화 하이퍼텍스트 구현을 위한 XML 요소 처리 방안

최진옥 · 양창진, 향토인물정보의 형식 표준화 및 종합적 연계 활용 방안

유광호, 경제 · 산업 관련 항목 콘텐츠 개발 방안에 관한 연구

일반논문

심상민, 문화콘텐츠산업 트렌드 변화 분석

이병민, 참여정부 문화산업정책의 평가와 향후 정책방향

이경직, 문화콘텐츠와 기독교철학의 만남

임동욱, 소비자 중심 4C 모델에 기반한 콘텐츠 분석 방법론 제안

김기덕, 삼원(三元) 캐릭터연구 시론(試論)

조희권, 만화 스토리텔링의 핵심 코드, 컨벤션의 이해

송요셉, 원 소스 멀티 유즈(One source multi use)의 개념적 모델 구성을 위한 시
    론적 연구: 미국, 일본, 한국의 영상콘텐츠 산업을 중심으로

신광철, 한국 전통음악의 세계화를 위한 문화콘텐츠 개발의 방향

이정진, 축제이벤트 콘텐츠 개발: 〈제주 정월대보름 들불축제〉를 중심으로

송현동, 장례문화콘텐츠 개발 가능성과 한계: 실버산업을 중심으로

김영재, 한국 TV 애니메이션 기획, 제작과정 효율화 방안: 프리 프로덕션과
    방영 일정을 중심으로

인문콘텐츠학회 약지 / 인문콘텐츠 논문작성양식 / 인문콘텐츠 간행규정 /
인문콘텐츠 과월호 차례

<table>
<tr><td>제10호</td><td>2007. 12</td></tr>
</table>

일반논문

임영상, 독립국가연합 고려인 연구와 영상콘텐츠의 활용

조관연, 역사 다큐 속의 재연과 진실성: 〈실크로드〉와 〈신실크로드〉를 중심
    으로

<table>
<tr><td>제13호</td><td>2008. 11</td></tr>
</table>

제14호   2009. 3

인문콘텐츠학회 회칙 / 인문콘텐츠학회 연구윤리규정 / 인문콘텐츠 편집위
원회 및 논문심사 규정 / 인문콘텐츠 논문작성양식 / 인문콘텐츠 간행규정 /
인문콘텐츠 약지 / 인문콘텐츠 과월호 차례

<table>
<tr><td>제15호</td><td>2009. 7</td></tr>
</table>

일반논문

한혜원 · 남승희, 트랜스미디어 콘텐츠의 스토리텔링구조 연구: 〈로스트〉 대
체현실게임을 중심으로

이완복 · 정진도, 지방자치단체 이미지제고를 위한 문화마케팅 전략에 관한
연구

전경란, 디지털 방송 콘텐츠의 매체미학적 특징과 개발 과제: 양방향 콘텐츠
에 대한 고찰을 중심으로

오정심, 글로벌 융합 시대의 문화시설 운영방안 연구

이재우, TV 다큐멘터리 「차마고도」의 구성과 그 의미에 관한 연구: 영상과
언술의 결합양상을 중심으로

이동은, 가상세계(Virtual World)를 활용한 산학협력 방안 연구

김수영 · 임준근, 디지털 향토문화 콘텐츠를 위한 XML기반의 아카이브 시스
템에 관한 연구:『한국향토문화전자대전』의 사례를 중심으로

김영순 · 오세경, 강화문화원과 남동문화원의 문화사업 내용분석

심상민, 미국과 일본 주요 대학원들의 콘텐츠 창안자 교육사례 연구

강윤주, 축제콘텐츠를 활용한 환경교육의 가능성

서평

조형국, 지구촌 시대에 한국인의 중심잡기: 한국인의 지혜로서의 문화콘텐츠
학 모색

인문콘텐츠학회 회칙 / 인문콘텐츠학회 연구윤리규정 / 인문콘텐츠 편집위

원회 및 논문심사 규정 / 인문콘텐츠 논문작성양식 / 인문콘텐츠 간행규정 /
인문콘텐츠 약지 / 인문콘텐츠 과월호 차례

<table>
<tr><td>**제16호**</td><td>2009. 11</td></tr>
</table>

일반논문

인문콘텐츠학회 회칙 / 인문콘텐츠학회 연구윤리규정 / 인문콘텐츠 편집위

<table><tr><td>제17호</td><td style="text-align:right">2010. 3</td></tr></table>

<table><tr><td>**제18호**</td><td>2010. 7</td></tr></table>

특집논문

일반논문

최수웅, 요리만화의 스토리텔링 양상 연구

배상준, 미하엘 하네케의 〈퍼니 게임〉(1997): 폭력의 형상화와 장르의 전복

전경란, 한국 디지털게임 학술연구의 동향과 특징

안상경 · 박범준, 인간을 위한 도시재생과 응용인문학의 실천: '충주 향기 나는 녹색수공원 가꾸기' 기본계획을 중심으로

박경배 · 박상천, 재난영화를 통해 본 '희생'의 심리학: 영화 〈Flood〉와 〈해운대〉를 중심으로

김성수, 글로컬적 관점에서 본 한류에 대한 재평가

배은석, 글로컬 문화 시대 한식 세계화의 의미 성찰

정락길, 한국 영화에 나타난 풍경의 의미 분석: 전수일, 홍상수를 중심으로

인문콘텐츠학회 회칙 / 인문콘텐츠학회 연구윤리규정 / 인문콘텐츠 편집위원회 및 논문심사 규정 / 인문콘텐츠 논문작성양식 / 인문콘텐츠 약지 / 인문콘텐츠 과월호 차례

<table>
<tr><td>제19호</td><td>2010. 11</td></tr>
</table>

특집논문 1: 2010년 하계학술대회 '테마도시 개발과 문화콘텐츠'

  김영만, 무궁화 메카도시의 지향가치

  김영순, 공간 텍스트의 사회문화적 재구성과 공간 스토리텔링: 검단과 춘천의 적용사례를 중심으로

  김세익 · 최혜실, 주거공간의 스토리텔링 적용에 관한 연구: 일산 위시티 블루밍 테마화 작업을 중심으로

  안창현, 중국 대형실경공연(實景公演): 임프레션 시리즈(印象系列)의 문화산업적 가치연구

특집논문 2: 2010년 추계학술대회 '무형문화재 기록화의 성과와 활용방안'

  조관연, 문화영상물 속 지역문화에 대한 기억과 재구성 방식

  이재필, 무형문화재 기록보존의 쟁점과 과제

<table>
<tr><td>제20호</td><td align="right">2011. 3</td></tr>
</table>

<table>
<tr><td>제21호</td><td align="right">2011. 6</td></tr>
</table>

<table>
<tr><td>제22호</td><td>2011. 9</td></tr>
</table>

일반논문

<table>
<tr><td>제23호</td><td>2011. 12</td></tr>
</table>

일반논문

김진택, 공간과 영토의 미학적 변용과 문화 콘텐츠: 〈Good Morning DOK-
     DO〉 프로젝트 제안과 함께

조관연, 도시재생사업과 세계도시 전략에서의 지역성 형성과 재발견: 베를
     린 크로이츠베르크 SO 36 지구를 중심으로

김상원 · 이종영, 도시공간의 문화적 재생 사례를 통한 공간의 의미 재생산에
     관한 연구

일반논문

이보아, '연결완전성'(seamless visit)이 내재한 관람 경험 창출을 위한 모바일 기
     술의 적용

박미희, 애니메이션 〈토이 스토리〉 시리즈의 앱북 전환 특성 연구

한혜원 · 홍연경, 전자책 콘텐츠에 나타난 공포 표현 양식 연구

이정진, '바우덕이' 콘텐츠의 스토리텔링 연구: 축제이벤트 프로그램 개발을
     위한

인문콘텐츠학회 회칙 / 인문콘텐츠학회 연구윤리규정 / 인문콘텐츠 편집위
원회 및 논문심사 규정 / 인문콘텐츠 논문작성양식 / 인문콘텐츠 약지 / 인문
콘텐츠 과월호 차례

<table><tr><td>제26호</td><td>2012. 9</td></tr></table>

일반논문

이영욱, 문화/창조산업: 담론 형성의 추이, 배경, 의미

전형연 · 송기란, K-pop의 문화경영 협력 시스템 구성을 위한 탐색적 연구:
     중국 대도시 젊은층의 인식을 중심으로

김민규, 연예산업의 구조와 관계적 속성에 관한 연구

서은영, 한국 '만화' 용어에 대한 문제제기 및 제언

김윤희, 〈남자의 자격〉 '청춘합창단'의 치유적 성격 고찰

배은석, 알자스 에코뮤지엄에 투영된 알자스인의 삶과 문화

두일철, 창조적 상상력으로 시작되는 기술의 발전
최희수, 인문학과 문화기술의 상생을 위한 과제

기획논문 II-④: 문화콘텐츠 인력양성
배상준, 한국영화의 독과점과 인력양성의 문제

일반논문
임철희, 외화면과 내화면, 두 영화 공간의 변증법: 오즈 야스지로의 〈외아들〉
　　　을 중심으로
안상경, 지역설화의 애니메이션화 성과와 문제점: 지방자치단체 웹사이트의
　　　서비스 사례를 중심으로
송화섭 · 김경미, 전주 전통문화도시의 우주적 공간체계

인문콘텐츠학회 회칙 / 인문콘텐츠학회 연구윤리규정 / 인문콘텐츠 편집위
원회 및 논문심사 규정 / 인문콘텐츠 논문작성양식 / 인문콘텐츠 약지 / 인문
콘텐츠 과월호 차례

<table>
<tr><td>제28호</td><td>2013. 3</td></tr>
</table>

기획논문: 인문콘텐츠의 사회적 공헌
　김기덕, 문화콘텐츠의 등장과 인문학의 역할
　박홍식, 이야기학의 정립을 위하여: 서양의 이야기 역사 그리고 문화콘텐츠
　　　학의 역사적 맥락
　유동환, 문화콘텐츠 기획과정에서 인문학 가공의 문제
　고정민, 국제간 경제협력·통합에서 문화의 역할

일반논문
　조관연 · 공윤경, 영국 글래스고에서의 도시재생과 창조산업
　임준근, 인문 콘텐츠의 한자어 오류 검출 방법 연구
　박상익 · 우정권, 브램 스토커『드라큘라』와 최근 미국 영화 속 뱀파이어 이
　　　미지 변화 양상 연구: 〈트와일라잇: 뉴문〉, 〈트와일라잇: 이클립스〉,

창립발기문 및 발기인 명단

지금 우리는 지식과 정보가 부가가치 창출의 원천이 되는 지식기반사회로 나아가고 있다. 이러한 시대의 변화는 그간 인간의 본질을 문제 삼는 인문학의 기본 성격과는 다른 것으로 인식되어, 사회 전반에 걸쳐 인문학의 위축을 가져왔다.

그러나 지난 시기 항상 모든 형식에 실질적인 내용을 채워주는 주된 분야가 인문학이었듯이, 정보혁명시대에 핵심적 기반이 되는 디지털 기술과 관련된 제반 형식에 올바른 내용물을 채워주는 것 역시 인문학이 중심이 될 수밖에 없다.

이제 우리 인문학자들은 지금까지 축적된 인문학의 성과를 바탕으로 새로운 디지털 내용물(콘텐츠)을 창출시켜 나감에 있어, 올바른 방향성의 제시와 실제적인 참여를 요구받는 실천적 과제를 안게 되었다. 지금까지 디지털 내용물은 흔히 '문화콘텐츠'라고 표현되었고, 그 구체적인 모습은 영화·애니메이션·게임·음반·캐릭터산업 등으로 이해되어 왔다. 그러나 디지털 내용물은 사실상 우리 사회 전 분야의 다양한 측면을 전부 포괄하는 것이며, 그러한 내용물 창출의 주된 원천이 되는 것은 인문학적 사고와 축적물이다.

따라서 디지털 내용물과 인문학의 구체적인 결합을 새롭게 '인문콘텐츠'라고 이름 붙이고자 한다. 인문콘텐츠라는 과제는 전통적인 인문학에 대한 실험이자 새로운 기회이다. 그러나 올바른 인문콘텐츠의 창출은 빠른 속도로 변화하는 디지털 기술을 포함하여 다양한 영역과 연결된 관계망의 산물이어서, 한 개인이 독립적으로 완결 지을 수 있는 것이 아니다.

이것이 인문콘텐츠라는 과제를 담당할 새로운 학회를 창립하는 이유이다. 본 학회는 인문콘텐츠의 가장 기본이 되는 인문학관련 제반 지식정보화 성과물에 대한 점검과 방향성 모색, 국가 및 주요기관의 문화정책 비판 및 대안 제시, 문화산업의 구체적 결과물에 대한 분석과 기획 등의 임무를 수행할 것이다. 아울러 인문콘텐츠 관련 전문인력의 교육 및 양성에도 관심을 기울일 것이다.

본 학회가 전통적인 인문학의 성과를 올바로 계승하여 시대의 요구에 부응하는 다양한 인문학적 가치를 창출한다면, 그것은 인문학이 수행해 왔던 사회적 실용성의 새로운 회복이자 인문학자의 시대적 소명의 일면을 적절히 수행한 것이 될 것이다.

본 학회는 인문학의 성과와 활용에 관심이 있는 모든 이들에게 개방되어 있다. 창립발기인 모두는 이 시대 디지털 내용물 관련 여러 정책 및 사업들이 인문학의 바탕 위에서 올바른 방향으로 나아갈 수 있도록 새로운 사명감을 갖고 적극 동참할 것이다.

2002년 10월
발기인 일동

강진갑(경기문화재단 전문위원, 문화사업팀장)

강병수(한국정신문화연구원 편수연구원)

강옥순(한길사 주간)

강응천(사계절출판사 한국생활사박물관 주간)

공임순(서강대 국문과 강사, 현대문학)

구은아(한양대 문화인류학과 박사과정, 종교민속)

김갑동(대전대 한국문화사학과 교수)

김경옥(목포대 도서문화연구소 연구교수, 한국향촌사회사)

김교빈(호서대 교수, 한국철학)

김기덕(건국대 연구교수, 영상역사연구소장)

김기봉(경기대 사학과 교수)

김동전(제주대 사학과 교수)

김두규(우석대 교양과 교수, 독문학 · 풍수사상)

김만식(도서출판 낙토 대표)

김삼기(국립민속박물관 학예연구관)

김성룡(호서대 국문과 교수)

김성민(건국대 철학과 교수)

김성혁(숙명여대 정보과학부 교수)

김성환(경기도박물관 유물관리부장)

김순금(원광대 한국문화학과 교수)

김양식(충북학연구소)

김영애(다할미디어 대표)

김용(숙명여대 연구교수, 음악사 및 일무연구)

김재관(원광대 행정학과 교수)

김정태(애니컬처 CEO, 외국어대 교수)

김종군(건국대 국문과 강사)

김한준(포스트미디어 실장)

김현(한국과학기술정보연구원 정보시스템 부장)

김호(서울대 규장각 책임연구원)

김희태(전남도청 문화재전문위원)

박광성(생각의나무 사장)

박경환(한국국학진흥원 책임연구원)

박경하(중앙대 사학과교수, 한국역사민속학회장)

박성미(다큐코리아 대표이사)

박상천(한양대 안산캠퍼스 국문과 교수)

박순준(동의대 사학과 교수, 서양사)

박원재(한국국학진흥원 연구원)

박재광(전쟁기념관 학예연구관)

박종채(나주대 문화재학과 교수)

박헌순(민족문화추진회 국역실장)

석대권(대전보건대 박물관학과 교수)

송화섭(원광대 한국문화과 초빙교수, 전북전통문화연구소장)

신광철(한신대 디지털콘텐츠학과 교수)

신동흔(건국대 국문과 교수, 구비문학)

심광주(한국토지공사 토지박물관 학예실장)

안건호(오픈에스이 이사, 한국역사정보통합시스템구축사업팀장)

안이영노(문화기획가, 한겨레 문화기획학교 교장)

연갑수(서울시 문화재과 문화재관리팀장)

왕현종(연세대 원주캠퍼스 역사문화학과 교수)

유동환(여금 기획이사, 중국철학)

윤명철(동국대 사학과 겸임교수)

윤종일(서일대 민족문화과 교수)

이건하(한서대 건축학과 교수)

이경민(한성대 강사, 사진사)

이경희(한국외국어대 대학원 문화콘텐츠학과)

이기만(역사만들기 대표이사)

이남희(원광대 한국문화학과 교수)

이명희(공주대학교 역사교육과 교수)

이상훈(한국방송산업진흥원 인력지원센터장, 사회학박사)

이윤선(진도군립민속예술단 연출단장)

이정옥(위덕대 교수, 국문학)

이종찬(아주대 의대 교수, 의학사)

이찬욱(중앙대 국문과 교수, 고전시가)

이창식(제천 세명대 교수)

이해준(공주대 사학과 교수)

이혜승(문화비평가, 한국외국어대 대학원 문화콘텐츠학과)

이효걸(안동대 국학부 교수)

이훈상(동아대 사학과 교수)

임세권(안동대 사학과 교수)

임영상(한국외국어대 사학과 교수)

임재해(안동대 국학부. 민속학)

장남원(이대 박물관 연구원, 도자사)

장명희(한옥문화원 부원장)

정민(한양대 국문과 교수)

정재서(이화여대 중문과 교수)

정진영(동명정보대 조형학부 교수)

정희준(동아대 교수)

조관연(한국외국어대 외국어종합연구센터 책임연구원)

조병로(경기대 사학과 교수)

조범환(서강대 박물관 책임연구원)

조용헌(원광대 동양학대학원 초빙교수)

주영하(한국정신문화연구원 교수, 민속학)

최남희(서울여자간호대학 교수)

최덕경(부산대 사학과 교수)

최한선(담양대 국문과 교수)

최혜실(KAIST 교수, 현대문학)

하세봉(부산대 한국민족문화연구소 연구교수)

한문희(동방SnC 상임이사)

한상도(건국대 사학과 교수)

홍영두(성균관대 철학과 강사)

홍영의(사이버개성학연구소장)

황경선(틴하우스 부사장)

황동렬(중앙대 예술대학원 교수)

The Emergence of Cultural Contents, and the Role of Humanities Studies

Kim, Ki-Duk

There are five points tackled with in this article.

First, the new social phenomena called the digital revolution, and the emergence of the Cultural Contents, are examined as a 'social change motivator.'

Second, the foundation of the 'Humanities Contents Society' is chronicled.

Third, the concept of 'contents' is discussed in comprehensive terms.

Fourth, the overall relationship between Humanities studies and the Department of Cultural Contents is examined here as well. The primary argument of this article is that the existing Humanities Departments should add contents classes to their curricula, or affiliate curricula with other Cultural content programs. And in the meantime, the existing Department of Cultural Contents, which mostly began as Humanities Contents Departments, should endeavor to include convergence and comprehensiveness in their curricula.

Fifth, the direction of education that should be taken by Cultural Contents Departments are presented. 4 directions can be discussed. Reexamination of the Humanities/Information studies, Humanities studies aiming backward, cooperation with professional planners, and emphasis put upon cohesion and convergence.

And finally, the values behind Cultural Contents should be learned. Public consensus and communicative methods should be acquired.

Key Words: digital revolution, contents, cultural contents, humanities contents, humanities/Information studies, convergence

Proposal to Establish the Science of Narrative

Park, Heung-Sik

First of all, this paper will argue that stories have continuously accumulated through repetitive motives and characters in exemplary narratives of the Western world, and therefore that stories have their own history. Then, it will define the cultural contents studies, which have yet to be defined as an academic discipline, as the studies of stories in a broader sense and will analyze their historical contexts. The cultural contents studies, if defined as the studies of stories, can become one of the oldest disciplines in history, since they follow the traditions of poetics, the science of literature and narratology. Furthermore, they can also become one of the newest disciplines if they include the media as part of their studies. In order to do so, however, scholars in this field need to clarify the very definition of the cultural contents studies. This paper will propose that they change the name of the field from the cultural contents studies, over which controversy has continued to rage, into the studies of narratology and the media.

Key Words: story, the media, narrative, narratology, the studies of narratology and the
media, cultural contents.

The Question of Processing Humanities to Plan Cultural Content

Yoo, Dong-Hwan

This paper examines the possibility of adopting the academic results, research methodologies and information structure of the humanities from three perspectives that are the resource (material), method (model) and structure (storytelling) of content, in the process of planning cultural content.

First, the paper analyzes the possibility of adopting the humanities as a content resource. It is natural to use information on the humanities, the essence of a long history of human experience, as a content resource. Since users' preference for a resource is changed from tangible to intangible and from macro to micro, it is necessary to conduct research on the classification system reflecting such changes.

Next, as a way of planning content, it also elaborates on the points that link content planning and the humanities. The four steps of content planning (analysis of a demand, creative thinking, study of the material and deduction of a concept) are closely linked to user psychology, creative thinking, an understanding of concepts and the methodology of studying original materials that have been developed for a long period of time in the fields such as psychology, philosophy and history.

Lastly, considering the fact that planning is the storytelling process structuralizing human experience, the paper analyzes the narrative structure of literature as a structure of experiencing such content. The narrative tradition of literature seems to be successfully combined with content storytelling but research on the process of using original stories and on the mechanism of creating content out of literary works has yet to be conducted. It is thus necessary to bring together and simultaneously develop the humanities and cultural content studies.

Key Words: content planning, resource, object, ideation, methode, story-telling

Study on Role of Culture in Economic Cooperation and Integration

Ko, Jeong-Min

This study is concerned with the bottleneck and role of culture in promoting international economic cooperation and integration. As a result of study, this study shows as follows. first, cultural similarity plays a role that promotes economic cooperation and integration as it's environmental facilitator and second, culture plays a role that eases the conflict existing during the negotiation of economic integration and third, that enforces cooperation among the nations after economic integration comes into effect.

On the basis of conclusions reached, this study makes the following suggestions and challenges. First, prior to the economic integration, cultural exchanges, espicially interactive exchanges, should be

432

expanded. Second, the bilateral or multilateral culture community should be established on the basis of the formal and informal partnership prior to the economic integration. Third, the negotiation training systems and programs should be provided to apply the cultural elements in negotiation of economic integration. Fourth, we should consider ways to institutionalize various cultural exchanges between the parties to increase the cultural accessibility since economic integration and cooperation.

Key Words: Culture, Economic coperation, Economic integration, International cultural exchanges, Negotiation

Current State and Outlook of Cultural Contents Storytelling

Park Gi-Soo, Ahn Seung-Bum, Lee Dong-Eun, Hye Won Han

This study is aimed at arranging discourse in the interim, about 'storytelling' emerged as the main theme in cultural contents field, also diagnosing current state of practical use, and summing up remaining subjects.

Appearance of storytelling concept is closely involved with development and application of media and technology, and above all conversion of sociocultural paradigm such as cultural contents concept's rising and extension of global market, transition of creative society and so on. Thus, storytelling is developing to more independent area as practical technology required in society and industrial site and methodological tool.

Through past ten years, excavating story archtype and academically surveying its realization elements has synchronistically proceeded. Diagnosis about storytelling circumstance and personality alteration has also examined from various angles. In addition, it is considered that digital storytelling, receiving spotlight as the most acute field in storytelling category, is extending its domain in most rapid pace according to contents type's diversification.

Storytelling as study needs the expansion of more various detailed methodology to contribute at desirable development of Korean cultural contents industries. To achieve this, still more discussion of storytelling in the premise cultural contents project and production is expected.

Key Words: cultural contents, storytelling, digital storytelling, interactive media, archtype, methodology

Discussion For Virtuous Circle Structure of Content Industry

Ko, Jung-Min, Ku, Mun-Mo, Kim, Si-Bum, Kim, Young-Jae

Korean content industry has been moving forward to the industrialization in many aspects. However, for the Korean content industry to establish itself in the firm basis for sustainable development, there still are many challenges and problems to be resolved. In this article, 4 major issues in content business and marketing research area are selected and discussed for the establishment of content industry structure with virtuous circle. First, for the discussion of globalization of Korean culture content, 한류 the success of Psy's Gangnam Style is discussed as the case which implies the diversification in Hallyu, the potentiality of SNS as the channel to global market, and entrance into North American market. The discussion suggests the need for further research on the global code and utilization of SNS as the content distribution channel. Second, the new content business model in smart media environment is discussed by reviewing the researches on business model innovation, because the creation and capture of value in this rapidly changing media environment are critical for the content industry's development. Third, while the value of local culture industry draws the attention, discussions on co-branding of local culture resources are reviewed to identify the jargons and concept of local co-branding. The discussion points out the future research direction for systematic development of local co-branding, such as evaluation tool of local co-brand's performance, and cultivation of local intellectual property expert. Fourth, past researches on concept of service innovation are reviewed to set up the concept of content innovation, and to suggest the direction of further study such as content convergence and development of soft innovation areas.

Key Words: Content Business, Globalization, Business Model, Local co-branding, Innovation

Media and Culture Technology, Humanities Contents

Dongsoong Han, Choi, Hee Soo, Kim Jin Kyu, Doo ILL-CHUL, Kim Sangheon

436

Convergence effect of humanities and culture technologies have been already confirmed in various places, methodologies for convergence process are not clearly defined. In this study, we propose to seek contact with the study for other research area, give priority to efforts to understand the related fields in an effort to connect the area with no disruption of the contacts. In addition, humanities contribute to the cultural technology, the creative imagination must be present the direction of the culture technology, and basis of the content industry can be made by the results of research of the humanities on the foundations of cultural informatics.

Key Words: Humanity, Culture Technology, Creative Imagination, Cultural Informatics

Status and Prospects of Cultural Content Training Programs

Bae Sang-Joon, Seo, Seong-eun, Lee Byung-min

Creative cultural content training program has a very important meaning in the circulation of the ecosystem components and cooperation between the features. However, there are some problems with the current cultural content and related manpower. First, lack of talent cultivation system is found in the field of planning part of educational system which need creative characteristics & humanities.

Of the game industry, for example, due to engineering design-oriented curriculum in the university, content-centric storytelling game planning or education and manpower training efforts are insufficient. Second, advance environmental infrastructure and supporting system about manpower and the labor market is insufficient because quantitative growth has been emphasized rather than qualitative growth of the workforces. If you graduated from the film/video content school field, in particular, a lack of independent film and creative workforce leads to shortage of job market and furthermore, raise the problem of imbalance in ecosystem. Third, new areas, especially in the convergence study, there is little interdisciplinary lessons and institutional settlement efforts is found in the educations system.

Therefore, roll allocation for the establishment of virtuous cycle of ecosystem and creation of synergies considering training programs in cultural content industry. For the industrial sector, expansion of the market for the cultural contents workforce is needed. For the academic sector, reasonable excellent training program for the workforce balance considering quantitative and qualitative terms. For the public sector, expansion of infrastructures for the provision of various support measures will be needed. Especially relating cultural content manpower policy programs, drafting of a new direction and business, including the preparation of the propulsion system, support the expansion of policy, conducting international exchange programs, and overall maintenance of the management system will be needed for the increase of systematic effectiveness.

Key Words: Cultural Content, Content Ecosystem, Virtuous cycle, Value Chain